W0310520

hänssler

Dean C. Halverson (Hg.)

Weltreligionen

im Überblick

Dean C. Halverson arbeitet für International Students Inc. Bevor er 1988 dorthin kam, arbeitete er für das Spiritual Counterfeits Project, wo er über die neuen Religionen forschte und berichtete. 1990 veröffentlichte er ein Buch über New Age.

Hänssler-Paperback
Bestell-Nr. 393.957
ISBN 3-7751-3957-5

Published by Bethany House Publishers, Minneapolis, Minnesota
Originaltitel: The Compact Guide to World Religions
Übersetzung: Herta Martinache

D-71087 Holzgerlingen
Internet: www.haenssler.de
E-Mail: info@haenssler.de
Umschlaggestaltung: OHA! Werbeatelier, Buchs
Titelbild: Oliver Häberlin/OHA! Werbeatelier
Satz: AbSatz, Klein Nordende
Druck und Bindung: Ebner & Spiegel, Ulm
Printed in Germany

Den Mitarbeitern von International Students Inc. gewidmet, die vorleben, was es bedeutet, unermüdlich, aufopfernd und voll Freude im Dienst des Herrn zu stehen, indem sie ihr Leben und die Liebe von Jesus Christus mit ihren Freunden – den ausländischen Studierenden – teilen.

Über die Autoren

Dr. David Clark wuchs in Japan auf. Er erhielt seinen Doktortitel in Religionsphilosophie von der Northwestern University und ist Professor für Theologie am Theologischen Seminar Bethel in St. Paul, Minnesota. Er schrieb *The Pantheism of Alan Watts* (InterVarsity, 1978) und zusammen mit Norman Geisler *Apologetics in the New Age* (Baker, 1990).

Dr. Norman Geisler ist einer der bekanntesten christlichen Apologeten unserer Zeit. Er schrieb etwa vierzig Bücher, unter anderem *A General Introduction to the Bible* (Moody, 1986) und *When Skeptics Ask* (Victor, 1990). Er ist Dekan des Southern Evangelical Seminary in Charlotte, North Carolina.

Dean C. Halverson arbeitet für International Students Inc. als Sachverständiger für Weltreligionen und als Leiter des Teams für die Entwicklung von Methoden zur Kontaktaufnahme. Bevor er 1988 dem ISI beitrat, arbeitete er für das Spiritual Counterfeits Project (Projekt Geistliche Fälschungen) und forschte und schrieb über neue Religionen. Er schrieb ein Buch über die New-Age-Bewegung mit dem Titel *Crystal Clear: Understanding and Reaching New Agers* (NavPress, 1990).

Rev. William Honsberger ist Mitarbeiter bei »Mission für Amerika« (früher Konservative Baptistische Gesellschaft für Inlandsmission), insbesondere Missionar für Anhänger des New Age. Er erhielt den akademischen Grad eines Magisters in Religionsphilosophie am Seminar von Denver und studiert zur Zeit an der Universität von Colorado, Boulder, in der Hoffnung, als Doktorand für Geschichte angenommen zu werden.

Kent Kedl schreibt zur Zeit an der Universität von Minnesota seine Doktorarbeit in Massenkommunikation mit dem Schwerpunkt China. Er untersucht, wie die Massenmedien zu Veränderungen in China führen. Kent Kedl hat den akademischen Grad eines Magisters in Chinesischer Geschichte und Philosophie. Er reiste mehrmals nach China und spricht fließend Mandarin-Chinesisch.

Dr. Thomas I. S. Leung erhielt den akademischen Grad eines Magisters vom New Asian College in Hongkong, dem Zentrum für die Förderung neokonfuzianischen Gedankenguts. Anschließend studierte Dr. Leung unter zwei konfuzianischen Meistern, wurde aber später Christ. Seinen Doktortitel in Philosophie erwarb er an der Universität von Hawaii, das Thema seiner Dissertation war die Methodenlehre der konfuzianischen Philosophie. Zur Zeit arbeitet er als Präsident der Culture Regeneration Research Society in Burnaby, British Columbia, und gibt eine Zeitschrift mit dem Namen *Cultural China* heraus.

Dr. Richard Robinson ist leitender Mitarbeiter der Organisation »Juden für Jesus« in San Francisco, wo er für die Forschungsbibliothek zuständig ist und die Website der Organisation betreut. Er erhielt seinen Doktortitel vom Theologischen Seminar Westminster und ist außerordentlicher Professor am Fuller Theologischen Seminar.

Rick Rood arbeitet als Leiter der Publikationsabteilung von Probe Ministries. Er ist auch Mitglied von Probes Rednerteam für Mind-Games-Konferenzen (eine Konferenz über »Das Überleben am College« für Studierende). Außerdem schreibt und produziert er gelegentlich Programme für die täglichen Radiosendungen von Probe, die von etwa 300 Rundfunksendern ausgestrahlt werden. Rick Rood entwickelte seine Einstellung zum Pluralismus beim Schreiben einer Doktorarbeit im Seminar von Dallas.

Inhalt

Einleitung

In diesem Buch werden Sie regelmäßig Hinweise auf »ausländische (internationale) Studierende« finden. Ursprünglich waren diese Kapitel als Kurzbeschreibung der verschiedenen Religionen für die hauptamtlichen und ehrenamtlichen Mitarbeiter von International Students Inc. (ISI) gedacht, deren Ziel es ist, Hunderttausenden ausländischen Studierenden die Liebe Christi nahe zu bringen. ISI ist eine landesweite christliche Organisation in den Vereinigten Staaten, die 1953 gegründet wurde und deren Ziel es ist, in Zusammenarbeit mit der Kirche es jedem ausländischen Studierenden zu ermöglichen, die gute Nachricht von Jesus Christus zu hören.

Diese Studierenden kommen praktisch aus allen Ländern der Erde, um in den Vereinigten Staaten zu studieren. Es handelt sich um die besten und intelligentesten Köpfe eines jeden Landes, und viele werden nach ihrer Rückkehr in ihr Heimatland dort führende Stellungen bekleiden. Der Herr hat uns Christen in den Vereinigten Staaten eine faszinierende Möglichkeit gegeben, auf die Welt eine Wirkung für Christus auszuüben, indem wir diese ausländischen Studierenden ansprechen, die er in unsere Städte geschickt hat. Mit ihnen ist das Missionsfeld zu uns gekommen!

Diese Kapitel sind jedoch nicht nur für Menschen nützlich, die mit ausländischen Studierenden arbeiten, sondern für jeden Christen, der die geistige Herkunft seines nichtchristlichen Freundes verstehen will und sich überlegt, wie er ihm die Liebe Christi näher bringen kann.

Dieses Buch wurde aber *nicht ausschließlich* für Christen geschrieben. Wenn Sie kein Christ sind, bitte ich Sie, über die hier dargelegten Argumente für den christlichen Glauben nachzudenken.

Egal, ob Sie Christ sind oder nicht, hoffe ich, dass Sie nach der Lektüre dieses Buches die Einzigartigkeit des christlichen Glaubens besser verstehen. In unserer toleranten und relativistischen Zeit ist es nicht in Mode, von einer bestimmten Religion als einzigartig zu sprechen. Doch solche Einstellungen vernebeln die Ansprüche auf Einzigartigkeit, die der christliche Glaube und andere Religionen erheben und verhindern es, dass ein Mensch sich wirklich mit diesen Ansprüchen auseinander setzt.

Weltreligionen im Überblick

Dean C. Halverson

Was ist eine Religion? Die Definition, mit der wir in diesem Buch arbeiten, besagt, dass eine Religion aus einer Reihe von Überzeugungen besteht, die Anworten auf die letzten Fragen geben: Worin besteht die letzte Wirklichkeit? Worin besteht das Wesen der Welt? Was ist das Wesen der Menschheit? Worin liegt das Hauptproblem der Menschheit? Was geschieht nach dem Tod?

Eine solche Definition bedeutet, dass zu einer Religion nicht unbedingt ein Glaube an Gott, bestimmte Rituale oder Geistliche und Priester gehören. Zum Beispiel kann man den Säkularismus und den Marxismus als Religion bezeichnen, insofern sie letzte Fragen beantworten. Sie lehnen jedoch das Bestehen eines übernatürlichen Bereichs ab und sagen nichts über Gott.

Für viele Menschen sind die Weltreligionen eine verwirrende Ansammlung von Überzeugungen, Praktiken und Geschichten. Wenn jemand nicht bereit ist, beträchtliche Zeit für das Studium der verschiedenen Religionen aufzubringen, fällt es ihm schwer, ihre Unterscheidungsmerkmale gegeneinander abzugrenzen, etwa wer wann welche Religion gegründet hat und worin die Glaubensinhalte einer jeden Religion bestehen.

Mein Ziel in diesem Kapitel ist es, Ihnen die Weltreligionen verständlich zu machen. Wir werden einen Schritt zurücktreten und jede Religion aus einem Abstand heraus betrachten, um ein Gesamtbild zu erhalten.

Zuerst werden wir die Religionen auf ein Spektrum von Überzeugungen aufbringen und die verschiedenen Tendenzen innerhalb dieses Spektrums aufzeigen.

Das Spektrum der Religionen und religiösen Überzeugungen

	Monotheismus	Dualismus mit widerstreitenden Kräften	Polytheismus	Dualismus mit ausgleichenden Kräften	Monismus	Atheismus
Der Gottesbegriff	Ein einziger transzendenter Gott	Zwei widerstreitende Götter	Viele Götter	Zwei entgegengesetzte, aber aufeinander einwirkende und ausgleichende Kräfte	Eine unpersönliche All-Einheit	Kein Gott
Die wichtigsten Beispiele	Judentum, Christentum, Islam	Lehre des Zarathustra	So genannte »Stammesreligionen«, Santeria, Voodoo, Shintoismus, jede Form einer »volkstümlichen« Religion	Taoismus, der Begriff des *Yin und Yang*	Hinduismus, Buddhismus, Sikhismus, Sufismus, New-Age-Bewegung	Säkularer Humanismus, Marxismus, Konfuzianismus
Die Sicht des Menschen	Teil der Schöpfung, aber anderer Art als die Tiere	Der Mensch hat in den Kampf gegen das Böse einzutreten	Kann von Geistern beeinflusst und sogar besessen sein	Ein Mikrokosmos einander beeinflussender Kräfte	In der Illusion des Getrenntseins gefangen, aber dem Wesen nach mit der All-Einheit identisch	Eine komplexe Form der Materie

Das Hauptproblem des Menschen	Brechen von Gottes Gesetz (Judentum); Aufbegehren gegen Gott (Christentum); nicht nach Gottes Führung suchen (Islam)	Entscheidung, das Böse zu tun	Verärgerung der Götter	Nicht im Gleichklang mit der Natur leben	Unwissen des Menschen über seine angeborene Göttlichkeit	Aberglaube und irrationales Denken
Die Lösung	Leben nach Gottes Gesetz (Judentum); Rechtfertigung durch den Glauben auf Grund von Gottes Erlösungswerk (Christentum); nach Gottes Führung suchen (Islam)	Entscheidung, das Richtige zu tun	Die Götter besänftigen	In Harmonie mit der Natur leben	Erkennen, dass unser innerstes Wesen identisch mit der All-Einheit ist (Erleuchtung)	Unsere Probleme mit rationalem Denken angehen
Das Leben nach dem Tod	Die Person existiert weiter, entweder im Himmel oder in der Hölle.	Die Person existiert weiter, entweder im Himmel oder in der Hölle.	Manchmal dringt die Person in die Geisterwelt vor.	Normalerweise dringt die Person in eine Form der Geisterwelt vor.	Entweder erfährt die Person eine Reinkarnation oder sie geht in der unpersönlichen All-Einheit auf.	Die Person hört auf zu existieren.

Zweitens werden wir das religiöse Verlangen des Menschen untersuchen und sehen, welche Auswirkungen es auf die Weltreligionen hatte.

Drittens werden wir sehen, was am christlichen Glauben einzigartig ist.

Schließlich sprechen wir über einige allgemeine Grundsätze der Verkündigung des Evangeliums.

Das Spektrum der Religionen und religiösen Überzeugungen

Das Spektrum der Religionen und religiösen Überzeugungen (siehe Tabelle) kann als Kontinuum betrachtet werden, bei dem die Extreme und die Mitte bestimmte Gesetzmäßigkeiten und Tendenzen aufweisen, wie wir in den folgenden Beispielen sehen werden.

Der Gottesbegriff

Auf der äußersten linken Seite des Spektrums befinden sich die monotheistischen (ein Gott) Religionen, die sagen, dass Gott der transzendente Schöpfer der Welt ist und als solcher von seiner Schöpfung klar unterschieden und losgelöst ist.

Auf der rechten Seite des Spektrums stehen die monistischen (Gott ist eine All-Einheit) Religionen, die die Immanenz Gottes betonen; sie glauben, dass das Wesen Gottes und das Wesen der Welt ein und dasselbe sind.

Auf der äußersten rechten Seite, noch weiter rechts als die monistischen Religionen, stehen die atheistischen (kein Gott) Weltanschauungen, die Gottes Existenz verneinen. Doch der Atheismus ähnelt insoweit dem Monismus, als beide erklären, dass die letzte Wirklichkeit die Einheit der Substanz ist – wobei beim Monismus die Substanz der *Geist* und beim Atheismus die *Materie* (oder Energie) ist.

Zwischen den beiden Extremen des Spektrums liegen die dualistischen (zwei Kräfte) und die polytheistischen (viele Götter) Religionen. Es gibt zwei Arten dualistischer Religionen: diejenigen, bei denen die beiden Kräfte im Widerstreit miteinander stehen und diejenigen, bei denen sie ausgleichend wirken. Die dualistischen Religionen mit entgegengesetzt wirkenden Kräften haben gewisse Ähnlichkeiten mit den monotheistischen Religionen, und die mit ausgleichend wirkenden Kräften ähneln in mancher Hinsicht dem Monismus.

Die Götter der dualistischen und polytheistischen Religionen dienen als Vermittler zwischen dem Menschen und der letzten Wirklichkeit oder dem höchsten Wesen; sie sind nicht die letzte Wirklichkeit selbst. Die letzte Wirklichkeit ist entweder monotheistischer oder monistischer Natur. In dieser Hinsicht steht die Mitte des Spektrums in Verbindung mit den beiden entgegengesetzten Extremen (Monotheismus und Monismus/Atheismus).

Umgekehrt jedoch haben die »volkstümlichen« Formen der monotheistischen, monistischen und bis zu einem bestimmten Grad der atheistischen Religionen Ähnlichkeiten mit dem Polytheismus. Auf diese Weise haben die beiden Extreme des Spektrums eine Verbindung zur Mitte (Polytheismus).

Die Sicht des Menschen

Noch weitere Gesetzmäßigkeiten sind in diesem Spektrum zu erkennen. Links zum Beispiel, wo Gott von seiner Schöpfung abgesondert ist (Monotheismus), findet man eine höhere Einschätzung des einzigartigen Wertes des Menschen im Vergleich zum Rest der Schöpfung.

Rechts (Monismus/Atheismus) besteht weniger das Gefühl, dass der Mensch einzigartig ist und einen besonderen Wert hat, weil der Mensch sich vom Rest der Schöpfung nur dem Rang, aber nicht der Art nach unterscheidet.

Das Hauptproblem des Menschen

Was das Hauptproblem des Menschen – die Sünde – betrifft, so erkennt man auf der linken Seite des Spektrums das Bewusstsein, dass der Mensch den moralischen Geboten eines heiligen Gottes nicht gerecht werden kann.

Dagegen hat rechts die Frage der »Sünde« mit Nichtwissen zu tun, entweder über die wahre Gottheit (Hinduismus) oder einer vernunftgemäßen Lösung der Probleme der Menschheit (säkularer Humanismus).

Das Leben nach dem Tod

Auf der linken Seite des Spektrums besteht der Mensch als bewusste Persönlichkeit nach dem Tode weiter, entweder an einem Ort, den man Himmel oder einem Ort, den man Hölle nennen kann.

Auf der rechten Seite des Spektrums (Monismus) besteht das Ziel darin, dass der Einzelne seine Individualität verliert, indem er in der unpersönlichen All-Einheit der letzten Wirklichkeit aufgeht.

Auf der extremen Rechten hört die Person mit dem Tod auf, als bewusstes Wesen zu existieren, da sie nur aus Materie besteht.

Die Religionen und das religiöse Verlangen

Das religiöse Verlangen des Menschen unterscheidet uns vom Rest der Schöpfung. Während das Tierreich der Menschheit darin ähnelt, dass Tiere verschiedene Stufen der Kreativität, Emotionen, Intelligenz und Kommunikation, ja sogar Humor erkennen lassen, unterscheiden sie sich von uns darin, dass nur Menschen das Bedürfnis haben, mit dem so genannten Letzten in Verbindung zu treten, dem Bedürfnis, eine Grundlage für Sinn und Hoffnung zu haben, die über unsere alltägliche Existenz hinausgeht. Wir können abstreiten, dass solche Dinge wichtig sind, doch das führt zu Sinnlosigkeit und Verzweiflung (siehe Jaki). Sogar Atheisten haben das Bedürfnis, sich einer Sache hinzugeben, die größer ist als sie selbst.

Doch obwohl wir dieses religiöse Verlangen haben, sind wir alle geistlich hin- und hergerissen; in uns stecken zwei einander widersprechende Arten der Reaktion auf Gott. Einerseits werden wir zu ihm hingezogen, doch andererseits wollen wir ihm davonlaufen. Jemand nannte diese innere Zerrissenheit »geistliche Schizophrenie«.

Diese geistliche Zerrissenheit wird in einem Gleichnis von Jesus – dem vom verlorenen Sohn (Lukas 15,11-24) – veranschaulicht. Jesus erzählt von einem Sohn, der es nicht erwarten konnte, von seinem Vater wegzukommen, der aber dann zu ihm zurückgezogen wurde. Wenn wir dieses Gleichnis betrachten und über die Gründe nachdenken, weshalb der Sohn so handelte, lernen wir mehrere Dinge über unser religiöses Verlangen und die Kraftquelle hinter den Weltreligionen.

1. Die Ablehnung (V. 12-16)

Der Sohn verlangte seinen »Erbteil« von seinem Vater. Nachdem er ihn erhalten hatte, reiste er in ein »fernes Land«. Der Sohn wollte nicht nur so schnell wie möglich von seinem Vater wegkommen, er wollte auch eine möglichst vollständige Trennung. Er lehnte alles ab, was mit seinem Vater zu tun hatte. Er verwarf seine finanziellen Ratschläge (der Sohn verprasste sein ganzes Geld, V. 13), seine moralischen Ratschläge (er genoss sein Leben in vollen Zügen, V. 13), seine religiösen Bräuche (der Sohn wurde schließlich Schweinehirt, V. 15) und sogar seine Gegenwart (der Sohn »ging auf Reisen in ein fernes Land«, V. 13).

Doch warum wollte der Sohn unbedingt weggehen? Weil er sich von seinem Vater eingeengt fühlte; er kam sich gefangen vor. Seine Handlungen lassen mehrere Gründe erkennen, weshalb er sich eingeengt fühlte.

Erstens fühlte er sich im Hinblick auf sein Vergnügen eingeengt, seinem Wunsch, das Leben voll auszukosten. Er wollte *sofortige Befriedigung*. Er wollte nicht auf sein Erbe warten; er wollte es jetzt!

Zweitens fühlte er sich im Hinblick auf seine Unabhängigkeit eingeengt. Er glaubte, es alleine zu schaffen. Er wollte *nicht auf fremde Hilfe angewiesen sein.*

Drittens fühlte er sich im Hinblick auf seine Möglichkeiten eingeengt, die Regeln selbst auszuwählen, nach denen er sein Leben führen möchte. Solange er unter »dem Dach seines Vaters« lebte, musste er sich an die Regeln seines Vaters halten. Doch er wollte seine Entscheidungen *selbst* treffen. Kurzum, er suchte einen Zustand *moralischer Relativität*, in dem es keine absoluten Werte, sondern nur persönliches Gutdünken gibt.

Was hat dies mit den Weltreligionen und unserem religiösen Verlangen zu tun? Es ist von Bedeutung, weil wir wie der Sohn sind. So wie der Sohn den Vater beiseite schob, schieben wir Gott beiseite. Das ist der Aspekt des Aufbegehrens in unserer »geistlichen Schizophrenie«.

Als sündige Menschen haben wir das Verlangen, allem zu entrinnen, das uns unserer Meinung nach einengt, und wir halten Gott für den Ursprung dieser Einengung. Gib uns ein Gesetz und wir begehren dagegen auf. Paulus schrieb über dieses Verlangen:

> ... durch das Gesetz erkannte ich erst meine Sünde. Ich hätte nicht gewusst, dass es falsch ist zu begehren, wenn das Gesetz mir nicht gesagt hätte: »Du sollst nicht begehren.« Doch die Sünde benutzte das Gebot und weckte in mir viele schlechte Leidenschaften (Römer 7,7-8).

Wir begehren gegen moralische Autorität auf, weil sie uns Grenzen setzt. Sie trifft unsere Unabhängigkeit und unseren Stolz.

Wir schieben auch das beiseite, was uns bedroht, und wir sehen Gott als eine Bedrohung. Denn seine absolute Heiligkeit stellt unsere moralische Unabhängigkeit in Frage. Seine Souveränität stellt unsere Ungebundenheit in Frage, und seine Allwissenheit entlarvt unsere unaufrichtigen Gedanken (Sproul, 73).

Im ersten Kapitel des Römerbriefes zeigt Paulus, dass der Vorgang, in dem wir Gott beiseite schieben, aus drei Schritten besteht: Wissen, Ablehnung und Ersatz (Sproul, 72-78).

Schritt 1: Wissen. Paulus schrieb Folgendes über unser Wissen von Gott: »Seit Erschaffung der Welt haben die Menschen die Erde und den Himmel und alles gesehen, was Gott erschaffen hat, und können daran ihn, den unsichtbaren Gott, in seiner ewigen Macht und seinem göttlichen Wesen klar erkennen. Deshalb haben sie keine Entschuldigung dafür, von Gott nichts gewusst zu haben« (Römer 1,20).

Wie wissen wir von der Existenz Gottes? Worin liegt nach Paulus der klare Beweis? Denken Sie über Folgendes nach:

- Das Vorhandensein eines intelligenten Plans, nicht nur eines monotonen Musters, auf jeder Ebene des Universums – vom Mikrokosmos bis zum Makrokosmos – lässt auf einen intelligenten und allmächtigen Planer schließen. Früher dachte man, dass kleinere Dinge weniger komplex seien. Doch jetzt können wir mit unseren modernen Apparaten die erstaunliche Komplexität sogar einer einzelnen Zelle erkennen. Der Mikrobiologe Michael Denton schreibt, wenn wir eine Zelle um das Milliardenfache vergrößern, »würden wir ein Gebilde unvergleichlicher Komplexität und anpassungsfähiger Zweckmäßigkeit sehen« (Denton, 328). Eine solche Komplexität kann nicht durch bloßen Zufall entstehen.

- Die Tatsache, dass die Energie des Universums endlich ist und dass ihre Verfügbarkeit abnimmt, zeigt, dass das Universum hinsichtlich seiner Existenz abhängig ist, das heißt, dass es einen Schöpfer benötigte, der in sich selbst existierte, um es entstehen zu lassen. Mit anderen Worten, die Existenz des Universums ist nicht notwendig, sondern stammt von etwas anderem her. Wenn dieses »etwas andere« nicht in sich selbst existieren würde (eine notwendige Existenz), gäbe es keine erste Ursache – nur eine unendliche Wiederholung von Wirkungen, was eine Unmöglichkeit ist.
- Die Tatsache, dass wir ein Gewissen haben, zeigt, dass ein heiliger und persönlicher Gott der Ursprung unseres Gefühls für Recht und Unrecht ist (Römer 2,14-15). Heiligkeit bedeutet, dass Gott eine Person und nicht eine unpersönliche All-Einheit oder eine unpersönliche Energie ist, denn nur Personen können moralische Unterscheidungen treffen. Unser Gewissen zeigt auch, dass wir den Maßstäben dieses persönlichen, heiligen Wesens nicht gerecht werden, weil wir nicht einmal fähig sind, unseren eigenen Maßstäben gerecht zu werden.
- An der Natur erkennen wir, dass Gott gut ist und sich um die kümmert, die er geschaffen hat (Apostelgeschichte 14,17). Wir haben auch das Gefühl, wenngleich verborgen, dass wir dieser Quelle der Güte gegenüber dankbar sein sollten.
- Beim Betrachten der Größe und Schönheit der Schöpfung sollten wir von Ehrfurcht und Verwunderung erfüllt sein. Und dies sollte uns auch demütig machen. Der Psychologe und Theologe Dan Allender schreibt: »Man sollte einen Sonnenaufgang betrachten und sich bewusst machen, dass ein unendliches und barmherziges Wesen Ordnung, Schönheit und Pracht in unsere Existenz gemalt hat … dann sollte uns außerdem klar werden, dass wir sein Kunstwerk sind, zu seinem Ruhm geschaffen. Dieses Wissen müsste uns demütig und gleichzeitig dankbar machen« (Allender, 14).

Schritt 2: Ablehnung. Obwohl Gott hinreichend gezeigt hat, dass es ihn gibt, haben wir dennoch diese Wahrheit abgelehnt. Paulus schreibt:

> Doch vom Himmel her wird Gottes Zorn sichtbar über alle Gottlosigkeit und Ungerechtigkeit der Menschen, die die Wahrheit ableh-

> nen. Dabei wissen sie von Gott; Gott selbst hat ihnen diese Erkenntnis gegeben ... Obwohl sie von Gott wussten, wollten sie ihn nicht als Gott verehren oder ihm danken. Stattdessen fingen sie an, sich unsinnige Vorstellungen von Gott zu machen, und ihr Verstand verfinsterte sich und wurde verwirrt (Römer 1,18-19.21).

Insbesondere in zweierlei Hinsicht hat der Mensch die Wahrheit über Gott abgelehnt: Seine *Erkennbarkeit* und seine *Heiligkeit.*

Die Ablehnung der Erkennbarkeit Gottes: In unserem Aufbegehren gegen Gott schoben wir Menschen ihn beiseite. Wir halten Gott für unzugänglich, abstrakt, unerkennbar, sogar für unvorstellbar.

Eine solche Ablehnung findet man wiederholt, wenn man die Begriffe der letzten Wirklichkeit in den Weltreligionen betrachtet. Im Hinduismus, zum Beispiel, wird die allerletzte Wirklichkeit – *Brahman* – als *nirguna* beschrieben, was »ohne Eigenschaften« bedeutet. Im Buddhismus wird die letzte Wirklichkeit als Leere oder Nichts dargestellt. Das folgende Zitat ist einer der Schriften in Sanskrit für den Buddhismus entnommen:

> Warum kann Nirvana nicht erreicht werden? Weil Nirvana das Reich des Nichtseins ist ... Wenn er Nirvana erfassen will, muss er das Bewusstsein hinter sich lassen (Goddard, 86).

Es liegt auf der Hand: Wenn wir sagen, dass Gott »ohne Eigenschaften« ist oder dass wir unser Bewusstsein hinter uns lassen müssen, um Gott zu »erkennen«, bedeutet das, dass wir Gott für unzugänglich, abstrakt, unerkennbar und für unvorstellbar halten.

Andere Beispiele für die Ablehnung der Erkennbarkeit Gottes: Margot Adler, eine Wicca-Priesterin (eine Hexe) und eine der wichtigsten Wortführerinnen der Heidnischen Bewegung, sagte: »Wir brauchen Rituale, weil wir Menschen sind, und wir können das *Unerkennbare* nicht verstehen« (Rabey, F3, Kursivschrift vom Autor), und so verneint sie, dass die letzten Dinge erkennbar sind. Die ersten Worte des *Tao Te Ching*, der Schrift des Taoismus, lauten: »Das Unergründliche, das man ergründen kann, ist nicht das unergründbar Letzte. Der Begriff, den man begreifen kann, zeugt nicht vom Unbegreiflichen« (Übersetzung von Rudolf Bachofen). Wir befinden uns also in einer theologischen Zwickmühle. Wenn wir über die letzten Dinge sprechen, erklären wir, dass wir darüber nichts wissen.

Im Islam sagt der Koran von Allah: »Nichts ist wie Er« (Sure 42,11). Einer solchen Aussage kann ein Christ zustimmen (siehe Jesaja 40, 18.25; 55,8-9). Doch der Islam treibt diese Aussage ins Extrem. Ein muslimischer Kommentator schreibt zum Beispiel: »Das Göttliche Wesen ist so transzendent, dass es sogar jenseits der Grenzen jedes Sinnbildes ist« (Ali, 918). Wenn Gott anders als alle Sinnbilder ist, dann kann der Mensch sich nicht vorstellen, wie er ist. Kurz, dann kann man von Gott nichts wissen, was bedeutet, dass man ihn beiseite schiebt.

Wir müssen eine Unterscheidung treffen zwischen der Aussage, Gott ist *unfassbar* und der Aussage, Gott ist *unvorstellbar*. Während Christen der Aussage, dass Gott *unfassbar* ist, zustimmen, würden sie nicht sagen, dass er *unvorstellbar* ist, was die nichtchristlichen Religionen von Gott sagen. Da Gott unendlich ist, sagen die Christen, ist er in der Tat für unseren endlichen Verstand unfassbar. Da Gott jedoch eine Person ist, können wir ihn kennen lernen und wahre Aussagen über ihn machen. Da Gott eine Person ist, ist er seinem innersten Wesen nach erkennbar, auch wenn er für uns in der Unendlichkeit seines Seins unfassbar ist.

Die Ablehnung der Heiligkeit Gottes: Der Gott der Bibel ist in seiner Heiligkeit absolut.

> Denn dir, Gott, gefällt keine Gottlosigkeit; die Gottlosen dürfen nicht in deiner Nähe sein (Psalm 5,5).
> Heilig, heilig, heilig ist der Herr Zebaoth (Jesaja 6,3).
> Gott ist Licht; in ihm ist keine Finsternis (1. Johannes 1,5).

Ein solcher Gedanke der absoluten Heiligkeit Gottes ist in den Weltreligionen jedoch einzigartig; sie nennen Gott zwar groß, haben aber seine Heiligkeit entweder verneint, eingeschränkt oder außer Acht gelassen.

Verneinte Heiligkeit: In den monistischen Religionen ist Gott eine unpersönliche All-Einheit jenseits aller Unterscheidungen, einschließlich der Unterscheidungen zwischen gut und böse. So wird die moralische Heiligkeit Gottes verneint.

Eingeschränkte Heiligkeit: Inwieweit eine Religion die Heiligkeit Gottes bejaht, kann man unter anderem daran erkennen, womit ein Mensch das Heil erlangen kann. Im Islam, zum Beispiel, werden am Tage des Gerichts die Taten eines jeden Menschen auf einer Waage gewogen, um über sein Schicksal zu entscheiden. Theoretisch wäre dann ein Mensch, der zu 51 % gerecht ist, ausreichend gerecht, um ins Paradies zu kommen.

Demgegenüber sagt die Bibel, dass die Heiligkeit Gottes von uns fordert, dass wir zu 100 % gerecht sind, um von ihm akzeptiert zu werden (Matthäus 5,48; 1. Petrus 1,15-16). Folglich bejaht der Islam die absolute Heiligkeit Gottes nicht, da der Gott des Koran Menschen, die weniger als gerecht sind, in die Gegenwart Gottes treten lässt.

Außer Acht gelassene Heiligkeit: Andere lassen die Heiligkeit Gottes völlig außer Acht. Diane Dreher, zum Beispiel, schreibt in ihrem Buch *The Tao of Peace:*

> Weise zu leiten, bedeutete im alten China weise zu leben, *nach persönlicher Ausgewogenheit und Einordnung in die Naturkreisläufe zu streben … Friede, erkannte Lao-tse, ist eine innere Angelegenheit. Nur wenn wir Frieden in uns finden*, können wir klarer sehen, wirksamer handeln, mit den Energien in uns und um uns zusammenarbeiten, um eine friedlichere Welt aufzubauen (Dreher, xiii, Kursivschrift vom Autor).

Drehers Suche nach Frieden geht nie über den horizontalen oder natürlichen Rahmen hinaus – die »Naturkreisläufe« und die »innere Angelegenheit«. Dies zeigt, dass die Versöhnung mit einem heiligen Gott für sie nie als Möglichkeit in Betracht kam, Frieden zu erreichen. Die Heiligkeit Gottes wird also außer Acht gelassen.

Wir haben jetzt die beiden ersten Schritte besprochen, mit denen die Menschheit Gott beiseite schiebt – »Wissen« und »Ablehnung«. Mit dem dritten Schritt »Ersatz« werden wir uns in Kürze beschäftigen.

Doch kommen wir vorerst zu unserer Geschichte zurück. Wie der verlorene Sohn, der von seinem Vater wegkommen wollte, verspüren wir Menschen das Verlangen, Gott beiseite zu schieben. Wohin jedoch führt eine solche Ablehnung?

2. Die Durchführung

Es ist von Bedeutung, dass nach der Ankunft des Sohnes in dem fernen Land dort eine Hungersnot ausbrach und er fast verhungerte (V. 14.17).

In gleicher Weise verspüren viele Menschen einen geistlichen Hunger. Wir sehnen uns nach mehr im Leben, doch wir wissen nicht, wonach wir suchen. Simone Weil, eine jüdische Philosophin, schrieb zum Beispiel während des Zweiten Weltkriegs:

> In der Zeit der Vorbereitung liebt die Seele in der Leere. Sie weiß nicht, ob etwas Wirkliches auf ihre Liebe antwortet. Sie glaubt vielleicht, dass sie es weiß, aber glauben ist nicht wissen. Ein solcher Glaube hilft nicht. Die Seele weiß nur eines ganz sicher: dass sie hungrig ist. Wichtig ist, dass sie ihren Hunger durch Weinen ausdrückt. Ein Kind hört nicht auf zu weinen, wenn wir darauf hinweisen, dass vielleicht kein Brot da ist. Es weint trotzdem weiter. Die Gefahr liegt nicht darin, dass die Seele unsicher wird, ob Brot da ist, sondern dass sie sich mit Hilfe einer Lüge selbst einredet, dass sie nicht hungrig ist. Sie kann sich das nur mit einer Lüge einreden, denn die Tatsache ihres Hungers ist kein Glaube, sondern eine Gewissheit (Coles, 29).

Unsere säkulare Kultur hat versucht, den geistlichen Hunger abzustreiten, doch das Bedürfnis, nach dem Göttlichen zu suchen, bleibt bestehen.

Als René Descartes sagte: »Ich denke, deshalb bin ich«, suchte er nach jenem Punkt der Gewissheit, der nicht in Frage gestellt werden kann und von dem aus er sein Glaubenssystem bauen konnte. In Weils obenstehender Erklärung finden wir einen weiteren Punkt der Gewissheit – unseren geistlichen Hunger, unser Sehnen nach etwas, das die geistliche Leere in uns füllt.

Der folgende Grundsatz könnte mit Sicherheit aus Weils Erklärung abgeleitet werden: »Ich habe Sehnsucht, deshalb gibt es Gott.« Wie ein Baby sich nach Milch sehnt und es Milch gibt, so sehnen wir uns nach etwas, das jenseits von uns ist, und deshalb muss es einen Gott geben. Wie Menschen sich nach Liebe sehnen und es vertraute Beziehungen gibt, so sehnen wir uns nach Sinn und Hoffnung und Vergebung, und es muss die transzendente Grundlage für diese Dinge geben.

3. Die Rückkehr

Als der Sohn den Hunger verspürte, der die Folge davon war, dass er seinen Vater verlassen hatte, beschloss er, zu seinem Vater zurückzukehren.

Dies ist die andere Seite unserer »geistlichen Schizophrenie«. Während wir einerseits Gott ablehnen, ihn beiseite schieben, werden wir andererseits von ihm angezogen. Überlegen Sie jedoch, auf welcher Grundlage sich der Sohn zur Rückkehr entscheidet.

> Ich will zu meinem Vater nach Hause gehen und sagen: Vater, ich habe gesündigt, gegen den Himmel und auch gegen dich, und ich bin es nicht mehr wert, dein Sohn zu heißen. Bitte stell mich als einen deiner Tagelöhner ein (Lukas 15, 18-19).

Die Worte des Sohnes klingen so zerknirscht, so demütig – »ich bin es nicht mehr wert, dein Sohn zu heißen.« Doch hier geht etwas vor, das nicht auf den ersten Blick deutlich wird. Seit wann hat die Tatsache, ein Sohn zu sein, etwas mit wert sein oder Verdienst zu tun? Entweder man ist ein Sohn oder man ist keiner. Es stimmt, man kann ein schlechter Sohn sein und das Herz seiner Eltern brechen, aber man ist trotzdem noch ein Sohn.

Der Status eines Sohnes kann nur akzeptiert, aber nicht verdient werden. Wenn der Sohn nicht bereits ein Sohn gewesen wäre, hätte er nichts tun können, um sich ein solches Verwandtschaftsverhältnis zu verdienen. Da er bereits ein Sohn war, musste er nur die Vergebung und Liebe seines Vaters erhalten und die Tatsache, ein Sohn zu sein, annehmen. Doch wenn man ein Geschenk erhält, ist Demut im Spiel, und der Sohn war nicht bereit, sich so weit zu demütigen. Die Erfahrung des Hungers hatte ihn innerlich nicht verändert. Der Stolz war noch da. Das sieht man an zwei Dingen.

Erstens stützte er die Beziehung zu seinem Vater auf seinen eigenen Wert und seine Verdienste. So behielt er sein Gefühl der Eigenständigkeit und Unabhängigkeit aufrecht. Es ist demütigend, unverdiente Hilfeleistung zu erhalten und danke zu sagen. Der Sohn war nicht bereit, sich so weit zu demütigen. Stattdessen wollte er ein Tagelöhner werden und so eine auf Verdienst begründete Beziehung zu seinem Vater herstellen.

Erkennen Sie die Ironie? Einerseits lehnte der Sohn seinen Vater wegen der Einengungen und Zwänge ab, doch jetzt beschließt er, auf der Grundlage seines eigenen Verdienstes zurückzukehren. Er hat in der Tat das Gesetz Gottes durch sein eigenes Gesetz, also durch Gesetzlichkeit ersetzt. Dadurch hat er seine eigenen Einengungen und Zwänge erfunden. Das tat er, weil er zu seinen eigenen Bedingungen und nicht zu den Bedingungen seines Vaters zurückkehren wollte.

Zweitens kann der Stolz des Sohnes darin gesehen werden, dass er zwar zu seinem Vater zurückkehrt, aber auf Distanz zu ihm geht. Aus seinem Vorschlag, ein Tagelöhner zu werden, geht hervor, dass er bereit ist, *zum Haus seines Vaters zurückzukehren*, aber nicht zur *Aussöhnung mit seinem Vater*. Er lehnt seinen Vater weiterhin ab, während er gleichzeitig die Vorteile des Einflussbereichs seines Vaters genießt.

Hier beginnt der dritte Schritt, der »Ersatz«.

Schritt 3: Ersatz. Wir sind wie der Sohn. Zuerst schieben wir Gott beiseite, wegen der Einengungen und Zwänge, die er uns auferlegt oder weil wir ihn für eine Bedrohung unserer sicheren Welt halten.

Wir füllen dieses Vakuum mit Dingen wie

- ein anständiges Leben zu führen, damit wir Gottes Wohlwollen verdienen,
- das Leben mit materiellen Gütern, weltlichen Erfolgen oder anregenden Erlebnissen anzufüllen,
- Techniken zur Manipulation geistlicher Energie,
- Ritualen zur Beschwörung der Götter,
- Kontaktaufnahme mit geistlichen Wesen, die weniger bedrohlich sind als ein absolut heiliger und souveräner Gott (siehe Römer 1,22-23).

Im Hinduismus, zum Beispiel, muss man im Verlauf zahlloser Leben danach streben, sich aus der Verbindung mit dem individuellen Ich zu befreien und so dem Kreislauf von Leben, Tod und Wiedergeburt zu entrinnen. Im Buddhismus muss man den Wunsch haben, keinen Wunsch mehr zu haben. In der New-Age-Bewegung muss man im Verlauf vieler Leben die Lektionen der Liebe lernen. Im Islam muss man ein Leben führen, bei dem am Tag des Gerichts die guten Taten die schlechten Taten überwiegen.

Wie der verlorene Sohn haben wir die Sprache der Gnade durch die Sprache des Verdienstes ersetzt.

Als Beispiel brachte ein Student folgenden Einwand gegen den christlichen Glauben vor: »Es ist ungerecht, dass Christen vergeben werden kann, während andere, deren Leben vielleicht vorbildlich war, gerichtet werden.«

Dieser Student hat die Sprache der Gnade (Vergebung) und die Sprache des Verdienstes (vorbildliches Leben) in einen Topf geworfen. Indem er auf das vorbildliche Leben der Menschen anderer Religionen hinweist, geht er von der falschen Vorstellung aus, dass man sich Vergebung verdienen kann. Eigentlich sagt er: »Die Menschen anderer Religionen, die ein vorbildliches Leben führen, *verdienen es, Vergebung zu erhalten*, genau wie die Christen.« »Verdiente Vergebung« ist jedoch ein Widerspruch in sich. Die Sprache der Gnade kann mit der Sprache des Verdienstes nicht in einen Topf geworfen werden, denn ein Geschenk kann man nur erhalten, nicht verdienen.

Wir haben jedoch nicht nur die Gnade durch Verdienst ersetzt. Wir haben auch den wahren Gott durch falsche Götter ersetzt und dann vergessen, dass wir ihn ersetzt haben. Allender erklärt:

> Abgötterei ist nicht eine Nebenerscheinung davon, dass wir Gott vergessen haben; sie ist das Mittel, mit dem wir ihn vergessen ... Jedes existentielle Vergessen (z. B. Gott vergessen) beginnt mit Ablehnung, baut auf die Energie der Abgötterei und bindet uns an eine Illusion, die das Herz betäubt, so dass es nicht mehr merkt, was ihm fehlt, und die uns sogar gegen unser Vergessen blind macht (Allender, 14-15).

Kurz gesagt, die Menschheit ist geistlich so blind, dass wir vergessen haben, dass wir Gott durch etwas ersetzt haben, das weniger ist als er.

4. Die Beziehung der Liebe

Der Vater wollte jedoch nichts von den Versuchen wissen, mit denen sein Sohn das Wohlwollen seines Vaters zurückgewinnen wollte. Als Vater suchte er nur die vollkommene Beziehung zu seinem Sohn und nicht ein Verhältnis als Arbeitgeber zu einem Tagelöhner.

Er war noch weit entfernt, als sein Vater ihn kommen sah. Voller Liebe und Mitleid lief er seinem Sohn entgegen, schloss ihn in die Arme und küsste ihn (V. 20).

Es ist klar, dass der Vater in diesem Gleichnis von Jesus Gott darstellt. Wie wirkt diese Art Liebe auf uns? Geht uns das Wissen zu Herzen, dass Gott sich nach einer Beziehung der Liebe mit uns, die wir ihn abgelehnt haben, sehnt?

Der Gedanke, dass Gott sich nach einer Beziehung zu uns sehnt, obwohl wir gegen ihn aufbegehrt haben, unterscheidet das christliche Evangelium von allen anderen Wegen zum Heil, die die Weltreligionen anbieten. Sind die Götter der anderen Religionen überhaupt zu einer solchen Liebe fähig? Kann Brahman, der ohne Eigenschaften ist, überhaupt lieben? Ist das Nichts des Buddhismus fähig, sich nach einer Beziehung zu uns zu sehnen? Hat der Gott des Koran, der jenseits der Grenzen jedes Sinnbildes ist, eine solche Liebe wie der Vater im Gleichnis gezeigt?

5. Die Wiederherstellung der Beziehung

Jesus fuhr mit der Geschichte fort und erzählte, wie der Vater erklärt, dass es Zeit ist, ein Fest zu feiern.

> »Schlachtet das Kalb, das wir im Stall gemästet haben, denn mein Sohn hier war tot und ist ins Leben zurückgekehrt. Er war verloren, aber nun ist er wieder gefunden.« Und ein Freudenfest begann (V. 23-24).

Die Analogien, die der Vater verwendet – Tod und Leben, verloren und gefunden – zeigen, wie ernst die Sünde ist. In unseren Sünden sind wir tot und für Gott verloren oder von ihm getrennt. Wie diese Analogien zeigen und wie wir im Abschnitt »Unterscheidungsmerkmale des Evangeliums« sehen werden, ist der christliche Glaube im Vergleich zu anderen Religionen dahingehend einzigartig, dass er die Menschheit geistlich in einer so schlechten Lage beschreibt, wie es nur möglich ist. Schließlich kann unsere Lage nicht schlechter sein als mit geistlich tot beschrieben! Aber das macht die gute Nachricht – neues Leben erhalten und gefunden werden – um so erfreulicher.

Was haben wir aus dem Gleichnis vom verlorenen Sohn über die Weltreligionen und unser eigenes religiöses Verlangen gelernt? Die Menschheit ist geistlich hin- und hergerissen. Wir werden zu Gott hingezogen, aber gleichzeitig fühlen wir uns von Gott eingeengt und bedroht. Also schieben wir ihn beiseite, halten ihn für unzugänglich, abstrakt, unerkennbar und unvorstellbar.

Doch mit einem geistlichen Vakuum fühlen wir uns nicht wohl. Deshalb versuchen wir, dieses Vakuum mit Ersatz für Gott zu füllen und stützen unsere Beziehung zu ihm auf unsere eigenen Bemühungen und Verdienste.

Wir haben auch gesehen, dass Gott sich nach einer Beziehung zu uns sehnt, sogar dann, wenn wir heftig gegen ihn aufbegehren. Es gibt keine größere Liebe.

Schließlich haben wir gesehen, dass Vergebung, genauso wie die Tatsache, ein Sohn zu sein, ein Geschenk ist, das man bekommt, das man sich aber nicht verdienen kann.

Enthalten die nichtchristlichen Religionen Wahrheit?

Alle Religionen enthalten ein Stück Wahrheit, und die Christen sollten diese Wahrheit erkennen und zu würdigen wissen.

Eine zeitliche Übersicht über die Weltreligionen

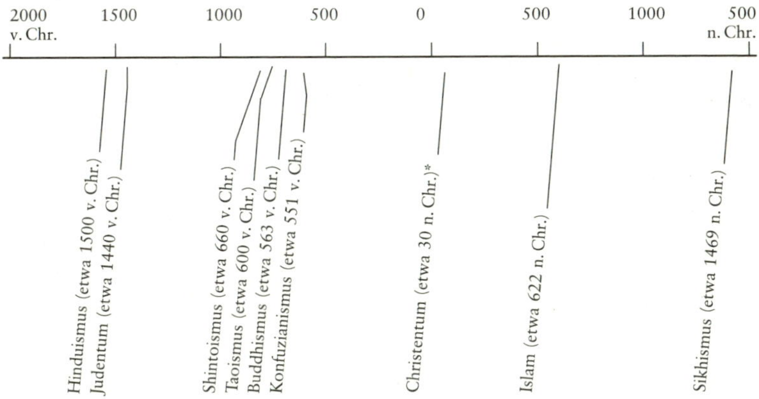

Vom Islam, zum Beispiel, können wir die Anerkennung der Größe Gottes lernen.

Die Lehre Zarathustras betont die Reinheit Gottes, weshalb von uns auch verlangt wird, dass wir rein genannt werden.

Der Animismus hilft uns zu erkennen, dass wir nicht nur gegen Fleisch und Blut kämpfen (Epheser 6,12).

Der Taoismus ermutigt uns, empfindsam mit der Natur umzugehen und Menschen freundlich und verständnisvoll zu behandeln, ihnen nicht unseren Willen aufzuzwingen.

Die Worte von Paulus, dass Gott »keinem von uns fern« ist (Apostelgeschichte 17,27), können uns helfen, die Betonung der Immanenz Gottes im Hinduismus zu würdigen.

* Einerseits ist dieses Datum technisch richtig, aber andererseits könnte man sagen, dass Gott das Christentum, das auf der guten Nachricht von Jesus Christus basiert, schon »vor Erschaffung der Welt« (Epheser 1,4; siehe auch 2. Timotheus 1,9) geplant hatte, insbesondere nach dem Sündenfall (1. Mose 3,15).

Und sogar die Hoffnung des Atheismus, Lösungen durch rationales Denken zu finden, kann uns als Christen anspornen, klar zu denken und konsequent zu leben.

Auch wenn wir die Wahrheit, die in anderen Religionen gefunden werden kann, anerkennen, würdigen und achten, bedeutet das nicht, dass solche Religionen *rettende* Wahrheit oder eine Wahrheit enthalten, die zur Rettung führt.

Die Unterscheidungsmerkmale des Evangeliums

Was unterscheidet das Christentum von anderen Weltreligionen? Einfach die Person von Jesus Christus. Aber was genau an Jesus Christus macht das Christentum so einzigartig? Viel von dem, was an Jesus Christus und seinem Evangelium einzigartig ist, wird in 1. Johannes 4,9-10 aufgezeigt:

> Gottes Liebe zu uns zeigt sich darin, dass er seinen einzigen Sohn in die Welt sandte, damit wir durch ihn das ewige Leben haben. Und das ist die wahre Liebe: Nicht wir haben Gott geliebt, sondern er hat uns zuerst geliebt und hat seinen Sohn gesandt, damit er uns von unserer Schuld befreit.

Aufgrund der folgenden sechs Punkte, die auf diesen Versen aus dem Brief des Johannes basieren, unterscheidet sich das Christentum von den anderen Weltreligionen.

1. Jesus lebte in der Geschichte

Johannes betont die Geschichtlichkeit des Lebens von Jesus mit den Worten »zu uns« und »in die Welt«. Die Ereignisse im Leben von Jesus, sein Tod und seine Auferstehung, sind geschichtlich belegt und nicht fiktiv (siehe France). Diese Einzigartigkeit streitet nicht ab, dass die Gründer anderer Religionen auch in der Geschichte lebten oder dass bestimmte Ereignisse in diesen Religionen geschichtlich belegt sind. Festzuhalten ist jedoch, dass ihr Verwurzeltsein in der Geschichte nicht so wesentlich für die Wahrhaftigkeit ihrer Ansprüche ist wie das beim christlichen Glauben der Fall ist (eventuell mit Ausnahme des Judentums).

Der Grund liegt darin, dass die anderen Religionen in erster Linie auf Lehren und Praktiken ausgerichtet sind, wogegen das Christentum auf das tatsächliche Rettungswerk einer bestimmten Person – Jesus Christus – ausgerichtet ist. Hätte Jesus nicht wirklich gelebt, wäre er nicht *geschichtlich belegt* am Kreuz gestorben und von den Toten auferstanden, dann wäre das Christentum ohne Grundlage (1. Korinther 15,17). Ob jedoch Buddha oder Mohammed gelebt haben, ist nicht wesentlich für die Wahrheitsansprüche, die sie stellen, denn dieselben Wahrheitsansprüche hätten auch von jemand anderem gestellt werden können. (Zu Fragen über die Geschichtlichkeit des Christentums und anderen Einwänden sei auf Geisler und Brooks verwiesen.)

2. Gott selbst wurde Fleisch

Johannes schreibt, dass Gott »seinen einzigen Sohn« sandte. Aus diesen Worten geht hervor, dass Johannes nicht erklärt, dass Jesus in irgendeinem mystischen Sinn der Sohn Gottes ist, da wir alle Söhne Gottes sind, weil wir Teil der göttlichen All-Einheit sind. Stattdessen ist Jesus in völlig einzigartiger Weise der Sohn Gottes.

Das Wort »Sohn« bedeutet, dass es sich um jemanden mit demselben Wesen handelt. Jesus ist also einzigartig, weil er wesensgleich mit Gott ist. Das bedeutet, dass Jesus nicht eine bloße Erscheinung oder Manifestation oder ein Vertreter Gottes, sondern die *Fleischwerdung* Gottes ist. Gott wurde Mensch aus Fleisch und Blut (Johannes 1,1.14).

3. Die Menschheit ist geistlich tot

Die Worte »damit wir durch ihn das ewige Leben haben« und »damit er uns von unserer Schuld befreit« zeigen, dass das Christentum die Menschheit in ihrem sündigen Zustand für geistlich tot hält. Sonst wäre es nicht erforderlich, uns Leben zu bringen.

Dem Christentum nach ist der geistliche Zustand der Menschheit viel schlechter als in jeder anderen Religion (Römer 6,23; Epheser 2,1; Kolosser 2,13). Die nichtchristlichen Religionen räumen zwar ein, dass die Menschheit Probleme hat, sie lehren aber auch, dass wir von unserer natürlichen Veranlagung her die Fähigkeit haben, sie zu bereinigen. Es mag nicht immer leicht sein, aber wir können gerade gebogen werden.

Nur das Christentum sagt, dass die Menschheit geistlich tot ist und dass wir absolut keine Hoffnung haben, wenn Gottes verändernde Kraft uns nicht neues Leben schenkt (Römer 8,6-8).

4. Gott ist absolut heilig

Die Folgerung, die wir daraus ziehen können, dass Gott die strengste aller Strafen – die Todesstrafe – als Zahlung für die Sünde fordert, ist, dass Gott hinsichtlich seiner moralischen Heiligkeit absolut ist. Der Sünde gegenüber zeigt Gott keinerlei Toleranz. Habakuk schrieb: »Deine Augen sind zu rein, als dass du Böses ansehen könntest, und dem Jammer kannst du nicht zusehen« (Habakuk 1,13). Weiterhin steht geschrieben: »Wer nicht heilig ist, wird den Herrn nicht sehen« (Hebräer 12,14b).

Als Menschen neigen wir dazu, gegen einen solch absoluten Maßstab aufzubegehren. Wir möchten ihn irgendwie senken, ihn erreichbar und weniger bedrohlich machen.

Viele sind der Meinung, dass Gottes Liebe nicht mit Gottes Gerechtigkeit (moralische Heiligkeit) in Einklang gebracht werden kann. Johannes weist jedoch darauf hin, dass Gott seine Liebe zeigte, indem er seinen Sohn sandte, während er gleichzeitig seine Gerechtigkeit zeigte, indem er seinen Sohn opferte, »damit er uns von unserer Schuld befreit« (1. Johannes 4,10; siehe auch Römer 3,25-26; 5,8). Durch den Opfertod von Jesus wurde sowohl Gottes Liebe als auch Gottes Gerechtigkeit voll und ganz Genüge getan, ohne irgendwelche Abstriche zu machen.

5. Jesus bezwang den Tod

Glücklicherweise endet die Geschichte von Jesus nicht mit einer Niederlage, bei der der Tod das letzte Wort hat. Sie endet im Sieg, indem Jesus leibhaftig von den Toten auferstanden ist (Johannes 20-21; 1. Korinther 15,3-8). Kein anderer Religionsstifter hat auch nur daran gedacht, so etwas zu behaupten.

Der Sieg von Jesus über den Tod zählt auch für uns als Sieg, denn aufgrund der Auferstehung von Jesus konnte Johannes schreiben: »damit wir durch ihn das ewige Leben haben«. Paulus schrieb etwas Ähnliches:

»Da wir in seinem Tod mit ihm verbunden sind, werden wir auch in der Auferstehung mit ihm verbunden sein« (Römer 6,5).

6. Die Rettung ist ein unentgeltliches Geschenk

Johannes schrieb: »Nicht wir haben Gott geliebt, sondern er hat uns zuerst geliebt.« Achten Sie darauf, dass es hier um *Gottes Liebe zu uns* und nicht um unsere Liebe zu Gott geht. Die Rettung ist nicht im Geringsten auf das Verdienst des Einzelnen, sondern ganz auf die unentgeltliche Gnade Gottes gegründet (siehe auch Römer 1,17; Epheser 2,8-9).

Hier ist ein weiterer interessanter Gedanke: Je mehr wir die Heiligkeit Gottes herabsetzen, um die Rettung erreichbarer zu machen, um so mehr verlieren wir unsere Gewissheit. Je mehr die Rettung von unserer eigenen Leistung abhängt, um so weniger Gewissheit haben wir, dass wir sie erreicht haben.

Andererseits, wenn die Heiligkeit Gottes aufrechterhalten wird und wir begreifen, dass wir einem solchen Maßstab nie gerecht werden können, dann bekommen wir erstaunlicherweise mehr Gewissheit. Wenn wir uns nämlich alleine darauf verlassen, dass Gott die Rettung nur durch Jesus Christus bewirkt, dann haben wir die völlige Gewissheit, dass wir die Rettung erhalten haben – denn sie hängt von ihm ab, der wahrhaftig und treu ist, und nicht von uns.

Gibt es in den nichtchristlichen Weltreligionen den Begriff der Gnade? Die Gnade wird erwähnt, aber sie wird neu definiert, so dass sie menschliche Bemühungen einschließt. Was den Islam betrifft, so kommt zum Beispiel der Ausdruck »diejenigen, die glauben« im Koran häufig vor. Dieser Ausdruck klingt ähnlich wie der christliche Ausdruck »Rettung durch Glauben«. Doch der Ausdruck »diejenigen, die glauben« wird normalerweise zusammen mit der Wendung »und Gutes tun« genannt. Die Betonung liegt demnach darauf, dass die Rettung durch menschliche Leistung verdient wird.

Die Beziehung zwischen Gottes Heiligkeit und unserer Gewissheit

	Das christliche Evangelium	Der Weg zur Rettung in anderen Religionen
Die Heiligkeit Gottes	wird für absolut gehalten	wird verneint, herabgesetzt oder außer Acht gelassen
Grundlage der Rettung	Gott hat für uns durch Jesus Christus die Rettungstat vollendet	Menschliches Bemühen
Grad der Gewissheit	Vollständige Gewissheit	Keine Gewissheit

Vorschläge für die Verkündigung des Evangeliums

Im Folgenden möchte ich einige allgemeine Grundsätze erläutern, die man beachten sollte, wenn man sich mit einem Freund, der wenig vom Christentum weiß, über das Evangelium von Jesus Christus unterhält.

Wir sollten dabei stufenweise vorgehen und nicht versuchen, unseren Freund, der nicht an die Existenz Gottes glaubt, innerhalb eines Abends so weit zu bringen, dass er Christ wird. Also: Ein Schritt nach dem anderen.

Die Kernfrage sollte lauten: Wer ist Gott? Zu diesem Zeitpunkt sind alle anderen Fragen zweitrangig. Wie wir gesehen haben, neigt die Menschheit dazu, Gott beiseite zu schieben. Wir versuchen, die Gedanken unseres Freundes auf die Wahrheit hinzulenken, dass Gott eine Person ist, und weil er eine Person ist, kann er sich zu erkennen geben, was er durch Jesus Christus getan hat.

Dabei müssen wir holistisch und nicht reduktionistisch vorgehen. Damit meine ich, dass wir der Versuchung widerstehen müssen, einen Menschen auf eine einzige Ebene seines Wesens zu beschränken, wobei man meistens nur den Verstand anspricht. Stattdessen sollten wir jeden Menschen als ganze Person sehen, als jemanden, der nicht nur von rationalen Argumenten, sondern auch von Bedürfnissen und Gefühlen beeinflusst wird.

Die folgenden Vorschläge zeigen, wie man einen Menschen auf jeder Ebene seines Wesens anspricht.

1. Die intellektuelle Ebene

Die vielen unterschiedlichen Weltreligionen können in drei grundlegende Weltanschauungen eingeteilt werden:

- Naturalismus (Atheismus):
  Die letzte Wirklichkeit ist die Materie.
  Das physikalische Universum ist in irgendeiner Form ewig, geschlossen (ohne übernatürlichen Einfluss) und befolgt die Naturgesetze.
  Der Mensch ist ein physikalisches Wesen, das nur das Ergebnis der Evolution ist.
- Monismus:
  Die letzte Wirklichkeit ist geistlich oder immateriell und im Allgemeinen unpersönlich und undifferenziert.
  Das Universum ist eine Emanation des Geistlichen und in mancher Hinsicht weniger real (illusorisch).
  Ihrem Wesen nach ist die Menschheit identisch mit dem Wesen der letzten Wirklichkeit.
- Theismus:
  Die letzte Wirklichkeit ist ein ewiger, unendlicher und persönlicher Gott.
  Das Universum wurde von Gott aus dem Nichts geschaffen und ist sowohl materiell als auch immateriell.
  Die Menschheit wurde von Gott nach seinem Bild geschaffen und ist sowohl materiell als auch immateriell.

Wie kann man sagen, welche Weltanschauung wahr ist? Indem man sie anhand von drei Wahrheitskriterien überprüft:

1. Logische Folgerichtigkeit: Eine wahre Weltanschauung wird sich nicht selbst widersprechen.

2. Faktualität: Eine wahre Weltanschauung stimmt mit den Tatsachen überein.

3. Praktikabilität: Mit einer wahren Weltanschauung kann man konsequent leben.

Wie behaupten sich die drei Weltanschauungen in den obengenannten Prüfungen?

Naturalismus

Logische Folgerichtigkeit: Für einen Naturalisten ist es inkonsequent zu argumentieren, dass die Beweise für den Naturalismus überzeugend sind und man sich deshalb für ihn entscheiden sollte. Warum? Weil ein Naturalist behauptet, dass nur Materie existiert. Wenn das stimmt, dann werden unsere Gedanken durch biologische Reize und nicht durch Beweise oder Vernunftgründe bestimmt. Außerdem gibt es kein »bleibendes ›Ich‹«, das vernünftig denkt oder argumentiert (Moreland, 96).

Faktualität: Wenn es nur Materie (oder Energie) gibt, wie die Naturalisten annehmen, dann folgt aus der Tatsache, dass etwas existiert, dass das Universum in irgendeiner Form schon immer existiert hat. Die Astronomen haben jedoch Beweise dafür gefunden, dass das Universum einen Anfang hatte. Der zweite Hauptsatz der Thermodynamik, zum Beispiel, der besagt, dass Energie immer weniger verfügbar wird, zeigt, dass das Universum an einem bestimmten Zeitpunkt begann, sonst hätte sich sämtliche zur Verfügung stehende Energie bereits seit langem verflüchtigt. Mit anderen Worten, eine unendliche Menge an Zeit hätte eine endliche Menge an Energie überdauert.

Praktikabilität: Die meisten Leute messen dem menschlichen Leben einen einzigartigen Wert bei – zumindest ihrem eigenen menschlichen Leben. Dies widerspricht jedoch dem Naturalismus, weil es im Naturalismus keine Grundlage dafür gibt, das menschliche Leben, verglichen mit dem Leben eines Tieres, für einzigartig wertvoll zu halten. Denn der Naturalismus behauptet, dass der Mensch nicht mehr als eine höher entwickelte Form des Tieres ist.

Noch etwas anderes: Wenn Menschen die unmoralischen Handlungen anderer Menschen und verschiedener Kulturen verurteilen, leben sie so, als basierten moralische Grundsätze auf einem Maßstab, der sich außerhalb ihrer selbst und der Kultur befindet. Aber der Naturalismus kann solch einen objektiven moralischen Maßstab nicht bieten.

Monismus

Logische Folgerichtigkeit: Der Monismus – der Glaube, dass die letzte Wirklichkeit jenseits jeglicher Differenzierung ist – führt zu der Aussage, dass es keine absolute Wahrheit gibt. Warum? Weil Wahrheit besagt, dass man zwischen Wahrheit und Unwahrheit unterscheiden kann. Der Monismus jedoch, der undifferenziert ist, lässt solche Unterscheidungen nicht zu. Er schließt deshalb alle Wahrheitsbegriffe in sich ein und nimmt sie in sich auf.

Doch die Aussage, dass es keine absolute Wahrheit gibt, ist selbst eine absolute Wahrheit und widerlegt sich selbst, was logisch gesehen eine Folgewidrigkeit ist.

Faktualität: Der Monismus behauptet, dass die letzte Wirklichkeit ohne Differenzierung oder Trennung ist. Sie ist deshalb keine Form der Intelligenz, weil Intelligenz zwischen Dingen Unterscheidungen trifft. Solch eine undifferenzierte Quelle ist als erste Ursache für eine Wirklichkeit, die Unterscheidungen aufweist, und für eine Menschheit, die Intelligenz an den Tag legt, unangemessen.

Praktikabilität: Die meisten monistischen Weltanschauungen fordern, man solle allem Leben gegenüber gewaltfrei handeln. Aber man kann dies unmöglich beherzigen und gleichzeitig essen, denn auch Vegetarier töten Pflanzen, die eine Form des Lebens sind.

Theismus

Logische Folgerichtigkeit: Die Menschheit lebt mit dem Gefühl, dass wir einen Wert als Person haben, dass das Leben einen Zweck und dass moralische Grundsätze einen Sinn haben. Solche Dinge sind nur ausreichend auf einen Schöpfergott gegründet, der eine Person ist (deshalb haben wir einen Wert), der uns geschaffen hat, damit wir in Gemeinschaft mit ihm leben (deshalb hat das Leben einen letzten Sinn) und der heilig ist (deshalb haben die moralischen Grundsätze eine ausreichende Grundlage).

Faktualität: Die Theorie, dass das Universum von einer intelligenten Ursache geschaffen wurde, stimmt mit dem Kausalgesetz überein, das besagt, dass es für jede Wirkung eine hinreichende Ursache geben muss.

Praktikabilität: Da wir nach dem Bild eines persönlichen Gottes geschaffen wurden, ist es natürlich, dass wir im Einklang mit der Auffassung leben, dass Menschen einen Wert und moralische Grundsätze einen Sinn haben.

2. Die Ebene der Bedürfnisse

Wie wir gesehen haben, halten die nichtchristlichen Religionen Gott für unzugänglich, abstrakt, unerkennbar und unvorstellbar. Andererseits ist der Gott des Christentums einzigartig, da er eine Person und deshalb seinem innersten Wesen nach erkennbar ist.

Nehmen Sie sich etwas Zeit und denken Sie darüber nach, wie es wäre, in einer Welt zu leben, in der wir keine Beziehung zu Gott hätten. Welche geistlichen Bedürfnisse blieben in unserem Leben unerfüllt?

Erstens würde das Leben an Bedeutung verlieren, da es so vergänglich ist.

Zweitens würde ein Gefühl der Unerfülltheit entstehen, da wir spüren, dass die Schönheit um uns herum bedeuten muss, dass da draußen etwas ist, mit dem wir aber nicht in Verbindung treten können.

Drittens verspüren wir vielleicht auch ein Gefühl der Frustration darüber, dass wir nicht nur als Einzelne, sondern auch als Menschheit im Allgemeinen es nicht schaffen, moralisch besser zu werden. Kriege waren schließlich ein ständiger Bestandteil der menschlichen Geschichte.

Viertens wäre uns vor dem Tod bange, da wir nicht wissen, was geschieht, wenn wir gestorben sind.

Im Folgenden erörtern wir diese geistlichen Bedürfnisse und wie sie von dem Gott der Bibel erfüllt werden. Achten Sie darauf, wie jede Person der Dreieinigkeit – der Vater, der Sohn und der Heilige Geist – bei der Erfüllung dieser gängigen Bedürfnisse in besonderer Weise mitwirkt.

A. Das Bedürfnis nach Bedeutung. Eine Bedeutung oder einen Sinn im Leben findet man am besten in dem, was ewig ist. Wir können nach Reichtum oder Anerkennung oder politischer Veränderung streben, aber solche Dinge sind von kurzer Dauer und vergänglich. Wir können für andere ein Vermächtnis hinterlassen, aber es gibt keine Garantie dafür, dass es Bestand haben wird. Der Verfasser des Buches Prediger Salomo beklagte das:

> Und mich verdross alles, um das ich mich gemüht hatte unter der Sonne, weil ich es einem Menschen lassen muss, der nach mir sein wird. Denn wer weiß, ob er weise oder töricht sein wird und soll doch

herrschen über alles, was ich mit Mühe und Weisheit geschafft habe unter der Sonne. Das ist auch eitel (Prediger 2,18-19).

Der Ausdruck »unter der Sonne« (der in diesem Absatz zweimal und insgesamt 29-mal im Buch Prediger vorkommt) drückt den Gedanken an die Gebundenheit an irdische Dinge aus, an die Beschränkung auf die Dinge, die diese Welt außer Gott zu bieten hat (Wright, 1152).

Nur wenn unser Leben in dem ewigen Gott begründet ist, haben wir das Gefühl, dass dieses Leben eine Bedeutung hat und nicht in Sinnlosigkeit versinkt.

B. Das Bedürfnis nach emotionaler Erfüllung und nach erfüllten persönlichen Beziehungen. Von Natur aus sind wir gesellige Wesen, was bedeutet, dass wir dann am meisten befriedigt sind, wenn wir in liebevollen Beziehungen zu anderen Menschen stehen. Sie können die Anerkennung, die Reichtümer, die Bildung wegnehmen, das Leben geht weiter. Ohne liebevolle Beziehungen wird das Leben jedoch leer und sinnlos.

Wir als Christen sagen: Genau so wie wir Erfüllung in zwischenmenschlichen Beziehungen finden, erlangen wir auf geistlicher Ebene noch viel größere Erfüllung in der Beziehung zu einem persönlichen, liebenden Gott.

Dass Gott personal ist – dass er die Eigenschaften einer Person besitzt – ist etwas, das wir Christen oft als selbstverständlich betrachten, doch es ist trotzdem bedeutsam. Denken Sie zum Beispiel an die Folgen, die sich daraus ergeben, dass Gott durch sein innerstes Wesen eine Person ist.

Nur wenn Gott eine Person ist …

- können wir eine Beziehung zu ihm haben.
- kann er mit uns in Verbindung treten.
- kann er unsere Gebete hören.
- kann er uns vergeben.
- kann er mitfühlen, wenn wir leiden.
- kann es eine ausreichende Grundlage für unseren Wert als Person geben.

- kann es eine ausreichende Grundlage für unser moralisches Empfindungsvermögen geben.
- kann es eine ausreichende Grundlage für einen Sinn im Leben geben.
- kann es eine ausreichende Grundlage für Hoffnung geben.

Liebe, Mitgefühl, Wert, Sinn und Hoffnung sind wesentlich fürs Leben. Sie sind das, was uns Erfüllung schenkt. Wir würden sie jedoch nicht erfahren, wenn Gott weniger als ein persönliches Wesen wäre.

Was die Liebe anbelangt: Liebe erfüllt uns, und wir können vor allen Dingen in dem Wissen Erfüllung finden, dass Gott uns liebt. Und wir wissen, dass er uns liebt. Er hat, was historisch dokumentiert ist, seine Liebe durch seinen Sohn gezeigt (Römer 5,8; 1. Johannes 4,8-10).

Außerdem *wissen wir nicht nur von Gottes Liebe,* sondern durch den Heiligen Geist, durch den wir »zum Vater kommen« können (Epheser 2,18; Galater 4,4-6), wird uns auch die *Gemeinschaft mit ihm* ermöglicht.

C. Das Bedürfnis nach Kraft zur Veränderung. Wir versagen moralisch, weil wir das, was wir als gut erkannt haben, tun wollen, aber oft nicht tun können (Römer 7,18).

Die Menschheit hat zahllose Versuche unternommen, sich selbst zu ändern. Doch das wirkliche Problem liegt tiefer als alles, womit die Menschheit aufwarten kann, da es im Wesen des menschlichen Herzes selbst liegt.

Nur ein heiliger Gott kann das menschliche Herz verwandeln, und er hat es durch den Heiligen Geist getan, der in uns wohnt und uns verändert (Hesekiel 36,26-27; Römer 8,5-17; 2. Korinther 5,17).

D. Das Bedürfnis nach Hoffnung und Gewissheit. Was nach dem Tod kommt, ist unbekannt und beängstigend, ruft Furcht und Verzweiflung hervor.

Als Christen ist uns nicht verborgen, was nach dem Tod geschieht, denn Jesus Christus hat seinen Sieg über den Tod bewiesen, und zwar historisch dokumentiert. Die Auferstehung von Jesus, die geschichtlich belegt ist, gibt uns in diesem Leben Hoffnung und die Gewissheit, im künftigen Leben von Gott angenommen zu werden.

Der Heilige Geist spielt dabei auch eine Rolle, denn Gott hat »bestätigt, dass wir zu ihm gehören, indem er uns den Heiligen Geist ins Herz gab. Dieser ist eine *Sicherheit für alles, was er uns noch schenken wird*« (2. Korinther 1,22; Kursivschrift vom Autor).

3. Die emotionale Ebene

»Die Menschen brauchen Fakten, um zu wissen, welche Entscheidung sie treffen sollen, aber Emotionen, um die Entscheidung dann tatsächlich auch zu treffen«, schrieb ein Evangelist (Innes, 125). Wenn man einen Menschen tief innen erreichen will, muss man ihn auf emotionaler Ebene ansprechen. Und dies geschieht mit einem Bild oder einem Bericht über ein persönliches Erlebnis, mit einer Geschichte oder einem anschaulichen Beispiel.

Die folgende Geschichte veranschaulicht, wie sehr Gott uns liebt und wie er diese Liebe zeigte, indem er durch Jesus Christus um unseretwillen litt.

Der Autor Bob Stromberg erzählt, wie er als kleiner Junge seinen Arm gebrochen hatte. Als sein Vater ihn zum Krankenhaus fuhr, ließ das erste Benommenheitsgefühl nach und der Schmerz schoss unvermittelt durch seinen frisch verletzten Arm. Bob flehte: »Papa, bitte, kannst du nicht etwas tun?« Sein Vater antwortete: »Mein Sohn, ich wünschte, ich könnte dir den Schmerz dieses gebrochenen Arms nehmen und ihn selber an meinem eigenen Körper verspüren.« Bob zweifelte daran, dass sein Vater das wirklich tun wollte, doch sein Vater antwortete: »Eines Tages wirst du es verstehen.«

Jahre später, an einem Herbsttag, beobachtete Bob hilflos, wie sein Sohn bei dem Versuch, einen Drachen steigen zu lassen, stolperte und in einen Haufen brennender Blätter und Äste fiel und seine Hände schwer verbrannte. Als Bob seinen Sohn zum Krankenhaus fuhr, jammerte dieser: »Papa, es tut so weh.« In diesem Augenblick erinnerte sich Bob zurück und verstand, was sein Vater ihm Jahre zuvor gesagt hatte. Er antwortete: »Mein Sohn, wenn ich könnte, würde ich dir die Schmerzen nehmen und sie selber tragen.«

Dann kam Bob der Gedanke, dass Gott genau das durch Jesus getan hat, als Jesus unsere Sünden auf sich nahm und die Strafe für unsere Sünde an unserer Stelle zahlte (Stromberg, Kapitel 4).

Schlussbemerkung

Wir haben weit ausgeholt! Nach einer Erörterung der Gesetzmäßigkeiten innerhalb des Spektrums der Weltreligionen sprachen wir über die Gründe, die hinter unserem religiösen Verlangen stehen, formulierten sechs Unterscheidungsmerkmale des Evangeliums von Jesus Christus und empfahlen dann einige Grundsätze, die man beachten sollte, wenn man mit einem Freund über die gute Nachricht von Christus spricht. Ich hoffe, dass Ihnen dadurch die Einzigartigkeit des Evangeliums von Jesus Christus besser bewusst geworden ist.

Bibliographie und Quellen

Ali, Maulana Muhammad. *The Holy Qur'an.* Chicago: Specialty Promotions Co., Inc., 1985.

Allender, Dan. »Remembering That We Forget.« *Mars Hill Review.* Littleton, Colo.: Kim Hutchins, Mai 1995, Nr. 2.

Anderson, J. N. D. *Christianity and Comparative Religion.* Downers Grove, Ill.: InterVarsity Press, 1977.

Coles, Robert. *Simone Weil: A Modern Pilgrimage.* Reading, Mass.: Addison-Wesley Publishing Co., Inc., 1987.

Crockett, William und James Sigountos, Herausgeber. *Through No Fault of Their Own: The Fate of Those Who Have Never Heard.* Grand Rapids, Mich.: Baker Book House, 1991.

Denton, Michael. *Evolution: A Theory in Crisis.* Bethesda, Md.: Adler & Adler, 1986.

Ellwood, Robert Jr. *Words of the World Religions.* Englewood Cliffs, N. J.: Prentice-Hall, Inc., 1977.

Fernando, Ajith. *The Christian's Attitude Toward World Religions.* Wheaton, Ill.: Tyndale House Publishers, Inc., 1987.

France, R. T. *The Evidence for Jesus.* Downers Grove, Ill.: InterVarsity Press, 1986.

Geisler, Norman und Ron Brooks. *When Skeptics Ask: A Handbook on Christian Evidences.* Wheaton, Ill.: Victor Books, 1990.

Goddard, Dwight, Herausgeber. *A Buddhist Bible.* Boston: Beacon Press, 1966.

Hexham, Irving. *Concise Dictionary of Religion.* Downers Grove, Ill.: InterVarsity Press, 1993.

Hinnells, John. *The Facts on File Dictionary of Religions.* New York: Facts on File, 1984.

Innes, Dick. »The Art of Using Appropriate Vocabulary.« *The Art of Sharing Your Faith.* Joel Heck, Herausgeber. Tarrytown, N. Y.: Fleming H. Revell Co., 1991.

Jaki, Stanley. *The Purpose of It All.* Washington, D. C.: Regnery Gateway, 1990.

Kreeft, Peter und Ronald Tacelli. *Handbook of Christian Apologetics.* Downers Grove, Ill.: InterVarsity Press, 1994.

Lewis, James und William Travis. *Religious Traditions of the World.* Grand Rapids, Mich.: Zondervan Publishing House, 1991.

Moreland, J. P. *Scaling the Secular City: A Defense of Christianity.* Grand Rapids, Mich.: Baker Book House, 1987.

Muck, Terry. *Alien Gods on American Turf.* Wheaton, Ill.: Victor Books, 1990.

Muck Terry. *World Religions in Your Neighborhood.* Grand Rapids, Mich.: Zondervan Publishing House, 1992.

Nash, Ronald. *Worldviews in Conflict.* Grand Rapids, Mich.: Zondervan Publishing House, 1992.

Netland, Harold. *Dissonant Voices: Religious Pluralism and the Question of Truth.* Grand Rapids, Mich.: William B. Eerdmans Publishing Co., 1991.

Noss, John. *Man's Religions,* 5. Ausgabe, New York: Macmillan Publishing Co., Inc., 1974.

Parrinder, Geoffrey. *World Religions: From Ancient History to the Present.* New York: Facts on File Publications, 1984.

Rabey, Steve. »The Pagan Nature«. *Gazette-Telegraph.* Colorado Springs, Colo.: Freedom Communications Inc., 24. Juli 1993.

Raguin, Yves. »Themes of Classical Taoism«. *Areopagus.* Brant Pelphrey, Herausgeber. Hongkong: Tao Fong Shan Christian Centre; Trinity 1990, Band 3, Nr. 4.

Seamands, John T. *Tell It Well: Communicating the Gospel Across Cultures.* Kansas City, Mo.: Beacon Hill Press, 1981.

Sproul, R. C. *If There's a God, Why Are There Atheists?* Wheaton, Ill.: Tyndale House Publishers, Inc., 1988.

Stromberg, Bob. *Why Geese Fly Farther Than Eagles.* Colorado Springs, Colo.: Focus on the Family, 1992.

Wright, J. Staford. »Ecclesiastes«. *The Expositor's Bible Commentary.* Frank Gaebelein, Herausgeber. Grand Rapids, Mich.: Zondervan Publishing House, 1991.

Animismus

Dean C. Halverson

Definition des Animismus

Der Begriff »Animismus« stammt von dem lateinischen Wort *anima* ab, das »Seele« oder »Atem« bedeutet. Dieser Begriff bezieht sich also auf etwas, das Stärke verleiht oder Leben schenkt. Folglich ist Animismus die Religion, die glaubt, dass die Welt von geistlichen Kräften – sowohl persönlichen als auch unpersönlichen – durchdrungen ist, so dass Gegenstände geistliche Bedeutung und Ereignisse geistliche Ursachen haben.

Wenn demnach ein Unfall passiert oder jemand krank ist, stehen dahinter geistliche Gründe, die in Betracht gezogen werden müssen. Sonst kann die Ursache hinter dem Unfall oder der Krankheit nicht wirklich verstanden und auch keine Abhilfe geschaffen werden.

Die animistische Form einer Religion wird »volkstümliche Religion« genannt, wie etwa »volkstümlicher Hinduismus« oder »volkstümlicher Islam«. Wenn man bedenkt, dass Menschen sich zu volkstümlichen Formen ihrer Religion hingezogen fühlen, wird verständlich, dass viele Menschen, die aus einem Land mit hinduistischer oder buddhistischer Tradition stammen, nicht so glauben, wie sie es nach der »offiziellen« Beschreibung ihrer Religion eigentlich sollten.

Warum befassen wir uns mit Animismus?

Warum sollten wir uns um ein Verständnis animistischer Religionen bemühen? Sind das schließlich nicht die Art von Religionen, die von primitiven Stammesgruppen praktiziert werden, die sonderbare Masken tragen und um ein Feuer herumtanzen? Was hat ein solch primitives religiöses System mit den Menschen zu tun, mit denen wir in nähere Berührung kommen, Menschen, die der Neuzeit angepasst und gebildet sind?

Es ist wichtig, dass wir den Animismus verstehen, da er allgegenwärtig ist und auf die Menschen anziehend wirkt.

Die Allgegenwart des Animismus

Die meisten Weltreligionen haben ein Bild von Gott, das ihn unzugänglich, abstrakt und unerkennbar darstellt (siehe Überblick über die Weltreligionen). Die Hindus sagen zum Beispiel, dass *Brahman* – ihr Begriff für die letzte Wirklichkeit oder Gott – *nirguna* ist, was »ohne Eigenschaften« bedeutet. Ein Gott ohne Eigenschaften ist offensichtlich im Höchstmaß abstrakt. Dass *Brahman* so unzugänglich und abstrakt ist, hinterlässt bei den Menschen ein geistliches Vakuum, das geradezu danach schreit, gefüllt zu werden. Die Hindus haben dieses Vakuum mit 330 Millionen niedrigeren Göttern gefüllt.

Wir in den Vereinigten Staaten beobachteten diesen Trend zum Animismus in der New-Age-Bewegung. Als diese Bewegung vor zwanzig oder dreißig Jahren aufkam, war Meditation, bei der der Meditierende danach strebt, Verbundenheit mit der göttlichen All-Einheit zu erfahren, ein Leitgedanke der Bewegung. Doch jetzt macht das Channeling – die Kontaktaufnahme mit seinem persönlichen geistigen Führer – der Meditation als Leitgedanke der Bewegung den Platz streitig. Dies ist wieder nur ein Beispiel dafür, dass die Menschheit dazu neigt, sich von einem abstrakten Gottesbegriff – der göttlichen All-Einheit – abzukehren und das Vakuum mit persönlichen Geistwesen auszufüllen.

Dieser Trend erklärt auch, warum in den letzten Jahren in unserer säkularisierten Kultur, in der Gott durch die Evolutionstheorie ersetzt wurde, viele Menschen so sehr von Engeln und der Suche nach außerirdischer Intelligenz fasziniert sind.

Wir müssen uns also mit Animismus befassen, weil er die Religionsform ist, zu der Menschen sich hingezogen fühlen.

Ein weiterer Punkt: Obwohl genaue Zahlen nur schwer zu bekommen sind, schätzt man, dass es sehr viele Animisten auf der Welt gibt. Gailyn Van Rheenen, ein Sachverständiger für animistische Religionen, schätzt zum Beispiel, dass »mindestens vierzig Prozent der Weltbevölkerung« animistisch sind (Van Rheenen, 30). Ein Artikel mit der Überschrift »Was vor sich geht« weist darauf hin, dass die Zunahme des Animismus ein Zukunftstrend ist.

Religiöser Pluralismus gibt den Ton an; jeder Gott ist recht. Das Neuheidentum dehnt sich mit beunruhigender Stärke aus. In Frankreich gibt es mehr eingetragene Hexen als katholische Priester (Myers, 4).

Das *International Bulletin of Missionary Research* führt an, dass die Anhänger von »Stammesreligionen« etwa 17 Prozent der Weltbevölkerung ausmachen (Barrett, 25). Dieser Prozentsatz ist niedriger als der, den Van Rheenen angibt, wahrscheinlich, weil es nur diejenigen zählt, die streng genommen einer Stammesreligion angehören und diejenigen außer Acht lässt, die zum Beispiel als Buddhisten zählen, aber einer volkstümlicheren Form des Buddhismus anhängen anstatt den ursprünglichen Lehren Buddhas.

Die Anziehungskraft des Animismus

Ein weiterer Grund dafür, sich mit dem Animismus zu befassen, ist seine enorme Anziehungskraft.

Erstens ist der Animismus bei manchen beliebt, weil er das Heilige in eine Wirklichkeit einfügt, die von der Wissenschaft und der Evolutionstheorie von allem Geistlichen entleert wurde. Der Animismus bringt das Geheimnisvolle in die säkularisierte, rein materielle Welt zurück.

Zweitens wirkt der Animismus anziehend, weil er den Menschen eine Möglichkeit bietet, mit den alltäglichen Bedürfnissen und Problemen fertig zu werden, wie dem Bedürfnis,

- von einer Krankheit geheilt zu werden,
- bei geschäftlichen Unternehmungen erfolgreich zu sein,
- eine Arbeitsstelle zu finden,
- gute schulische Leistungen aufzuweisen,
- eine zerbrochene Beziehung wieder zu kitten,

- einen Lebenspartner zu finden,
- Orientierung für die Zukunft zu gewinnen.

Religion Watch berichtete zum Beispiel:

> Die neuen Religionen, die im heutigen Japan den größten Einfluss gewinnen, sind solche, die geistliche Mächte und Techniken betonen ... Die Neubekehrten von heute interessieren sich wenig für religiöse Lehrmeinungen. Heutzutage wird der Schwerpunkt nicht mehr auf den Glauben, sondern auf Techniken gelegt (Cimino, 6-7).

Wir alle haben schon Zeiten erlebt, in denen Gott stumm und fern scheint, in denen wir uns hilflos fühlen, weil er offensichtlich nicht handelt. Das Gefühl, dass Gott fern ist und wir ihm egal sind, kann uns übermannen, wenn wir erfahren, dass wir Krebs haben oder wenn wir den Tod eines Kindes erleben oder wenn wir unsere Arbeitsstelle verlieren. In solchen Zeiten geraten wir in Verzweiflung und sind versucht, nach etwas zu greifen, das funktioniert – irgendetwas, das uns die Macht verleiht, aus diesem Leiden herauszukommen oder das, was mangelhaft ist, in Ordnung zu bringen.

Der Animismus verspricht eine solche Macht. Philip John Neimark – ein jüdischer Geschäftsmann, der in Amerika geboren wurde und auch Priester der animistischen »Ifa«-Religion ist – meint: »Die Religion ist ein Marktplatz. Man muss ihn beliefern. Und Ifa funktioniert« (Ifa, 4).

Wenn wir versuchen, geistliche Mächte – einschließlich Gott – zwecks einer »schnellen Lösung« oder zu unserem eigenen Vorteil zu manipulieren, dann stehen wir der animistischen Denkweise näher als der biblischen. In diesem Sinne neigen wir alle zum Animismus.

Nur wenn wir Gott alleine für das, was er ist – und nicht für das, was er für uns tun kann – anbeten und ihm dienen, ist unsere Anbetung rein und frei von animistischen Neigungen (siehe Steyne, 46-47).

Die häufigsten animistischen Überzeugungen und Praktiken

1. Ein Gott, der über den vielen Geistern steht

Die meisten animistischen Religionen lehren, dass es ein höchstes Wesen gibt, das über den Ahnen, Geistern und niedrigeren Göttern steht. Dieser Gott ist entweder seinem Wesen nach monistisch (eine unpersönliche All-Einheit) oder monotheistisch (ein persönliches Wesen). Dieses höchste Wesen ist jedoch entweder von seiner Schöpfung so weit entfernt oder so abstrakt, dass man es nicht kennen lernen kann. Es ist denkbar, dass das höchste Wesen sich der Geister bedient, um seinen Willen zu erfüllen oder dass es sie als seine Vertreter einsetzt, doch man kann sich dem höchsten Wesen selbst nicht nähern und es nicht direkt kennen lernen.

2. Die Trennung zwischen dem Letzten und dem Augenblicklichen

Der Animist hält die »formalen« Religionen – das Christentum, den Islam, den Hinduismus usw. – hinsichtlich der *letzten* Fragen wie zum Beispiel, wer Gott ist, worin das Problem der Menschheit besteht und was nach dem Tod geschieht, für brauchbar. Animisten betrachten diese Religionen jedoch bei der Bewältigung der aktuellen Fragen des Alltags als ungeeignet. Diese Trennung zwischen dem Bereich der letzten und dem Bereich der augenblicklichen Fragen ist der Grund dafür, dass ein Animist praktizierender Katholik sein kann und sich trotzdem an einen Schamanen (animistischer Priester, der mit den Geistern in Kontakt steht) wendet, wenn er Heilung von einer Krankheit sucht.

3. Der geistliche Bereich

Dem Animismus zufolge besteht der geistliche Bereich, mit dem wir uns zu befassen haben, aus persönlichen Geistwesen und unpersönlicher geistlicher Energie.

A. Die persönlichen Geistwesen. Die Animisten glauben, dass es zwei verschiedene Arten von Geistwesen gibt: diejenigen, die früher eine körperliche Gestalt hatten (wie verstorbene Ahnen) und diejenigen, die nie einen Körper besaßen (wie Geister und Götter) (Van Rheenen, 259).

Die Geister werden oft als Vermittler zwischen uns und Gott angesehen, die für uns Fürsprache einlegen können. Doch bevor sie sich für uns einsetzen, muss ihnen gehuldigt werden (Henry, 8).

Geistwesen besitzen genau festgelegte Machtbefugnisse und sind geographisch auf bestimmte Orte beschränkt. Einige Geister üben ihre Macht über menschliche Betätigungen aus (wie spekulative Geschäfte, Eheschließung, Beziehungen innerhalb eines Gemeinwesens oder Krieg), während andere für Naturerscheinungen zuständig sind (wie etwa Stürme, das Meer oder die Felder).

Die Unterschiede zwischen den persönlichen Geistwesen des Animismus und dem Gott der Bibel

Die persönlichen Geistwesen des Animismus	Der Gott der Bibel
Auf einen geographischen Standpunkt beschränkt	Keine geographische Beschränkung; Herr über Himmel und Erde (Apostelgeschichte 17,24)
Haben Macht über bestimmte Erscheinungen der Natur	Hat Macht über alle Dinge (Apostelgeschichte 17,24)
Hängen von unseren Opfern ab	Hängt nicht von unseren Opfern ab, weil er alle Dinge geschaffen hat (Apostelgeschichte 17,25) und weil er für uns »ein für alle Mal« das Opfer erbracht hat (Hebräer 9,24 – 10,14)

B. Eine unpersönliche geistliche Kraft. Die animistischen Religionen lehren, dass es neben den persönlichen Geistwesen auch eine unpersönliche geistliche Energie gibt, die bestimmte Gegenstände, Worte oder Rituale durchdringt. Eine solche Energie verleiht diesen Gegenständen die Macht, die Menschen benötigen, um ihre Wünsche zu erfüllen.

Animisten schreiben einem Gegenstand oft magische Kräfte zu. Das Folgende zum Beispiel ist die Beschreibung einer Technik, die zeigt, wie Menschen im volkstümlichen Islam aus den Worten des Koran, ihrer heiligen Schrift, einen Fetisch herstellen:

Ein Vers aus dem Koran, der auf das Problem oder die Sorge eines Menschen eingeht, wird mit wasserlöslicher Tinte auf ein Stück Papier geschrieben. Bevor das Papier in den Fetisch gesteckt wird, taucht der Marabut (muslimischer Führer) es ins Wasser, so dass die Tinte sich auflöst. Dann trinkt der Mensch, der den Fetisch tragen wird, das Wasser und ist davon überzeugt, dass dadurch der Vers verinnerlicht wird (Quicksall, 10-11).

Die Unterschiede zwischen der unpersönlichen geistlichen Kraft des Animismus und dem Gott der Bibel

Die unpersönliche geistliche Kraft des Animismus	Der Gott der Bibel
Die geistlichen Kräfte können nach dem Willen des Menschen manipuliert werden.	Gott wird nicht von Zauberformeln oder Ritualen manipuliert. Was Gott bewegt, ist ein reumütiges und demütiges Herz (Psalm 51,18-19; Sprüche 21,3).
Die geistlichen Kräfte können für gute und für böse Zwecke eingesetzt werden.	Gott ist heilig und hasst das Böse (Psalm 5,5). Die Bibel sagt weiterhin: »Gott verabscheut die Opfergabe eines gottlosen Menschen, vor allem, wenn sie aus falschen Motiven dargebracht wird« (Sprüche 21,27).

4. Der Begriff der Sünde

Animisten sind nicht so sehr darüber beunruhigt, dass sie den höchsten Gott erzürnen könnten. Stattdessen ist ihre Sorge vielmehr gegenwartsnah, denn sie haben Angst davor, die örtlichen Geister zu erzürnen. Für sie ist klar, dass ein erzürnter Geist unweigerlich Vergeltung in Form von Verletzung, Krankheit, Misserfolg oder zwischenmenschlichen Konflikten fordert.

Migene Gonzalez-Wippler, zum Beispiel, eine Anhängerin der animistischen Religion, die Santeria genannt wird, wusste, dass Eleggua – der Name ihres Gottes – forderte, dass seine Anhänger ihm jeden Montagmorgen ein einfaches Opfer darbringen. An einem Montag jedoch vergaß Frau Gonzalez-Wippler das Opferritual, weil sie erst von einer anstrengenden Reise zurückgekommen und mit Auspacken beschäftigt war. Als sie in ihrer Wohnung umherlief und aufräumte, stieß sie mit ihrem Bein an die scharfe Kante der Klinke des Schranks, in dem sie ihren Gott aufbewahrte; dabei fügte sie sich eine Schnittverletzung zu. »Als ich mein Bein zurückzog«, schreibt Frau Gonzalez-Wippler, »sprang die Schranktür auf, und Eleggua's Bild schaute mich betrübt an« (Gonzalez-Wippler, 236). Frau Gonzalez-Wippler verstand, dass die Schnittwunde die Strafe ihres Gottes dafür war, dass sie ihn vernachlässigt hatte.

Van Rheenen schreibt: »Animisten leben in ständiger Angst vor diesen [geistigen] Mächten« (Van Rheenen, 20).

5. Kontaktaufnahme mit den Geistern

Animisten neigen eher als Abendländer dazu, ihren Krankheiten oder Missgeschicken geistliche Ursachen zuzuschreiben. Mit Hilfe von Wahrsagerei, »der Methode, Informationen weiterzugeben, die mit natürlichen Mitteln nicht erhältlich sind« (Henry, 71), entdeckt ein Mensch entweder, womit er einen Geist erzürnt hat oder welche Person einen Fluch auf ihn gelegt hat. Mit Hilfe von Wahrsagerei entdeckt er auch die Lösung des Problems – entweder, was der Geist fordert oder welcher Gegenfluch auszustoßen ist.

Es gibt zahlreiche unterschiedliche Methoden der Wahrsagerei; dazu gehören Tarotkarten, Handlinienlesen, das *I Ching*, das Lesen in Teeblättern, die Beobachtung, wie Federn fallen, das Hochwerfen von Kaurimuscheln, Astrologie, Omen, Wünschelruten (siehe Weldon), Rituale, Nekromantie (die Kontaktaufnahme mit Toten) und die Deutung von Träumen und Visionen. Wahrsagerei kann auch benutzt werden, um den besten Zeitpunkt für Angelegenheiten wie einen Heiratsantrag, einen Baubeginn, eine Vertragsunterzeichnung oder eine Investition zu ermitteln.

6. Das Leben nach dem Tod

Die vielen animistischen Religionen haben keine allgemein gültige und einheitliche Lehre zu der Frage, was mit einer Person nach dem Tod geschieht. Viele sind der Auffassung, dass der Geist des Menschen nach dem Tod weiterexistiert, entweder dadurch, dass er Reinkarnation erfährt und ein anderes Leben auf der Erde führt oder dadurch, dass er zu einer höheren geistigen Ebene »aufsteigt«.

Weit verbreitet ist auch der Glaube, dass die Person, die stirbt, ein Ahnengeist wird. Die Familie muss dann dem Ahnen künftig Opfergaben bringen, weil er die Macht hat, die Familie entweder zu schützen oder heimzusuchen.

Vorschläge für die Verkündigung des Evangeliums

1. Seien Sie dem Standpunkt des Animisten gegenüber feinfühlig

In seinem Buch *Filipino Spirit World* spricht Rodney Henry davon, wie sich unter den Laien auf den Philippinen eine »informelle Verschwörung des Schweigens« gegenüber den Geistlichen entwickelte. Mit dem Ausdruck »informelle Verschwörung des Schweigens« bezieht Henry sich darauf, dass es den Laien widerstrebte, mit Geistlichen über ihre Probleme mit Geistern zu sprechen, weil die Geistlichen diese Dinge nicht ernst nahmen. Henry berichtete zum Beispiel davon, dass ein Laie gebeten wurde, sich um jemanden zu kümmern, der »von Dämonen geplagt« war. Dieser Laie erzählte:

Ich bat unseren amerikanischen Missionar, für mich und die Situation mit dem Studenten zu beten. Als ich ihm erklärte, um was es ging, lachte er mich einfach aus und wechselte das Thema. *Das war das letzte Mal, dass ich mit einem Amerikaner über die Geisterwelt sprach* (Henry, 33, Kursivschrift vom Autor).

Beim Umgang mit Menschen, die aus dem Animismus kommen, ist also der erste Grundsatz, nicht über ihre Weltanschauung zu spotten. Ein derartiger Skeptizismus schreckt sie nur davon ab, über diesen Teil ihres Lebens mit Ihnen zu sprechen, wird sie aber nicht von ihrer Anschauung abbringen.

2. Achten Sie auf den Einfluss des säkularen Denkens auf unser Leben

Das Lausanner Komitee für Weltevangelisation berichtete, dass »der Einfluss, den die Aufklärung, die alles auf natürliche Ursachen zurückführt, auf unser Bildungssystem ausübt, unser Bewusstsein für die Existenz der Mächte der Dunkelheit noch mehr eingetrübt hat« (Lausanne, 2). Wir Christen im Abendland müssen darauf achten, wie sehr naturalistisches, empirisches Denken unsere Weltanschauung bestimmt hat, so sehr, dass wir den Einfluss der Geisterwelt völlig links liegen gelassen haben. Überdies ist eine solche Weltanschauung nicht biblisch.

Die animistische und die biblische Weltanschauung im Vergleich

	Animismus	**Christentum**
Gott	Gott existiert, doch mit unseren Möglichkeiten können wir ihn nicht kennen lernen und nicht mit ihm in Verbindung treten.	Gott existiert, und obwohl er jenseits unseres Verstehens ist, können wir ihn kennen lernen; er gab sich durch Jesus Christus und durch die Bibel zu erkennen (Hebräer 1,1-2).
Letzte und augenblickliche Fragen	Die formalen Religionen befassen sich nur mit den *letzten* Fragen der Sünde und Errettung; aber der Animismus bietet die Macht, mit den *augenblicklichen* Bedürfnissen des Alltags fertig zu werden.	Der Gott des Christentums befasst sich *sowohl mit den letzten als auch mit den augenblicklichen* Fragen. Gott kümmert sich nicht nur um unsere ewigen Bedürfnisse, sondern auch um unsere alltäglichen Bedürfnisse (1. Petrus 5,7).
Die Geister	Die Geister werden entweder als Vermittler zwischen uns und Gott oder als Vertreter Gottes gesehen.	Die Geister sind trügerisch; sie versuchen, Gottes Platz in unserem Leben einzunehmen.
Die Macht der Geister	Geister und Zaubermittel haben entweder die Macht, anderen Schaden zuzufügen oder uns Nutzen zu bringen.	Die Geister haben Macht, aber der Gebrauch dieser Macht führt zu Unfreiheit. Gott hat durch Jesus Christus gezeigt, dass er größer als die Geister und Zauberei ist, weil »der Geist, der in euch lebt, größer ist als der Geist, der die Welt regiert« (1. Johannes 4,4; siehe auch 2. Mose 8,14) und er »die Herrscher und Mächte dieser Welt entwaffnet« hat (Kolosser 2,15). Die Hingabe an Gott bringt Freiheit (Johannes 8,32-36), nicht Unfreiheit.

3. Eine gemeinsame Grundlage finden

Der Animismus und der christliche Glaube haben einiges gemeinsam (siehe Tippett, 143-139), und der Christ soll das zur Herstellung einer gemeinsamen Grundlage nutzen.

Erstens glauben Christen und Animisten an die Existenz und den Einfluss des Übernatürlichen. Sowohl das Christentum als auch der Animismus wenden sich gegen das naturalistische Denken, das besagt, dass es nur Materie gibt. Wie die Christen glauben die Animisten, dass wir zwar säen und den Boden bearbeiten, dass aber etwas Übernatürliches das Wachstum bewirkt. Oder dass der Arzt die Wunde zwar verbindet und den gebrochenen Arm schient, die Heilung aber von etwas Übernatürlichem bewirkt wird.

Zweitens, es hat Konsequenzen, wenn man das Übernatürliche erzürnt. Beim Animisten gehören zu diesen Konsequenzen Dinge wie Krankheit, schlechtes Abschneiden bei einer Prüfung, zwischenmenschliche Konflikte oder finanzieller Ruin. Beim Christen führt das Erzürnen Gottes – die Sünde – zum Abbruch der Gemeinschaft mit Gott.

Drittens, sowohl Animisten als auch Christen haben die Hoffnung, dass es eine Möglichkeit gibt, den Folgen unserer Übertretungen zu entgehen.

Viertens glauben Animisten häufig in irgendeiner Form an ein höchstes Wesen, das über den Geistern und geistlichen Kräften steht.

Es trägt oft unerwartete Früchte, wenn man einen Animisten bittet, über seine Vorstellung vom höchsten Wesen zu sprechen und von seinen kulturellen Traditionen, Legenden und Praktiken zu erzählen. Diese Frucht könnte eine Erlösungsanalogie sein – eine theologische Ähnlichkeit mit dem Christentum in Form eines Bildes oder einer Geschichte –, die zur Erläuterung des Evangeliums benutzt werden kann. Stellen Sie zum Beispiel folgende Fragen:

- Wie ist der höchste Gott?
- Gab es eine Zeit, als Gott der Menschheit nahe war? Worin liegt die Ursache für die Ur-Trennung zwischen Mensch und Gott? Warum ist Gott jetzt fern und unzugänglich?
- Wie erzürnen wir die Götter, Geister oder Ahnen?
- Worin bestehen die Konsequenzen dieser Fehler?
- Gibt es eine Möglichkeit, diese Konsequenzen abzuwenden?
- Kümmert sich Gott jetzt um uns? Wenn ja, wie?

4. Arbeiten Sie die Unterschiede heraus

Die Hauptunterschiede zwischen dem Animismus und dem Christentum liegen erstens darin, dass im Christentum Gott nicht fern, unzugänglich und schweigend geblieben, sondern durch Jesus Christus in unsere Welt gekommen ist und sich durch ihn zu erkennen gegeben hat (Johannes 1,1.14.18; Hebräer 1,1-2; 1. Johannes 4,9-10).

Zweitens: Durch den Opfertod von Jesus Christus zahlte Gott für alle Konsequenzen, die wir infolge unserer Vergehen gegen ihn auf uns geladen haben, ja, er schaffte sie beiseite, deckte sie zu, erledigte sie. Die Götter, Geister und Ahnen im Animismus bieten keine solche Gnade.

Das Opfer, das Jesus »ein für alle Mal« gebracht hat, bedeutet weiterhin, dass das Problem unserer Sünde mit Gott geregelt (Hebräer 9,25-26; Jesaja 53,6; 2. Korinther 5,21) und dass der Weg zu einer persönlichen Beziehung zu Gott für uns frei gemacht ist (Hebräer 4,16).

5. Auf Gott allein zu vertrauen – leben Sie es vor

Der Animist kommt von der Vorstellung her, dass Gott fern ist und sich nicht um unsere alltäglichen Sorgen kümmert, oder, wenn er sich darum kümmert, dann kann er nur durch seine Geister handeln. Folglich wendet sich der Animist mit seinen Problemen und Sorgen an einen Geist oder verlässt sich auf die Kraft eines Rituals oder eines Amuletts.

Folgendes ist zum Beispiel ein Bericht über eine Katholikin, die ihren Glauben auf ein Medaillon setzte, das auf einer Seite ein Bild vom Hl. Vinzenz von Paul und auf der anderen Seite eine Darstellung der Jungfrau Maria zeigte:

> »Oft stand ich in Lebensgefahr«, berichtete die 74 Jahre alte Barbara Trzos. »Vielleicht wurde ich wegen des Medaillons verschont.«
> Sie umklammerte es in Krakau, wo sie ins Gefängnis kam und zum Tode verurteilt wurde. Sie umklammerte es in Auschwitz, wo sie Sklavenarbeit verrichtete. Sie umklammerte es in Dresden, wo um sie herum Bomben niedergingen. Sie umklammerte es in Bergen-Belsen, wo Krankheit und Hunger ihr fast den Rest gaben.
> »Ich glaube fest, dass das Medaillon mich geschützt hat«, erklärte sie (Mc-Caffrey, B1).

Wenn man seinen Glauben auf einen Gegenstand wie ein Medaillon setzt, so ist das Animismus. Animisten erklären vielleicht, dass sie sich an das klammern, was Gott ihnen gegeben hat, wenn sie sich an etwas wie etwa ein Medaillon klammern. In Wirklichkeit ist jedoch dieser Gegenstand zu einem Ersatz für Gott geworden; sie vertrauen den angeblichen magischen Kräften der Schöpfung mehr als dem Schöpfer.

Wir Christen sollten den Animisten ermutigen, alles loszulassen, woran er sich in der Hoffnung klammert, dass es ihm Schutz und Glück bringt, und sich stattdessen an die einzig wahre und sichere Quelle für Schutz und Glück zu halten.

Damit ein Animist beginnt, den Gegenstand, auf den er sein Vertrauen setzt, in Frage zu stellen, sollte man zunächst mit ihm darüber sprechen, wie die Abhängigkeit von animistischen Mächten zu einer Sucht wird, die zu Unfreiheit führt. Je mehr Macht wir erleben, um so mehr sind wir auf diese Macht erpicht. Schließlich beginnen diese Mächte, uns zu »besitzen«.

Zweitens sollten wir durch unser Leben zeigen, dass Gott regen Anteil an jedem Bereich unseres Lebens nimmt. Wir können deshalb in seiner Macht ruhen und sicher sein, dass er für unsere Bedürfnisse sorgt. Petrus ermahnt uns: »Überlasst eure Sorgen Gott, denn er sorgt sich um alles, was euch betrifft« (1. Petrus 5,7). Wenn wir alle unsere Sorgen Gott überlassen, dann sind wir eigentlich »animistischer als der Animist«, denn wir legen Gott *alles* hin. Wenn ein Kind krank wird, sollte unsere erste Reaktion darin bestehen, dass wir für das Kind beten und um Gottes Leitung hinsichtlich der Pflege bitten. Wenn wir um unsere Arbeitsstelle fürchten, sollten wir an erster Stelle unsere Sorgen vor Gott bringen.

Drittens müssen wir den Animisten auf die Bibel hinweisen. Nehmen Sie zum Beispiel Matthäus 10,29-30 und erklären Sie, dass Jesus sagte, dass Gott nicht nur um jeden Spatzen weiß, der zu Boden fällt, sondern sogar die Haare auf unserem Kopf gezählt hat. Wenn Gott sich mit solch unbedeutenden Angelegenheiten wie Spatzen und dem Haar auf unserem Kopf befasst, wie viel mehr ist er dann um uns besorgt, die wir Gott »kostbarer als ein ganzer Schwarm Spatzen« sind (Matthäus 10,31).

Machen Sie deutlich, dass die Antwort auf unsere Probleme darin liegt, dass wir uns Gott im Gebet nähern und nicht darin, dass wir uns auf die Macht eines Geistes oder Amuletts verlassen. Außerdem sollten wir mit dem Animisten für Dinge beten. Fragen Sie den Animisten, welche Sorgen er hat und beten Sie dann mit ihm für diese Sorgen.

Ziehen Sie sich dann zurück und seien Sie gespannt, wie Gott über Ihre bisherigen Erfahrungen und begrenzten Erwartungen hinaus wirkt.

6. Erwarten Sie Gottes mächtiges Wirken

Als Jesus sagte: »Wenn ich aber die Dämonen mit dem Geist Gottes austreibe, dann ist das Reich Gottes zu euch gekommen« (Matthäus 12,28), stellte er einen Zusammenhang her zwischen den Zeichen von Gottes Macht über das Reich Satans und dem Eindringen von Gott in Satans Bereich. Bedeutend ist, dass er einen ähnlichen Zusammenhang herstellt zwischen dem Sieg über die Dämonen und dem Kommen seines Reiches, als er seine Anleitungen zum Gebet gab: »Unser Vater im Himmel ... *Dein Reich komme bald*, dein Wille erfülle sich hier auf der Erde genauso wie im Himmel ... sondern *erlöse uns von dem Bösen*« (Matthäus 6,9.10.13, Kursivschrift vom Autor).

Da das Vaterunser für uns heute immer noch gilt, zeigt Gott seine Macht über Satan und seine Dämonen, um zu bestätigen, dass die Gegenwart seines Reiches auch heute noch wirkt. Das ist von Bedeutung für uns, wenn wir mit Animisten arbeiten.

Da die Macht, mit Alltagsproblemen fertig zu werden, für den Animisten so wichtig ist, wird er wahrscheinlich nicht bereit sein, von den Geistern abzulassen und sich zu Jesus hinzuwenden, wenn nicht sichtbar gezeigt wird, dass die Macht von Jesus größer als die Macht der Geister ist.

Außerdem scheint Gott nicht zurückhaltend zu sein, seine Macht dem Animisten zu zeigen, der ihn sucht (Shetler). Machen Sie sich also darauf gefasst, über das Wirken Gottes zu staunen.

Gleichzeitig sollten wir Christen jedoch den *zuversichtlichen* Glauben, dass Gott dem Animisten seine Macht zeigen will, und einen *vermeintlichen* Glauben, mit dem wir verlangen, *wie* Gott seine Macht zeigen soll, auseinander halten. Gott weiß am besten, was für einen Anhänger des Animismus wichtig ist und welche Beweise seiner Macht die größte Wirkung auf das Leben dieses Menschen haben.

Ein Wycliff-Missionar berichtete zum Beispiel, dass Gott in dem Stamm, in dem er arbeitete, keine Heilungen bewirkte. Stattdessen bekräftigte er seine Botschaft, indem er den Menschen Träume schickte. Solche Träume erzielten mehr Wirkung als Heilungen, da Träume für dieses besondere Volk eine wichtige Informationsquelle waren.

Der springende Punkt ist, dass wir die Führung des Heiligen Geistes erbitten müssen, damit wir erkennen, wie wir für einen Animisten beten sollen.

Am Anfang zeigt Gott vielleicht seine Macht auf erstaunliche Weise, um die Aufmerksamkeit des Animisten zu wecken, doch dann geht es bald darum, Gott zu vertrauen und seinem Wesen ähnlich zu werden (siehe Shetler, 78-79). Malcolm Hartnell, der als Missionar bei dem animistischen Volk der Digo in Kenia arbeitete, erklärte das treffend in folgendem Bericht:

> Wenn das Christentum in der Person Gottes einfach einen besseren Geist als die dämonischen Mächte geboten hätte, dann hätte das Land der Digo sich längst bekehrt. Aber natürlich tut er das nicht. Im Mittelpunkt des christlichen Glaubens steht eine persönliche Beziehung zu Gott, vergleichbar mit der Beziehung eines Kindes zu seinem Vater oder seiner Mutter. Gott verspricht, unsere Bedürfnisse zu befriedigen, er verspricht, uns zu führen, er verspricht uns den Sieg über die Sünde und Satan. Doch das Hauptziel unserer Beziehung zu Gott ist nicht, dass wir alles bekommen, was wir wollen, sondern dass wir Gott ähnlicher werden, und er erhört unsere Bitten in Übereinstimmung mit dieser Zielsetzung (Auszug aus dem persönlichem Gebetsbrief von Hartnell).

Wir müssen das Herz des Animisten umstimmen, damit er erkennt, dass er eine solche Beziehung zu Gott braucht.

7. Lenken Sie das Herz eines Animisten dahin, dass er eine Beziehung zu Gott wünscht

Animisten müssen verstehen, dass Gott ihre augenblicklichen *und* ihre letzten Bedürfnisse befriedigen kann. Das dringendste Problem jedoch liegt darin, dass sie mit ihrer Sucht nach Macht – und den »Mächten« – abbrechen müssen, um in Beziehung mit Gott zu sein.

Jesus sprach die Frage, wie der Gläubige seine Bedürfnisse befriedigen soll, an:

> Und warum sorgt ihr euch um eure Kleider? Schaut die Lilien an und wie sie wachsen. Sie arbeiten nicht und nähen sich keine Kleider. Trotzdem war selbst König Salomo in seiner ganzen Pracht nicht so herrlich gekleidet wie sie. Wenn sich Gott so wunderbar um die Blumen kümmert, die heute aufblühen und schon morgen wieder verwelkt sind, wie viel mehr kümmert er sich dann um euch? Euer Glaube ist so klein! Hört auf, euch Sorgen zu machen um euer Essen und Trinken oder um eure Kleidung. Warum wollt ihr leben wie die Menschen, die Gott nicht kennen und diese Dinge so wichtig nehmen? Euer himmlischer Vater kennt eure Bedürfnisse. Wenn ihr für ihn lebt und das Reich Gottes zu eurem wichtigsten Anliegen macht, wird er euch jeden Tag geben, was ihr braucht (Matthäus 6,28-33).

In dieser Bibelstelle sind drei Dinge enthalten, die für den Animisten wichtig sind.

A. Gottes Herrlichkeit offenbart sich in der Natur. Gott ist der Eine, der in der Natur handelt, und nicht die Geister, denn Gott kümmert sich »so wunderbar um die Blumen«. Die Schöpfung offenbart die Werke *Gottes* und verkündet *seine* Herrlichkeit (Psalm 19,2), nicht die der Geister! Die Geister beanspruchen unrechtmäßig den Ruhm, der Gott zusteht. Unsere Anbetung und Treue soll Gott allein gelten und nicht irgendeinem geschaffenen Geistwesen.

B. Gott sorgt für uns. Jesus spricht in der obigen Bibelstelle über die alltäglichen Bedürfnisse der Menschen, und er sagt, dass Gott für die Befriedigung dieser Bedürfnisse sorgt.

Wenn wir unser Vertrauen auf Dinge wie Geistwesen, Rituale oder Zaubermittel setzen, stellen wir im Grunde die Güte Gottes in Frage, denn wir zweifeln daran, dass er für uns sorgt. Jesus sagt in dem obigen Abschnitt, dass Gott sich natürlich um uns kümmert (siehe 1. Petrus 5,7); und weil er sich um uns kümmert, sorgt er für uns (siehe Apostelgeschichte 14,15-17). Wer etwas anderes glaubt, wertet Gott ab und setzt sein Vertrauen auf die Schöpfung anstatt auf den Schöpfer, und das ist ein Vergehen gegen Gott.

Im Grunde genommen sagen die Animisten, dass Dinge, die geschaffen wurden, sich besser unserer Angelegenheiten annehmen können als der Gott, der alle Dinge geschaffen hat (siehe Apostelgeschichte 17, 29-30). Dadurch stellen sie die Schöpfung über den Schöpfer. Das ist Götzendienst! Der Animist muss verstehen, dass Gott ein eifersüchtiger Gott ist und dass er solchen Götzendienst nicht duldet (2. Mose 34,14; 5. Mose 4,23-24; 6,13-14), denn ihm allein gebührt Vertrauen und Anbetung. Er sorgt besser für uns als irgendein Geist oder Gott, und er alleine kann all das vollbringen, was er sich vorgenommen hat (Hiob 23,12; 42,2).

C. Räumen Sie Gott den ersten Platz ein. Unser Leben soll nicht mit irdischen Dingen dahingehen. Stattdessen sollen wir für Gott leben und »das Reich Gottes zu [unserem] wichtigsten Anliegen machen«. Hier jedoch bringen fast alle Menschen die Dinge durcheinander, denn die meisten von uns glauben, dass wir uns mit Gott befassen können, wenn wir die alltäglichen Dinge erledigt haben.

Jesus sagt jedoch, dass unser Wunsch, den Ewigen kennen zu lernen, vor allem anderen Vorrang haben soll; Gott wird dann für die irdischen Dinge sorgen. Der Ausdruck »das Reich Gottes zum wichtigsten Anliegen machen« ist ein Zeichen dafür, mit Gott in einer richtigen Beziehung zu stehen; und an dieser Stelle, der richtigen Beziehung zu Gott, treffen die beiden Bereiche – das Letzte und das Augenblickliche – aufeinander. Wie? Wenn unsere letzten Bedürfnisse dadurch erfüllt werden, dass wir durch den Glauben an Jesus Christus zu einer Beziehung zu Gott gelangen, dann sorgt Gott auch für unsere augenblicklichen Bedürfnisse. Gott wird nicht von Zaubermitteln, Ritualen oder Fetischen bewegt. Er wird von einem demütigen Herzen bewegt (Sprüche 21,3; Psalm 51,18-19; Jesaja 66,1-2; Hebräer 10,19-22).

8. Sprechen Sie ihre Ängste an

Animisten leben in einem Zustand der Angst. Sie fürchten sich vor der Vergeltung der Geister wegen eines Vergehens oder sie haben Angst vor dem Schaden, den ihnen ein Feind durch eine Form geistlicher

Macht zufügen kann. Doch Gott ist größer als die Geister und Mächte, und er wird uns schützen (Kolosser 2,15; 1. Johannes 4,4).

Die gute Nachricht liegt auch darin, dass wir, die wir an Jesus Christus glauben, nicht mehr aus Angst vor dem Gericht oder einer Strafe zu Gott – oder dem Bereich des Geistlichen – kommen müssen, weil Gott durch Jesus Christus den Grund der Angst vor ihm ausgeräumt hat (Römer 8,1). Die Bibel schreibt: »Die vollkommene Liebe vertreibt alle Angst. Wer noch Angst hat, rechnet mit Strafe ...« (1. Johannes 4,18). Gott hat seine vollkommene Liebe zu uns dadurch gezeigt, »dass er Christus sandte, damit dieser für uns sterben sollte, als wir noch Sünder waren« (Römer 5,8). Aufgrund unseres Glaubens an Christus können wir jetzt »zuversichtlich vor den Thron unseres gnädigen Gottes treten. Dort werden wir Barmherzigkeit empfangen und Gnade finden, die uns helfen wird, wenn wir sie brauchen« (Hebräer 4,16) – ein Vers, der für Animisten hilfreich ist.

9. Erklären Sie deutlich, wer Christus ist und wer wir in ihm sind

Jesus Christus ist der Schöpfer aller Dinge (Johannes 1,1; 1. Korinther 8,6; Kolosser 1,16-17; Hebräer 1,2.10). Als solcher ist er unendlich größer und mächtiger als Satan und seine Dämonen, denn sie sind geschaffene Wesen.

Die Macht von Jesus über die Dämonen geht besonders deutlich aus dem Markusevangelium hervor, denn in diesem Evangelium finden wir mehr Berichte darüber, wie Jesus seine Macht über Dämonen bewies, als in jedem anderen Evangelium (Markus 1,24-27; 1,34.39; 3,11-12; 5,1-13; 7,25-30; 9,17-29). Außerdem zählt Markus nicht nur Beispiele von der Macht von Jesus über die Dämonen auf, sondern auch von seiner Macht über Krankheit (1,30-34; 40-42; 5,25-34; 6,56), Körperbehinderungen und Missbildung (2,1-12; 3,1-5; 7,33-35; 8,22-25; 10,46-52), Tod (5,41-42) und die Natur (4,35-41; 6,30-44; 6,48; 8,1-8; 11,13-14.20-21), Dinge, die für den Animisten von großer Bedeutung sind.

Bitten Sie Ihren ausländischen Freund, zusammen mit Ihnen das Markusevangelium zu lesen, damit Sie mit ihm über die Beispiele von der Macht von Jesus sprechen können. Befassen Sie sich auch gemeinsam mit den Stellen, in denen der Sieg von Jesus über Satan beschrieben wird

(Markus 3,27; Kolosser 1,13-14; 2,15; Hebräer 2,14-15; 1. Johannes 3,8).

Wenn ein Mensch sein Vertrauen auf Jesus setzt, dann wird Folgendes wahr: »Wir wissen, dass jeder, der ein Kind Gottes [ein Gläubiger] geworden ist, nicht sündigt, denn der Sohn Gottes [Jesus Christus] bewahrt ihn, und der Böse kann ihm nichts anhaben« (1. Johannes 5, 18). Dieser Vers weist auf zwei Dinge hin, die auf den Gläubigen zutreffen.

Erstens, wenn wir an Christus glauben, sind wir sicher in ihm, in dem Wissen, »der Böse kann [uns] nichts anhaben.« Das bedeutet, wie Paulus in einer ähnlichen Stelle erklärt, dass »nichts und niemand« – auch nicht Dämonen – »uns von der Liebe Gottes trennen [kann], die in Christus Jesus, unserem Herrn, erschienen ist« (Römer 8,39). Durch den Glauben an Jesus Christus sind wir jetzt

- »Kinder Gottes« (Johannes 1,12; Galater 3,26; Epheser 1,5),
- »aus Gnade gerecht« (Römer 3,24),
- von der Verurteilung befreit (Römer 8,1),
- sicher in der »Liebe Gottes« (Römer 8,39),
- »heilig und befreit von Schuld« (Epheser 1,4),
- befreit von der Sklaverei der Sünde (Epheser 1,7),
- versiegelt vom Heiligen Geist zum ewigen Leben (Epheser 1,13-14).

An solchen Wahrheiten kann Satan nicht rütteln!

Die zweite Wahrheit, die auf Gläubige zutrifft: Da wir »Kinder Gottes« sind, was bedeutet, dass der Heilige Geist uns neues Leben geschenkt hat, haben wir jetzt die Macht, »nicht« weiter »zu sündigen«. Da wir in einer gefallenen Welt leben, sind wir immer noch den Angriffen und Versuchungen des Bösen ausgesetzt (Epheser 6,16). Durch die Kraft des Heiligen Geistes, der in uns wohnt, haben wir jedoch die Kraft, dem Satan zu widerstehen (Epheser 6,13; Jakobus 4,7; 1. Petrus 5,9).

10. Weisen Sie auf das trügerische Wesen der Geister hin

Satan, »der Herrscher dieser Welt« (Johannes 12,31) und »Gott dieser Welt« (2. Korinther 4,4) ist von Natur aus ein Lügner. Sein böses Wesen ist jedoch nicht offenkundig. Sein Betrug ist in sichtbare Schönheit und in das Versprechen von Macht gekleidet.

Satan begann bereits im Garten Eden damit, die Menschen mit dem Lockmittel der Macht zu betrügen, als er versprach, »ihr werdet sein wie Gott« (1. Mose 3,5). Und der Betrug geht bis heute weiter. Achten Sie zum Beispiel auf die Botschaft der Autoren in *Ask Your Angels:*

> Langsam aber sicher erheben wir uns gemeinsam über diese Illusion des Bösen. Dabei halten wir fest an dem Verständnis von Gott als Einer Macht, Einem Letzten Lebensprinzip, von dem alles ausströmt (Daniel, 29).

Eine solche Botschaft ist in ihrem Optimismus ansprechend, steht aber grundlegend im Widerspruch zum christlichen Evangelium. Die Botschaft lautet, dass das Böse eine Illusion ist (so wird abgestritten, dass Christi Sühnetod erforderlich war) und dass wir von der »Einen Macht« ausströmen (dadurch wird geleugnet, dass unsere Sünde uns von Gott trennt).

Außerdem sind die Pläne Satans nicht zu unserem Guten, sondern wollen unsere Zerstörung (Johannes 8,44; 10,10; Hebräer 2,14); und er benutzt die äußere Erscheinung der Schönheit und das Versprechen von Macht, um uns in diese Zerstörung zu locken (1. Mose 3,6; 2. Korinther 11,14). Wenn wir der Überzeugung sind, die Täuschungen Satans und seiner Geister mit Hilfe unserer eigenen Fähigkeiten durchschauen zu können, dann gibt es zwei Möglichkeiten:

Erstens, wenn wir tatsächlich die Täuschung der Geister durchschauen können, sollten wir uns nicht damit abgeben, ihnen zu folgen. Denn da wir ihre Pläne durchschauen können, sind sie geringere Wesen als wir.

Zweitens, wenn wir nicht in der Lage sind, ihre Täuschung zu durchschauen, wären wir gut beraten, uns von ihnen fern zu halten.

Schlussbemerkung

Satan wird diejenigen, die zu seinem Reich gehören, nicht ohne Kampf loslassen. Machen Sie sich also auf einen geistlichen Kampf in Ihrem eigenen Leben gefasst, wenn Sie mit einem Animisten ins Gespräch über Jesus kommen. Bitten Sie andere, für Sie und mit Ihnen zu beten.

Fassen Sie aber Mut, da viele Animisten reif für die Annahme des Evangeliums sind. Suchen Sie sorgfältig die Führung und die Macht des Heiligen Geistes, wenn Sie die Liebe Christi mit Ihrem animistischen Freund teilen.

Bibliographie und Quellen

Barrett, David. »Annual Statistical Table on Global Mission: 1994.« *International Bulletin of Missionary Research.* Gerald Anderson, Herausgeber New Haven, Conn.: Overseas Ministries Study Center, Januar 1994.

Cimino, Richard, Herausgeber. »Japan's New Religions Stress Technique, Search for Authority.« *Religious Watch.* North Bellmore, N. Y.: Richard Cimino, April 1993, Band 8, Nr. 6.

Daniel, Alma, Timothy Wyllie und Andrew Ramer. *Ask Your Angels.* New York: Ballantine Books, 1992.

Gehman, Richard. *African Traditional Religion in Biblical Perspective.* Kijabe, Kenia: Kesho Publications, 1989.

Gonzalez-Wippler, Migene. *Santeria: The Religion.* New York: Harmony Books, 1989.

Gross, Edward. *Miracles, Demons & Spiritual Warfare.* Grand Rapids, Mich.: Baker Book House, 1990.

Henry, Rodney L. *Filipino Spirit World: A Challenge to the Church.* Manila: OMF Publishers, 1986.

Ifa. »In the news ...« Chicago: Ifa Foundation of North America, Inc., August 1993.

Konya, Alex. *Demons: A Biblically Based Perspective.* Schaumburg, Ill.: Regular Baptist Press, 1990.

Lausanne Committee for World Evangelization. »Press Release: Lausanne Committee Issues Statement on Spiritual Warfare«. Wheaton, Ill.: LCWE, 27. August 1993.

McCaffrey, Ray. »Commentary: Woman parted from locket that protected her«. *Gazette-Telegraph.* Colorado Springs: Freedom Communications Inc., 7. August 1995.

Montgomery, John, Herausgeber. *Demon Possession.* Minneapolis: Bethay House Publishers, 1976.

Musk, Bill. *The Unseen Face of Islam.* Eastborne, E. Sussex, IK: MARC, 1989.

Myers, Bryant. »What's going on?« *MARC Newsletter.* Monrovia, Calif.: MARC Publications, September 1994, Nr. 94-3.

Quicksall, Brad. »Not Always What They Appear to Be«. *The Quiet Miracle.* Columbus, Ohio: Bible Literature International, Frühling 1992, Band 70 Nr. 1.

Shetler, Joanne, mit Patricia Puvis. *And the World Came With Power.* Portland, Ore.: Multnomah, 1992.

Steyne, Philip. *Gods of Power: A Study of the Beliefs and Practices of Animists.* Houston: Touch Publications, 1992.

Tippett, Alan. »The Evangelization of Animists«. *Let the Earth Hear His Voice.* J. D. Douglas, Herausgeber. Minneapolis: World Wide Publications, 1975.

Tippett, Alan. »Possessing the Philosophy of Animism for Christ«. *Crucial Issues in Missions Tomorrow.* Donald McGavran, Herausgeber. Chicago: Moody Press, 1972.

Van Rheenen, Gaily. *Communicating Christ in Animistic Contexts.* Grand Rapids, Mich.: Baker Book House, 1991.

Weldon, John. »Dowsing: Divine Gift, Human Ability, or Occult Powers?« *Christian Research Journal.* Elliot Miller, Herausgeber. San Juan Capistrano, Calif.: Christian Research Institute, Frühling 1992, Band 14, Nr. 4.

Buddhismus

Dean C. Halverson

Der Buddhismus in der Welt

Man schätzt, dass etwa 6 % der Weltbevölkerung Anhänger des Buddhismus sind (Barrett, 25), wenngleich diese Zahl nur schwer festgelegt werden kann, da der Buddhismus die Fähigkeit besitzt, sich in eine Kultur einzufügen und die in dieser Kultur bestehenden Glaubensüberzeugungen zu beeinflussen.

Der Theravada-Buddhismus (die Unterscheidungen zwischen den wichtigsten Formen des Buddhismus werden später besprochen) ist vor allem in Birma, Kambodscha, Laos, Sri Lanka und Thailand verbreitet.

Der Mahayana-Buddhismus kommt vor allem auf dem chinesischen Festland, in Hongkong, Japan, Taiwan und Vietnam vor.

Der Vajrayana- oder Tantra-Buddhismus ist vor allem in Bhutan, der Mongolei und Tibet verbreitet.

Die Gründung des Buddhismus

Der Buddhismus wurde im sechsten Jahrhundert v. Chr. von Siddharta Gautama gegründet. Sein Leben (563-483 v. Chr.) fällt in die Zeit der babylonischen Gefangenschaft des Volkes Juda.

Buddhas Leben kann in drei Abschnitte unterteilt werden: Genuss, Suche und Erleuchtung.*

* Die folgenden drei Titelbezeichnungen für diese Lebensabschnitte sind den Vorlesungsnotizen von Dr. Alvin Low, ACTS, P.O. Box 62725, Colorado Springs, CO 80962 entnommen.

Die Zeit des Genusses (563-534 v. Chr.)

Siddharta Gautama wurde in die Kriegerkaste des Stammes Shakya in der Stadt Kapilavastu hineingeboren, was damals im Nordosten Indiens lag, heute aber zu Nepal gehört.

Nach der Überlieferung versuchte Siddhartas Vater, seinen Sohn in einem Palast abzuschirmen, damit er nie irgendeine Form des Leidens, wie Alter, Krankheit, Tod oder die Armut eines Asketen sieht. Eines Tages jedoch wagte Siddharta sich aus dem Palast und begegnete allen vier Formen des Leidens. Diese Erfahrung machte einen tiefen Eindruck auf ihn. Er verlor die Illusionen über seinen Reichtum und befasste sich intensiv mit der Frage des Leidens.

Die Zeit des Suchens (534-528 v. Chr.)

Aufgrund seiner Begegnung mit dem Leid verließ Siddharta seine Familie – einschließlich Frau und Kind – und sein Luxusleben. Er nahm sich vor, die Ursache des Leidens herauszufinden, um es dann überwinden zu können.

Da er von dem Asketen, den er gesehen hatte, überzeugt war, begann er, strengste Askese einzuhalten. Unter anderem aß er so wenig, dass sein Körper nach sechs Jahren so schwach war, dass er beim Baden in einem Fluss fast ertrunken wäre. Er konnte gerade noch nach einem herunterhängenden Zweig greifen, um sich aus dem Wasser zu ziehen. Er erkannte, dass strengste Askese nicht zur Erleuchtung über die Ursache des Leidens und seiner Überwindung führte.

Die Zeit der Erleuchtung (528-483 v. Chr.)

Danach nahm Siddharta etwas Nahrung zu sich und ging in die Stadt Bodh Gaya, wo er sich unter einen Feigenbaum am Ufer eines Flusses setzte. Er gelobte, nicht wieder aufzustehen, bis er Erleuchtung gewonnen hatte und verfiel in einen Zustand tiefer Meditation.

Während seiner Meditation wurde Siddharta von Mara, der Personifikation des Bösen, schwer versucht. Siddharta widerstand jedoch ihren Versuchungen und nach einiger Zeit (manche sagen nach einer Nacht, andere behaupten, nach bis zu neunundvierzig Tagen) erlangte er die Erleuchtung und wurde der Buddha, was »der Erleuchtete« bedeutet. (Von jetzt an nennen wir Siddharta »Buddha«.) Bodh Gaya ist heute der

Ort mit dem heiligsten Schrein der buddhistischen Welt, dem Mahabodhi-Tempel (»große Erleuchtung«).

Buddha nannte seinen Weg zur Erleuchtung den »Pfad der Mitte«, weil er die beiden Extreme Wohlstand und Askese vermied, die ihm nur Leid gebracht hatten. Kurz nach seiner Erleuchtung reiste Buddha nach Benares und hielt im dortigen Wildpark seine erste Predigt, deren Inhalt als die »vier edlen Wahrheiten« bekannt wurde. Schließlich gewann er Tausende von Nachfolgern, die Gemeinden bildeten, die *sanghas* heißen.

Nachdem er fünfundvierzig Jahre lang seine Lehre verkündet hatte, starb Buddha, wahrscheinlich an den Folgen einer Nahrungsmittelvergiftung. Seine letzten Worte waren: »Verfall liegt in allen Substanzen. Arbeitet mit Eifer an eurer Rettung« (Humphrey, 4).

Die Verbreitung und die Spaltungen innerhalb des Buddhismus

Zwei Jahrhunderte lang breitete sich der Buddhismus nicht außerhalb der Grenzen Indiens aus. Dann kam König Ashoka, der Indien von 274-232 v. Chr. regierte, an die Macht. Ashoka war ein Kriegerkönig, der einmal während einer Schlacht solchen Widerwillen gegen das Blutvergießen empfand, dass er beschloss, auf derartiges Kämpfen zu verzichten. In der Folge bekehrte er sich zum Buddhismus und widmete sich und sein Vermögen der Verbreitung dieser Lehre. Ashoka schickte buddhistische Missionare in die anderen Teile Indiens sowie nach Syrien, Ägypten, Kyrene, Griechenland, Sri Lanka, Birma und Thailand.

Etwa zu dieser Zeit nahm eine größere Teilung innerhalb des Buddhismus ihren Anfang. Der wichtigste Streitpunkt war die Frage, ob die Erleuchtung allen oder nur wenigen zugänglich ist. Die Buddhisten, die erklärten, die Erleuchtung sei allen zugänglich, wurden »Mahayana« (»das große Fahrzeug«) genannt, und diejenigen, die behaupteten, sie sei nur wenigen zugänglich (zum Beispiel Mönchen), wurden »Hinayana« (»das kleine Fahrzeug«) genannt. Da die Letzteren an dem negativen Beiklang des Begriffs Hinayana Anstoß nahmen, begannen sie, sich Theravada-Buddhisten zu nennen, was »die Lehre der Alten« bedeutet.

Ein wichtiger Unterschied zwischen den beiden Zweigen des Buddhismus besteht darin, ob man danach strebt, ein *bodhisattva* oder ein *arahat* zu werden. Ein *bodhisattva* (ein Mahayana-Begriff) ist ein Mensch, der die Erleuchtung erreicht hat, sich aber aus Mitleid mit den nicht erleuchteten Massen weigert, ins *nirvana* einzutreten, und zurückkommen will, um andere auf den Weg zu führen.

Andererseits ist ein *arahat* (ein Theravada-Begriff) ein Mensch, der mehr um seine eigene Erleuchtung als um die anderer besorgt ist. Sein oberstes Ziel besteht darin, Erleuchtung für sich selbst zu erreichen, indem er sämtlichen Illusionen entsagt.

Es gibt noch weitere Unterschiede zwischen den beiden Zweigen. Erstens halten die Theravada-Buddhisten Buddha nur für einen Menschen und nicht für einen Gott. Umgekehrt halten die Mahayana-Buddhisten Buddha für eine geschichtliche Verkörperung eines universalen Absoluten oder der Buddha-Essenz.

Zweitens bestehen die Theravada-Buddhisten darauf, dass es nur einen einzigen Buddha geben kann. Die Mahayana-Buddhisten behaupten, es habe viele Verkörperungen der Buddha-Essenz gegeben und dass es mindestens noch eine weitere geben wird, die »Maitreya Buddha« genannt wird.

Drittens, während die Theravada-Buddhisten lehren, dass man Erleuchtung nur durch eigene Anstrengung erlangen kann, meinen die Mahayana-Buddhisten, dass *bodhisattvas* den Menschen auf dem Weg helfen und sogar ihre eigenen Karma-Verdienste auf solche Sucher übertragen können.

Von Indien aus verbreitete sich der Theravada-Buddhismus nach Südostasien, der Mahayana-Buddhismus nach Nordostasien.

Im sechsten Jahrhundert v. Chr. brachte der indische Gelehrte Bodhidharma den Ch'an-Buddhismus nach China (Powell, 88). Der Ch'an-Buddhismus ist eine Technik der Meditation über die »große Leere« im eigenen Inneren. Diese Meditationsform verbreitete sich im zwölften Jahrhundert in Japan und wurde zum Vorläufer des Zen-Buddhismus. Vor allem der japanische Gelehrte D. T. Suzuki war es, der zu Beginn des zwanzigsten Jahrhunderts den Zen-Buddhismus nach Amerika brachte.

Eine weitere Form des Buddhismus in Japan ist der Buddhismus des »Reinen Landes« oder der Jodo-Buddhismus. Das Reine Land ist ein

Zwischenbereich, von dem aus man das *nirvana* leichter erreichen kann als von der Erde aus. In das Reine Land gelangt man durch den Glauben an Amitabha – oder Amida – Buddha und durch das wiederholte Aufsagen des *nembutsu* (»Namu Amida Butsu«).

Neben den beiden Zweigen Theravada- und Mahayana-Buddhismus gibt es einen dritten Zweig, der Vajrayana oder Tantra genannt wird. Der Vajrayana-Buddhismus stammt aus einer Form des Hinduismus, die *tantra* heißt und in der die Betonung auf okkulte Techniken zur Entwicklung geistlicher Macht gelegt wird. »Vajrayana« bedeutet »Diamanten-Fahrzeug«. Diese Metapher bezieht sich auf die Reinheit der geistlichen Macht, die man erschließt, sowie auf die Eignung der Techniken, schnell Illusionen zu zerschlagen, um Erleuchtung zu erreichen (Yamamoto, 40).

Tibet, wo der Vajrayana-Buddhismus die vorherrschende Religion ist, hat der Welt wahrscheinlich das derzeit bekannteste lebende Symbol des Buddhismus gegeben – den Dalai Lama. Der Dalai Lama ist Tibets im Exil lebender geistlicher und politischer Führer. Die tibetischen Buddhisten halten den Dalai Lama für die vierzehnte Inkarnation von Avalokiteshvara, dem *bodhisattva* des Mitleids (Hinnells, 336).

Neben den erwähnten drei Zweigen des Buddhismus gibt es auch noch die Unterscheidung zwischen der »offiziellen« Form des Buddhismus und der »volkstümlichen« Form. Diese beiden Formen unterscheiden sich erheblich voneinander, und oft wissen die Anhänger der volkstümlichen Form sehr wenig über die offizielle Form. Die volkstümlichen Buddhisten sind Animisten (siehe Kapitel über Animismus), in dem Sinn, dass sie glauben, dass Geister das Leben der Menschen beeinflussen und beherrschen. Sie sind davon überzeugt, dass die Menschen die Geister besänftigen müssen, wenn sie Erfolg haben möchten, und dass sie durch verschiedene Formen der Wahrsagerei die Leitung der Geister erbitten sollten.

Wenn jemand angibt, Buddhist zu sein, sollten Sie sich bewusst machen, dass er damit eventuell eine volkstümliche Form des Buddhismus meint, die animistischer Natur ist.

Die Glaubensüberzeugungen des Buddhismus

Wir haben bereits gesehen, dass es extreme Unterschiede innerhalb des Buddhismus gibt. Trotzdem gibt es einige Glaubensüberzeugungen, die den meisten Buddhisten gemeinsam sind. Diese gemeinsamen Überzeugungen sind in den grundlegenden buddhistischen Lehren, den »vier edlen Wahrheiten«, enthalten.

Die erste edle Wahrheit: Das Leben besteht aus Leid *(dukkha)*. Dieser Begriff des Leidens umfasst die Erfahrungen von Schmerz, Elend, Kummer und Unerfülltheit.

Die zweite edle Wahrheit: Alles ist unbeständig und veränderlich. Wir leiden, weil wir Dinge begehren, die unbeständig sind.

Die dritte edle Wahrheit: Man kann sich selbst vom Leiden befreien, wenn man alles Begehren überwindet. Wir müssen aufhören, uns nach Dingen zu sehnen, die unbeständig sind.

Die vierte edle Wahrheit: Das Begehren kann durch Verfolgen des achtteiligen Pfades überwunden werden, der aus acht Punkten besteht. Diese acht Punkte können in drei Gruppen unterteilt werden:

Weisheit *(Panna)*
1. Richtiges Verstehen
2. Richtiges Denken

Ethisches Verhalten *(Sila)*
3. Richtiges Reden
4. Richtiges Tun
5. Richtiges Leben

Geistige Disziplin *(Samadhi)*
6. Richtiges Bemühen
7. Richtiges Bewusstsein
8. Richtige Meditation

Diese acht Punkte sind keine Schritte, die nacheinander getan werden müssen. Es handelt sich vielmehr um Geisteshaltungen und Handlungen, die gleichzeitig miteinander zu entwickeln sind (Rahula, 46).

Außerdem dienen die beiden ersten Punkte als Grundlage, von der aus die anderen Punkte ihren Ausgang nehmen. Wenn man zum Beispiel richtiges Verstehen hat, sieht man das Universum als etwas Unbeständiges und Illusorisches und ist sich bewusst, dass das »Ich« in Wirklichkeit nicht existiert. Dieser Gedankengang wird die Lehre von *anatta* (»Nicht-Ich«) genannt.

Richtiges Denken folgt auf das richtige Verstehen, in dem Sinne, dass es darum geht, alle Bindungen an das Begehren und die Gedanken unseres illusorischen Ichs aufzugeben.

In dem Maße wie ein Mensch einen solchen, wörtlich genommen selbstlosen Standpunkt erreicht, findet er die Kraft, gut über andere zu sprechen (richtiges Reden), den moralischen Geboten oder Enthaltungen des Buddhismus zu gehorchen (richtiges Tun) und seinen Lebensunterhalt nicht mit einem Beruf zu verdienen, der gegen die moralischen Vorschriften des Buddhismus verstößt (richtiges Leben).

Die Grundlage des ethischen Verhaltens sind die *sila* oder moralischen Vorschriften. Diese Vorschriften enthalten die Gebote, Folgendes zu unterlassen:

1. Töten (hinsichtlich jeder Form des Lebens, nicht nur menschlichen Lebens),
2. Stehlen,
3. unmoralisches Sexualverhalten (Mönche müssen unverheiratet bleiben),
4. Lügen,
5. das Einnehmen von Rauschmitteln.

Während *sila* sich auf das Handeln eines Menschen bezieht, hat *samadhi* (geistige Disziplin) mit den Geisteshaltungen und dem Bewusstseinszustand eines Menschen zu tun. *Samadhi* wird als ein tiefer Bewusstseinszustand definiert, »in dem jedes Gefühl persönlicher Identität aufhört« (Rice, 310). Durch richtiges Bemühen verhindert man, dass einem böse Gedanken in den Sinn kommen; durch richtiges Bewusstsein erkennt man die Ereignisse seines Lebens besonders klar; und durch richtige Meditation kann man die Wonne der Erleuchtung erreichen.

Buddhas *augenblickliches* Ziel war es, die Ursache des Leidens zu beseitigen. Sein *letztes* Ziel war jedoch, vom Kreislauf des Todes und der

Wiedergeburt *(samsara)* befreit zu werden, indem er lehrte, wie wir aufhören können zu begehren und wie wir dadurch unsere Bindungen und unseren Glauben an die Existenz des illusorischen Ichs aufgeben können. Wenn wir bei der Beseitigung solcher Bindungen erfolgreich sind, dann haben die Wirkungen des Karma nichts, an dem sie sich festhalten können, was wiederum dazu führt, dass der Einzelne aus dem Bereich der Illusion befreit wird. In diesem Augenblick der Erleuchtung erreicht der Mensch den Zustand des *nirvana* – das letzte Ziel für den Buddhisten und das buddhistische Äquivalent für Erlösung.

Buddha beschrieb das *nirvana* (Pali, *nibbana*) mit folgenden Worten:

> Es gibt einen Bereich, der weder Erde noch Wasser, noch Feuer, noch Luft ist, der nicht der Bereich der Unendlichkeit des Weltraums, noch der Bereich der Unendlichkeit des Bewusstseins, der Bereich des Nichts, der Bereich der Wahrnehmung oder Nichtwahrnehmung ist, der weder diese Welt, noch die Sonne noch der Mond ist. Ich bestreite, dass es kommt oder geht oder dauert, Tod oder Geburt ist. Es ist nur das Ende des Leidens (Powell, 28).

Nirvana bedeutet nicht, dass die Person beim Eintritt in einen solchen Zustand erlöscht, weil, wie Buddha argumentierte, es überhaupt nie eine Person gab, die erlöschen könnte.

Während der Hinduismus in Bezug auf den *samsara*-Kreislauf (Reinkarnation) annimmt, dass eine individuelle Essenz von einem Leben zum anderen fortbesteht, lehrt Buddha nicht, dass eine solche fortdauernde Essenz existiert. Nach Buddha gibt es kein Ich, das während des ganzen *samsara*-Kreislaufes hindurch fortbesteht. Stattdessen besteht jeder Mensch aus fünf »Komponenten«, die *skandhas* genannt werden: Körper, Gefühle, Wahrnehmung, Wille und Bewusstsein (Ch'en, 44). Beim Tod trennen sich diese Komponenten oder Teile, und wie bei einem Auto, das in seine Einzelteile zerlegt wurde, besteht kein zusammenhängendes Ganzes mehr.

Die heiligen Schriften des Buddhismus

Die Frage, was als heilige Schriften zu betrachten ist, war ein weiterer Grund für die Trennung von Theravada- und Mahayana-Buddhismus. Die Theravada-Buddhisten waren der Meinung, dass der Kanon mit dem Pali *Tripitaka* abgeschlossen ist. »Pali« ist die Sprache, in der es geschrieben ist, und »*Tripitaka*« (auch *Tipitaka* geschrieben) bedeutet »drei Körbe« von Lehren, zu denen die Predigten Buddhas, die Regeln für die Mönche und philosophische Lehren gehören. *Tripitaka* ist etwa siebzigmal länger als die Bibel (Rice, 388).

Die Mahayana-Buddhisten andererseits waren davon überzeugt, dass der Kanon offen ist. Deshalb gehören zu ihren heiligen Schriften auch Texte aus indischen, chinesischen, japanischen und tibetischen Quellen. Zu den weiter verbreiteten Mahayana-Schriften gehören auch das Lotus-Sutra *(Saddharma-pundarika)* und die Vollkommenheit der Weisheit *(Prajna-paramita)*, die ihrerseits das Diamant-Sutra und das Herz-Sutra enthält.

Die heiligen Schriften des Vajrayana-Buddhismus sind *Kanjur* (108 Bände) und *Tanjur* (225 Bände; Powell, 124).

Hindernisse für die Verkündigung des Evangeliums und übliche Einwände

1. Unterschiedliche Standpunkte

Ein vom Buddhismus beeinflusster Mensch hat vermutlich Schwierigkeiten, einige der christlichen Begriffe zu verstehen. Christen, zum Beispiel, sprechen von einem Gott, der Gefühle wie Zorn und Liebe zeigt, doch für Buddhisten sind solche Gefühle eher etwas Negatives und nicht etwas, auf das man stolz sein könnte. Solche Gefühle sind ein Zeichen dafür, dass die jeweilige Person noch in ihrer Bindung an das Ich stecken geblieben ist (Tsering, 157). Ein anderes Beispiel: Der Christ spricht vom ewigen Leben, doch für den Buddhisten hat die Hoffnung auf Leben nach dem Tod ihren Ursprung im nach Absonderung strebenden Ich, das weiterhin nach persönlicher Existenz dürstet.

Wenn ein Mensch mit buddhistischem Hintergrund Ihre Botschaft ablehnt, so fragen Sie ihn nach den Gründen. Es handelt sich möglicherweise um ein Missverständnis und nicht so sehr um bewusste Ablehnung. Ein Autor schrieb: »Die meisten Buddhisten haben das Evangelium nie gehört, weil sie es falsch gehört haben« (Weerasingha, 62). Oft muss man mehrere Versuche unternehmen, bevor man lernt, wie man das Evangelium einem Buddhisten verständlich vermitteln kann.

Der Buddhismus und das Christentum im Vergleich

	Theravada-Buddhismus	Mahayana-Buddhismus	Christentum
Gott	*Nirvana*, eine abstrakte Leere	*Nirvana*, eine abstrakte Leere, aber auch eine undifferenzierte Buddha-Essenz	Ein personaler Gott, der durch sich selbst besteht und sich nicht ändert
Menschheit	Eine unbeständige Ansammlung von Komponenten	Eine unbeständige Ansammlung von Komponenten. Für manche geht das persönliche Leben im Reinen Land weiter.	Nach dem Bild Gottes geschaffen. Das persönliche Leben ist wertvoll. Nach dem Tod existieren wir weiterhin als Person.
Das Problem	Wir leiden, weil wir vergängliche Dinge begehren, wodurch wir weiterhin in der Illusion der Existenz eines individuellen Ichs leben.	Wie Theravada	Wir leiden wegen der Folgen unserer Sünde. Doch wir leiden auch, weil wir aufgrund dessen, dass wir nach dem Bild Gottes geschaffen sind, nur dann Erfüllung finden, wenn wir in einer Beziehung mit unserem Schöpfergott stehen. Auch wenn wir in einer Beziehung zu Gott am meisten erfüllt sind, haben wir uns gegen ihn aufgelehnt und sind ihm deshalb entfremdet.
Die Lösung	Von allem Begehren ablassen, um die Nicht-Existenz des Ichs zu verwirklichen und auf diese Weise Beständigkeit zu finden.	Sich der Buddha-Natur in sich selbst bewusst werden	Vergebung von Gott, Aussöhnung mit Gott. Wir finden Beständigkeit in der Unwandelbarkeit Gottes.

	Theravada-Buddhismus	Mahayana-Buddhismus	Christentum
Die Mittel	*Jeder ist auf sich selbst angewiesen.* Man muss dem Pfad der Mitte folgen und seine Karma-Verdienste vermehren.	Jeder ist auf sich selbst angewiesen. Die Mittel sind unterschiedlich, vom Verfolgen des achtteiligen Pfades, dem Leeren des Geistes, der Vermehrung der Verdienste durch Rituale, bis hin zum Erkennen der Buddha-Natur in sich selbst und der Abhängigkeit von den Leistungen eines *bodhisattva*.	*Vertrauen auf Gott.* Wir müssen unsere Sünden bereuen und uns auf das Rettungswerk von Jesus Christus verlassen.
Das Ergebnis	Eintritt ins *nirvana*, wo das Ich ausgelöscht ist.	Das Ergebnis ist unterschiedlich: Man kommt entweder als *bodhisattva* zurück, um andere zu führen, man tritt ins *nirvana* ein oder lebt in einem Reinen Land, aus dem man ins *nirvana* eintreten kann.	Unsere Existenz als Person überdauert den Tod, und wir finden Erfüllung, da wir in ewiger Gemeinschaft mit einem liebenden, persönlichen Gott leben.

2. »Viele Wege zu Gott«

Die meisten Buddhisten glauben, dass es viele Wege zu Gott gibt. Wie soll man mit einem solchen Glauben umgehen?

Erstens, weisen Sie darauf hin, wo in folgender Aussage die Betonung liegt: »So wie es viele Wege zum Gipfel des Berges gibt, so gibt es viele Wege zu Gott.« Die Betonung liegt auf dem *Weg*, den *wir* gehen müssen. Mit anderen Worten, für den Buddhisten ist die Erlösung auf menschliches Bemühen gegründet. *Wir* müssen uns anstrengen, um den Berg zu erklimmen. Das ist keine gute Nachricht.

Zweitens, erklären Sie die biblische Argumentation hinter der Ausschließlichkeit des biblischen Weges zum Heil mit dem Begriff der Versöhnung. Versöhnung ist die Wiederherstellung einer Beziehung, die zerbrochen ist. Sie könnten Ihrem Freund folgende Frage stellen: »Angenommen du bist schuld daran, dass die Beziehung zu einem Freund zerbrochen ist, weil du ihm Unrecht getan hast. Wie viele Wege gibt es zur Wiederherstellung dieser Beziehung?«

Die Antwort ist, dass es wirklich nur einen einzigen Weg für die Wiederherstellung der Beziehung gibt: die Schuld bekennen und den Freund um Vergebung bitten.

In gleicher Weise haben wir gegen die moralische Autorität Gottes aufbegehrt und deshalb die Gemeinschaft mit ihm zerbrochen. Das Heil liegt demnach in der Versöhnung mit Gott (siehe Kolosser 1,21-23). Gott hat die Mittel zur Versöhnung und Vergebung durch Jesus Christus zur Verfügung gestellt, sobald wir unsere Sünden bekennen und ihm vertrauen.

3. »Jesus ist nicht einzigartig«

Ihr buddhistischer Freund hält Jesus vielleicht für einen geistlichen Führer, so wie Buddha (Theravada-Buddhismus), oder für einen *bodhisattva* (Mahayana-Buddhismus). Betrachten Sie jedoch die Unterschiede, wie sie in den Tabellen umrissen sind (»Buddha und Jesus« und »Die *bodhisattvas* und Jesus«).

Es gibt aber auch andere Möglichkeiten, auf die man zurückgreifen kann, wenn man auf die Einzigartigkeit von Jesus zu sprechen kommt. Eine davon ist beispielsweise Ihrem buddhistischen Freund zu raten, das Johannesevangelium zu lesen, damit er selbst Jesus kennen lernen kann.

Buddha und Jesus

Theravada-Buddhismus	Christentum
1. Buddha behauptete nicht, eine besondere Beziehung zu Gott zu haben. In der Tat hielt Buddha die Frage von der Existenz Gottes für unwichtig, da sie nichts mit der Frage zu tun hatte, wie man dem Leiden entrinnen kann.	1. Jesus behauptete, dass er eine besondere Beziehung zu Gott hat (Johannes 3,16; 6,44; 10,30; 14,6.9)
2. Buddha behauptete, den Weg aufzuzeigen, mit dem man dem Leiden entrinnen und Erleuchtung *erreichen* kann.	2. Jesus behauptete, der Weg zu sein, durch den wir das Heil und ewiges Leben *erhalten* (Johannes 14,6; 5,35).
3. Buddha lehrte, dass man das Leiden ausmerzen kann, wenn man das Begehren ausmerzt.	3. Jesus lehrte, dass die Lösung für das Problem des Leidens nicht in der Ausmerzung des Begehrens gefunden wird, sondern darin, dass man das Richtige begehrt (Matthäus 5,6).

Die Bodhisattvas und Jesus

Mahayana-Buddhismus	Christentum
1. Es gibt viele bodhisattvas.	1. Es hat nur eine einzige Menschwerdung des Sohnes Gottes gegeben.
2. Der Beweggrund der bodhisattvas ist ihr eigenes Mitleid mit der Welt. Ihr Mitleid ist jedoch keine Widerspiegelung der Gefühle, die die »Leere« gegenüber der Welt empfindet.	2. Jesus ist das einzigartige Zeichen von Gottes Liebe zur Welt (Johannes 3,16; Römer 5,8; 1. Johannes 4,10).
3. Die bodhisattvas halten unsere Welt für eine Illusion, der man entrinnen muss.	3. Die Bibel sagt, dass Jesus das Universum geschaffen hat und dass es für gut befunden wurde (Johannes 1,3; 1. Mose 1,31).
4. Die bodhisattvas mussten im Verlauf zahlreicher Leben ihre Sünde besiegen (d. h. die Bindung an das Ich, Unwissenheit).	4. Jesus war von Anfang an sündlos; er musste nicht erst sündlos gemacht werden (Matthäus 27,4; Lukas 23,41; 2. Korinther 5,21; Hebräer 4,15).

Vorschläge für die Verkündigung des Evangeliums

1. Erkennen und betonen Sie die gemeinsame Grundlage

Am besten beginnen Sie mit der gemeinsamen Grundlage, die Sie und Ihr buddhistischer Freund haben. Obwohl das Christentum und der Buddhismus hinsichtlich ihrer grundlegenden Glaubensüberzeugungen unvereinbar sind, gibt es doch einige bedeutende Ähnlichkeiten, auf die Sie aufbauen können. Zu diesen Ähnlichkeiten gehören die Überzeugungen, dass

- Begehren zu Leid führen kann.
- persönlicher Friede gefunden wird, wenn man sich an das hält, was beständig ist.
- es am besten ist, ein moralisches Leben zu führen.
- Selbstdisziplin geistlichen Wert hat.
- Meditation und Gebet wichtig sind.
- Mitleid eine Tugend ist, die man fördern sollte.

2. Packen Sie die Frage des Begehrens an

Buddha lehrte, dass Begehren die Ursache allen Leidens ist. Um das Leid auszumerzen, argumentierte er, muss man das Begehren ausmerzen. Ein solches Ziel ist sicherlich schwierig zu erreichen, da *Begehren* erforderlich ist, um *Begehren* auszumerzen.

Weisen Sie freundlich darauf hin, dass Jesus sagte: »Gott segnet die, die nach Gerechtigkeit hungern, denn sie werden sie im Überfluss erhalten« (Matthäus 5,6). Nach Jesus geht es also darum, das *Richtige* zu begehren und nicht das Begehren insgesamt auszumerzen.

3. Sprechen Sie offen über Ihren Glauben an einen personalen Gott

Einer der Grundlehrsätze, in denen sich das Christentum vom Buddhismus unterscheidet, sagt aus, dass Gott eine Person ist. Die Buddhisten glauben, dass die letzte Wirklichkeit eine unpersönliche Leere *(sunyata)* ist.

Welche Folgen oder Vorteile ergeben sich daraus, dass Gott eine Person ist? Er ist fähig, uns zu lieben. Er kann auch unsere Gebete hören und beantworten. Und er kann mit unserem Leiden mitfühlen (2. Mose 3,7, Hebräer 4,15). Eine Leere wäre zu solchen Dingen nicht fähig. Erzählen Sie, wie Sie Frieden und Freude in dem Wissen gefunden haben, dass Gott Sie liebt und dass Sie Ihre Sorgen und Probleme vor ihn bringen können.

4. Weisen Sie auf die Beständigkeit Gottes hin

Ein anderer Vorteil dessen, dass Gott eine Person ist, hängt mit der Frage der Beständigkeit zusammen. Buddha lehrte, dass man Beständigkeit nur in der Leere finden kann. Als Christen stimmen wir der Aussage zu, dass wir unser Leben auf etwas Beständiges gründen müssen.

Das Problem mit dem buddhistischen Begriff der Beständigkeit liegt jedoch darin, dass wir als Einzelne aufhören zu existieren, wenn wir Beständigkeit in der Leere gefunden haben. Bevor wir Beständigkeit finden können, müssen wir in der Leere verschwinden.

Da im Christentum Gott eine Person ist, können wir in ihm Beständigkeit finden, und zwar ohne die unerwünschte Folge, dass wir unseren Wert und unsere Existenz als Person verwerfen müssen. Das Ergebnis der Rettung ist nicht das Verschwinden des Individuums in der Leere, sondern die Herstellung einer persönlichen Beziehung zu Gott.

Der Gott der Bibel ist in zweierlei Hinsicht beständig. Erstens ist er beständig in dem Sinn, dass sein Charakter unveränderlich ist (Maleachi 3,6; Jakobus 1,17). Zweitens ist er beständig in dem Sinn, dass er treu ist in allem, was er verspricht (Klagelieder 3,23, Hebräer 13,5).

Wie können wir die Beständigkeit Gottes zu einem Teil unseres Lebens machen? Denken Sie über Folgendes nach:

> Jesus antwortete ... »Ihr solltet euch um vergängliche Dinge wie Nahrung nicht solche Sorgen machen. Sucht stattdessen, was euch in das ewige Leben führt, das der Menschensohn euch schenken kann. Denn dazu hat Gott der Vater ihn gesandt.«
> Sie erwiderten: »Was sollen wir denn nach dem Willen Gottes tun?«
> Jesus erklärte: »Dies ist der Wille Gottes, dass ihr an den glaubt, den er gesandt hat« (Johannes 6,27-29).

In diesen Versen spricht Jesus von der Sorge um »vergängliche Dinge« (Unbeständigkeit) und um das, was »in das ewige Leben führt« (Beständigkeit). Durch den Glauben an Jesus Christus können wir das geschenkt bekommen, was beständig ist.

5. Sprechen Sie deutlich über die Sünde und die Möglichkeit der Vergebung

Etwas anderes, das der Buddhismus und das Christentum gemeinsam haben, sind moralische Vorschriften. Die moralischen Vorschriften des Buddhismus, *sila* genannt, erinnern an die Zehn Gebote. In buddhistischen Sekten werden mindestens fünf *sila* aufgezählt. Dazu gehört, Folgendes zu unterlassen: Töten (hinsichtlich jeder Form des Lebens), Stehlen, unmoralisches Sexualverhalten, Lügen und das Einnehmen von Rauschmitteln.

Der Unterschied zwischen dem Buddhismus und dem Christentum besteht jedoch darin, dass die Sünde – oder der Verstoß gegen die moralischen Vorschriften – im Buddhismus keine vertikalen Konsequenzen hat. Im Buddhismus hat Sünde mit Unwissenheit (ein geistiges Problem) oder mit Karma (die Frage eines unpersönlichen moralischen

Prinzips, einem Naturgesetz ähnlich) zu tun. Als solches hat Sünde keine Konsequenzen hinsichtlich des Bruchs einer bedingungslosen Verbindung mit der Leere.

Was folgt aus diesen beiden buddhistischen Einstellungen zur Sünde – Unwissenheit und Karma?

Erstens, da Sünde eine Frage der Unwissenheit ist, müssen wir alleine damit fertig werden. Es ist unser Problem und nicht Gottes Problem. Die Leere kann sich nicht darum kümmern, ob wir als Ergebnis unserer Unwissenheit leiden. Außerdem sind zahllose Leben erforderlich, um eine solche Unwissenheit zu besiegen.

Zweitens, da das Gesetz des Karma ein unpersönliches Prinzip ist, ähnlich wie ein Naturgesetz, sind die Folgen unserer moralischen Handlungen unvermeidlich. Mit anderen Worten, Sünde kann nicht vergeben werden, da es keinen Vergebenden gibt. Wie man das Gesetz der Schwerkraft – ein Naturgesetz – nicht um Vergebung bittet, so kann auch das Gesetz des Karma keine Vergebung schenken.

Nach dem christlichen Glauben hat die Sünde jedoch eine vertikale Dimension, weil Gott transzendent, personal und heilig ist. Jede Beziehung unterliegt moralischen Gesetzen, wie etwa Ehrlichkeit, Achtung und oft auch Treue. Ein Verstoß gegen diese moralischen Gesetze führt zu einer Spannung in der Beziehung und manchmal zum Bruch. Das gilt auch für unsere Beziehung zu Gott. Unsere Sünde ist Ausdruck unserer Haltung des moralischen Aufbegehrens gegen die Autorität Gottes (Jesaja 53,6). Als solches ist die Folge unserer Sünde der Bruch unserer Beziehung zu Gott.

Was folgt aus der christlichen Einstellung zur Sünde?

Erstens, da Gott eine Person ist, kann – und will – er sich um unser Leiden kümmern, und er sehnt sich nach der Gemeinschaft mit uns.

Zweitens, da Gott eine Person ist, kann er uns unsere Sünden vergeben, was er durch den Opfertod von Jesus Christus getan hat.

Da in der Bibel steht, dass Gott »treu [eine Form der Beständigkeit] und gerecht« ist und »dass er uns vergibt« (1. Johannes 1,9), können wir uns auf seine Vergebung verlassen.

6. Benutzen Sie Brücken für die Gute Nachricht

Im Buddhismus gibt es Glaubensvorstellungen, die man als Brücke benutzen kann, um einem Buddhisten das Evangelium verständlich zu machen.

Eine solche Brücke hat mit der Lehre vom *bodhisattva* zu tun. Ein *bodhisattva* ist jemand, der es aus Mitleid abgelehnt hat, ins *nirvana* einzutreten, um anderen auf dem Weg zur Erleuchtung zu helfen. Ein Teil dieses Verständnisses, der als Brücke zum Evangelium gebraucht werden kann, besagt, dass der *bodhisattva* seinen zusätzlichen Karma-Verdienst auf einen Menschen übertragen kann, der an ihn glaubt (Weerasingha, 75).

Eine andere Brücke ist eine Geschichte aus der buddhistischen Literatur, mit deren Hilfe man die Bedeutung der Kreuzigung von Jesus erklären könnte:

> Prinz Mahanama aus dem Geschlecht der Shakya, ein Verwandter Buddhas, hatte großen Glauben an die Lehren Buddhas und war einer seiner treuesten Anhänger.
> Zu jener Zeit eroberte ein gewalttätiger König namens Virudaka von Kosala das Geschlecht der Shakya. Prinz Mahanama ging zum König und bat um das Leben seines Volkes, doch der König wollte davon nichts wissen. Dann machte er den Vorschlag, dass der König so viele Gefangene entkommen lassen sollte, wie weglaufen könnten, solange er selbst in einem nahen Teich unter Wasser blieb.
> Dem stimmte der König zu, in der Annahme, die Zeit würde sehr kurz sein, die er unter Wasser bleiben könne.
> Das Tor des Schlosses wurde geöffnet, als Mahanama ins Wasser tauchte, und die Menschen rannten, um sich zu retten. Doch Mahanama kam nicht hoch. Er opferte sein Leben für das Leben seines Volkes, indem er sein Haar an die unter das Wasser ragende Wurzel eines Weidenbaumes band (*Die Lehren Buddhas*, 254-255).

Achten Sie auf die Bilder dieser Geschichte, die die Bedeutung des Opfertodes von Jesus veranschaulichen.

Versklavung: Es geht um Versklavung – das Geschlecht der Shakya war von einem bösen König versklavt; die Menschheit ist von der Sünde versklavt (Johannes 8,34; Römer 6,6.16).

Einer starb für alle: Der Tod eines Einzigen führte zur Freiheit für alle – Mahanamas Tod führte zur Freiheit des Geschlechts der Shakya von der Knechtschaft des Königs; Christi Tod führte zu unserer Freiheit von der Knechtschaft der Sünde (Matthäus 20,28; Römer 5,18-19).

Der Beweggrund war Liebe: Die Tat war freiwillig, und der Beweggrund war Liebe. Wie Mahanama sich freiwillig dazu entschloss, aus Liebe für sein Volk zu sterben, so gab Jesus freiwillig sein Leben für die ganze Menschheit hin (Johannes 10,11-18; 13,1.34).

Die Rettung wird geschenkt: Die angebotene Rettung kann kostenlos in Anspruch genommen werden. Die Menschen aus dem Geschlecht der Shakya konnten ihre Freiheit aus der Knechtschaft erhalten, indem sie einfach aus dem Königreich flohen; Menschen können das Geschenk der Rettung erhalten, indem sie einfach an das Versöhnungswerk von Jesus Christus glauben (Römer 3,20-24; Epheser 2,8-9).

Glossar

Anatta: »Kein Ich«. Die Lehre, dass es kein fortdauerndes Ich gibt.

Anicca: Lehre, die besagt, dass alles unbeständig, veränderlich und in ständigem Wechsel ist.

Lama (tibetisch): Lehrer

Mantra: »Gedankenform« (Rice, 247). Eine geistige Hilfe zur Meditation.

Nirvana (Pali, *nibbana*): Wörtlich »auslöschen«, wie im Ausblasen einer Flamme; das Ziel der Erleuchtung.

Rinpoche (tibetisch): »Wertvoller«. Eine Ehrenbezeichnung, die oft am Ende des Namens eines tibetischen *Lama* steht.

Samadhi: Zustand der Konzentration, in dem man das Gefühl des individuellen Ichs verliert.

Samsara: Der Kreislauf von Leben, Tod und Wiedergeburt.

Satori: Zustand, in dem durch Zen-Meditation alles Denken endet.

Skandhas: Die Verbindung der fünf Elemente oder Komponenten, die sich zusammenschließen, um eine Person zu bilden.

Sunyata: Der buddhistische Begriff der Leere, in dem es keine Substanz, kein Ich und keine Dualität gibt (*Teaching*, 118).

Tanha: Begehren und Sehnsüchte, die zur Wiedergeburt führen.

Tulku (tibetisch): Wörtlich »Inkarnation«. Ein *tulku* ist »ein Mensch, der eine mystische Emanation eines berühmten Lehrers oder einer Gottheit ist« (Tsering, 153).

Yana: Ein »Fahrzeug« oder ein »Pfad« des geistlichen Fortschritts (wie in Maha*yana*).

Bibliographie und Quellen

Barrett, David. »Annual Statistical Table on Global Mission: 1994«. *International Bulletin of Missionary Research.* Gerald Anderson, Herausgeber. New Haven, Conn.: Overseas Ministries Study Center, Januar 1994.

Ch'en, Kenneth K. S. *Buddhism:* Woodbury, N. Y.: Barron's Educational Series, Inc., 1968.

Hinnells, John R., Herausgeber. *A Handbook of Living Religions.* New York: Penguin, 1984.

Humphreys, Christmas. *Buddhism.* Baltimore, Md.: Penguin, 1951.

Lausanne Committee for World Evangelization. »Christian Witness to Buddhists«. *Lausanne Occasional Papers,* Nr. 15. Wheaton, Ill.: LCWE, 1980.

McDowell, Josh. *More than a Carpenter.* Wheaton, Ill.: Tyndale House Publishers, 1977.

McDowell, Josh und Don Stewart. *Understanding Non-Christian Religions.* San Bernardino, Calif.: Here's Life Publishers, 1982.

Powell, Andrew. *Living Buddhism.* New York: Harmony Books, 1989.

Rahula, Walpola. *What the Buddha Taught.* New York: Grove Press, 1974.

Rice, Edward. *Eastern Definitions.* Garden City, N. Y.: Anchors Books, 1980.

Seamonds, John. *Tell It Well: Communicating the Gospel Across Cultures.* Kansas City, Mo.: Beacon Hill Press, 1981.

The Teaching of Buddha. Tokio: Buddhist Promoting Foundation, 1966.

Tsering, Marku. *Sharing Christ in the Tibetan Buddhist World.* Upper Darby, Penn.: Tibet Press, 1988.

Weerasingha, Tissa. »Concepts of Salvation in Buddhism«. *Evangelical Review of Theology*. Exetor, Devon, U.K.: Paternoster Press; Januar 1991.

Yamamoto, J. Isamu. *Beyond Buddhism*. Downers Grove, Ill.: InterVarsity, 1982.

Yamamoto, J. Isamu. »Buddhism in America«, vierteilige Serie. *Christian Research Journal*. San Juan Capistrano, Calif.: Christian Research Institute, Frühling/Sommer 1994, Herbst 1994, Winter 1995, Frühling 1995.

»Herz-Geist-Natur«

心性

Konfuzianismus

Thomas I. S. Leung

Zahl der Anhänger

Der Konfuzianismus ist keine formale Religion im herkömmlichen Sinn. Es handelt sich vielmehr um ein religiöses Glaubenssystem, das die Werte der meisten Menschen in Asien prägt, vor allem in China, Japan, Korea und Vietnam. Man schätzt, dass China 1,3 Milliarden, Japan 126 Millionen, Korea 26 Millionen und Vietnam 74 Millionen Einwohner haben. Wenn man annimmt, dass etwa 90 Prozent dieser Menschen bewusst oder unbewusst von der konfuzianischen Weltanschauung beeinflusst werden, so kommt man auf eine Gesamtzahl von etwa eineinhalb Milliarden Menschen.

In Ostasien beobachtet man ein Wiederaufleben des Interesses am Konfuzianismus. Der Marxismus befindet sich in China auf dem absteigenden Ast, und die Menschen suchen nach einer geistlichen Grundlage für ihre Werte, die sowohl zeitgemäß als auch chinesisch ist. Die politischen Führer in China haben nichts gegen diese Neubelebung des Konfuzianismus, da er großen Wert auf Treue legt.

Der Einfluss des Konfuzianismus

Viele halten die konfuzianische Arbeitsethik für die Grundlage des erstaunlich raschen Wirtschaftswachstums im heutigen Ostasien. Man kann ruhig sagen, dass etwa ein Viertel der Weltbevölkerung nach einer solchen Arbeitsethik lebt.

Erstens, die konfuzianische Arbeitsethik besteht auf einer starken Verpflichtung der Familie gegenüber. Die Treue innerhalb der Familie wird im jetzigen Leben begründet und später nach dem Tod fortgesetzt.

Zweitens, sie gründet sich auf eine starke moralische Ethik, wonach der Einzelne sittlich einwandfrei leben, Worte der Weisheit sprechen, gute Werke tun und eine von Treue, Zuverlässigkeit und Ehrerbietung geprägte Grundhaltung einnehmen soll.

Drittens ist sie auf das »Ewige«, aber im zeitlichen Sinn, ausgerichtet. Dieser Gedanke scheint in sich selbst widersprüchlich zu sein, doch der Begriff des Ewigen im Konfuzianismus beinhaltet nicht den Fortbestand einer Person in einem transzendenten Leben im Himmel. Stattdessen geht es um den Fortbestand des ethischen Einflusses eines Menschen auf die Gedanken und Werte seiner Nachkommen. Wie Chan schreibt, wird der »Einfluss der Ahnen nicht durch ihre Macht, sondern durch ihr moralisches Beispiel und ihre Inspiration ausgeübt« (Chan, 4).

Die dem Konfuzianismus zu Grunde liegende Philosophie

Im alten China stand das Volk vor der Aufgabe, die verschiedenen Stämme, die in den weiten Ebenen am Gelben Fluss wohnten, zu vereinigen und einander anzugleichen. Während der Chou-Dynastie (1122-897 v. Chr.) löste der Herzog von Chou das Problem durch die Einführung der Ritualmusik-Kultur, die eine rationalistische/humanistische Ordnung war. Sie betonte das Bedürfnis nach Harmonie in zwischenmenschlichen Beziehungen (Näheres zur Ritualmusik-Kultur im Kapitel über den Taoismus, Absatz »Die Geschichte des Taoismus«). In der alten Schrift *Buch der Riten* steht, dass »Musik Harmonie fördern« kann. Ju Tse, einer der Schüler des Konfuzius, erklärte auch, dass »die Funktion von Riten Harmonie« ist. Die Ritualmusik-Kultur war eine kulturelle Ordnung der Harmonie, die sich für die Integration der vielen verschiedenen Stämme, die nebeneinander lebten, eignete.

Das politische Ideal, das man sich mit Hilfe der Ritualmusik-Kultur erhoffte, wurde jedoch nicht erreicht, teils weil der Herzog von Lu die vorgeschriebenen Normen nicht erfüllte.

Zur Zeit des Konfuzius (551-479 v. Chr.) war diese Kultur zusammengebrochen und hatte Tugend und soziale Ordnung mit sich gerissen. Aus diesem Verfall ergab sich die Frage, wie man die ideale kulturelle und politische Ordnung wieder aufbauen könnte.

Konfuzius, die latinisierte Form des chinesischen Namens K'ung-futse (»Großer Meister K'ung«), war Premierminister des *Staates Lu* und ein gebildeter Intellektueller, der sich leidenschaftlich für den Erhalt der Ritualmusik-Kultur einsetzte. In dem Bemühen, die kulturelle und politische Ordnung des Tages wiederherzustellen, verließ er im Alter von sechsundfünfzig Jahren seine Heimat und reiste durch ganz China, in der Hoffnung, die Lehnsherren und Herzöge von der Ritualmusik-Kultur überzeugen zu können. Die Hoffnung des Konfuzius bestand darin, »dem Volk Frieden und Sicherheit zu bringen«. Sein Streben nach der Errichtung einer kulturellen und politischen Ordnung, in der Friede und Sicherheit herrschten, scheiterte jedoch. So kehrte er im Alter von achtundsechzig Jahren nach Hause zurück, um zu lehren und zu schreiben. (Er starb im Alter von dreiundsiebzig Jahren.)

Nachdem seine Versuche, die Kultur zu ändern, fehlgeschlagen waren, fragte Konfuzius sich: Bedeutet das Misslingen des Wiederaufbaus einer harmonischen kulturellen Ordnung, dass die Begriffe der Tugend oder des Gutseins nicht ewig und nicht transzendent sind? Sind Gut und Böse nur relativ? Wenn nicht, was sind dann die Grundlagen von Tugend und Gutsein? So wurde das Problem philosophisch und metaphysisch: »Was ist die Grundlage der Tugend und des Gutseins in einer Zeit der Verwirrung?«

Während der Suche nach einer Antwort auf dieses Problem befasste Konfuzius sich gründlich mit der menschlichen Natur – der moralischen Ebene – um Harmonie herzustellen. Mit anderen Worten, Konfuzius forderte jeden Einzelnen auf, ernsthaft seine sittlichen Entscheidungen zu überdenken und im Unglück verantwortlich zu handeln.

Das moralische Verantwortungsbewusstsein diente als Grundlage für die Ritualmusik-Kultur, aber diese Kultur brach zusammen. Konfuzius fand jedoch, dass die Grundlage für eine solche moralische Verantwortung noch im moralischen Bewusstsein des Einzelnen existiert, insbesondere im *jen. Jen*, das man einfach mit »Menschlichkeit« übersetzen kann, bezieht sich auf das ideale Gutsein – oder die »gute Natur« –, die in jedem Menschen wohnt. Durch das *jen* hat jeder Mensch die Möglichkeit, seine »gute Natur« zu verwirklichen und so einen idealen Lebenszustand herbeizuführen.

Die drei Aspekte des Jen

Das Ziel	*Jen* ist das Ziel einer idealen Menschlichkeit, die in den *Analekten* mit den Begriffen »höherer Mensch«, »edler Intellektueller« und »Person des *jen*« beschrieben wird. Dieser Begriff bezieht sich auf ein Ideal, bei dem der Einzelne alle seine Möglichkeiten verwirklicht hat und seine moralische Vollkommenheit beweist.
Der Prozess	*Jen* ist der menschliche Prozess, der erforderlich ist, um das Ziel des idealen Menschen zu erreichen. Zu diesem Prozess gehören das Nachdenken über sich selbst, Selbsterziehung und moralisches Verantwortungsbewusstsein.
Die Grundlage	*Jen* ist die wahre Natur, die in jedem Menschen wohnt. Nach dem Konfuzianismus ist diese wahre Natur gut.

Anstatt danach zu streben, die gesamte kulturelle und politische Ordnung durch den Wiederaufbau der Ritualmusik-Kultur wiederherzustellen, verkündete Konfuzius, dass jeder Einzelne sich selbst verändern muss. Er forderte, dass jeder Einzelne zu seiner ursprünglichen Menschlichkeit – *jen* – zurückkehren und sie dann durch moralisches Verhalten und Bildung in der Praxis leben soll. Mit anderen Worten, Konfuzius war humanistisch ausgerichtet, er fand die Lösung für die kulturelle Krise im Menschen selbst und nicht in etwas Religiösem oder Geistlichem. Chan schreibt: »Konfuzius erwartete Inspiration von idealen Menschen und nicht von einem übernatürlichen Wesen« (Chan, 15).

Nach Konfuzius entwickelte Mencius (372-389 v. Chr.) Begriffe wie *hsin* (»Herz-Geist«) und *hsing* (»menschliche Natur«). Wenn diese beiden Begriffe zu *hsin-hsing* (»Herz-Geist-Natur«) verbunden werden, beziehen sie sich auf das ursprüngliche Gutsein, das in allen Menschen wohnt. Durch Nachdenken über sich selbst und Selbsterziehung kann jeder seine eigene gute Natur verwirklichen und deshalb den »Himmel« in der »Herz-Geist-Natur« erfahren. Für Konfuzianer ist dies der Weg zur letzten Wirklichkeit.

Anstatt wie die Menschen im Abendland die Existenz eines sich außerhalb befindenden, transzendenten Gottes zu beweisen, bot Mencius einen inneren Weg zur Erkenntnis des »Himmels«. Wenn Menschen beständig dieses Gutsein üben und fördern, wird dem »Himmel« gedient und kann Friede auf Erden erreicht werden.

Noch mehr als Konfuzius betonte Mencius die Lehre, dass das menschliche Wesen von Natur aus gut ist. Er schrieb: »Die Natur des Menschen ist von Natur aus gut, so wie Wasser von Natur aus nach unten fließt« (Chan, 52), und: »Wenn man zulässt, dass die Menschen ihren Gefühlen (ihrer ursprünglichen Natur) folgen, werden sie fähig sein, Gutes zu tun« (Chan, 54).

Die frühe konfuzianische Weltanschauung kann deshalb wie folgt zusammengefasst werden:

Wahre Menschlichkeit	*Jen* (»wahre Menschlichkeit«) ist die grundlegende menschliche Eigenschaft, die ursprünglich gut ist. Sie ist die Ursache und Grundlage für alle Tugenden und Riten.
Der Auftrag vom Himmel	*Jen* ist der moralische »Auftrag vom Himmel«. Nach normalem Verständnis des Ausdrucks »Auftrag vom Himmel« könnte man an einen anthropomorphen Gott denken, der moralische Verfügungen erlässt. Im Konfuzianismus ist dies jedoch nicht der Fall. Der Auftrag vom »Himmel« bezieht sich stattdessen auf das Naturgesetz oder die moralische Ordnung innerhalb der Dinge.
Die Grundlage für Harmonie	Harmonisches Leben muss auf die Verwirklichung des *jen* durch den Menschen gegründet sein.

Im zweiten Jahrhundert v. Chr. erhob Kaiser Han Wu-Ti den Konfuzianismus zur offiziellen Ideologie Chinas. Alle anderen Lehrgebäude wurden für ketzerisch gehalten und deshalb ausgeschlossen. Der Konfuzianismus wurde Teil der kaiserlichen Ordnung, und die Konfuzianer wurden zur Bildungselite, die Zugang zur Monarchie bekamen und Ratgeber am Königshof wurden.

Unter dem Konfuzianismus der Kaiserzeit wurde die Bildungselite zur herrschenden Klasse in China. Kultur und Politik wurden miteinander verknüpft: Die konfuzianische Kultur rechtfertigte das politische System und das politische System schützte die Kultur.

Als im zweiten Jahrhundert n. Chr. der Buddhismus in China Fuß fasste, breitete er sich schnell aus und beherrschte das religiöse Denken des chinesischen Volkes von 500-850 n. Chr. Obwohl die konfuzianische Ideologie immer noch eine Machtstellung innehatte, wurde sie ernsthaft in Frage gestellt.

Während der Sung-Dynastie (960-1368 n. Chr.) erlebte der Konfuzianismus ein Wiederaufblühen, bekannt als Neokonfuzianismus. Neokonfuzianische Philosophen integrierten buddhistische Lehren in den Konfuzianismus.

Als Antwort auf die buddhistische Lehre von der »Ontologie der Leere« (die letzte Wirklichkeit ist ein Nichts) entwickelten die Neokonfuzianer den Begriff des *Tien-li* (»das Himmlische Prinzip«). *Tien-li* ist die angeborene moralische Natur und die Quelle moralischen Gutseins des *hsin-hsing* (»Herz-Geist-Natur«). Die Neokonfuzianer behaupteten, dass das Wesen der Menschheit und der Welt nicht leer, sondern vielmehr eine Welt der Kreativität ist, mit dem Prinzip des Gutseins als Grundlage.

Die Neokonfuzianer bestätigten Konfuzius als den Weisen und verschafften Mencius den Status der Orthodoxie, indem sie ihn als den zweiten Weisen anerkannten. Dadurch wurde der Konfuzianismus als die orthodoxe Ideologie wieder eingeführt, und dies blieb so bis zum Anfang des 20. Jahrhunderts, dem Beginn der Republik China im Jahr 1911.

Zu Beginn des 20. Jahrhunderts gaben frustrierte chinesische Intellektuelle dem Konfuzianismus die Schuld daran, dass es China nicht gelang, sich der Neuzeit anzupassen. Dies wurde besonders 1919 während der *Vierten-Mai-Bewegung* deutlich. Als chinesische Intellektuelle zu jener Zeit nach einer neuen Ideologie als Ersatz für den Konfuzianismus suchten, trat Mao auf den Plan und führte die kommunistische Ideologie ein.

Nach der fieberhaften Offensive der Revolution im Jahr 1949 und der Geburt der Volksrepublik China nahm jeder in China die neue kommunistische Ideologie bereitwillig auf. Der Konfuzianismus wurde als konterrevolutionär und als feudalistisches Gift kritisiert.

Die Flitterwochen mit der kommunistischen Ideologie von Mao waren jedoch verhältnismäßig kurz, vor allem wegen der schmerzlichen Erfahrung der Kulturrevolution in den 1960er-Jahren. In den 1980er-Jahren besann man sich auf traditionelle chinesische Werte zurück. Dann, zu Beginn der 1990er-Jahre, bekräftigten viele Gelehrte erneut den Konfuzianismus und verkündeten, dass die Zeit für eine neue kulturelle Erweckung in China gekommen sei.

Der konfuzianische Kanon

Der Kanon des Konfuzianismus beginnt mit den fünf Klassikern: *I-Ching* (»Das Buch der Wandlungen«), *Shi* (»Das Buch der Dichtung und der Lieder«), *Shu* (»Das Buch der Urkunden«), *Li* (»Das Buch der Riten«) und *Chun-Chiu* (»Das Buch von Frühling und Herbst« oder »Die Chronik der Geschichte«).

Da das *Buch der Riten* und das *Buch von Frühling und Herbst* jeweils drei Kommentarbücher enthalten, beträgt die Gesamtzahl der Klassiker neun. Wenn man vier weitere Bücher – die *Analekte, Meng-Zi* (»Das Buch des Mencius«), *Erh-Ya* (»Das Buch der Alten Worte«) und *Hsiao-Ching* (»Das Buch der Pietät des Sohnes«) – hinzuzählt, erhält man insgesamt dreizehn Klassiker oder dreizehn Schriften. Diese bilden den Kanon der konfuzianischen Schriften.

Die Neokonfuzianer des dreizehnten Jahrhunderts betrachteten die Bücher Meng-Zi, Chung Yung und *Da Hsueh* als die orthodoxe Interpretation der Gedanken von Konfuzius. Chu Hsi, ein neokonfuzianischer Lehrer, ordnete diese drei Bücher zusammen mit den Analekten (die Sammlungen der Aussagen des Konfuzius) in eine Gruppe ein und erstellte auf diese Weise ein Lernprogramm, das auch zum Selbststudium geeignet war. Diese Sammlung nennt man auch *Die vier Bücher*, und nach dem vierzehnten Jahrhundert n. Chr. wurden sie der offizielle Standard für Lehrer. Chan schreibt:

> Diese vier Bücher und die Kommentare von Chu Hsis zu ihnen waren die Grundlage für die Beamtenprüfungen von 1313 bis 1905 und ersetzten andere Klassiker an Bedeutung und Einfluss (Chan, 51).

Die konfuzianische Weltanschauung

Gott	Vor der Zeit des Konfuzius sprach man von Gott als einem persönlichen Wesen und nannte ihn Ti oder *Shang-ti*. Konfuzius jedoch sprach von der letzten Wirklichkeit als *T'ien*, was die weniger persönliche Bedeutung von »Himmel« hat (Chan, 16).
Der Auftrag vom »Himmel«	Die moralische Ordnung der Dinge innerhalb der Natur. Wenn in einer Kultur Harmonie herrschen soll, bemüht sich die Menschheit, diese moralische Ordnung einzuhalten.

Hauptanliegen	Das Hauptanliegen des Konfuzianismus liegt in der Bekräftigung des Guten im Menschen und dem Suchen nach seiner Verwirklichung.
Die menschliche Natur	Die menschliche Natur wird für grundlegend gut gehalten, mit der Möglichkeit zur Vervollkommnung. Das Böse kommt nur dadurch, wenn wir gezwungen werden, böse zu handeln oder wenn wir es zulassen, dass unsere Gedanken einer bösen Neigung nachgeben.
Der Weg zur Verwirklichung	Dieses Gutsein wird durch Bildung, Nachdenken über sich selbst, Selbsterziehung und Verhalten im Einklang mit den bestehenden Normen der Kultur verwirklicht.
Die Welt	Die Welt wird als Ort gesehen, an dem man Gutsein praktizieren, einander lieben und schwer arbeiten soll, um die Erde zu ernähren. Ein Mensch, der sein inneres Gutsein verwirklicht, wird zum Mitarbeiter des »Himmels«. Er ist ein Mensch, der dieses Gutsein kreativ auch anderen Menschen und Dingen bringt. Eine solche Person wird dann die Harmonie verwirklichen, die zwischen Mensch und Natur herrschen soll.
Der Himmel	Das Erreichen des Himmels im christlichen Sinn ist kein Anliegen des Konfuzianismus. Der Himmel existiert nur als Grundlage für die Kreativität, die sich in der ganzen Welt zeigt. Der Himmel wird manchmal als eine Person angesehen, aber zu anderen Zeiten ist er einfach eine kreative moralische Kraft und ein unpersönliches Prinzip.

Vorschläge für die Verkündigung des Evangeliums

Im Folgenden möchte ich eine Methode vorschlagen, mit der man mit Menschen über das Evangelium sprechen kann, die vom Konfuzianismus beeinflusst sind. Diese Methode hat mehrere Kennzeichen. Erstens geht sie von einer Haltung der *Demut* aus, da sie die Weisheit, die man im Konfuzianismus findet, zu würdigen weiß.

Zweitens ist sie umfassend, was für asiatische Menschen von Bedeutung ist. Warum? Weil der asiatische Wahrheitsmaßstab mehr auf einer umfassenden Weltanschauung gründet und nicht so sehr auf seiner hieb- und stichfesten Logik. Hinsichtlich der Wahrheit halten Asiaten Logik für eine niedrigere Ebene des Verstehens. Die Wirklichkeit wird stattdessen holistisch wahrgenommen. Je umfassender eine Theorie ist, um so näher ist sie an der Wahrheit. Der christliche Glaube ist umfassender, weil er über das »Irdische« hinaus zu den Eigenschaften des Himmels übergeht und eine Erklärung dafür liefert, warum wir dem moralischen Maßstab, der im Konfuzianismus gesetzt ist, nicht gerecht werden können.

Drittens, die Methode zur Verkündigung des Evangeliums, die unten dargelegt wird, möchte die asiatische Weisheitstradition *erfüllen* und nicht abwerten.

Viertens, die Methode ermutigt den Asiaten, sich gedanklich kritisch zu öffnen, über seinen eigenen geistlichen Horizont hinauszugehen und eine Erfahrung mit der Erlösung durch Jesus Christus zu machen.

1. Das moralische Gutsein des Menschen

Beginnen Sie mit einer Beschreibung der konfuzianischen Erfahrung des moralischen Gutseins der menschlichen Natur und des menschlichen Strebens nach Gerechtigkeit. Mencius sagte: »Das Gefühl für Recht und Unrecht findet man in jedem Menschen« (Chang, 54). Er sagte auch: »Alle Menschen haben eine solche Gesinnung, dass sie es nicht ertragen können, andere leiden zu sehen« (Chan, 65). Die Folgen dieser Aussage, die das Mitgefühl ausdrückt, das alle Menschen empfinden, wird im nächsten Punkt näher dargelegt.

2. Die transzendente Wurzel des menschlichen Gutseins

Aus dem Gutsein des Menschen, seiner Sehnsucht nach Gerechtigkeit und dem »Gefühl von Recht und Unrecht« ergibt sich, dass diese Dinge in etwas Transzendentem verwurzelt sind, etwas, das jenseits von uns und anderen liegt. Wenn solche Dinge nur in persönlichen Vorlieben oder gesellschaftlichen Sitten vorhanden sind, haben sie wenig moralische Kraft oder Substanz.

Was ist dann die metaphysische Wurzel unseres Mitgefühls mit dem Leiden anderer, von dem Mencius sagt, dass es »alle Menschen« haben? Wenn der Himmel ein unpersönliches Prinzip ist, liegt dann die Ursache unseres Leidens nicht darin, dass wir gegen die moralischen Gesetze oder die moralische Ordnung des Universums verstoßen haben? Mit anderen Worten, ernten wir, was wir gesät haben? Den Himmel würde dann unser Leiden nicht kümmern.

Ist es nicht besser, wenn unser Mitgefühl in einem personalen Gott verwurzelt ist, der fähig ist, sich um das Leiden anderer zu kümmern?

3. Zeichen, die dafür sprechen, dass Gott eine Person ist

Die Natur des Transzendenten, auf der das menschliche Gutsein und die menschliche Gerechtigkeit gegründet sind, wird am besten als personal beschrieben, denn ein unpersönliches Prinzip kann keine solchen moralischen Unterscheidungen treffen.

Konfuzius hatte das Letzte entpersönlicht, indem er das Letzte *T'ien* (»Himmel«) nannte und nicht *Ti* oder *Shang-ti*. Trotzdem finden wir in den *Analekten* Hinweise darauf, dass Konfuzius dem Letzten persönliche Eigenschaften zuschrieb. Zum Beispiel lesen wir Folgendes in den *Analekten*:

> Konfuzius sagte: »Ach! Niemand kennt mich.« Tsu-kung antwortete: »Warum kennt dich niemand?« Konfuzius sagte: »Ich beklage mich nicht über den Himmel. Ich gebe nicht den Menschen die Schuld. Ich erforsche die Dinge auf der niederen Ebene, doch mein Verstehen ergründet die höhere Ebene. Der Himmel kennt mich« (Chan, 43).

Jemanden »kennen« gehört zu den Eigenschaften eines personalen Wesens, aber nicht eines unpersönlichen Prinzips. In dieser Hinsicht schrieb Konfuzius dem »Himmel« personale Eigenschaften zu.

Eine andere Möglichkeit, darauf hinzuweisen, dass Gott eine Person ist, besteht in dem Hinweis darauf, wie die Harmonie, von der im Konfuzianismus die Rede ist, sich auf fünf grundlegende Beziehungen gründet. Die fünf Beziehungen betreffen:

- Herrscher und Untertan,
- Eltern und Kind,
- Mann und Frau
- Älterer und Jüngerer,
- Freund und Freund.

Entscheidend ist, dass im Konfuzianismus der Sinn des Lebens mit unserer Beziehung untereinander zusammenhängt. Für einen Konfuzianer ist es undenkbar, sich ein Leben außerhalb dieser Beziehungen vorzustellen.

Wenn jedoch diese Beziehungen den Zusammenhang für den Sinn des Lebens auf menschlicher Ebene herstellen, wie könnte es dann sein, dass der größere Zusammenhang – der unserer Beziehung zur letzten Wirklichkeit – weniger als personal ist? Wenn Gott weniger als eine Person wäre, würde dies dann nicht auch die Bedeutung der personalen Beziehungen hier auf der Erde schmälern? Wenn Gott eine Person *ist*, bekommen dann die Beziehungen auf der Erde nicht größere Bedeutung, da sie auf die verschiedenen Möglichkeiten – Loyalität, Ehrerbietung, Gehorsam, Ehrlichkeit, Treue – hinweisen, mit denen wir mit Gott in Beziehung stehen?

4. Die Natur der Menschheit war ursprünglich gut

Konfuzius und insbesondere Mencius lehrten, dass die Menschheit von Natur aus gut ist. Der Begriff, den sie gebrauchten, um dieses ursprüngliche Gutsein zu beschreiben, lautet *hsin-hsing* (»Herz-Geist-Natur«).

Als Christen können wir dem Konfuzianismus darin zustimmen, dass die Menschheit *ursprünglich* gut war. Mit anderen Worten, am Anfang schuf Gott den Menschen nach seinem Bild und erklärte, dass seine ganze Schöpfung, auch der Mensch, gut war (1. Mose 1,31).

5. Der schweigende Gott

Konfuzianer halten den Himmel für schweigend:

> Konfuzius sagte: »Ich möchte nichts sagen.« Tsu-kung erwiderte: »Wenn du nichts sagst, was können wir kleine Schüler dann lernen, das wir anderen weitergeben können?« Konfuzius antwortete: »Sagt der Himmel (*T'ien*, Natur) etwas? Die vier Jahreszeiten nehmen ihren Lauf und alle Dinge entstehen. Sagt der Himmel etwas?« (Chan, 47).

Mit anderen Worten, wie Konfuzius lehren konnte, ohne etwas zu sagen, so kann der Himmel lehren, auch wenn er schweigt. Auch Mencius lehrte: »Der Himmel spricht nicht« (Chan, 77).

Solch ein »schweigender Gott« ist die biblische Entsprechung der allgemeinen Offenbarung, die besagt: »Der Himmel verkündet die Herrlichkeit Gottes und das Firmament bezeugt seine wunderbaren Werke« (Psalm 19,2).

Während es tatsächlich möglich ist, durch Schweigen zu lehren, so benutzten weder Konfuzius noch Mencius ausschließlich die Methode des Schweigens, als sie lehrten. Schließlich gebrauchte Konfuzius Sprache, als er erklärte, er würde schweigen. Wenn Konfuzius und Mencius, wie sie es tatsächlich taten, Sprache benutzten, wenn sie lehrten, warum hielten sie es dann für erforderlich zu sagen, dass der Himmel – oder Gott – *nur* durch Schweigen lehren kann?

Bitten Sie den Konfuzianer, die Möglichkeit ins Auge zu fassen, dass Gott zur Menschheit sprechen könnte, insbesondere, wenn er eine Person ist, und dass ein liebender Gott dies auch tun möchte.

Helfen Sie dem Konfuzianer zu verstehen, dass wir als Christen glauben, dass Gott zu uns durch die Menschwerdung von Jesus Christus (Johannes 1,1; Hebräer 1,1-2) und durch die Bibel (2. Timotheus 3,16; 2. Petrus 1,21) gesprochen hat.

6. Die Menschheit ist nicht nur gut

Wir erleben zwar, dass die Menschheit gut ist, doch wir erleben nicht, dass die Menschheit *nur* gut ist. Wir erleben auch, dass die Menschheit schlecht ist. Unsere Erfahrung mit der Schlechtheit des Menschen passt nicht zu der grundlegendsten Prämisse des Konfuzianismus, die besagt, dass die Menschheit ihrer eigentlichen Natur nach gut ist. Wenn es stimmt, dass die Menschheit von Natur aus gut ist, wäre es dann nicht natürlicher und leichter für uns, das Gute zu tun?

Bestätigt unsere Erfahrung ein solches natürliches Gutsein? Haben unsere Gedanken, zum Beispiel, auf natürliche Weise den Hang zur Freundlichkeit, wenn Menschen schlecht über uns sprechen? Verspüren wir automatisch den Wunsch, die zu lieben, die uns Unrecht getan haben? Wenn jemand die Beförderung bekommen hat, die wir uns gewünscht hätten, sind wir dann sofort davon überzeugt, dass diese Person es mehr als wir verdient hat und wollen ihr unsere Glückwünsche aussprechen?

Konfuzius sagte: »Ich habe nie jemanden gesehen, der die Menschheit wirklich liebt« (Chan, 26). Warum das? Wenn unsere Natur gut ist, dann sollte Liebe ganz natürlich zum Vorschein kommen.

Sogar Konfuzius räumte ein, dass »der Weg des höher stehenden Menschen dreifach ist, *dass ich ihn aber bisher nicht erreichen konnte*« (Chan, 42, Kursivschrift vom Autor). In ähnlicher Weise sagte Mencius: »Niemand kann seine ursprüngliche Begabung in vollem Maße entwickeln« (Chan, 54). Warum ist dies so schwierig, wenn, wie Konfuzius schreibt, »der Mensch mit Rechtschaffenheit geboren wird« (Chan, 29)?

Mencius nennt zwei Gründe, weshalb wir Böses tun und warum es so schwierig ist, die Messlatte des Gutseins zu erreichen. Erstens, sagt er, können wir dazu gezwungen werden, Böses zu tun:

> Die Natur des Menschen ist von Natur aus gut, so wie Wasser von Natur aus nach unten fließt. Es gibt keinen Menschen ohne diese gute Natur; es gibt ja auch kein Wasser, das nicht nach unten fließt. Man kann auf das Wasser schlagen, sodass es nach oben, über den Kopf des Menschen hinwegspritzt, und wenn man es staut und leitet, kann man es den Berg hochzwingen. Ist das die Natur des Wassers? Es ist der erzwungene Umstand, der es dazu bringt. Der Mensch kann dazu gebracht werden, Böses zu tun, denn seine Natur kann in gleicher Weise behandelt werden (Chan, 52).

Zweitens, wir tun Böses, weil wir es unseren Gedanken erlauben, dem Bösen zu verfallen:

> In guten Jahren verhalten sich die meisten jungen Leute gut. In schlechten Jahren geben sich die meisten dem Bösen hin. Dies ist nicht auf einen Unterschied in der vom Himmel geschenkten natürlichen Fähigkeit zurückzuführen. Diese Hingabe an das Böse ist darauf zurückzuführen, dass es den Gedanken erlaubt wird, dem Bösen zu verfallen (Chan, 55).

Beachten Sie, wie die beiden Erklärungen des Mencius einander entgegenwirken. Zunächst behauptet Mencius, wir haben den natürlichen Hang, Gutes zu tun, und dass wir nur dann Böses tun, wenn wir dazu gezwungen werden; anschließend sagt er, wenn wir es unseren Gedanken erlauben, in die Richtung zu wandern, die ihnen natürlich ist, dann neigen wir dazu, »dem Bösen zu verfallen«.

Was stimmt jetzt? Haben wir einen natürlichen Hang zum Guten oder zum Bösen? Wenn wir zum Guten neigen, warum musste Konfuzius uns dann seine Version der Goldenen Regel geben: »Was du selbst nicht wünschst, das tue keinem anderen an« (Chan, 39)? Warum bräuchten wir eine solche Mahnung, wenn wir von Natur aus gut wären?

Denken Sie zusammen mit Ihrem Freund über den Kampf nach, den Paulus durchlebte: »Immer wieder nehme ich mir das Gute vor, aber es gelingt mir nicht, es zu verwirklichen« (Römer 7,18). Welcher Gedanke beschreibt unseren inneren Zustand besser: der Gedanke, dass wir von Natur aus gut sind und es für uns natürlich und leicht ist, das Gute zu tun, oder dass wir zwischen dem Guten und dem Bösen hin- und hergerissen werden und dass wir oft wegen unserer Unfähigkeit, das Gute zu tun, über uns selbst enttäuscht sind?

Am 4. Juni 1989 wurde schmerzhaft deutlich, dass der christliche Standpunkt der Wahrheit entspricht, als die kommunistische Regierung auf dem Tiananmen-Platz in brutaler Weise gegen die Demonstranten für Demokratie vorging. Ein chinesischer Student meinte: »Das Christentum ist eine sehr realistische Religion, weil es im Gegensatz zu unseren traditionellen chinesischen Religionen von der Voraussetzung ausgeht, dass das, was an der Welt nicht stimmt, die Menschheit ist und nicht die Umstände – das fasziniert uns!« (MacMillan, 3). Ein chinesischer Professor stimmte bei: »Der 4. Juni hat den Leuten tief eingeprägt, dass der Mensch schlecht ist; doch alle chinesischen Religionen lehren, dass der Mensch gut ist, deshalb müssen sie sich zum Christentum hinwenden. Es ist die einzige realistische Religion« (MacMillan, 3).

7. Das Kernproblem der Menschheit

Warum erleben wir eine solche Dichotomie der »Naturen« – dass wir das Gute tun wollen, doch das Gegenteil tun? Vielleicht liegt der Grund darin, dass wir nach dem Bild eines heiligen Gottes geschaffen sind, uns aber gegen Gott aufgelehnt haben. Als Folge herrscht Aufbegehren in unserem innersten Wesen. Die Triebfeder unseres Handelns ist das Streben nach Unabhängigkeit von Gott, nicht unsere gute Natur.

Als Folge sind wir nicht mehr darauf bedacht, nach Gott zu suchen oder nach dem Bild Gottes zu streben, das das Modell für das Gute in uns ist. Stattdessen streben wir nach vergänglichen Dingen und suchen Befriedigung und Sicherheit in geschaffenen Dingen – in Geld, Bildung und Erfolg. Diese Dinge sind an sich nicht schlecht, sie sind jedoch schlecht, wenn sie an die Stelle unserer Beziehung zu Gott treten.

Konfuzius sagte: »Wer eine Sünde gegen den Himmel begeht, hat keinen Gott, zu dem er beten könnte« (3,12; Chan, 26). Dies bedeutet, dass wir keinen Gott haben, zu dem wir beten können, weil wir uns durch unsere Sünde von ihm getrennt haben (siehe Kolosser 1,21).

Das Kernproblem der Menschheit liegt darin, dass wir beschlossen haben, uns von Gott zu trennen.

8. Versöhnung ist unerlässlich

Da unser Kernproblem die zerbrochene Beziehung zu Gott ist – das Ergebnis schlechter Entscheidungen unsererseits –, ist die Wiederherstellung dieser Beziehung erforderlich. Eine solche Versöhnung kann nicht durch unsere eigenen menschlichen Bemühungen erreicht werden. Gott, gegen den wir gesündigt haben, kann nicht zur Versöhnung gezwungen werden. Er muss entscheiden, sich uns zu offenbaren.

9. Der sprechende Gott

In diesem Sinne brauchen Menschen einen »sprechenden Gott« – einen, der seinen Plan für Vergebung und Versöhnung der Menschheit offenbart. Solch ein Plan kann nicht alleine mit menschlichen Mitteln entdeckt werden.

Konfuzius jedoch bot keine Möglichkeit zur Vergebung. Stattdessen sagte er: »Der Mensch wird mit Rechtschaffenheit geboren. Wenn er sie verliert, hat er Glück, wenn er mit dem Leben davonkommt« (Chan, 29). Desgleichen äußerte Mencius: »Menschlichkeit [*jen*] ist die Gesinnung des Menschen, und Rechtschaffenheit ist sein Weg. Bedaure den Menschen, der den Weg verlässt und ihm nicht folgt« (Chan, 58). In solchen Aussagen ist nicht von Vergebung die Rede.

Gott hat dagegen seinen Plan für Vergebung und Versöhnung offenbart und durch den Tod und die Auferstehung von Jesus Christus möglich gemacht:

> Denn Gott war in Christus und versöhnte so die Welt mit sich selbst und rechnete den Menschen ihre Sünden nicht mehr an (2. Korinther 5,19).

Und das ist die wahre Liebe: Nicht wir haben Gott geliebt, sondern er hat uns zuerst geliebt und hat seinen Sohn gesandt, damit er uns von unserer Schuld befreit (1. Johannes 4,10).
Doch wenn wir ihm unsere Sünden bekennen, ist er treu und gerecht, dass er uns vergibt und uns von allem Bösen reinigt (1. Johannes 1,9).

Einwände ostasiatischer Menschen gegen das Christentum

Einwand Nr. 1: »Wenn die Menschheit nur durch Christus gerettet werden kann, dann ist die Möglichkeit, dass Nichtchristen eine gute Persönlichkeit erlangen, ausgeschlossen. Es liegt jedoch auf der Hand, dass manche chinesische Nichtchristen in der Tat durch Selbsterziehung und Nachdenken über sich selbst mit den Methoden ihrer traditionellen Philosophie und kulturellen Weisheit eine gute Persönlichkeit erlangen.«

Vorgeschlagene Reaktion: Da wir zwischen Schöpfung und Erlösung unterscheiden, sehen wir, dass ein Nichtchrist eine bestimmte Ebene persönlichen Gutseins durch Verwirklichung bestimmter guter Prinzipien in der Schöpfung erlangen kann. Er kann jedoch nicht als »gerettet« betrachtet werden, da »gerettet werden« zur höchsten Ebene (gerecht) gehört und nur durch die Erlösung Gottes, die durch Jesus Christus vollbracht wurde, verwirklicht werden kann.

Umgekehrt bedeutet der Begriff »noch nicht gerettet« nicht, dass Christen auf die Erfahrung von Nichtchristen herabsehen. Wir müssen zwischen der Verwirklichung von Gutsein und »gerettet sein« unterscheiden. »Gerettet sein« ist eine *Glaubens*erfahrung, wogegen »die Verwirklichung von Gutsein« eine Frage des *Verhaltens* ist. Das Erstere ist ein persönliches Erleben mit Gott, das Letztere ein menschlich-moralisches Erleben, das mit Gott direkt nichts zu tun hat.

Einwand Nr. 2: »Die Unterscheidung zwischen allgemeiner und besonderer Offenbarung ist anderen Religionen gegenüber unfair und zeichnet ein imperialistisches Bild vom Christentum, das sich selbst geistlich höher und besser vorkommt.«

Vorgeschlagene Reaktion: Ersetzen Sie die Unterscheidung zwischen »allgemeiner« und »besonderer« Offenbarung durch die Unterscheidung zwischen dem »schweigenden Gott« und dem »sprechenden Gott«. Dadurch wird der emotionale Beiklang dieser beiden Begriffe beseitigt.

Einwand Nr. 3: »Vom kulturellen Standpunkt aus gesehen sollte das Christentum als Gast in ostasiatischen Ländern demütig sein und sich sicherlich nicht für höher als der Gastgeber ausgeben.«

Vorgeschlagene Reaktion: Wir als Christen müssen durch unser Leben zeigen, dass wir demütig genug sind, uns zu öffnen, um die im Konfuzianismus liegende Weisheit zu würdigen. Nur dann können wir glaubwürdig Nichtchristen bitten, sich zu öffnen und die Erfahrung der Erlösung durch den Glauben an Jesus Christus zu wagen, das heißt Christus als ihren eigenen persönlichen Retter anzunehmen.

Einwand Nr. 4: »Der Begriff des *T'ien* (Himmel) ist sowohl transzendent als auch immanent, was umfassender ist als der christliche Gott, der nur transzendent, aber nicht immanent ist.«

Vorgeschlagene Reaktion: Der Gott der Bibel ist nicht nur transzendent, sondern auch immanent. »Er erhält das Universum durch die Macht seines Wortes« (Hebräer 1,3; siehe auch Johannes 1,1-3; Kolosser 1,17). Er ist immanent, weil er allgegenwärtig ist; es gibt keinen Ort, an dem wir uns vor Gott verstecken können: »Denn er ist keinem von uns fern. In ihm leben, handeln und sind wir« (Apostelgeschichte 17,27-28).

Auf noch umfassendere Weise ist Gott durch den Heiligen Geist immanent, der in denen wohnt, die an ihn glauben (2. Timotheus 1,14; siehe auch Römer 8,9-11; 1. Korinther 6,19).

Wenn ein Konfuzianer die Immanenz des christlichen Gottes in Frage stellt, könnte der Christ im Gegenzug die Transzendenz des konfuzianischen *T'ien* in Frage stellen. Die Konfuzianer definieren *T'ien* als die moralische Ordnung innerhalb der Dinge. In welcher Weise ist *T'ien* transzendent und deshalb umfassender? Wenn der Konfuzianer anerkennt, dass *T'ien* transzendent oder etwas anderes als seine Schöpfung ist, dann scheint es, ist er nicht weit von dem Verständnis entfernt, dass Gott eine Person ist und dass wir uns durch die Sünde von Gott getrennt haben.

Die Frage der Ahnenverehrung

Aus klassischen Aufzeichnungen geht hervor, dass das chinesische Volk schon vor der Frühling- und Herbst-Periode (771-221 v. Chr.) *Ti* (den Schöpfer) verehrte. Gott der Schöpfer schien jedoch von der menschlichen Welt zu weit entfernt zu sein. Deshalb änderten Philosophen wie Konfuzius und Mencius den Begriff Gott in die Idee eines *T'ien* (»Himmel«) um, der die kreative Grundlage für alle Dinge einschließlich der Menschheit ist.

Für das gewöhnliche Volk (die Nicht-Philosophen) galt, dass sie ihre Ahnen als transzendente Gestalten wahrnahmen, die irgendwo in der Nähe Gottes lebten. Das Aufkommen der Ahnenverehrung zeigt, wie die Menschen im alten China nach einem Vermittler suchten, der die Kluft zwischen ihnen und Gott überbrückte.

Die ursprüngliche philosophische Weisheit hinter der Ahnenverehrung war nach Konfuzius die Förderung eines Gefühls der Ehrerbietung den Ahnen gegenüber und nicht die Verehrung eines unsichtbaren Geistes. Die Verdrehung dieser Weisheit zeichnete sich später ab, als der Buddhismus die Kosmologie der Reinkarnation einführte.

Als die Menschen begannen, die Verstorbenen als Wesen zu betrachten, die nach dem Tod weiterlebten, gewannen sie allmählich die Überzeugung, dass die Ahnen irgendwo als Geister existierten. Sie hielten sie dann bald für fähig, Menschen zu segnen oder zu verfluchen. Als Ergebnis war das Geschick der Menschen mit dem Wohlwollen ihrer Ahnen verknüpft. Von da an wurde die Ahnenverehrung eine auf Aberglauben und Beschwichtigung gegründete Verhaltensweise.

Vom christlichen Standpunkt aus steht die ursprüngliche konfuzianische Weisheit, die Ehrerbietung betonte, keineswegs im Widerspruch zur biblischen Lehre. Auch Christen achten ihre Ahnen und gedenken ihrer. Es verstößt nicht gegen biblische Grundsätze, wenn eine Art Gedenkgottesdienst für Ahnen und Eltern in Kirchen für asiatische Menschen gehalten wird.

Christen können jedoch ihre Ahnen nicht anbeten und sie auch nicht als Götter oder Geister betrachten, die beschwichtigt werden müssen. Dies ist nicht nur Aberglaube, sondern auch respektlos den Verstorbenen gegenüber.

Der einzig wahre Vermittler zwischen Gott und den Menschen ist Jesus Christus (1. Timotheus 2,5). Durch ihn können wir Kinder Gottes werden (Johannes 1,12). Dann kann eine transzendente ethische Beziehung entwickelt werden, und damit ist das Streben des Konfuzius, dieses alten Weisen, erfüllt.

Glossar allgemein gebräuchlicher konfuzianischer Begriffe

Chi (qì): Die Lebenskraft. Ursprüngliche Bedeutung: »Atem« oder »Luft«. Es wird für das dynamische Prinzip gehalten, das sich in allen materiellen Dingen zeigt.

Hsin (xīn): Der menschliche Herz-Geist.

Hsing (xìng): Die Natur aller Dinge. In Zusammenhang mit *Hsin*, wie in *hsin-hsing*, bedeutet es »menschliche Natur« und wird für ursprünglich gut gehalten.

Li (lǐ): Die Riten, Verhaltensnormen, insbesondere in gesellschaftlichen Beziehungen.

Jen (rén): Menschlichkeit, himmlisches Prinzip im menschlichen Herz-Geist. *Jen* ist die Grundlage für Tugenden wie Liebe, Ehrerbietung, Treue, Vergebung usw.

Tao (dào): Der Weg oder das Prinzip von allem; auch der Weg des weisen Herrschens.

Tai-Chi (tài jí): Das Große Letzte, die unpersönliche Quelle der Kreativität, die die *yin-yang*-Kräfte und folglich alle Dinge im Universum zeigt.

T'ien (tiān): Der Himmel, die Quelle aller Werte und des menschlichen Gutseins. Manchmal spricht man von ihm als dem schweigenden, persönlichen Gott. Meistens spricht man von ihm als letzter kreativer – also unpersönlicher – Kraft, aus der alle Dinge entstehen.

Yin-yang (yīn yáng): Die beiden Formen einer Kraft, die *Tai-Chi* genannt wird. Ihre gegenseitige Beeinflussung führt zum Offenbarwerden aller Dinge, aller Situationen und aller Ereignisse im Universum.

Bibliographie und Quellen

A. Klassische Texte

Die Analekte

Übersetzt von Lau, D. C. Harmandworth: Penguin Books, 1979.

Übersetzt von Legge, J., in den chinesischen Klassikern, Band 1. Oxford: Clarendon Press, 1893, S. 137-354.

Chung Yung

Gedanken über Dinge in der Nähe, übersetzt von Chan, Wing-tsit. New York: Columbia University Press, 1967.

Zentralität und Allgemeinheit

Ein Aufsatz über Chung-Yung, übersetzt und kommentiert von Tu, Wie-ming, Honolulu: The University of Hawaii Press, 1976.

I Ching und I Chuan

Übersetzt von Leger, J. New York: Dover, 1963.

Übersetzt von Wilhelm, R., und ins Englische übertragen von Bayness, C. F. New York: Princeton, 1950.

B. Chinesische Philosophie und Religion im Allgemeinen

Bieler, Stacey und Dick Andrews, *China at Your Doorstep: Christian Friendship with Mainland Chinese.* Downers Grove, Ill.: InterVarsity Press, 1987.

Chan, Wing-Tsit. *A Source Book in Chinese Philosophy.* Princeton, N. J.: Princeton University Press, 1963.

Chang, Hao. »New Confucianism and the Intellectual Crisis in Contemporary China«. *Limits of Change: Essay on Conservative Alternatives in Republican China.* C. Furth, Herausgeber. Boston: Harvard University Press, 1976.

Fingarette, H. *Confucius – The Secular As Sacred.* New York: Harper & Row, 1972.

Fang, Thom'e H. *Chinese Philosophy: Its Spirit and Development.* Taipei: Linking, 1981.

Feng, Yu-lan. *A History of Chinese Philosophy*. D. Boddes, übers. 2 Bände. Princeton: Princeton University Press, 1951-1953.

Feng, Yu-lan. *The Spirit of Chinese Philosophy*. E. R. Hughes, übers. London: Kegan Paul, 1947.

Feng, Yu-lan. *A History of Chinese Philosophy, A New Edition*, 3 Bände. Peking: People Publishers, 1980-1986.

Fu, Charles Wie-hsun. »Lingarette and Munro on Early Confucianism: A Methodological Examination«. *Philosophy East and West*. April 1978, Band 28, Nr. 2, S. 181-198.

Kong, R. L. »Metaphysics and East-West Philosophy: Applying the Chinese Ti-Yung Paradigm«. *Philosophy East and West*. Januar 1979, Band 29, Nr. 1. S. 49-57.

Leung, In-sing. *Spiritual Journey to Different Realms of Philosophy and Wisdom*. Taipei: Cosmic Light, 1982.

Leung, In-sing. *Interpenetration and Transformation: Dialogue With Contemporary New Confucianist*. Taipei: Cosmic Light, 1985.

Leung, In-sing. »Communication and Hermeneutics, A Confucian Postmodern Point of View«. *Journal of Chinese Philosophy*. Band 19, 1992, S. 404-422.

Liu Shu-hsien. »A Philosophic Analysis of the Confucian Approach to Ethics«. *Philosophy East and West*, Band 22, Nr. 4, Oktober 1972, S. 417-425.

Liu Shu-hsien. »The Use of Analogy and Symbolism in Traditional Chinese Philosophy«. *Essays in East-West Philosophy: An Attempt at World Philosophical Syntheses*. Honolulu: University Press of Hawaii Press, 1951.

MacMillan, Ron. »China's University Students Embracing Christianity«. *News Network International*. Santa Ana, Calif.: News Network International, 17. Januar 1990.

Munro, K. J. *The Concept of Man in Early China*. Stanford, California: Stanford University Press, 1969.

Nakamura, Hagime. *The Ways of Thinking of Eastern People*. Tokio: Japanese Government Press, 1960.

Taylor, Rodney. *The Religious Dimensions of Confucianism*. New York: State University of New York Press, 1990.

Hinduismus

Dean C. Halverson

Der Hinduismus in der Welt

Man schätzt, dass etwa 13 % der Weltbevölkerung Anhänger des Hinduismus sind. Doch diese Zahl darf nicht für absolut zutreffend gehalten werden, da weit mehr Menschen von hinduistischen Lehren beeinflusst werden als diejenigen, die sich tatsächlich Hindus nennen.
Die große Mehrheit der Hindus – etwa 700 Millionen – leben in Indien, wo sie 82 % der Bevölkerung ausmachen.
In sieben anderen Ländern stellen Hindus ebenfalls einen bedeutenden Anteil an der Bevölkerung dar: Bangladesch (11 %), Bhutan (25 %), Fidschi (41 %), Mauritius (50 %), Nepal (89 %), Sri Lanka (15 %), Surinam (27 %) und Trinidad (25 %) (Johnston). Über zwei Millionen Hindus leben auf der indonesischen Insel Bali, obwohl das Land Indonesien als Ganzes überwiegend muslimisch ist.
Nepal ist das einzige Land, in dem der Hinduismus die Staatsreligion ist. Über eine Million Hindus leben in Nordamerika.

Einführung in den Hinduismus

Die Anfänge des Hinduismus können im heutigen Indien bis etwa ins Jahr 1500 v. Chr. zurückverfolgt werden. Der Hinduismus begann als polytheistische und ritualistische Religion. Zunächst waren die Rituale so einfach, dass sie vom Familienoberhaupt durchgeführt werden konnten. Im Verlauf der Jahrhunderte wurden sie jedoch immer komplizierter. In der Folge wurde es erforderlich, eine Priesterklasse zu schaffen und Priester auszubilden, damit die Rituale richtig durchgeführt wurden. Während dieser Zeit wurden die *Veden* als Anweisungen für die Priester zur Durchführung der Rituale geschrieben.

Da der Schwerpunkt auf den Ritualen lag, wurde der Einsatz von Priestern zum einzigen Mittel, mit dem die Menschen sich den Göttern nähern und sie besänftigen konnten. Aufgrund ihrer Stellung als Vermittler zwischen Menschen und Göttern errangen die Priester immer mehr Macht und Einfluss auf das Leben der Menschen. Etwa im Jahr 600 v. Chr. schließlich revoltierten die Menschen. Die Form des Hinduismus, die sich nach diesem Aufstand entwickelte, legte die Betonung auf die innere Meditation im Gegensatz zu äußeren Ritualen.

Zwischen 800 und 300 v. Chr. wurden die *Upanischaden* geschrieben. Die *Upanischaden*, die auch als *Vedanta* bezeichnet werden (»das Ende oder der Schluss der *Veden*«), sind das hinduistische Gegenstück zum Neuen Testament. Die *Upanischaden* erläutern den Gedanken, dass hinter den vielen Göttern eine einzige Wirklichkeit steht, die *Brahman* genannt wird. *Brahman* ist eine unpersönliche, monistische (»alles ist eins«) Kraft. Die höchste Form des *Brahman* wird *nirguna* genannt, was »ohne Eigenschaften oder Merkmale« bedeutet.

Auch nachdem die *Upanischaden* geschrieben waren, entwickelte sich der hinduistische Gottesbegriff weiter. Er entwickelte sich in Richtung eines personalen Gottes. *Nirguna Brahman* wurde zu *saguna Brahman*, was *Brahman* »mit Eigenschaften« heißt. Die personifizierte Form des *Brahman* wird auch *Ishvara* genannt.

Nach hinduistischer Tradition wurde *Ishvara* den Menschen durch die *Trimurti* (wörtlich: »drei Erscheinungen«) von *Brahman* bekannt. Zu diesen Erscheinungen gehören *Brahma* (der Schöpfer), *Vishnu* (der Erhalter) und *Siva* (der Zerstörer). Jede dieser drei Gottheiten hat mindestens einen *devi* oder göttlichen Ehegatten.

Ishvara wurde durch die zehn mythischen Inkarnationen von *Vishnu*, die *avatars* genannt werden, noch mehr personifiziert. Zu den Formen dieser Inkarnationen gehören Tiere (zum Beispiel Fisch, Schildkröte und Eber) und Menschen (zum Beispiel Rama, Krishna, Buddha). Epen wie *Ramayana* und *Mahabharata*, zu denen die populäre *Bhagavad-Gita* gehört, erzählen die Geschichten dieser Mythen. Außer den Hauptgottheiten der *Trimurti* und den *avatars* gibt es im Hinduismus noch schätzungsweise 330 Millionen Götter.

Abgesehen von den verschiedenen Gottesbegriffen der Religion kann der Hinduismus auch danach eingeteilt werden, ob das sichtbare Universum für wirklich oder illusorisch *(maya)* gehalten wird. Die Nicht-Dualisten *(advaita)* halten *Brahman* alleine für wirklich und die Welt für illusorisch. Die qualifizierten Nicht-Dualisten *(vishishtadvaita)* bekräftigen die Wirklichkeit von *Brahman* und des Universums, da das Universum aus dem Wesen *Brahmans* kommt. Und die Dualisten *(dvaita)* sehen *Brahman* und das Universum als zwei voneinander getrennte Wirklichkeiten.

Im Verlauf der Geschichte hat der Hinduismus drei andere Religionen hervorgebracht, die zu Weltreligionen geworden sind: Jinismus, Buddhismus und Sikhismus.

Die Entwicklung von Brahman

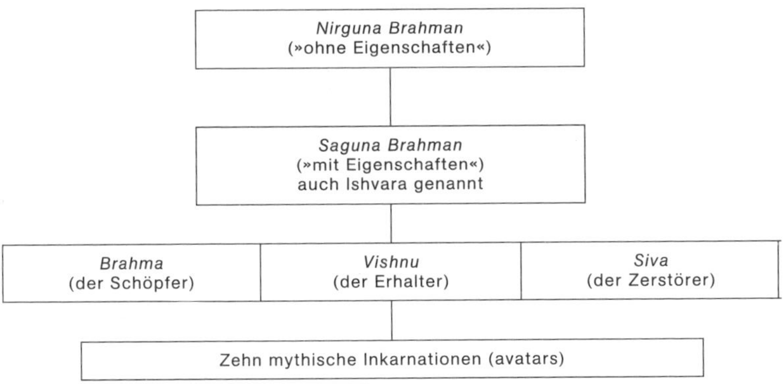

Die Glaubensüberzeugungen innerhalb des Hinduismus

Obwohl der Hinduismus außergewöhnlich vielgestaltig ist, vertreten die meisten Hindus die folgenden Glaubensüberzeugungen:

1. Die unpersönliche Natur von Brahman

Die Hindus halten die letzte Wirklichkeit, *Brahman*, für eine unpersönliche All-Einheit, die sich jenseits aller Unterscheidungen, einschließlich persönlicher und moralischer Unterscheidungen, befindet. Da Hindus *Brahman* auch für eine unpersönliche Kraft der Existenz halten, glauben die meisten Hindus, dass das Universum mit dem Wesen von *Brahman* zusammenhängt und von ihm kommt.

2. Die Einheit Brahman/Atman

Die meisten Anhänger des Hinduismus glauben, dass ihr wahres Ich *(atman)* von *Brahman* herkommt und mit ihm eins ist. Wie die Luft in einem offenen Glas identisch mit der Luft ist, die das Glas umgibt, so ist unser innerstes Wesen mit dem innersten Wesen von *Brahman* identisch. Dies wird durch die Wendung *Tat tvam asi:* »Dass du bist« ausgedrückt.

3. Das Gesetz des Karma

Dem Hinduismus zufolge liegt das Hauptproblem der Menschheit darin, dass wir nichts von unserer göttlichen Natur wissen. Wir haben vergessen, dass wir von *Brahman* herkommen und dass wir uns irrtümlicherweise an die Wünsche unseres abgesonderten Ichs und dadurch an die Konsequenzen seiner Taten geklammert haben.

Da das Ich an seinen Wünschen und seiner individualistischen Existenz hängt, unterliegen wir dem Gesetz des Karma. Das Gesetz des Karma ist das moralische Gegenstück zum Naturgesetz von Ursache und Wirkung. Es besagt im Großen und Ganzen, dass wir ernten, was wir säen. Außerdem begleiten uns die Konsequenzen unseres Handelns nicht nur in unserem jetzigen Leben, sondern von einem Leben zum anderen, daher die Reinkarnation.

4. Samsara (Reinkarnation)

Samsara bezieht sich auf das sich immerzu drehende Rad von Leben, Tod und Wiedergeburt (Rice, 310). In diesem Leben ernten wir die Konsequenzen der Taten, die wir in vorhergehenden Leben vollbracht haben. Das Karma eines Menschen bestimmt die Art von Körper – ob Mensch, Tier oder Insekt –, in den dieser Mensch in einem nächsten Leben wiedergeboren wird.

5. Moksha (Befreiung)

Die Lösung im Hinduismus liegt in der Befreiung *(moksha)* vom Rad des Lebens, des Todes und der Wiedergeburt. Eine solche Befreiung erreicht man durch die Erkenntnis, dass der Begriff des individuellen Ichs eine Illusion und nur die undifferenzierte All-Einheit von *Brahman* Wirklichkeit ist. Festhaltend an dieser Erkenntnis muss man danach streben, sich von den Wünschen des Ichs zu lösen und dadurch Erleuchtung zu erlangen.

Der Hinduismus bietet mindestens drei Wege zum Erreichen der Erleuchtung. Dazu gehören *karma marga* (der Weg des Handelns und Rituals), *jnana marga* (der Weg des Wissens und der Meditation) und *bhakti marga* (der Weg der Hingabe).

Zum Vergleich: Die Richtung des hinduistischen Weges zur Erleuchtung geht *von der Menschheit aus zu Gott hin* und ist *auf eigenes Bemühen gegründet.* Die Richtung des biblischen Weges zur Rettung geht dagegen *von Gott aus zur Menschheit hin* und ist *auf die Gnade Gottes gegründet*; durch den Glauben angenommen zu werden ist ein Geschenk (Epheser 2,8-9; 1. Johannes 4,10).

Den *Upanischaden* zufolge besteht das Ziel der *Erleuchtung darin, dass das individuelle Selbst seine gesonderte Identität im universalen Selbst verliert.* Das Endergebnis der biblischen *Rettung ist eine immer währende Beziehung* zu Gott. Ewiges Leben bedeutet, in einer lebendigen *Gemeinschaft* mit einem personalen Gott zu stehen, nicht in einer undifferenzierten *Vereinigung* mit einer unpersönlichen All-Einheit.

Karma und Sünde im Vergleich

Ähnlichkeiten	
▪ Beide haben mit moralischen Fragen zu tun. ▪ Beide bestätigen eine Beziehung von Ursache und Wirkung zwischen unseren Handlungen und den Ergebnissen, die sie in unserem jetzigen Leben hervorrufen (siehe Sprüche 11,18; 22,8).	
Die Unterschiede	
Karma (Hinduistischer Begriff)	Sünde (Christlicher Begriff)
Das Karma hat keinen Einfluss auf Brahman, das innerste Wesen der Existenz in allen Dingen. Ob das Karma eines Menschen gut oder schlecht ist, ändert nichts an der Tatsache, dass wir bedingungslos von der All-Einheit *Brahmans* herkommen.	Die Sünde beeinflusst unsere Beziehung zu Gott, sie entfremdet uns von ihm. Eine der Eigenschaften Gottes ist absolute moralische Heiligkeit, und unsere Sünde offenbart eine Haltung des Aufbegehrens gegen die moralische Autorität Gottes.
Das Karma-Gesetz, das moralische Grundsätze einem Naturgesetz ähnlich macht, zieht die Möglichkeit einer Vergebung nicht in Betracht. Seine Konsequenzen sind unvermeidlich und unausweichlich.	Da Gott eine Person ist und da Personen vergeben können, kann Gott uns unsere Sünden vergeben. Er hat das durch Jesus Christus getan.

Die heiligen Schriften des Hinduismus

Die frühesten Schriften des Hinduismus sind die *Veden. Veda* bedeutet »Wissen« und hat dieselbe Wurzel wie das griechische Wort *oida* (»wissen«) (Noss, 86).

Die vier *Veden* sind: *Rig Veda, Sama Veda, Yajur Veda* und *Atharva Veda.* Außerdem ist jede *Veda* in vier Teile unterteilt: *Mantras* (die grundlegenden Verse oder Hymnen, die während der Rituale gesungen werden, auch *Samhitas* genannt), *Brahmanas* (Erklärungen der Verse), *Aran-yakas* (Gedanken zu ihrer Bedeutung) und die *Upanischaden* (mystische Interpretationen der Verse). Diese Schriften werden mit dem Begriff *shruti* bezeichnet, der bedeutet »was gehört wird«. Die *Shruti*-Literatur ist im Hinduismus das Gegenstück zu den Offenbarungsschriften.

Neben diesen Hauptschriften gibt es noch Sekundärschriften, die so genannten *smriti* oder »Erinnerungen«. Zu den *smriti*-Schriften gehören die Volksepen *Ramayana* (»Ramas Weg«) und *Mahabharata* (»Die große Geschichte«). Im *Mahabharata*-Epos enthalten ist die beliebteste aller Hindu-Schriften – die *Bhagavad-Gita*, deren Hauptperson Krishna ist. Zwar sind die *smriti*-Schriften nicht so maßgebend wie die *shruti*-Schriften, doch übten sie wegen ihrer Popularität viel mehr Einfluss auf die indische Kultur aus.

Zu den weiteren *smriti*-Schriften zählen die *Vedangas* (Gesetzesbücher, wie die *Gesetze von Manu*), die *Puranas* (Stammbäume und Legenden der Götter), die *Darshanas* (philosophische Schriften), *Sutras* (Regeln für rituelles und gesellschaftliches Verhalten) und die *Tantras* (Schriften zum Erreichen okkulter Kräfte) (Organ, 180).

Der Hinduismus und das Christentum im Vergleich

	Hinduismus	**Christentum**
Gott	unpersönlich	eine Person
Menschheit	Zusammenhängend in dem Sinn, dass sie vom Wesen Gottes herkommt	Unzusammenhängend in dem Sinn, dass sie vom Wesen Gottes abgesondert ist; zusammenhängend in dem Sinn, dass sie nach dem Bild Gottes geschaffen wurde
Das Problem des Menschen	Unwissenheit	Moralisches Aufbegehren
Die Lösung	Befreiung von Illusion und Unwissenheit	Vergebung der Sünde und Versöhnung mit dem personalen heiligen Gott
Die Mittel	Sich durch eigene Anstrengungen bemühen, sich vom abgesonderten Ich zu lösen und sich seiner Einheit mit dem Göttlichen bewusst werden	Bereuen der Sünde und Vertrauen auf das vollendete, stellvertretende Werk von Jesus Christus
Das Ergebnis	Verschmelzen mit der All-Einheit; das Individuum verschwindet	Ewige Gemeinschaft mit Gott; die Person findet Erfüllung in einer liebenden Beziehung mit Gott

Vorschläge für die Verkündigung des Evangeliums

1. Weisen Sie auf die Vergebung von Jesus hin

Bakht Singh, ein indischer Evangelist und ehemaliger Hindu, der sich zum Christentum bekehrt hatte, sagte: »Ich habe immer ein offenes Ohr gefunden, wenn ich mit ihnen über die Vergebung der Sünden und inneren Frieden und Ruhe im Herzen sprach« (Hesselgrave, 169). Vergebung ist ein echtes Bedürfnis der Hindus, da es in ihrem auf das Karma-Gesetz gegründeten Glaubenssystem keine Vergebung gibt.

Viele Hindus sind besorgt darüber, dass es im Hinduismus keine Vergebung gibt, denn sie erkennen klar, dass sich die Taten, die sie an diese illusorische Sphäre binden, immer mehr anhäufen und dass die Aussicht auf Entkommen hoffnungslos weit entfernt ist. Hier eine Bibelstelle, die für Hindus geeignet ist:

> »Kommt alle her zu mir, die ihr müde seid und schwere Lasten tragt, ich will euch Ruhe schenken. Nehmt mein Joch auf euch. Ich will euch lehren, denn ich bin demütig und freundlich, und eure Seele wird bei mir zur Ruhe kommen. Denn mein Joch passt euch genau, und die Last, die ich euch auflege, ist leicht« (Matthäus 11,28-30).

Als Jesus diese Worte sprach, dachte er an Menschen, die unter der Last litten, mit eigenen Anstrengungen die Rettung erreichen zu wollen. Jesus bietet Ruhe anstelle des Gefühls, hoffnungslos erschöpft und belastet zu sein. Wir finden diese Ruhe, wenn wir zu ihm kommen, was bedeutet, an ihn zu glauben (siehe auch Johannes 6,35).

Da Jesus das Werk der Rettung an unserer Stelle vollbracht hat, konnte er sagen, dass sein Joch uns genau »passt« und seine Last »leicht« ist (V. 30). Er nahm die Last unserer Sünde auf seine Schultern. Seine Jünger folgen dem Einen, der nicht mit Vorliebe schwere Arbeiten auferlegt, sondern »demütig und freundlich ist« (V. 29).

2. Denken Sie daran, dass Gott eine Person ist

Wenn wir mit einem hinduistischen Freund über unseren Glauben sprechen, sollten wir immer daran denken, dass Gott eine Person ist. Das hat mehrere Vorteile.

Erstens ist dies hilfreich, wenn man versucht, den christlichen Standpunkt zu geistlichen Fragen mit Hilfe von Bildern zu veranschaulichen, die jedem vertraut sind, weil sie mit zwischenmenschlichen Beziehungen zu tun haben. Mit solchen Bildern kann man die folgenden Aspekte der Sünde veranschaulichen:

- die Bedeutung der Sünde (Sünde ist die Ablehnung der moralischen Autorität Gottes),
- die Folgen der Sünde (Entfremdung zwischen Personen),
- die Tilgung der Sünde (Bekennen und Vergebung),
- die Hoffnung auf ewiges Leben (immer währende Gemeinschaft mit einem persönlichen und liebenden Gott).

Die obigen Beispiele zur Veranschaulichung der Sünde mit Hilfe zwischenmenschlicher Beziehungen wurden dem Gleichnis vom verlorenen Sohn entnommen (Lukas 15). Dieses Gleichnis kann hilfreich sein, wenn man einem Hindu das christliche Verständnis von Sünde und Vergebung erklären möchte.

Ein Nachteil an diesem Gleichnis ist jedoch das Schlachten des gemästeten Kalbes zur Feier der Rückkehr des Sohnes. Für Hindus ist ein solches Bild Anstoß erregend, da sie Rinder für heilig halten. Weisen Sie behutsam darauf hin, dass das Hauptthema nicht das Schlachten des Kalbes, sondern die Entfremdung und dann die Versöhnung zwischen dem Sohn und seinem Vater ist, sowie die Freude des Vaters über die Rückkehr seines Sohnes; der Vater in diesem Gleichnis steht für Gott.

Zweitens, die Tatsache, dass Gott eine Person ist, bietet Ihnen Möglichkeiten, die Gedanken Ihres Freundes zum christlichen Evangelium hinzulenken. Zum Beispiel, wenn Gott das Wesen einer Person hat, dann kann er unser Leiden erkennen und mit uns mitleiden (2. Mose 3,7; Hebräer 4,15). Ist das hinduistische *Brahman* fähig, so um uns besorgt zu sein?

Ein anderes Beispiel dafür, wie man die Tatsache, dass Gott eine Person ist, gebrauchen kann, hat mit dem Schicksal des Einzelnen nach dem Tod zu tun. Das unpersönliche *Brahman* des Hinduismus zu »kennen«, bedeutet, dass man seine Identität als individuelle Person verliert. In uns allen besteht jedoch der Drang, uns mit aller Macht an unsere Existenz als persönliche Wesen zu klammern. Ist ein solcher Drang nichts mehr als die Unwissenheit unseres separatistischen Ichs, wie der Hinduismus behauptet?

Stimmt es nicht, dass wir dann am meisten zufrieden sind, wenn wir in einer Beziehung der Freundschaft oder Liebe leben? Wie viel zufriedener wären wir in der Gemeinschaft mit einem persönlichen, heiligen, liebenden Gott?

Genau solch eine erfüllende Beziehung bietet der Gott der Bibel für alle Ewigkeit (siehe Johannes 14,2-3; 17,3; Offenbarung 21,3).

3. Fragen und zuhören

Der Hinduismus ist eine außerordentlich vielgestaltige Religion. Einige Glaubensüberzeugungen sind der Religion gemeinsam, doch der Hinduismus besitzt keine fest umrissene Dogmatik. Als solches ist er sehr tolerant, und er erlaubt es jedem Menschen, seine eigenen Glaubenssätze auszuwählen.

Denken Sie nicht, Sie wüssten, was Ihr hinduistischer Freund glaubt. Stellen Sie ihm Fragen über seine Vorstellungen von Gott, dem Menschen, der Sünde und Rettung und achten Sie sorgfältig auf seine Antworten.

Achten Sie zum Beispiel genau auf die Worte, mit denen Ihr hinduistischer Freund den Weg zur Erleuchtung beschreibt. Er könnte sehr wohl Worte wie »erlangen«, »erwirken«, »überwinden« oder »streben« benutzen. Solche Worte sind bedeutungsvoll, denn sie zeigen, wie die Erleuchtung – das hinduistische Gegenstück zur Errettung – auf menschliche Anstrengungen und nicht auf der Gnade Gottes gegründet ist.

Sie könnten mit Ihrem Freund über Bibelstellen wie Römer 3,19-24 und Epheser 2,8-9 sprechen, die schildern, wie zwecklos der Versuch ist, sich seine Rettung verdienen zu wollen und wie die Rettung ein Geschenk ist, das Gott den Menschen macht, die glauben.

4. Seien Sie demütig

Vermeiden Sie einem Hindu gegenüber jede Überheblichkeit. Da wir Fleisch essen und am Materialismus hängen, halten Hindus die Christen für geistlich tiefer stehend. Führen Sie Ihr Leben wie ein offenes Buch. Zeigen Sie Hindus den inneren Frieden, den Sie verspüren, weil Sie die Gewissheit haben, dass Ihnen in Jesus Christus vergeben wurde und wie Ihr Geschick nach dem Tod aussieht.

5. Stellen Sie Jesus in den Mittelpunkt

Geben Sie Ihrem hinduistischen Freund ein Neues Testament und bitten Sie ihn, selbst zu entdecken, wer Jesus ist. Sagen Sie ihm, dass sogar Gandhi erklärte: »Ich werde den Hindus sagen, dass ihr Leben unvollständig ist, wenn sie nicht ehrerbietig die Lehren von Jesus studieren« (Hingorani, 23). Solch ein Zitat ist für die meisten Hindus von großer Bedeutung.

Ermutigen Sie Ihren Freund, das Lukas- und das Johannesevangelium zu lesen.

6. Denken Sie an unterschiedliche Begriffsbestimmungen

Denken Sie daran, dass manche Ausdrücke und Begriffe von den Anhängern des Hinduismus missverstanden werden können. Zum Beispiel bezieht sich für Hindus der Ausdruck »wiedergeboren« auf die Reinkarnation, und das ist etwas, wovon sie befreit werden möchten. In der christlichen Terminologie bedeutet »wiedergeboren«, durch die umwandelnde Kraft des Heiligen Geistes neu gemacht zu werden.

Hindernisse für die Verkündigung des Evangeliums und Einwände

1. Kulturelle Schranken

Es gibt mehrere kulturelle Faktoren, die einen Hindu daran hindern können, sich mit dem Christentum auseinander zu setzen. Der erste kommt daher, dass der Hinduismus mit der Kultur Indiens, dem Heimatland der meisten Hindus, eng verflochten ist. Radhakrishnan, ein namhafter indischer Gelehrter und Staatsmann, sagte einmal: »Der

Hinduismus ist mehr eine Kultur als ein Glaubensbekenntnis« (Beaver, 170). So denken viele Hindus, sie müssten ihre Kultur verwerfen, bevor sie den christlichen Glauben annehmen können.

Zweitens hegen viele gebildete Hindus einen kulturellen und religiösen Stolz, der sie daran hindert, sich mit anderen Religionen zu befassen.

Der dritte Grund liegt darin, dass viele Inder das Christentum mit »materialistischer Zivilisation und imperialistischer Ausbeutung« in Verbindung bringen (Hingorani, 32).

Viertens, in Indien sind die Familienbande sehr eng. Die Handlungen eines Familienmitglieds haben Auswirkungen auf den Rest der Familie. Mahendra Singhal, ein Hindu, der zum Glauben an Christus kam, schrieb:

> Mein Dilemma [im Hinblick auf die Bekehrung] hatte eine weitere Dimension. Wenn ich Jesus Christus annehme, würden meine Eltern in der Gemeinde an Achtung und Stellung verlieren. Meine Brüder und Schwestern würden in Verruf geraten. Obwohl ich nicht in meiner Heimatstadt, sondern in einem anderen Umfeld arbeitete, war ich nicht wirklich frei, um eigene Entscheidungen zu treffen (Singhal, 3).

Es ist schwierig, mit diesen Hindernissen umzugehen, doch mit Gott sind sie nicht unüberwindbar. Wir müssen Jesus und seine Rettungstat in den Mittelpunkt stellen und die Botschaft so weit wie möglich von der abendländischen Kultur trennen. Schließlich hat das Christentum seine Wurzeln in Asien, nicht in der westlichen Hemisphäre.

Als Christen müssen wir mit Gandhi bekräftigen, dass »Bekehrung nicht bedeutet, seine nationale Eigenart aufzugeben« (Hingorani, 15). Während das Christentum sicherlich den Finger auf die polytheistischen Aspekte der indischen Kultur legt, ist es zum Beispiel nicht erforderlich, dass ein Gläubiger Fleisch isst. Inder können auch als Christen immer noch stolz auf ihr nationales Erbe sein.

Der Preis für die Annahme Christi dürfte in der Tat hoch sein, doch Jesus hat versprochen, dass Menschen, die diesen Preis bezahlen, »hundertmal so viel wiederbekommen und das ewige Leben erlangen« (Matthäus 19,29).

2. »Es gibt viele Wege zu Gott«

Der häufigste Einwand, den Hindus gegen das Christentum vorbringen, lautet wahrscheinlich, dass es viele Wege zu Gott gibt. Jeder Mensch kann den Weg wählen, der am besten zu ihm passt. Der Hindu sieht die letzte Wirklichkeit, *Brahman*, als undifferenzierte All-Einheit. Wenn diese Auffassung von Gott richtig ist, dann würde es in der Tat stimmen, dass es viele Wege zu Gott gibt, da Gott die in jeder Person vorhandene grundlegende Kraft wäre. Dieser Gedanke wurde in *Hinduism Today* in einer Darstellung der bedeutendsten Weltreligionen mit dem Titel »Es gibt nur eine Wahrheit, aber viele Wege« wiedergegeben.

Als Entgegnung müssen Sie Ihrem hinduistischen Freund ständig das Bild eines Gottes vor Augen stellen, der eine Person ist. Wenn Gott von seinem Wesen her eine Person ist, dann ist der Weg, Gott kennen zu lernen, ein anderer als gegenüber einer unpersönlichen, undifferenzierten Kraft. Wenn Gott eine Person ist, geht es um ähnliche Dinge wie bei der Beziehung zu einem Freund oder Familienangehörigen. Genauer gesagt, es geht um moralische Grundsätze, Gehorsam und Vertrauen.

Wenn Gott eine Person ist, dann hat Sünde nichts mit Unwissenheit zu tun, sondern mit moralischer Ablehnung und Ungehorsam, was zum Bruch der Beziehung führt.

Wenn unser Hauptproblem im Bruch unserer Beziehung zur Person Gottes liegt, dann ist es verständlich, warum es nur einen einzigen Weg zu Gott gibt. Sie können dies Ihrem hinduistischen Freund verdeutlichen, indem Sie ihm die Frage stellen: Wie viele Wege gibt es, eine Beziehung, die du zerbrochen hast, wiederherzustellen? Die Antwort lautet natürlich, dass es nur einen einzigen Weg gibt: Bekennen der Schuld und Bitte um Vergebung.

Machen Sie Ihrem hinduistischen Freund auch klar, dass Jesus Christus sich an *alle* Menschen wendet:

- Christus fordert *alle,* »die ihr müde seid und schwere Lasten tragt«, auf, zu ihm zu kommen (Matthäus 11,28, Kursivschrift vom Autor).
- Er lobt die unterschiedlichsten Menschen. Zum Beispiel lobt er den Glauben des römischen Offiziers (Matthäus 8,5-13), die Barmherzigkeit des Samaritaners (Lukas 10,29-37), die Bußfertigkeit des Steuereintreibers (Lukas 18,9-14) und die Sünderin (Lukas 7,36-50).

- Christus, der sich an *alle* Menschen wendet, pflegt Umgang mit gesellschaftlich Ausgestoßenen (Lukas 19,1-10) und Sündern (Lukas 15,1-7).
- Die Evangelien beschreiben, wie Jesus den Bedürfnissen eines jeden Menschen entspricht. Zum Beispiel sorgte er für die Hungrigen (Matthäus 14,13-21), auch die geistlich Hungrigen (Johannes 6,35); er heilte die Aussätzigen, die Lahmen, die Blinden, die Tauben und Stummen; er suchte die Verlorenen (Matthäus 18,10-14; Lukas 19,10); er liebte die Kinder (Matthäus 19,14); er ist »ein Licht, das den Völkern Gott offenbaren wird« (Lukas 2,32; Johannes 8,12), der Arzt für die geistlich Kranken (Matthäus 9,12-13) und das Tor, durch das man zum ewigen Leben hineingeht (Johannes 10,9).

Außerdem ist das Evangelium von Jesus Christus für die *ganze* Welt bestimmt. Johannes schrieb über das Ende der Welt: »Danach sah ich eine riesige Menschenmenge – viel zu groß, um sie zählen zu können – *aus allen Nationen und Stämmen und Völkern und Sprachen* vor dem Thron und vor dem Lamm stehen« (Offenbarung 7,9; Kursivschrift vom Autor). Ein solch allumfassender Christus spricht den Hindu naturgemäß an (Sudhakar, 3).

3. »Jesus ist nicht einzigartig«

Die Hindus sehen ihre Götter und *avatars* (Inkarnationen) als Manifestationen des unpersönlichen *Brahman*. Jesus halten sie nur für einen dieser *avatars*. Ihr hinduistischer Freund ist möglicherweise bereit, Jesus in sein Pantheon aufzunehmen, doch nicht willens, Jesus als die ausschließliche Inkarnation Gottes anzunehmen.

Gandhi vertrat das typische Denken eines Hindus, als er erklärte:

> Ich halte den Text, dass Jesus der einzige eingeborene Sohn Gottes ist, nicht wortwörtlich für wahr. Gott kann nicht der ausschließliche Vater sein, und ich kann Jesus keine ausschließliche Göttlichkeit zuerkennen. Er ist so göttlich wie Krishna oder Rama oder Mohammed oder Zarathustra (Hingorani, 53).

Doch war die Inkarnation von Jesus wirklich so wie die Inkarnationen *Vishnus*, zu denen Krishna und Rama gehören? Nein, da gab es ausgeprägte Unterschiede (siehe Tabelle »*Vishnu* und Jesus«).

Wenn der Einwand hinsichtlich der Einzigartigkeit von Jesus aufgeworfen wird, dann ermutigen Sie Ihren hinduistischen Freund, das Johannesevangelium durchzulesen und dann selbst ein Urteil zu treffen. Ein ehemaliger Hindu schrieb: »Auf Drängen eines Klassenkameraden begann ich, das Neue Testament zu lesen, um mehr über Jesus zu erfahren. Er hat mich voll und ganz für sich eingenommen. Hier war jemand, der so auffallend anders als alle anderen war, die jemals lebten« (Sairsingh, 5-6).

4. »Ich muss für meine eigene Karma-Schuld zahlen«

Das Denken der Hindus ist tief vom Karma-Gesetz beeinflusst. Sie glauben deshalb, dass alle Handlungen, sowohl jetzt als auch in späteren Leben, Konsequenzen haben und dass jeder Mensch die Konsequenzen seiner Handlungen alleine zu tragen hat. Deshalb haben Hindus häufig Schwierigkeiten, den Begriff vom stellvertretenden Tod von Jesus zu verstehen. Wie konnte Jesus an unserer Stelle leiden und unsere Schuld bezahlen, während wir Vergebung und Rettung als Geschenk erhalten? Für den Hindu ergibt das keinen Sinn.

Vishnu und Jesus:
Die Unterschiede zwischen ihren Inkarnationen

Vishnu	Jesus
Mindestens zehn Inkarnationen (manche sagen, mehr), sowohl als Mensch als auch als Tier	Eine Inkarnation in menschlicher Form
Auch wenn die Geschichten der *avatars* oder Inkarnationen Vishnus einen Kern Wahrheit enthalten können, ist ihre Geschichtlichkeit nicht wesentlich, denn sie sind vor allem mythischer Natur. Wenn bewiesen würde, dass es keine historische Grundlage für die Geschichten gäbe, dann hätte das keine Auswirkung auf ihre Bedeutung und ihren Einfluss. Eine hinduistische Überlieferung versichert sogar, dass die *avatars* beim Gehen keine Fußspuren hinterließen.	Die Geschichtlichkeit des Lebens von Jesus ist sehr wichtig für die Wahrhaftigkeit der Ansprüche von Jesus und die Rettung, die er für uns vollbrachte (1. Korinther 15,14.17; 1. Johannes 1,1-3). Wenn Jesus nicht wirklich geschichtlich gelebt hätte, gestorben und von den Toten auferstanden wäre, dann wäre das Christentum auf eine Lüge aufgebaut und das Evangelium ohne Grundlage.

Vishnu	Jesus
Das Ziel der Inkarnation *Vishnus* war die »Zerstörung der Übeltäter« (*Bhagavad-Gita* 4,8; Edgerton, 23).	Das Ziel der Inkarnation von Jesus war es, »Verlorene zu suchen und zu retten« (Lukas 19,10). Denn »Gott sandte seinen Sohn nicht in die Welt, um sie zu verurteilen, sondern um sie durch seinen Sohn zu retten« (Johannes 3,17; siehe auch Johannes 10,10).
Die *avatars* wiesen auf einen Weg hin, auf dem wir im Verlauf vieler Leben Erleuchtung *erlangen* können: Durch *eifriges Streben*, nach Bereinigung der Sünden, erreicht der an Disziplin gewöhnte, *durch viele Wiedergeburten vollkommen gewordene* Mensch dann (endlich) das höchste Ziel« (Bhagavad-Gita 6,45; Edgerton, 37; Kursivschrift vom Autor).	Jesus weist auf sich selbst hin als den *Weg*, durch den wir ewiges Leben sofort *erhalten* (Johannes 6,29.40; 10,9-10; 11,25-26; 14,6).
Vishnu inkarniert sich immer wieder als *avatar*, wenn dies nötig wird; dann stirbt der *avatar* und wird zurück in *Brahman* absorbiert. Der Hinduismus beansprucht nicht die körperliche Auferstehung der *avatars*.	Die Inkarnation von Jesus war ein einmaliges Ereignis. Sein Opfer geschah »ein für alle Mal« (Hebräer 9,26-28); er starb und stand von den Toten wieder auf; seine individuelle Identität wird vor wie auch nach der Inkarnation beibehalten.

Das Karma-Gesetz hat Gültigkeit: Christen können anerkennen, dass das Karma-Gesetz für dieses Leben Gültigkeit besitzt, da jemand, der sündigt, persönlich die Folgen der Sünde ernten wird, wie etwa Schmach, den Verlust des Vertrauens eines Freundes, schlechte Gesundheit, eine Gefängnisstrafe oder eine gescheiterte Ehe. Sogar Paulus schrieb: »Was ein Mensch sät, wird er auch ernten« (Galater 6,7).

Die Sünde tut Gott weh: Sünde, oder Karma, betrifft jedoch nicht nur die Person, die die Tat ausführt; sie betrifft auch das Opfer ... und Gott. Wenn ich zum Beispiel gegen eine Tochter gewalttätig werde, tut das den Eltern ebenfalls weh, weil sie ihre Tochter lieben. Gleichermaßen tut es Gott weh, wenn wir gegen die, die er liebt, sündigen. In einem sehr wörtlichen Sinn ist Gott der Erste, der durch unsere Sünde verletzt wird. Nachdem er die Sünden des Mordes und des Ehebruchs begangen hatte, schrieb David: »Gegen dich [Gott] allein habe ich gesündigt« (Psalm 51,6). Als Folge unserer Sünde ist die Gemeinschaft mit Gott zerbrochen. Und diese Gemeinschaft bleibt so lange zerbrochen, bis sie wiederhergestellt ist.

Vergebung ist möglich: Während die schlechte Nachricht lautet, dass Sünde zu unserer Entfremdung von Gott führt, heißt die gute Nachricht, dass Vergebung möglich ist, da Gott eine Person ist, genauso wie es jeder Person möglich ist, einer anderen Person das Unrecht, das sie begangen hat, zu vergeben.

Wenn Gott eine unpersönliche Kraft wäre, würde das moralische Gesetz den Naturgesetzen ähnlich sein. Vergebung wäre nicht möglich, da ein unpersönliches Gesetz nicht vergeben kann.

Vergebung hat ihren Preis: Vergebung ist nicht umsonst. Wenn wir einem Menschen vergeben, der uns Unrecht getan hat, tragen wir selbst die Verletzung und die Konsequenzen der Handlungen dieses Menschen. Wir haben sozusagen beschlossen, die Konsequenzen seiner Handlungen auf uns zu nehmen; wir haben sein Karma auf uns genommen.

Genau das hat Jesus am Kreuz getan. Da er Gott ist, war er ohne Sünde und vertrat den, gegen den gesündigt wurde. Da er Mensch war, konnte er in unserem Namen die Folgen unserer Sünde, das heißt den Tod, tragen. Er zahlte für unser Karma, indem er die Todesstrafe, die wir verdient hatten, auf sich nahm und für uns bezahlte. Aufgrund dessen, was Jesus Christus für uns getan hat, ist Vergebung von Gott möglich.

5. »Die Kreuzigung verstößt gegen die Gewaltlosigkeit gegenüber jedem Leben«

Einige Hindus haben Schwierigkeiten, die Bedeutung der Kreuzigung Christi zu verstehen, weil sie davon überzeugt sind, dass man gegenüber jedem Leben gewaltlos zu sein hat (die hinduistische *ahimsa*-Lehre). Man muss ihnen erklären, dass die Kreuzigung Christi die anschauliche Folge des »Lohns der Sünde« ist (Römer 6,23) und das direkte Ergebnis dessen, dass Jesus unsere Sünden auf sich genommen hat.

Die folgende bildhafte Schilderung hilft Ihrem hinduistischen Freund vielleicht, die Bedeutung des Kreuzes zu verstehen. Er soll sich vorstellen, dass ein Mensch, den er liebt – vielleicht seine Tochter –, Drogenprobleme hat. Zuerst experimentiert die Tochter mit Marihuana. Sie tut das aus Freude an der Erfahrung, und sie hat die Situation unter Kontrolle. Aber innerhalb weniger Wochen kommt sie mit härteren Drogen wie Kokain in Berührung. Die Höhen und Tiefen werden intensiver, und allmählich verspürt sie ein heftiges Verlangen nach den Drogen.

Die Drogen gewinnen die Herrschaft über sie; sie wird abhängig. Ihre Eltern sehen, was die Drogen ihrer Tochter antun; ihre Noten verschlechtern sich rapide, sie treibt sich in schlechter Gesellschaft herum, sie gerät mit dem Gesetz in Konflikt, und sie zieht sich von ihren Eltern zurück. Eines Tages finden sie dann ihre Tochter tot auf, als Folge einer Überdosis.

Fragen Sie sich jetzt: Was wäre Ihre Einstellung Drogen gegenüber, wenn Sie die Eltern dieses Mädchens wären? Wären Sie nur wegen des Todes Ihrer Tochter aufgebracht, ohne irgendeine Meinung über die Wirkung von Drogen zu äußern? Oder würden Sie andere vor den Gefahren der Drogen warnen wollen?

Erklären Sie Ihrem Freund, dass Gott noch viel stärkere Gefühle beim Tod einer Person hat als wir. Der Tod erfüllt ihn mit Kummer; er verabscheut ihn. Genau aus diesem Grund hasst er die Sünde – weil die Sünde, wie Drogen, Menschen zerstört. Und aus diesem Grund gab er seinen einzigen Sohn als Opfer für unsere Sünden. Christi Tod billigt nicht das Töten; er zeigt uns aber, wie sehr Gott uns liebt (Römer 5,8). Er zeigt, wie sehr er will, dass wir leben (Johannes 3,16-17; 10,10) und dass er einen Weg schaffen will, damit wir Gemeinschaft mit ihm haben können (Johannes 17,3).

Dr. Mahendra Singhal, ein ehemaliger Hindu, erzählte:

> Hindus gehen bis ins Extrem, um ihre Liebe zu jemandem zu zeigen. Eine Mutter wird zum Beispiel hungern, um ihrem Kind etwas zu essen zu geben. Ein Vater würde darben, um seine Kinder zur Schule schicken zu können. Das Bild von Jesus Christus, das den stärksten Eindruck auf mich machte, war, wie weit er bereit war zu gehen, um seine Liebe zu mir zu zeigen, und zwar zu einer Zeit, als ich ihn noch nicht einmal kannte. Bei meinen Verkündigungen vor Hindus entdeckte ich, dass es sie im Allgemeinen berührte, wenn man ihnen erklärte, dass Jesus am Kreuz seine Liebe zu uns bestätigte.

Glossar allgemein gebräuchlicher hinduistischer Begriffe

Ahimsa: Die Lehre von der Gewaltlosigkeit gegenüber allem Leben; die Grundlage dafür, dass Hindus Vegetarier sind.

Asanas: Die Sitzhaltungen beim Yoga.

Avatar: Die Inkarnation einer Gottheit.

Bhakti: Eine Yogaform, bei der eine Person ihr Selbst durch Hingabe an einen personalen Gottesbegriff, entweder Krishna oder Rama, verliert.

Brahmin: Die Priesterkaste im Hinduismus, die von dem Begriff *Brahman* zu unterscheiden ist; Letzteres ist der Hindu-Begriff für die letzte Wirklichkeit.

Dharma: Das Hindu-Wort für »Religion«. Es ist die Art und Weise, nach der ein Hindu leben sollte, insbesondere hinsichtlich der Erfüllung der Pflichten seiner Kaste. Nach dem *dharma* zu leben bedeutet, in Harmonie mit dem Universum zu leben.

Karma: Das Gesetz von Ursache und Wirkung im Bereich des Moralischen.

Mantra: »Gedankenform«. Ein ein- oder mehrsilbiger Ausdruck (üblicherweise in Sanskrit), über den man meditiert. Jedes *Mantra* wird mit einer bestimmten Gottheit in Verbindung gebracht, so weitgehend, dass das richtig ausgesprochene *Mantra* diese Gottheit verkörpert. Der Sinn des Wiederholens des *Mantras* liegt darin, die Kräfte dieser Gottheit anzurufen und sie zu bitten, in den Menschen einzutreten (Rice, 247).

Maya: Die Lehre, dass die sichtbare Welt eine Illusion ist, die die Wirklichkeit absoluter All-Einheit vernebelt. *Maya* kann auch für das göttliche Spiel der Götter gehalten werden.

Nirvana: Das individuelle Ich verschmilzt mit der unpersönlichen und undifferenzierten All-Einheit des letzten Ichs. *Nirvana* ist das Ziel der Erleuchtung.

OM: Das *Mantra*, das alle ursprünglichen Schwingungen des Universums umfasst. Es wird für die Königin aller *Mantras* gehalten (Rice, 279).

Puja: Begriff für die Anbetung von Gottheiten an einem Altar.

Samadhi: Geistige Konzentration mit dem Ziel, den Geist von allen Gedanken zu leeren und die Versenkung in die letzte All-Einheit zu erreichen.

Yoga: Eine körperliche und geistige Disziplin, die mit dem Ziel der geistlichen Befreiung und Befähigung praktiziert wird.

Bibliographie und Quellen

Beaver, R. Pierce und andere, Herausgeber. *Eerdman's Handbook to the World's Religions.* Grand Rapids, Mich.: Wm. B. Eerdman's Publishing Co., 1982.

Edgerton, Franklin, Übersetzer. *The Bhagavad Gita.* Cambridge, Mass.: Harvard University Press, 1975.

Heim, S. Mark. *Is Christ the Only Way? Christian Faith in a Pluralistic World.* Valley Forge, Penn.: Judson Press, 1985.

Hesselgrave, David. *Communicating Christ Cross-Culturally.* Grand Rapids, Mich.: Zondervan, 1978.

Hingorani, Anand, Herausgeber. *The Message of Jesus Christ by M.K. Gandhi.* Bombay: Bharatiya Vidya Bhavan, 1964.

Johnstone, Patrick, *Operation World.* Pasadena, Calif.: William Carey Library, 1986.

Lewis, James und William Travis. *Religious Traditions of the World.* Grand Rapids, Mich.: Zondervan, 1991.

Maharaj, Rabindranath, mit Dave Hunt. *Death of a Guru.* New York: A. J. Holman Co., 1977. (In deutscher Übersetzung erschienen unter dem Titel: *Der Tod eines Guru.* Schwengeler Verlag, 2000)

McDowell, Josh und Don Stewart. *Understanding Non-Christian Religions.* San Bernardino, Calif.: Here's Life Publishers, 1982.

Noss, John B. *Man's Religions,* 5. Ausgabe. New York: MacMillan Publishing Co., Inc., 1974.

Organ, Troy Wilson, *Hinduism: Its Historical Development.* New York: Barron's Educational Series, 1974.

Rice, Edward, *Eastern Definitions.* Garden City, N.Y.: Doubleday & Company, Inc., 1980.

Sairsingh, Krister. *A Hindu's Quest for the Holy.* Colorado Springs, Colo.: International Students, Inc., 1987.

Singhal, Mahendra. »The Choice and the Price«.

SCP Newsletter, Berkeley, Calif.: Spiritual Counterfeits Project, 1987, Band 12, Nr. 3.

Stott, John. *The Cross of Christ.* Downers Grove, Ill.: InterVarsity Press, 1986.

Sudhakar, Paul. »Mission to the Average Hindu«. Unveröffentlichter Artikel, ohne Datum.

Islam

Dean C. Halverson

Der Islam in der Welt

Etwas 20 % der Weltbevölkerung bekennen sich zum Islam. Der Islam ist die zweitgrößte Religion der Welt und bleibt nur hinter dem Christentum zurück.

Muslime (Anhänger des Islam) leben vor allem in Nordafrika, im Nahen Osten, im südlichen Teil Zentralasiens und in Indonesien.

Obwohl der Islam in Saudi-Arabien seinen Anfang nahm, gibt es jetzt fast dreimal so viele nicht-arabische Muslime wie arabische Muslime. Und die vier Länder mit der größten Zahl von Muslimen sind heute alle *außerhalb* des Nahen Ostens: Indonesien – 166 Millionen, 88 % der Bevölkerung; Pakistan – 111 Millionen, 97 %; Bangladesch – 97 Millionen, 85 %; Indien – 93 Millionen, 11 %.

Ungefähr ein Fünftel der über 530.000 ausländischen Studierenden in den Vereinigten Staaten kommen aus 40 islamischen Ländern. In den meisten dieser Länder leben nur sehr wenige Christen (0 bis 2 % der Bevölkerung). Außerdem haben ihre Regierungen entweder die Grenzen für Missionare geschlossen oder die Verkündigung des Evangeliums für gesetzwidrig erklärt, oder beides.

Die Gründung des Islam

Im Jahr 570 n. Chr. wurde Mohammed in dem arabischen Stamm der Koraischiten geboren. Dieser Stamm hatte großen Einfluss, denn es war der herrschende in Mekka. Die Stadt Mekka war wirtschaftlich bedeutend, da sie ein beliebter Ruheplatz für Handelskarawanen war. Religiös genoss die Stadt Ansehen, da sich in ihr die Kaaba befand.

Die Kaaba ist ein würfelförmiges Bauwerk, das zur Zeit Mohammeds 360 Gottheiten enthielt. Jeder arabische Stamm hatte sich seine eigene Gottheit ausgewählt und kam einmal im Jahr nach Mekka, um seinem Gott zu huldigen.

Es war üblich, dass geistlich gesinnte Menschen sich jährlich einmal an einen einsamen Ort zurückzogen. Mohammed befolgte diesen Brauch mehrere Jahre lang und zog sich jedes Mal in eine Höhle des Berges Hira zurück. Im Jahr 610, im Alter von 40 Jahren, empfing Mohammed seine erste Offenbarung vom Engel Gabriel. Dies war der Beginn einer Reihe von Offenbarungen, die schließlich in der heiligen Schrift des Islam, dem Koran, was »Rezitationen« bedeutet, zusammengestellt wurden.

Angeblich hat Mohammed zunächst den Ursprung dieser neuen Offenbarungen in Frage gestellt. Er dachte, dass er vielleicht von einem *Dschinn* oder von Dämonen besessen war. Seine Frau Khadidscha versicherte ihm jedoch, dass seine Visionen göttlichen Ursprungs waren und ermutigte ihn, zu verkünden, was ihm offenbart worden war.

Als Mohammed begann, öffentlich zu predigen, bedrängten ihn die Führer seines eigenen Stammes, seine Botschaft des strengen Monotheismus für sich zu behalten. Sie hielten diese Lehren für eine Bedrohung ihrer polytheistischen Religion und insbesondere ihrer Einkommensquelle, da sie aus den Pilgerreisen der Stämme zur Kaaba wirtschaftlichen Profit schlugen. Mohammed weigerte sich jedoch, sein Predigen einzustellen und gewann allmählich zahlreiche Anhänger.

Als er weiter gegen den Polytheismus predigte, setzte eine stärkere Verfolgung der Anhänger der neuen Religion ein. Schließlich mussten etwa hundert muslimische Familien in eine Stadt namens Jathrib (das heutige Medina), die etwas über 300 Kilometer nördlich von Mekka liegt, fliehen.

Kurz danach, im Jahr 622, floh auch Mohammed von Mekka nach Jathrib. Muslime betrachten das Jahr der Flucht nach Jathrib als Beginn der muslimischen Zeitrechnung. Dieses Ereignis wird *Hidschra* (auch *Hegira*) genannt, was »eine Reihe von Auswanderungen« bedeutet.

Nach mehreren erfolgreichen Belagerungen und militärischen Siegen gegen Mekka und nach Verträgen mit dem Stamm der Koraischiten übernahm Mohammed im Jahr 630 kampflos die Stadt Mekka. Nach seinem Einzug in die Stadt zerstörte er eigenhändig die Götzenbilder in der Kaaba. Ein Jahr nach seinem Einmarsch in Mekka konnte Mohammed alle Stämme der arabischen Halbinsel unter der Religion des Islam vereinen.

Mohammed starb am 8. Juni 632.

Die Spaltungen des Islam

Die zwei Hauptgruppen des Islam, Sunniten und Schiiten, trennten sich ursprünglich wegen eines Streites darüber, wer der erste *Kalif* oder Nachfolger Mohammeds werden sollte; Mohammed hatte es vor seinem Tod versäumt, einen Nachfolger zu bestimmen. Die sunnitischen Muslime bestanden darauf, dass der Nachfolger Mohammeds gewählt werden muss. Die schiitischen Muslime (Schi'a) dachten, er müsse ein Blutsverwandter Mohammeds sein, was bedeutet hätte, dass Ali, Mohammeds Vetter und Schwiegersohn, sein Nachfolger wäre. Die Sunniten setzten sich durch.

Heute sind 80 % der muslimischen Bevölkerung Sunniten, und außer dem Streit über den Nachfolger unterscheiden sie sich von den Schiiten noch in mehreren anderen Punkten, zum Beispiel hinsichtlich der Quelle ihrer Autorität. Die Sunniten betonen die Autorität der schriftlichen Traditionen, zu denen nicht nur der Koran, sondern auch die *Sunna* (»Gewohnheit«) gehören, von der die Sunniten ihren Namen ableiten. Teil der *Sunna* ist der *Hadith*, in dem die Aussprüche und Handlungen Mohammeds und seiner Gefährten aufgezeichnet sind. Die *Sunna* tritt in viele Lücken, die der Koran offen ließ. Die Sunniten erhalten auch Anleitungen durch die Glaubenssätze, die die Ältesten oder Religionsgelehrten *(ulama)* durch Konsens festlegen, wobei sie ihre Entscheidungen auf den Koran, die *Sunna* und spätere Regelungen gründen.

Die Schiiten andererseits sind mehr auf Autorität ausgerichtet (und weniger auf Konsens). Zu Beginn ihrer Bewegung glaubten sie, dass Gott durch einen *Imam*, dem muslimischen Gegenstück zum katholischen Papst, spricht. Im neunten Jahrhundert jedoch wurde der zwölfte

Imam unsichtbar oder verschwand, und die Quelle der Autorität ging an die *ulama*, die sich gemeinsam für die allgemeinen Vertreter des verschwundenen *Imam* halten. Die Schiiten erwarten die Wiederkunft des zwölften *Imam*, *Mahdi* genannt, ähnlich wie die Christen auf die Wiederkunft Christi warten. Die Schiiten sind üblicherweise mehr auf Autorität als auf Konsens ausgerichtet – Ayatollah Khomeini aus dem Iran war zum Beispiel ein schiitischer Führer.

Ein weiterer Unterschied zwischen den beiden Gruppen besteht darin, dass die Sunniten glauben, dass staatliche und religiöse Macht zu trennen sind, während die Schiiten behaupten, dass die religiöse Obrigkeit sowohl politische als auch religiöse Macht ausüben sollte.

Der *Sufismus* ist ein dritter, mystischer, Flügel des Islam. Das Ziel der Sufis liegt im Verzicht auf weltliche Bindungen, Gott in allen Dingen zu sehen und die Verschmelzung des Ichs in das weite Wesen Gottes zu erlangen.

Es gibt noch weitere kleinere muslimische Gruppen, wie die *Wahhabiten* (hauptsächlich in Saudi-Arabien), die *Drusen* (hauptsächlich im Libanon, in Syrien und Nordisrael), die *Aleviten* (vornehmlich in Syrien) und die *Ahmadiyas* (vornehmlich in Pakistan). Neben den großen und kleineren Gruppierungen wirkte der Islam auch an der Entstehung von zwei Religionen mit, dem Sikhismus und der Baha'i-Religion.

Die Glaubensüberzeugungen und Verpflichtungen des Islam

Der Ausdruck »Islam« bedeutet »Unterwerfung« unter den Willen Gottes, und die Person, die sich unterwirft, wird »Muslim« (weibliche Form: »Muslima«) genannt. Die Religion des Islam kann in Glaubensüberzeugungen *(iman)* und Verpflichtungen *(deen)* eingeteilt werden.

Zu den wichtigsten Glaubensüberzeugungen des Islam gehören:

(1) *Gott*. Die zentrale Lehre des Islam besagt, dass es nur einen Gott gibt und dass ihm kein Partner zugesellt werden darf. Wer Gott einen Partner zuordnet, begeht die Sünde *ishrak* (auch *Schirk* geschrieben), für

die es laut Koran keine Vergebung gibt (Sure 4,48)*. Es liegt auf der Hand, dass aufgrund dieser zentralen Lehre die Lehre von der Dreieinigkeit für Muslime Anstoß erregend ist.

(2) *Engel.* In der Kluft zwischen dem Gott des Koran und der Menschheit befindet sich eine Hierarchie von Engeln. Der Erzengel Gabriel hat den höchsten Rang, der Rest der Engel steht unter ihm.

Jedem Menschen sind zwei Engel zugeteilt, einer, der die guten Taten und der andere, der die bösen Taten des jeweiligen Menschen aufzeichnet.

Auf der untersten Stufe der Hierarchie stehen die *Dschinn.* Muslime glauben, dass die Schar der *Dschinn* aus dem Feuer geschaffen wurde, dass sie gewöhnlich schlecht sind und Menschen von ihnen besessen sein können.

(3) *Die Propheten Gottes.* Nach dem Koran hat Gott jeder Nation einen Propheten gesandt, damit er die Botschaft verkündet, dass es nur einen Gott gibt. Der Tradition zufolge wurden insgesamt 124.000 Propheten ausgesandt. Die meisten sind unbekannt, aber unter ihnen sind auch biblische Gestalten wie Adam, Noah, Abraham, Mose, David, Salomo, Jona, Johannes der Täufer und Jesus.

Jeder Prophet war für eine bestimmte zeitliche Epoche bestimmt, doch Mohammed ist der einzige Prophet für alle Zeiten. Er wird »das Siegel der Propheten« genannt.

(4) *Die Heiligen Bücher.* Die vier ranghöchsten Propheten empfingen Bücher göttlicher Offenbarung. Diese vier waren Mose, der die *Taurat* (Torah) empfing, David, der die *Zabur* (Psalmen) empfing, Jesus, der das *Indschil* (Evangelium) empfing und Mohammed, der den *Qur'an* (Koran) empfing. Muslime behaupten, dass von diesen vier Büchern nur der Koran unverfälscht erhalten ist.

(5) *Der Tag des Gerichts.* Der Gott des Koran hat beschlossen, dass eines Tages alle vor ihm zum Gericht stehen werden. An jenem Tag werden die Taten eines jeden Menschen auf einer Waage gewogen. Diejenigen, deren gute Taten die schlechten Taten an Gewicht übertreffen, werden mit dem Paradies belohnt; diejenigen, deren schlechte Taten die

* Die Zitate können sich um einige Verse verschieben, je nachdem, welche Übersetzung herangezogen wird. Die meisten Zitate in diesem Kapitel sind der Übersetzung von 'Abdullah Yusuf 'Ali entnommen.

guten Taten an Gewicht übertreffen, werden zur Hölle verurteilt. Ob die guten Taten eines Menschen seine schlechten Taten an Gewicht übertreffen, ist jedoch subjektiv und nur Gott bekannt. Folglich hat ein Muslim keine Gewissheit, dass er von Gott angenommen wird.

Zu den wichtigsten Verpflichtungen des Islam gehören:

(1) *Das Schahada aufsagen.* Das Wort *Schahada* bedeutet »Zeugnis ablegen«. Das *Schahada* lautet: »Ich bezeuge: Es ist kein Gott außer Allah, und Mohammed ist sein Prophet.« Um ein Muslim zu werden, muss man nur das *Schahada* aufrichtig aufsagen.

(2) *Beten (Salat).* Ein Muslim ist verpflichtet, jeden Tag siebzehn Gebetszyklen *(raka)* zu verrichten. Diese Zyklen sind normalerweise auf fünf Gebetszeiten pro Tag verteilt – Morgengrauen, Mittag, Mitte des Nachmittags, Abenddämmerung und zwei Stunden nach Sonnenuntergang (Hamada, 162). Muslime beten entweder alleine oder in einer Gruppe. Vor dem Gebet müssen sie vorgeschriebene Waschungen vornehmen, die *wudu* genannt werden. Wenn sie beten, müssen sie in Richtung Mekka schauen. Die Gebetsrichtung *(qibla)* wird durch eine Wandnische oder *mihrab* in der Moschee angezeigt (Hinnells, 142). Nur zum Mittagsgottesdienst am Freitag wird von den Muslimen erwartet, sich in der Moschee zu versammeln.

(3) *Fasten (Saum).* Zum Gedächtnis daran, dass Mohammed den Koran im neunten Mondmonat des *Ramadan* empfangen hat, wird von Muslimen erwartet, während der Tagesstunden in diesem Monat zu fasten. Bei diesem Fasten müssen sie auf Essen, Trinken, Rauchen und Geschlechtsverkehr verzichten. Nach Sonnenuntergang dürfen sie all diese Dinge bis zum Sonnenaufgang wieder genießen.

(4) *Almosengeben (Zakat).* Muslime haben ein Vierzigstel (2,5 %) ihres Einkommens in erster Linie den Armen und Bedürftigen zu geben.

(5) *Die Wallfahrt (Hadsch).* Jeder Muslim muss mindestens einmal in seinem Leben nach Mekka reisen, vorausgesetzt er ist gesundheitlich und finanziell dazu in der Lage. Jeder Pilger muss weiße Kleider, *ihram* genannt, tragen, wodurch während des *Hadsch* alle Klassen- und Statusunterschiede beseitigt sind. Der Besuch mehrerer heiliger Stätten dauert in der Regel über eine Woche. Nach der Wallfahrt ist der Pilger berechtigt, *Hadschi* genannt zu werden.

Der Islam und das Christentum im Vergleich

	Islam	Christentum
Gott	Gott ist eine einzige Einheit. Kein Partner darf ihm zugesellt werden.	Eine komplexe Einheit – ein Wesen, aber Dreiheit in der Person
Menschheit	Von Natur aus gut	Von Natur aus sündig
Sünde	Sünde wird als Ablehnung der richtigen Leitung verstanden. Sie kann durch Reue vergeben werden. Ein Sühneopfer ist nicht erforderlich.	Sünde wird ernst genommen, denn sie führt geistlich zum Tod (Römer 6,23; Epheser 2,1). Sie ist ernst zu nehmen, weil sie eine Haltung moralischen Aufbegehrens gegen Gott widerspiegelt, durch die wir von ihm entfremdet werden. Ein Sühneopfer ist erforderlich, bevor unsere Beziehung zu Gott wiederhergestellt werden kann.
Rettung	Der Maßstab für Rettung ist, dass die guten Taten die schlechten Taten an Gewicht übertreffen. Deshalb ist sie auf menschliches Bemühen gegründet.	Der Maßstab für Rettung ist die absolute Heiligkeit Gottes (Matthäus 5,48). Deshalb kann sie nur als Geschenk von Gott, aufgrund seiner Gnade und dem Erlösungswerk von Jesus, angeboten und durch den Glauben empfangen werden. Rettung kann man nicht verdienen.
Jesus	Einer der größeren Propheten. Jesus mit Gott in Verbindung zu bringen (ihn zum Beispiel Gottes Sohn nennen) ist Gotteslästerung. Muslime erkennen die Jungfrauengeburt von Jesus und seine Wunder an.	Der einzige Sohn Gottes. Johannes schrieb: »Und ist nicht der ein Lügner, der behauptet, Jesus sei nicht der Christus? Wer das behauptet ist der Antichrist, denn er verleugnet den Vater und den Sohn« (1. Johannes 2,22).
Der Tod von Jesus	Nach islamischer Überlieferung starb Jesus nicht am Kreuz. Stattdessen fuhr er in den Himmel auf, und Judas starb an seiner Stelle am Kreuz. Muslime glauben, es sei unehrerbietig zu glauben, dass Gott zulässt, dass einer seiner Propheten – und insbesondere einer der am höchsten geehrten Propheten – gekreuzigt wird.	Jesus starb körperlich und gab sein Leben als stellvertretendes Sühneopfer für unsere Sünden. Dann stand er mit einem körperlichen, aber unsterblichen Leib von den Toten auf und erschien Hunderten von Zeugen (1. Korinther 15). Als Gott Jesus in die Welt sandte, war es sein Ziel, dass er gekreuzigt wird, um für unsere Sünden zu sterben (Matthäus 20,28; Johannes 3,16; Römer 8,3; 2. Korinther 5,21; 1. Petrus 1,19-20). Jesus gab sein Leben freiwillig für uns hin (Johannes 6,51; 10,11-17). Das Ende war keine Schmach, sondern ein Triumph (Apostelgeschichte 2,29-33; 5,30-31; Philipper 2,8-11).

	Islam	Christentum
Die Bibel	Verfälscht. Vom Koran außer Kraft gesetzt.	Authentisch. Von Gott inspiriert. Die letzte Autorität hinsichtlich Glaube und Wahrheit.

Was im Umgang mit Muslimen zu tun und was zu lassen ist

Was zu tun ist

- Lieben und achten Sie Ihre muslimischen Freunde.
- Beten Sie mit ihnen, wenn sie damit einverstanden sind, und beten Sie für sie.
- Greifen Sie oft auf die Bibel zurück, wenn Sie Ihren Glauben erklären und untermauern. Dadurch werden Ihre muslimischen Freunde der Autorität und Authentizität der Bibel ausgesetzt. Erklären Sie sich zu geeigneter Zeit bereit, das Johannesevangelium mit ihnen durchzuarbeiten.
- Treffen Sie sich einzeln mit ihnen. Es ist am besten, unter vier Augen mit einem Muslim über den Glauben zu sprechen. Wenn Sie sich mit Muslimen in einer Gruppe treffen, werden sie pflichtbewusst vor den anderen ihre Religion verteidigen, um eventuelle Zweifel zu verbergen.
- Weisen Sie so oft Sie können auf Jesus hin, ohne aggressiv zu werden. Ein ehemaliger Muslim sagte: »Es ist wesentlich, dass der Muslim das Christentum nicht als eine Religion, sondern als eine lebendige, neue Beziehung zu Gott erlebt.«
- Benutzen Sie die Gleichnisse und Geschichten von Jesus. Muslime werden oft mehr von Geschichten und Gleichnissen als von logischen Argumenten beeinflusst.
- Lesen Sie zumindest einige Teile, wenn nicht den ganzen Koran, damit Sie mit dem muslimischen Gottesbegriff und dem Wesen ihrer Religion vertraut werden.
- Seien Sie geduldig, beharrlich und treu im Gebet. Es ist bekannt, dass Muslime besonders viel Zeit brauchen, bis sie sich an Jesus Christus wenden, um gerettet zu werden.

- Gehen Sie mit der Bibel ehrerbietig um. In islamischen Ländern ist es Brauch, den Koran nicht tiefer als die Gürtellinie zu halten. Muslime bewahren den Koran auch auf dem obersten Regal im Haus auf, denn nichts sollte über dem Koran stehen. Sie halten es auch für respektlos, etwas in den Koran oder die Bibel zu schreiben.

Was zu lassen ist

- Kritisieren Sie nicht den Islam, den Koran oder Mohammed. Versuchen Sie, solche Themen ganz zu meiden. Betonen Sie stattdessen die gute Nachricht des Evangeliums.
- Nehmen Sie Ihre muslimischen Freunde nicht in die Kirche mit, bevor Sie nicht wissen, dass sie dazu bereit sind. Während eines Gottesdienstes geschieht viel, was der typische Muslim für eine Beleidigung Gottes hält und was er deshalb Anstoß erregend findet (zum Beispiel, dass Männer und Frauen nebeneinander sitzen und sich gelegentlich berühren). Wenn Sie einen Muslim in die Kirche mitnehmen, besprechen Sie vorher mit ihm, was ihn erwartet. Am besten führt man einen Muslim langsam in die christliche Kultur ein, indem man ihn zu einer nicht formellen Bibelarbeit mitnimmt.
- Führen Sie keine Streitgespräche mit Ihrem muslimischen Freund. Denken Sie daran, dass ein Muslim ein Wortgefecht nicht verlieren kann, weil er sonst sein Gesicht verliert. Versuchen Sie stattdessen, taktvoll das Denken Ihres Freundes anzuregen.

Gott

Die meisten Menschen nehmen an, dass der Gott des Koran derselbe ist wie der Gott der Bibel. Doch stimmt diese Annahme? Im Folgenden finden Sie einen Vergleich zwischen den beiden Gottesbegriffen.

Der Gott des Koran und der Gott der Bibel

Die Ähnlichkeiten

- Beide sind Einer.
- Beide sind transzendente Schöpfer des Universums.

- Beide sind souverän.
- Beide sind allmächtig.
- Beide haben durch Boten oder Propheten, durch Engel und durch das geschriebene Wort zu den Menschen gesprochen.
- Beide kennen alle Einzelheiten der Gedanken und Taten der Menschen.
- Beide werden die Sünder richten.

Die Unterschiede

- Der Gott des Koran ist eine einzige Einheit; doch der Gott der Bibel ist eine komplexe Einheit – ein Wesen, aber Dreiheit in der Person (Matthäus 28,19; Johannes 10,30; Apostelgeschichte 5,3-4).
- Der Gott des Koran ist kein Vater, er hat keinen Sohn gezeugt (Suren 19,88-92; 112,3); aber der Gott der Bibel ist eine Dreieinigkeit, die seit Ewigkeit als Vater, Sohn und Heiliger Geist existiert (Matthäus 28,19; Lukas 3,21-22; Johannes 5,18).
- Durch den Koran trat Gott durch ein geschriebenes Wort in die Geschichte ein; aber durch Jesus Christus trat Gott durch ein Wort, das eine Person ist, in die Geschichte ein (Johannes 1,1.14; Kolosser 1,15-20; Hebräer 1,2-3; 1. Johannes 1,1-3; 4,9-10).
- Der Gott des Koran »liebt nicht die Verschwender« (Suren 6,142; 7,31; Ali); doch Jesus erzählt die Geschichte eines Vaters – eine Metapher für Gott den Vater –, der sich nach der Rückkehr seines verlorenen (verschwenderischen) Sohnes sehnt (Lukas 15,11-24).
- »Allah liebt nicht die, die Böses tun« (Sure 3,140; Ali), und er liebt auch nicht die »Betrüger und Sünder« (Sure 4,107; Ali); doch »Gott dagegen beweist uns seine große Liebe dadurch, dass er Christus sandte, damit dieser für uns sterben sollte, als wir noch Sünder waren« (Römer 5,8).
- »Allah will sie wegen einiger ihrer Sünden peinigen« (Sure 5,49, Ali; siehe auch Suren 4,168-169; 7,179; 9,2; 40,10); doch der Gott der Bibel »hat keinen Gefallen am Tode des Gottlosen« (Hesekiel 18,23) und »möchte nicht, dass auch nur ein Mensch verloren geht, sondern dass alle Buße tun und zu ihm umkehren« (2. Petrus 3,9).
- Für den Gott des Koran ist der Maßstab im Gericht, dass unsere guten Taten unsere schlechten Taten an Gewicht übertreffen müssen

(Suren 7,8-9; 21,47); doch der Maßstab des Gottes der Bibel ist nichts weniger als völlige Vollkommenheit, gemessen an der Heiligkeit Gottes (Matthäus 5,48; Römer 3,23).

- Der Gott des Koran sandte einen Boten, Mohammed, der vor Allahs drohendem Gericht warnte (Suren 2,119; 5,19; 7,184.188; 15,89-90) und der erklärte: »Kein Lastenträger kann die Last eines anderen tragen« (Suren 17,15; 35,18, Ali); doch der Gott der Bibel sandte einen sündlosen Retter, Jesus, der unsere Sünden auf sich nahm und den Zorn Gottes an unserer Stelle trug (Matthäus 20,28; 26,28; Lukas 22,37; Johannes 3,16; 10,9-11; 2. Korinther 5,21; Galater 3,13; 1. Thessalonicher 5,9-10).

Antworten auf Einwände, die häufig von Muslimen erhoben werden

1. »Die Bibel wurde verfälscht«

Den Muslimen wurde beigebracht, dass die frühen Texte der Bibel von den Juden und den Christen verfälscht wurden. Dies ist als *tahrif*, oder Lehre der Änderung, bekannt.

Zur Bestätigung dieser Lehre verweisen Muslime auf die folgenden Stellen:

> Ein Teil von ihnen hörte das Wort Allahs und entstellte [Ali hat »geändert«] es wissentlich, nachdem sie es verstanden hatten (Sure 2,75, 'Ali).
>
> Und dann sind unter ihnen [den Juden] auch Ungelehrte, die das Buch nicht kennen, aber (in ihm ihre eigenen) Wünsche sehen und nur Mutmaßungen anstellen. Wehe denen, die das Buch mit eigenen Händen schreiben und dann sagen: »Dies ist von Allah«, um sich dafür einen miserablen Preis zu erhandeln! (Sure 2,78-79, 'Ali).

Diese Abschnitte aus dem Koran sprechen jedoch von einer *falschen Auslegung* und davon, dass etwas *als Heilige Schrift ausgegeben wird*, aber keine Heilige Schrift ist, *sie sprechen jedoch nicht von einer Veränderung der biblischen Manuskripte* selbst (Parrinder, 147).

Interessant ist, dass der Koran selbst die früheren Offenbarungen, die in dem »Buch« enthalten sind, für maßgebliche und authentische Offenbarungen Gottes hält (Sure 2,136; 4,163). Der Koran ermutigt Juden und Christen, »fest zu dem Gesetz, dem Evangelium und all den Offenbarungen zu stehen, die vom Herrn zu euch gekommen sind« (Sure 5,68). Er benutzt die Torah und das Evangelium, um Mohammed als Propheten zu bestätigen (Sure 7,157), und er ermutigt diejenigen, die Mohammeds Lehren in Frage stellen, diejenigen zu befragen, »die das Buch vor dir lasen« (Sure 10,94). Der Koran bittet die Menschen auch inständig, an die früheren Schriften zu glauben (Sure 4,136).

Es liegt auf der Hand, dass es unlogisch wäre, wenn der Koran einerseits den Menschen rät, die früheren Schriften zu lesen und an sie zu glauben, und dann andererseits lehrt, dass diese Schriften verfälscht und deshalb unglaubwürdig sind.

Da der Koran schreibt, dass die früheren Schriften von Gott offenbart wurden, zerschlägt sich die Behauptung der Muslime, dass Juden und Christen diese Schriften verfälscht haben, angesichts der Erklärung des Korans: »Niemand vermag seine Worte zu ändern« (Sure 6,115; siehe auch 6,34; 10,64). Sind Muslime aufgrund einer solchen Aussage im Koran bereit einzuräumen, dass ihre *tahrif*-Lehre in der Tat die Macht Gottes in Frage stellt, sein eigenes offenbartes Wort zu schützen? Wäre ein solches Infragestellen nicht eine Beleidigung Gottes?

Bedenken Sie auch, dass es unmöglich gewesen wäre, die biblischen Texte zu verfälschen. Dazu wäre es erforderlich gewesen, dass die weltweite Gemeinde der Juden den Veränderungen des Textes, die die abgelegene und verhältnismäßig unbedeutende jüdische Gemeinde in Medina vorgeschlagen hatte, zugestimmt hätte. Dann hätte es ebenfalls bedeutet, dass die Christen auf der ganzen Welt, die ja auch die Torah besaßen, den von den Juden vorgenommenen Veränderungen zustimmten, obwohl die Christen damals nicht einmal untereinander in gewissen Lehrfragen Übereinstimmung erzielten.

Außerdem bestätigen die Manuskripte der Bibel nicht die Verdächtigung einer Verfälschung des Textes. Was das Alte Testament betrifft, so bezeugen die Schriftrollen vom Toten Meer, die aus dem Jahr 100 v. Chr. stammen, in erstaunlicher Weise die Genauigkeit der masoretischen Manuskripte, die aus dem Jahr 900 n. Chr. stammen (Geisler &

Nix, 405, 408). An diesen Jahreszahlen ist vor allem wichtig, dass sie zeigen, dass die Manuskripte, die *nach* der muslimischen Beschuldigung des *tahrif* vorhanden waren, mit denen identisch sind, die lange *bevor* Mohammed lebte, existierten.

Was das Neue Testament betrifft, so fanden Theologen 3.175 griechische Manuskripte, die entweder das gesamte Neue Testament oder Teile davon enthielten und von denen die ältesten aus dem zweiten Jahrhundert stammen (Geisler & Nix, 466). 95 Prozent der Unterschiede zwischen diesen Manuskripten (Textabweichungen) sind Nebensächlichkeiten, das heißt, dass zum Beispiel aus Versehen ein Buchstabe weggelassen wurde. Als Antwort auf die Beschuldigung der Muslime, dass die Unterschiede in den Texten die christliche Lehre umfassend verändert haben, muss man vorbringen, dass keine christliche Lehre sich alleine auf einen umstrittenen Text stützt oder auch nur von ihm beeinflusst wird (Bruce, 20; Geisler & Nix, 474).

2. Die Lehre von der Dreieinigkeit

Im Licht der muslimischen Sünde *ishrak* – Gott einen Partner zuzugesellen – erheben Muslime mehrere Einwände gegen die Lehre von der Dreieinigkeit.

Einwand Nr. 1: »Die Christen verehren drei Götter.« Es gibt mehrere Möglichkeiten, mit diesem Einwand umzugehen. Erstens, bekräftigen Sie, dass Sie mit Ihrem muslimischen Freund dahingehend übereinstimmen, dass es nur einen Gott gibt. Lesen Sie mit ihm die Bibelstellen, die dies geltend machen (5. Mose 6,4; Markus 12,29-32; 1. Korinther 8,4).

Zweitens, weisen Sie darauf hin, dass die Bibel manchmal von einer komplexen oder zusammengesetzten Einheit spricht anstatt von einer einfachen, ungeteilten Einheit. Mit anderen Worten, das Wort »ein« bedeutet manchmal eine Mehrzahl im Einssein (1. Mose 2,24; 2. Mose 24,3; Richter 20,1.8.11; Römer 12,5).

Drittens, erklären Sie, dass es nicht verwunderlich ist, dass wir als Geschöpfe Gottes das Wesen unseres Schöpfers nicht völlig verstehen. Die Schwierigkeit, den Begriff der Dreieinigkeit zu verstehen und zu erklären, ist in der Tat ein Beweis *für* seinen göttlichen Ursprung. Es ist unwahrscheinlich, dass ein solcher Begriff lediglich von Menschen erfunden wurde.

Ein Mitarbeiter von International Students Inc. benutzt zur Erklärung dieses Problems ein Bild, das er »Flachland« nennt. Flachland ist ein zweidimensionaler Raum, in dem Herr und Frau Flach wohnen. Herrn und Frau Flach fiele es genauso schwer, uns und unsere dreidimensionale Welt zu verstehen, wie es uns schwer fällt, das Wesen Gottes zu verstehen, der in mehreren Dimensionen jenseits unserer Welt wohnt.

Viertens, erklären Sie die Zusammensetzung der Dreieinigkeit – Vater, Sohn und Heiliger Geist. Wegen des folgenden Verses glauben manche Muslime, die Dreieinigkeit bestehe aus Gott, Jesus *und Maria*: »Und wenn Allah sprechen wird: O Jesus, Sohn der Maria, hast du zu den Menschen gesagt: Nehmt mich und meine Mutter als zwei Götter neben Allah an?« (Sure 5,116, Ali).

Fünftens, betrachten Sie mit Ihrem muslimischen Freund die biblischen Hinweise auf die Drei-Einigkeit Gottes: In der Bibel wird von Gott als Vater gesprochen (Matthäus 11,25; Johannes 6,27; 8,54; Epheser 4,6), Jesus wird als Gott anerkannt (Lukas 5,17-26; Johannes 1,1; 20,28), und der Heilige Geist wird als Gott betrachtet (Apostelgeschichte 5,3-4). Auch wenn jeder als Gott bezeichnet wird, spricht die Bibel nicht von drei Göttern, sondern von drei, die eins sind: »Tauft sie im Namen (Singular) des Vaters und des Sohnes und des Heiligen Geistes« (Matthäus 28,19).

Weiterhin werden dem Vater, dem Sohn und dem Heiligen Geist Eigenschaften zuerkannt, die nur Gott haben kann. Zum Beispiel existierte jede Person der Dreieinigkeit, ehe irgendetwas geschaffen wurde, und jede der drei Personen nahm aktiv an der Schöpfung aller Dinge teil (Gott: Psalm 146,5-6; Markus 13,19; Apostelgeschichte 4,24; Jesus: Johannes 1,1-3; 14,1; 1. Korinther 8,6; Kolosser 1,16-17; Heiliger Geist: 1. Mose 1,1-3).

Außerdem besitzt jede Person die Eigenschaft der Allgegenwart, das heißt, dass sie überall zugegen ist (Gott: Jeremia 23,24; Apostelgeschichte 17,24-25; Jesus: Matthäus 18,20; 28,20; Epheser 1,23; Heiliger Geist: Psalm 139,7-8).

Einwand Nr. 2: »Gott hat keine Söhne.« Der zweite Einwand, der sich aus der Lehre der Dreieinigkeit ergibt, bezieht sich darauf, dass die Christen Jesus als den Sohn Gottes bezeichnen. Wenn Muslime den Ausdruck »Sohn Gottes« hören, dann verstehen sie darunter, dass Gott körperliche Beziehungen mit einer Frau haben musste, um einen Sohn zu bekommen. Im Koran steht: »Das war Jesus, der Sohn von Maria: Es ist eine wahre Aussage, die sie (vergebens) anzweifeln. Es ist (der Majestät) Allahs nicht angemessen, einen Sohn zu zeugen« (Sure 19,34-35).

In der arabischen Sprache gibt es zwei Wörter für »Sohn«: *walad* und *ibn*. *Walad* bezeichnet eindeutig einen Sohn, der durch die Vereinigung eines Mannes mit einer Frau entstanden ist. Wir als Christen würden dem beipflichten, dass Jesus nicht ein *wal-addu'llah* – »Sohn Gottes« – in diesem Sinne war. Die Bibel sagt, dass Jesus von der *Jungfrau* Maria geboren wurde (Matthäus 1,23; Lukas 1,34). Außerdem streitet der Koran selbst die Jungfrauengeburt von Jesus nicht ab (Sure 3,47).

Im Gegensatz zu *walad* kann das Wort *ibn* in einem bildlichen Sinn gebraucht werden. Zum Beispiel sprechen Araber von einem Reisenden als einem *ibn'ssaabil* – »Sohn der Straße« (Fellowship, 6). Mit diesem Ausdruck meinen sie natürlich nicht, dass jemand Geschlechtsverkehr mit der Straße hatte. In diesem weiteren bildlichen Sinn wird Jesus als Sohn Gottes verstanden.

Wenn Jesus von Gott als »mein Vater« und von sich selbst als »der Sohn« sprach (Matthäus 11,27; Johannes 5,17.22-23), hatte er nicht seine körperliche Geburt im Sinn. Stattdessen sprach er von seiner besonderen Beziehung zu Gott, die sich auf seine Identität und Gleichrangigkeit bezog. Der »Sohn« von jemandem zu sein, bedeutet, zum selben Stand zu gehören und dieselben Eigenschaften wie diese Person zu haben.

Die Juden zur Zeit von Jesus machten deutlich, dass sie die Aussage von Jesus in diesem Sinne der Gleichheit des Standes und der Eigenschaften verstanden haben, als sie erklärten: Er hat sogar »Gott als seinen Vater bezeichnet und *sich damit Gott gleichgestellt*« (Johannes 5,18; Kursivschrift vom Autor). Bei einer anderen Gelegenheit sagte Jesus: »Der Vater und ich sind eins« (Johannes 10,30). Wegen dieser Aussage hoben die Juden Steine auf, um Jesus zu töten, und zwar »wegen Gotteslästerung, weil du, obwohl nur Mensch, *dich zu Gott gemacht hast*« Johannes 10,33; Kursivschrift vom Autor).

Ein iranischer Christ erklärte, dass er bei dieser Streitfrage immer einwirft, dass Jesus »der *geistliche* Sohn Gottes« ist. Dadurch wird das Menschsein von Jesus nicht abgestritten, doch ein solcher Ausdruck ist für Muslime weniger Anstoß erregend.

Eine andere Möglichkeit besteht darin, dass Sie Ihren muslimischen Freund fragen: »Ziehen Sie Gott nicht Grenzen, wenn Sie behaupten, er sei unfähig, sich in menschlicher Gestalt zu zeigen? Deuten Sie damit nicht an, dass Gott etwas unmöglich ist? Denken Sie daran, dass der Engel zu Maria sagte, ›bei Gott ist nichts unmöglich‹« (Lukas 1,37).

Zu diesem Thema gehört auch die Frage nach der besten Möglichkeit für Gott, mit den Menschen in Verbindung zu treten. Nehmen wir ein praktisches Beispiel: Während des Vietnamkrieges wurden Familien getrennt. Der Vater musste in Vietnam bleiben, während die Frau und zwei Söhne in die Vereinigten Staaten kommen konnten. Siebzehn Jahre lang konnten sie nur brieflichen Kontakt haben und sich Bilder schicken. Der Vater konnte nur aus der Ferne erleben, wie seine Söhne heranwuchsen. Dann schließlich traf die Regierung Vietnams ein Abkommen mit der Regierung der Vereinigten Staaten, sodass der Vater nach Amerika kommen konnte, um seine Familie zu sehen. Stellen Sie sich vor, der Vater würde sagen: »Ich sehe keinen Grund, warum ich persönlich zu euch kommen sollte. Siebzehn Jahre lang waren die Kontakte durch Briefe und Bilder genug, also wird das für mich auch in Zukunft genügen.« Was würden Sie von einem solchen Vater halten?

Was würden Sie von einem Gott halten, der, falls das überhaupt möglich wäre, sich weigern würde, mit seiner Schöpfung persönlich in Kontakt zu treten?

Einwand Nr. 3: »Die Lehre von der Dreieinigkeit widerspricht sich selbst.«
Muslime behaupten oft, dass die Lehre von der Dreieinigkeit sich selbst widerspricht. Wie kann etwas sowohl drei als auch eins sein?

Erwiderung: Damit eine Erklärung sich selbst widersprechen kann, muss sie dasselbe in derselben Hinsicht sowohl bestätigen als auch ablehnen. Ist das bei der Lehre von der Dreieinigkeit der Fall? Die Anwort lautet »nein«, weil die Lehre besagt, dass Gott *eins im Wesen* (oder im Sein oder der Substanz) ist und *drei in der Person.* Wesen und Personhaftigkeit sind nicht das Gleiche. Gott ist drei in der Person, da jede Person der Dreieinigkeit innerhalb der Gottheit unterschiedlich ist; Gott ist eins, da jede Person der Gottheit dasselbe von selbst existierende Wesen und andere Eigenschaften besitzt, die nur Gott haben kann.

Diese gleichzeitige Unterschiedlichkeit und Gleichheit erkennt man in Johannes 1,1: »Am Anfang war das Wort. Das Wort war bei Gott und das Wort war Gott.« Das Wort »bei« bezeichnet eine Unterschiedlichkeit und eine Beziehung zwischen den Personen des Sohnes (das Wort) und dem Vater (Gott), während gleichzeitig der Ausdruck »das Wort war Gott« – ein Verb des Seins – die Wesensgleichheit zwischen den beiden Personen ausdrückt.

Eine andere Möglichkeit, über die Lehre der Dreieinigkeit zu sprechen, besteht darin, darauf hinzuweisen, wie praktisch sie ist, da sie den Bedürfnissen eines jeden Menschen gerecht wird, wie etwa:

Liebe: Gott der Vater zeigte, geschichtlich belegt, seine Liebe zu uns, indem er seinen Sohn sandte, um uns zu retten (Johannes 3,16; Römer 5,8; 1. Johannes 4,9-10).

Freiheit von Schuld und Sünde: Gott der Sohn nahm unsere Sünden auf sich, zahlte die Todesstrafe an unserer Stelle und stand von den Toten auf, um uns den Sieg über die Sünde und den Tod zu schenken (Römer 5,8; 1. Korinther 5,21; 15,3-4). Durch Jesus können wir Vergebung unserer Sünden und Freiheit von Schuld empfangen (1. Johannes 1,9).

Mitleiden: Da das Wort Mensch wurde und unter uns lebte, wissen wir, dass *Gott durch Jesus* mit unserem Leiden mitfühlen kann (Philipper 2,6-8; Hebräer 4,15).

Hoffnung: Da *Jesus* körperlich von den Toten auferstand, haben wir die Hoffnung auf ein persönliches Überleben nach dem Tod. Und wegen der Leben spendenden Kraft des *Heiligen Geistes* haben wir die Gewissheit ewigen Lebens (Römer 8,11; siehe auch 2. Korinther 1,22; 5,5; Epheser 1,13-14).

Umwandlung: Gott der Heilige Geist wohnt in uns (Römer 8,9-11; 1. Korinther 3,16); er macht unseren Geist, der tot war, lebendig (Johannes 3,3-7; 2. Korinther 5,17; Titus 3,5); er gibt uns die Kraft, Gott zu gehorchen (Römer 8,5-17).

Verständigung mit Gott: Wir können eine persönliche Beziehung mit Gott haben, weil *Jesus* die Schranken zwischen uns und Gott niedergerissen hat (Epheser 2,12-18; Kolosser 1,21-22); weil er der Vermittler zwischen uns und Gott ist (1. Timotheus 2,5) und weil der *Heilige Geist* uns bei der Verständigung mit Gott hilft (Römer 8,26-27).

3. Die Kreuzigung

Muslime glauben, dass der Gott des Koran seinen auserwählten Propheten nicht durch eine Kreuzigung entehren würde. Ein iranischer Student fragte: »Ehren wir Jesus nicht mehr als ihr, wenn wir uns weigern zu glauben, dass Gott seinen Tod am Kreuz zulassen würde? Wir glauben vielmehr, dass Gott ihn in den Himmel aufgenommen hat« (Woodberry, 164). Muslime streiten deshalb ab, dass Jesus gekreuzigt wurde. Sie glauben stattdessen, dass er in den Himmel geholt wurde und dass ein anderer (manche sagen Judas) seinen Platz am Kreuz eingenommen hat.

Vor allem die folgende Stelle wird von Muslimen angeführt, um die Kreuzigung zu widerlegen:

> Sie sprachen (prahlerisch): »Wir haben Christus Jesus, den Sohn der Maria, den Gesandten Allahs getötet« – doch sie töteten ihn nicht und kreuzigten ihn auch nicht, es schien ihnen nur so, und diejenigen, die diesbezüglich uneins sind, sind voller Zweifel, ohne (sicheres) Wissen, sie folgen nur Mutmaßungen, denn es steht fest, dass sie ihn nicht töteten – nein, Allah erhöhte ihn zu sich (Sure 4,157-158).

Wenn man diesen Absatz sorgfältig liest, erkennt man jedoch, dass darin nicht bestritten wird, dass Jesus gekreuzigt wurde, es wird darin vielmehr bestritten, dass *die Juden Jesus kreuzigen ließen.* In der Tat wurde Jesus nicht von den Juden, sondern von den Römern gekreuzigt (Johannes 18,31).

Noch wichtiger ist, dass letztendlich Gott dafür verantwortlich war, dass Jesus gekreuzigt wurde (Römer 8,3-4; 1. Petrus 1,18-20). Sogar der Koran macht im Folgenden Vers eine Anspielung auf diese Tatsache:

> Als Allah sprach: »O Jesus, *ich werde dich sterben lassen und dich in meine Gegenwart erhöhen* und dich von den Ungläubigen säubern und will deine Nachfolger über die Ungläubigen stellen bis zum Tag der Auferstehung« (Sure 3,54, Ali; Kursivschrift vom Autor).

Im Lichte dieses Absatzes ist es hilfreich, den Muslim auch Jesaja 53,4-11 lesen zu lassen, damit er sieht, warum Gott Jesus sterben ließ. Besprechen Sie danach miteinander die Geschichte in Sure 37,101-107, in der Gott Abraham befahl, seinen Sohn zu opfern (obwohl die Stelle keine konkreten Angaben macht, verstehen Muslime, dass mit dem Sohn Ismael gemeint ist):

> So brachten wir ihm die gute Nachricht von einem Knaben, der bereit war zu leiden und zu dulden. Dann, als (der Sohn) das Alter erreicht hatte, mit ihm (wirklich) zu arbeiten, sprach [Abraham]: »O mein Sohn! Ich sehe in einer Vision, dass ich dich opfern muss. Nun schau, was meinst du!« (Der Sohn) antwortete: »O mein Vater! Tu, was dir befohlen wurde: du wirst mich, so Allah will, geduldig und standhaft finden!« Als sie beide sich in den Willen (Allahs) ergeben hatten und er ihn auf seine Stirn (zum Opfer) niedergeworfen hatte, riefen wir zu ihm: »O Abraham! Du hast deine Vision bereits erfüllt!« – so belohnen wir in der Tat die Rechtschaffenen. Denn dies war offensichtlich eine Prüfung – und wir lösten ihn aus durch ein ansehnliches Opfer ('Ali).

Zu diesem Abschnitt können Sie einem Muslim drei Fragen stellen:

- Wenn es bei der Rettung nur darum geht, die Rechtschaffenen zu belohnen, und wenn das Ziel Gottes nur darin bestand, Abrahams Gehorsam zu prüfen, warum war dann ein »ansehnliches Opfer« erforderlich? War es nicht genug, dass Abraham so weit ging wie er es tat?
- Wer stellte das »ansehnliche Opfer« zur Verfügung?
- Ist eine Ziege genug, um die Menschheit von ihren Sünden »auszulösen«?

Lesen Sie im Licht des obigen Abschnitts aus dem Koran und der drei Fragen das, was Jesus über seinen Auftrag sagte: »Der Menschensohn [Jesus] ist nicht gekommen, um sich bedienen zu lassen, sondern um anderen zu dienen und sein Leben als Lösegeld für viele hinzugeben« (Matthäus 20,28). Jesus ist das größte Opfer, und Gott ist es, der ihn sandte (Johannes 3,16).

Ein ehemaliger Muslim, der mit der Frage von der Kreuzigung von Jesus rang, sagte, dass das, was ihm wirklich nahe ging, war, dass Jesus »immer wieder seinen Tod erwähnte und vorhersagte und dass es dann so geschah – wirklich geschah.« Also ist es hilfreich, auf die Verse hinzuweisen, in denen Jesus seinen Tod vorhersagte (Matthäus 12,39-40; 16,4.21; 17,22-23; 20,17-19; 26,2; Markus 8,31; 9,31; 10,33-34; Lukas 9,22.44; Johannes 10,11. 17-18; 12,32-33).

Anstatt die Kreuzigung für eine Entehrung Christi zu halten, sollten Muslime nicht nur sehen, dass sie zu höchsten Ehren führte, sondern sie auch als Ausdruck dessen begreifen, was es bedeutet, ein Muslim zu sein. Wie ist das gemeint? Überdenken Sie folgende Stelle:

> [Er] wurde als Mensch geboren und als solcher erkannt. Er erniedrigte sich selbst und *war gehorsam bis zum Tod*, indem er wie ein Verbrecher am Kreuz starb. Deshalb hat *Gott ihn in den Himmel gehoben* und ihm einen Namen gegeben, der höher ist als alle anderen Namen (Philipper 2,7-9; Kursivschrift vom Autor).

Das Wort »Islam« bedeutet »Gehorsam, Unterwerfung«. Auf dem ganzen Weg zum Kreuz hat Jesus seinen Gehorsam gegenüber Gott unter Beweis gestellt! Muslime sollten ihn wegen dieses Gehorsams ehren!

Was den Einwand betrifft, dass Gott einen seiner auserwählten Propheten entehrt, so zeigt diese Stelle deutlich, dass der Gehorsam Christi dazu führte, dass Gott ihn auf den höchsten Ehrenplatz erhob (siehe auch Apostelgeschichte 2,29-33; 5,30-31).

Wer verhält sich hier eigentlich respektlos? Diejenigen, die sagen, Gott würde betrügen, indem er Jesus durch einen anderen, der ihm ähnlich sieht, ersetzt, oder diejenigen, die sagen, Gott ist fähig, seinen Propheten von den Toten aufzuerwecken und somit die Sünde für die ganze Menschheit zu besiegen?

Schließlich darf die Bedeutung des Kreuzes Christi keine theologische Frage bleiben, sondern muss zu einer persönlichen Frage werden: Was bedeutet der Tod von Jesus für dich? Dem Muslim muss der Unterschied aufgezeigt werden zwischen der Ungewissheit der Rettung, die besteht, wenn ein Mensch versucht, dem Gesetz gerecht zu werden, und der Gewissheit der Rettung, die entsteht, wenn ein Mensch die Gnade Gottes durch den Glauben an Jesus Christus empfängt.

Bibliographie und Quellen

Abdul-Haqq, Abdiyah Akbar. *Sharing Your Faith With a Muslim.* Minneapolis: Bethany House Publishers, 1980.

Adelphi, Ghiyathuddin und Ernest Hahn. *The Integrity of the Bible According to the Qur'an and the Hadith.* Hyderabad, India: Henry Martyn Institute of Islamic Studies, 1977.

Ali, Maulana Muhammad. *The Holy Qur'an.* Chicago: Specialty Promotion Co., Inc., 1985.

'Ali, 'Abdullah Yusuf. *The Meaning of the Holy Qur'an.* Brentwood, Md.: Amana Corporation, 1993.

Bruce, F. F. *The New Testament Documents: Are They Reliable?* Downers Grove, Ill.: InterVarsity Press, 1978.

Campbell, William. *The Gospel of Barnabas: Its True Value.* Rawalpindi, Pakistan Christian Study Centre, 1989.

Esther, Gulshan und Thelma Sangster. *The Torn Veil: The Story of Sister Gulshan Esther.* Hants, United Kingdom: Marshall Pickering. 1984.

Farah, Caesar. *Islam: Beliefs and Observances,* 4. Auflage. New York: Barron's Educational Series, Inc., 1987.

Fellowship of Faith for Muslims. *Questions Muslims Ask.* Toronto: Fellowship of Faith for Muslims.

Geisler, Norman und William Nix. *A General Introduction to the Bible.* Chicago: Moody Press, 1986.

Ghaffari, Ebrahim und Marie. *Strategies for Sharing the Gospel With Muslim University Students in the U.S.* Colorado Springs, Colo.: Iranian Christian International Inc.; 1984.

Hahn, Ernest. *How to Share Your Christian Faith With Muslims.* Toronto: Fellowship of Faith for Muslims.

Hahn, Ernest. *Understanding Some Muslim Misunderstandings.* Toronto: Fellowship of Faith for Muslims.

Hamada, Louis. *Understanding the Arab World.* Nashville: Thomas Nelson Publishers, 1990.

Hinnells, John, Herausgeber. *A Handbook of Living Religions.* New York: Viking Penguin, Inc., 1984.

Hourani, Albert. *A History of the Arab Peoples.* Cambridge, Mass.: Harvard University Press, 1991.

Kershaw, R. Max. *How to Share the Good News With Your Muslim Friend.* Colorado Springs, Colo.: International Students, Inc., 1990.

Lewis, James und William Travis. *Religious Traditions of the World.* Grand Rapids, Mich.: Zondervan, 1991.

Marsh, C. R. *Share Your Faith With a Muslim.* Chicago: Moody Press, 1975.

McGrath, Alister. *Understanding the Trinity.* Grand Rapids, Mich.: Zondervan Publishing House, 1988.

Miller, William M. *A Christian's Response to Islam.* Phillipsburg, N. J.: Presbyterian and Reformed Publishing Co., 1976.

Momen, Moojan. *An Introduction to Shi'i Islam.* New Haven, Conn.: Yale University Press, 1985.

Parrinder, Geoffrey. *Jesus in the Qur'an.* London: Sheldon Press, 1965.

Parshall, Phil. *Bridges to Islam: A Christian Perspective on Folk Islam.* Grand Rapids, Mich.: Baker Book House, 1983.

Pfander, C. G. *The Mizan-Ul-Haqq: Balance of Truth.* Villach, Austria: Light of Life, 1986.

Saal, William. *Reaching Muslims for Christ.* Chicago: Moody Press, 1991.

Sell, Canon. *The Historical Development of the Qur'an.* Chicago: People International.

Sheikh, Bilquis mit Richard Schneider. *I Dared to Call Him Father.* Old Tappan, N. J.: Fleming H. Revell Co., 1978.

Shorrosh, Anis. *Islam Revealed: A Christian Arab's View of Islam.* Nashville: Thomas Nelson Publishers, 1988.

Sproul, R. C. *The Mystery of the Holy Spirit.* Wheaton, Ill.: Tyndale House Publishers, Inc., 1990.

Waddy, Chris. *The Muslim Mind.* New York: New Amsterdam Books, 1990.

Woodberry, J. Dudley, Herausgeber. *Muslims & Christians on the Emmaus Road.* Monrovia, Calif.: Missions Advanced Research and Communications Center, 1989.

Das Judentum und das jüdische Volk

Richard Robinson

Die Zahl der Anhänger

Jüdische Menschen und die Religion des Judentums müssen gegeneinander abgegrenzt werden. Nicht alle jüdischen Menschen halten sich für religiös. Viele bezeichnen sich als Atheisten, Agnostiker oder nicht religiös. Nicht alle jüdischen Menschen gehören der Religion des Judentums an, aber wenn Juden sich entscheiden, religiös zu sein, dann wählen sie im Allgemeinen eine Variante des Judentums und nur selten eine andere Religion. Das Judentum ist für sie »unsere« Religion, für die Juden zugänglich, die beschließen, ihm beizutreten. Im Gegensatz dazu betrachten die meisten jüdischen Menschen das Christentum als die Religion »der anderen«, das heißt, als Religion für Nichtjuden.

Vor diesem Hintergrund können wir sagen, dass es heute 12,8 Millionen jüdische Menschen auf der Welt gibt. Im Jahr 1990 ergab eine Volkszählung in den Vereinigten Staaten, dass 76 % der dort lebenden Juden einer jüdischen Religionsgemeinschaft angehören, während 20 % erklärten, nicht religiös zu sein.

Das *American Jewish Yearbook* von 1993 enthält für das Jahr 1991 folgende Bevölkerungsstatistik: Von den 12,8 Millionen Juden lebten 4,1 Millionen in Israel, 6,3 Millionen in Nord- und Südamerika und 868.000 in der ehemaligen Sowjetunion. 1992 lebten 5,8 Millionen Juden in den Vereinigten Staaten. Aufgrund der rasanten Veränderungen in der ehemaligen Sowjetunion ist mit einer Änderung dieser Zahlen zu rechnen.

Einführung in das Judentum

Der Begriff »Judentum« wird manchmal ungenau gebraucht, indem man damit nicht nur den Glauben moderner Juden, sondern auch den Glauben des Alten Testamentes bezeichnet. Manchmal ist mit diesem Begriff auch die gesamte jüdische Lebensweise gemeint. Am besten jedoch gebraucht man den Begriff »Judentum« zur Bezeichnung der Religion der Rabbiner, die sich etwa ab 200 v. Chr. entwickelte und die nach der Zerstörung des Tempels im Jahr 70 n. Chr. konkrete Formen annahm. Auf diese Weise wird das Christentum nicht als Tochterreligion des Judentums, sondern richtiger als Schwester beschrieben: Beide stammen aus dem alttestamentlichen Glauben.

Die Entwicklung des Judentums

Etwa ab dem Jahr 200 v. Chr. entwickelten sich neue Institutionen und Lebensweisen, die dazu führten, dass das rabbinische Judentum sich von der Religion des alten (alttestamentlichen) Israels unterscheidet. Neue Institutionen entstanden, wie die Synagoge (Haus der Anbetung und der Lehre), die *yeshivot* (religiöse Akademien für die Ausbildung der Rabbiner) und das Amt des Rabbiners (Leiter, der die religiöse Autorität innehat).

Eine der größten Triebfedern für die Entwicklung des Judentums war die Zerstörung des Tempels im Jahre 70 n. Chr., deren Folge die Abschaffung der Opfer und der Priesterschaft war. Nicht mehr Priester, Propheten oder Könige hatten die Leitung in der Hand, sondern Rabbiner wurden die Autoritäten, die verschiedene Gesetze und Praktiken einführten, die normative Gültigkeit hatten.

Bis zum achtzehnten Jahrhundert gab es im Wesentlichen nur eine einzige Art des Judentums. Dagegen gehört das Bestehen von drei Hauptbewegungen oder »Zweigen« zu den Kennzeichen des modernen Judentums. Diese Zweige entsprechen nicht ganz dem, was die Christen unter Konfessionen verstehen, bei der eine Person oft stark an eine bestimmte Konfession gebunden ist und die Zugehörigkeit oft einfach von der Familientradition abhängt. Die Zweige des Judentums ähneln eher freiwilligen Vereinigungen, die je nach kulturellen und dogmatischen Regeln (wie Konfessionen) gebildet werden, wobei aber die Zugehörigkeit zu einem bestimmten Zweig oft von persönlichen Vorlieben, der Nähe einer bestimmten Synagoge oder der Frage, ob einem der Stil oder die Ansichten eines Rabbiners liegen (wie bei freiwilligen Vereinigungen), abhängt.

Innerhalb eines jeden Zweiges findet man Anhänger mit den verschiedensten Abstufungen der Religiosität. Viele jüdische Menschen leben nach ihrer eigenen informellen Version des Judentums und passen nicht genau in eine dieser Kategorien. Trotzdem kann es bei Gesprächen mit Ihren jüdischen Freunden hilfreich sein, die Unterscheidungen zwischen den einzelnen Zweigen zu kennen und zu wissen, zu welchem Zweig Ihre Freunde gehören.

Orthodoxes Judentum. Bis zum *Zeitalter der Aufklärung* im achtzehnten Jahrhundert gab es nur eine Art des Judentums. Erst später wurde dieser Zweig zur Unterscheidung von den anderen Zweigen des Judentums »orthodox« genannt. Heute ist das orthodoxe Judentum von einer Betonung der Überlieferung (Tradition) und einer strengen Einhaltung des Mosaischen Gesetzes, wie es von den Rabbinern ausgelegt wird, geprägt.

Reformjudentum. Das Reformjudentum begann im achtzehnten Jahrhundert in Deutschland, zur Zeit der Aufklärung oder *Haskalah.* Das Ziel war die Modernisierung so genannter veralteter Denk- und Handlungsweisen und damit die Verhinderung der wachsenden Assimilation der deutschen Juden. Das Reformjudentum legt die Betonung auf ethische Grundsätze und die Gebote der Propheten.

Konservatives Judentum. Dieser Zweig entwickelte sich im neunzehnten Jahrhundert als mittlerer Zweig.

Die drei Zweige

Es kann zweckmäßig sein, das orthodoxe Judentum mit der Lehre der römisch-katholischen oder der griechisch-orthodoxen Kirche zu vergleichen, bei denen der Schwerpunkt auf die Überlieferung (Tradition) gelegt wird. Das Reformjudentum kann mit dem Unitarismus verglichen werden, wo die Betonung auf der Beschäftigung mit menschlichen Dingen liegt. Das konservative Judentum kann man mit dem modernen liberalen Protestantismus vergleichen, wo mehr die Form als der Lehrinhalt herausgestellt wird.

Es gibt keine Entsprechung zum evangelikalen Christentum, bei dem eine persönliche Beziehung zu Gott betont wird. Das orthodoxe Judentum wird manchmal fälschlicherweise dafür gehalten, doch dieses beschäftigt sich mehr mit einem Leben nach den überlieferten Lehren als mit einer persönlichen Beziehung zu Gott.

Die Tabelle »Drei Zweige des Judentums« stellt die wichtigsten Unterschiede zwischen den drei Zweigen heraus. Bei der Betrachtung dieser Tabelle ist es wichtig zu verstehen, dass das Judentum in all seinen Zweigen eine *Religion der Taten, nicht des Glaubens* ist. Es ist möglich, Atheist und gleichzeitig orthodoxer Jude zu sein! Man kann sich orthodox nennen, weil man zu einer orthodoxen Gemeinde geht oder weil man den traditionellen jüdischen Lebensstil einhält (strenge Einhaltung des Sabbats und der jüdischen Speisevorschriften usw.). Was man in Bezug auf Gott, Sünde oder das Leben nach dem Tod glaubt, ist lange nicht so wichtig, wie hier und jetzt ein anständiges Leben zu führen, wie es von dem Zweig, zu dem man gehört, festgelegt wird. Man kann sagen, dass ein orthodoxer Jude wahrscheinlich an Gott glaubt, während ein Atheist, wenn er sich überhaupt einer religiösen Gemeinschaft anschließt, eher dem Reformzweig beitritt. Doch es gibt viele Ausnahmen. Obwohl man dogmatische Standpunkte mit den drei Zweigen in Verbindung bringen kann, wird im Judentum weniger Wert auf Lehrmeinungen gelegt als im Christentum, und man kann sich leicht einem bestimmten Zweig anschließen, ohne den Lehrmeinungen dieses Zweiges zuzustimmen.

Mit anderen Worten, anhand des Zweiges, dem ein Mensch angehört, kann man richtig abschätzen, welchen der Lebensstile dieser Mensch pflegt. Will man jedoch herausfinden, was ein jüdischer Freund tatsächlich glaubt, so muss man ihn fragen. Anhand des Zweiges, zu dem er gehört, kann man hierzu keine Schlüsse ziehen.

Andere Arten des Judentums

Die im Folgenden aufgezählten Zweige sind zwar von geringerer Bedeutung, man sollte sie aber trotzdem kennen:

Rekonstruktionismus. Das »rekonstruktionistische Judentum« ist ein amerikanischer Seitenzweig des konservativen Judentums. Diese Bewegung ist der Meinung, dass das Judentum eine »religiöse Zivilisation« ist, die sich ständig an die jeweilige Zeit anpassen muss.

Chassidismus. Das chassidische Judentum, das gemeinhin Chassidismus genannt wird, ist eine ultra-orthodoxe Bewegung, die von der strikten Einhaltung des Mosaischen Gesetzes und mystischen Lehren geprägt ist und die sich gesellschaftlich absondert. Es gibt verschiedene chassidische Gruppen. Jede findet ihre Identität in ihrem Führer, der »Rebbe« genannt wird und der das dynastische Oberhaupt der jeweiligen chassidischen Gruppe ist, in der die Führung durch die Generationen hindurch vom Vater auf den Sohn vererbt wird.

Zionismus. Der Zionismus wird hier angeführt, weil er manchmal irrtümlich für eine Form des Judentums gehalten wird. In Wirklichkeit handelt es sich um eine politische Bewegung aus dem Ende des neunzehnten Jahrhunderts, die sich mit der Rückkehr der Juden in das Land Israel befasste.

Die drei Zweige des Judentums

Kategorie	Orthodox	Konservativ	Reformjudentum
Geschichte	Die Orthodoxie geht auf die Tage des Talmud zurück (zweites bis fünftes Jahrhundert n. Chr.). Sie war die einzige Form jüdischen Glaubenslebens vor dem achtzehnten Jahrhundert und dem Entstehen des Reformjudentums. Heute versucht die Orthodoxie, das klassische oder überlieferte Judentum zu erhalten.	Das konservative Judentum ist eine amerikanische Bewegung mit Wurzeln im Deutschland des neunzehnten Jahrhunderts. Es entstand als eine Reaktion auf die, nach Meinung mancher, extremen Assimilationstendenzen des Reformjudentums. Es versuchte, einen Mittelweg zu finden, das heißt, die grundlegenden Traditionen beizubehalten und sich gleichzeitig an das moderne Leben anzupassen.	Das Reformjudentum entstand nach der Befreiung aus dem Ghettoleben gegen Ende des achtzehnten Jahrhunderts. Es versuchte, das Judentum zu modernisieren und so die Welle der Assimilation, die das Judentum in Deutschland bedrohte, einzudämmen. Man war der Meinung, dass die jüdische Identität am besten durch Modernisierung gewahrt werden kann, doch andere sahen darin einen Faktor, der der Assimilation und dem Verlust der jüdischen Identität Vorschub leistete.

Kategorie	Orthodox	Konservativ	Reformjudentum
Andere Bezeichnungen	Traditionelles oder Torah-Judentum	Historisches Judentum	Liberales oder progressives Judentum
Mitgliederzahlen in den Vereinigten Staaten	6 % aller amerikanischen Juden	35 % aller amerikanischen Juden	38 % aller amerikanischen Juden
Einstellung zur Heiligen Schrift	Die Torah, das heißt im Wesentlichen die fünf Bücher Mose, ist die Wahrheit. Man muss glauben, dass sie vollkommen und offenbart ist. Ein wahrer Jude glaubt an die Offenbarung und den göttlichen Ursprung der mündlichen und der schriftlichen Torah. »Mündliche Torah« bezieht sich auf die verschiedenen Auslegungen der schriftlichen Torah, von denen angenommen wird, dass sie Mose zusammen mit der schriftlichen Torah erhalten hat. Die Torah hat eine vorrangige Stelle im Vergleich zum Rest der hebräischen Bibel.	Die Bibel, sowohl die Torah als auch die anderen Bücher, ist das Wort Gottes *und* des Menschen. Sie ist nicht im herkömmlichen Sinne inspiriert, sondern eher dynamisch inspiriert. Die Offenbarung ist ein fortlaufender Prozess.	Die Bibel ist ein menschliches Dokument, das die Geschichte, Kultur, Legenden und Hoffnungen eines Volkes aufbewahrt. Man kann aus ihr moralische und ethische Erkenntnisse ableiten. Die Offenbarung ist ein fortlaufender Prozess.
Das Gottesverständnis	Gott ist eher Geist als Form. Er ist eine Person – allmächtig, allwissend, allgegenwärtig, ewig und mitfühlend.	Der Gottesbegriff ist undogmatisch und flexibel. Im konservativen Judentum gibt es weniger Atheisten als im Reformjudentum, aber meistens wird Gott für unpersönlich und unbeschreiblich gehalten.	Das Reformjudentum gestattet eine unterschiedliche Auslegung des »Gottesbegriffes«, mit einer breiten Spanne für Naturgläubige, Mystiker, Offenbarungsgläubige oder religiöse Humanisten. Es gilt, dass »die Wahrheit ist, dass wir nicht wissen, was die Wahrheit ist«.

Kategorie	Orthodox	Konservativ	Reformjudentum
Einstellung zur Menschheit	Die Menschheit ist moralisch neutral, mit guten und schlechten Neigungen. Jeder Mensch kann seinen schlechten Hang besiegen und sich durch seine eigenen Bemühungen zur Einhaltung des Gesetzes vervollkommnen.	Diese Gruppe neigt zur Anschauung des Reformjudentums, obwohl es unwahrscheinlicher ist, dass sie sich dem Humanismus anschließt. Die Fähigkeit, Vollkommenheit zu erlangen, kommt durch Aufklärung. Die Menschheit steht in einer »Partnerschaft« mit Gott.	Das Wesen der Menschheit ist grundsätzlich gut. Durch Erziehung, Ermutigung und Weiterentwicklung kann der Mensch das in ihm bereits bestehende Potenzial verwirklichen.
Einstellung zur Tradition des Gesetzes	Das Gesetz ist die Grundlage des Judentums. Es ist maßgebend und verleiht dem Leben Struktur und Sinn. Ein Leben in völliger Hingabe an die *Halacha* (Sammlung des jüdischen Rechts) führt zur Nähe Gottes.	Eine Anpassung an die jeweilige Zeit ist unvermeidlich. Die moralischen Grundsätze sind absolut in ihren Forderungen; die einzelnen Gesetze sind relativ.	Das Gesetz ist ein sich ständig weiterentwickelnder, dynamischer religiöser Kodex, der sich an jedes Zeitalter anpasst. Wenn religiöse Vorschriften mit den berechtigten Anforderungen der zivilisierten Gesellschaft im Widerstreit stehen, dann müssen sie aufgegeben werden.
Einstellung zur Sünde	Orthodoxe Juden glauben nicht an die »Erbsünde«. Sünde ist vielmehr der Verstoß gegen die Vorschriften des Gesetzes.	Konservative Juden glauben nicht an die »Erbsünde«. Der Einzelne kann im moralischen und gesellschaftlichen Tun sündigen.	Reformjuden glauben nicht an die »Erbsünde«. Sünde wird als Übel der Gesellschaft angesehen. Manchmal besteht auch die Meinung, im Menschen sei ein »göttlicher Funke«.
Einstellung zur Rettung	Buße (Glaube an die Barmherzigkeit Gottes), Gebet und Gehorsam gegenüber dem Gesetz sind für eine rechte Beziehung zu Gott erforderlich. »Rettung« wird nicht für einen jüdischen Begriff gehalten, zumal angenommen wird, dass das jüdische Volk seinen Platz bei Gott hat.	Die konservativen Juden neigen zur Anschauung des Reformjudentums, halten aber die Aufrechterhaltung der jüdischen Identität für erforderlich.	»Rettung« wird durch Besserung des Ichs und der Gesellschaft erreicht. Es handelt sich dabei um eine gesellschaftliche Verbesserung.

Kategorie	Orthodox	Konservativ	Reformjudentum
Einstellung zum Messias	Der Messias ist ein menschliches, kein göttliches Wesen. Er wird das jüdische Königreich wieder aufrichten und seine gerechte Herrschaft über die ganze Erde ausdehnen. Er wird Recht sprechen und alles Unrecht gutmachen.	Die konservativen Juden haben in etwa die gleiche Einstellung wie die Reformjuden.	Anstatt an den Messias als Person oder göttliches Wesen zu glauben, bevorzugen die Reformjuden den Begriff eines utopischen Zeitalters, auf das die Menschheit sich zubewegt, manchmal das »Messianische Zeitalter« genannt.
Einstellung zum Leben nach dem Tod	Es wird eine körperliche Auferstehung geben. Die Gerechten werden in der »künftigen Welt« ewig bei Gott sein. Die Ungerechten werden leiden, doch über ihr endgültiges Schicksal herrscht Uneinigkeit.	Die konservativen Juden neigen zur Anschauung des Reformjudentums, werden aber weniger von nicht traditionellen Gedanken wie dem östlichen Mystizismus beeinflusst.	Im Allgemeinen hat das Reformjudentum keine Lehre bezüglich eines persönlichen Lebens nach dem Tod. Man sagt, eine Person lebe in ihren Leistungen oder in den Gedanken anderer weiter. Manche werden von mystischen östlichen Gedanken beeinflusst, wo die Seelen in einer großen, unpersönlichen Lebenskraft verschmelzen.
Unterschiede im synagogalen Gottesdienst	Die Synagoge ist ein Haus der Anbetung und der Lehre; gesellschaftliche Aspekte sind nebensächlich. Alle Gebete werden in hebräischer Sprache verrichtet. Männer und Frauen sitzen getrennt. Die amtierenden Geistlichen schauen in dieselbe Richtung wie die Gemeinde.	Die Synagoge wird für die grundlegende Institution jüdischen Lebens gehalten. Änderungen, wie in der Spalte »Reformjudentum« aufgezählt, sind im Gottesdienst der Konservativen von geringerer Bedeutung.	Die Synagoge wird »Tempel« genannt. Der Gottesdienst wurde modernisiert und verkürzt. Die englische und die hebräische Sprache werden gebraucht. Männer und Frauen sitzen beieinander. In den Gottesdiensten der Reformjuden werden Chöre und Orgeln eingesetzt.
Empfohlene Lektüre	Herman Wouk, *This Is My God*, Orig. 1961. A. Cohen, *Everyman's Talmud*, Orig. 1932.	S. Schechter, *Some Aspects of Rabbinic Theology*, Orig. 1923. *Emet Ve-emunah: Statement of Principles of Conservative Judaism*, 1988. Marshall Sklare, *Conservative Judaism*, 1972.	Eugene B. Borowitz, *Reform Judaism Today*, 1983. *Liberal Judaism*, 1984.

Die Glaubensinhalte des Judentums

Wir sagten bereits, dass das Judentum eine Religion der Tat, nicht des Glaubens ist. Wenn es irgendeinen religiösen Grundsatz gibt (was die Christen eine »Lehre« nennen würden), den das Judentum ausdrücklich bekräftigt und lehrt, dann ist es der, dass es nur einen Gott gibt. 5. Mose 6,4 – *Sh'ma* genannt – verkündet: »Höre, Israel, der Herr ist unser Gott, der Herr allein.«

Außer der Bekräftigung des *Sh'ma* gab es Versuche, verschiedene Glaubensaussagen (wie die dreizehn Grundsätze des Maimonides) zusammenzustellen, doch dies geschah nur vereinzelt, sie wurden nicht umfassend studiert oder als verbindlich akzeptiert.

Die drei Zweige haben mehr oder weniger »offizielle« Lehrmeinungen zu verschiedenen Angelegenheiten wie der Person Gottes oder des Wesens des Menschen. Diese werden in der Tabelle »Die drei Zweige des Judentums« beschrieben. Sie sind jedoch für einen Juden keineswegs verbindlich.

Das Judentum in der Praxis

Der Festkalender. Fast alle Juden, ungeachtet des Zweiges, dem sie angehören, halten zumindest einige der jüdischen Feiertage.

Zwei kurze Anmerkungen zum Sprachgebrauch: Juden sprechen gewöhnlich vom »Halten« und nicht vom »Feiern« der Feste. Und während Christen üblicherweise von den »Festen Israels« sprechen, nennen Juden sie »jüdische Feiertage«. Die wichtigsten Feiertage im Judentum werden in der Tabelle »Jüdische Feiertage« erklärt.

Der Lebenszyklus. Neben den jährlichen Feiertagen gibt es verschiedene Ereignisse, die das Leben der meisten Juden prägen. Einige seien hier erwähnt. In der Bibliographie sind Bücher aufgelistet, in denen Sie sich über die anderen informieren können.

- Die Beschneidung der Söhne am achten Tag. Die dazugehörende Zeremonie wird *brit milah* genannt.
- *Bar mitzvah* (für Jungen) und *bat mitzvah* (für Mädchen – nicht traditionell). Die Zeremonie beim Mündigwerden im Alter von dreizehn

Jahren. Besteht im Allgemeinen aus einem Gottesdienst in der Synagoge, gefolgt von einem großen stilvollen Empfang mit Festessen.

- Das Typische an jüdischen Hochzeiten ist, dass die Heiratszeremonie unter einem Baldachin – *chuppah* genannt – stattfindet und dass als Andenken an die Zerstörung des Tempels ein in ein Tuch gewickeltes Glas zerbrochen wird.
- Nach einer Beerdigung müssen die Familienangehörigen »*shiva* sitzen«, das heißt sieben Tage lang (traditionell) oder weniger trauern.

Tägliche Lebensführung. Im Folgenden werden weitere typisch jüdische Gepflogenheiten aufgezählt. Der Begriff »traditionelle Juden«, der hier öfter gebraucht wird, ist im Allgemeinen bedeutungsgleich mit »orthodox«. Einige Menschen aus anderen Zweigen können jedoch beschließen »traditioneller« zu leben, in dem Versuch, die Verbindung mit ihrem Erbe aufrechtzuerhalten.

- Sabbat. Traditionelle Juden verrichten am Sabbat keinerlei Arbeit, sie fahren auch nicht Auto und zünden kein Feuer an. Viele, die der strengen Tradition nicht folgen, bereiten jedoch zumindest für den Beginn des Sabbats am Freitagabend ein besonderes Familienessen vor.
- Das Anlegen von *tefillin* (Gebetsriemen), kleinen schwarzen Hülsen, die Teile der Heiligen Schrift enthalten. Sie müssen zu bestimmten Zeiten und nach einem bestimmten Schema um den Arm und die Stirn gebunden werden. Heute wird dies nur von traditionellen Juden praktiziert.
- Das Anbringen einer *Mezuza* an den Türpfosten der Wohnung. Eine *Mezuza* ist ein kleines rechteckiges Kästchen, das verschiedene Teile der Heiligen Schrift enthält. Obwohl dies ein traditioneller Brauch ist, haben viele Juden ihn übernommen, um ihr Jüdischsein zu bekräftigen, ohne dass dies unbedingt etwas mit ihren religiösen Überzeugungen zu tun hat.
- Das Einhalten der Speisevorschriften (koscher leben). Die bekannteste Speisevorschrift ist das Verbot, Fleisch und Milch während einer Mahlzeit zu mischen. Die Speisevorschriften werden von orthodoxen Juden streng eingehalten. Viele andere Juden leben mehr aus Gewohnheit und nicht unbedingt aus religiöser Überzeugung bis zu einem bestimmten Punkt koscher. Auch bei nichtreligiösen Juden

zum Beispiel, die nicht glauben, dass die Speisegesetze verbindlich sind, wäre es äußerst ungewöhnlich, Schweinebraten vorgesetzt zu bekommen; Hähnchen oder Rindfleisch sind üblicher.

Jüdische Feiertage

Feiertag	Zeit des Jahres	Einhaltung	Verhalten gegenüber jüdischen Freunden
Rosh ha-Shanah (jüdischer Neujahrstag).	September oder Oktober	Freudige Stimmung. Viele gehen zum Gottesdienst in die Synagoge. Beginn einer zehntägigen Periode, bekannt als die Hohen Heiligen Tage oder auch die Tage der Besinnung.	Schicken Sie eine jüdische Neujahrskarte. Ein angemessener Gruß: »Ein glückliches neues Jahr.«
Jom Kippur (Versöhnungstag).	September oder Oktober, zehn Tage nach *Rosh ha-Shanah*	Der höchste Feiertag des Jahres im jüdischen Kalender. Auch weniger religiöse Juden gehen zur Synagoge und verrichten Gebete, in denen sie Gott um Vergebung ihrer Sünden bitten. Viele fasten auch vierundzwanzig Stunden lang.	Es gibt keinen besonderen Gruß und man verschickt keine Grußkarten. Wenn Sie einen jüdischen Arbeitskollegen haben, so wäre es umsichtig, bevor Sie ihn zum Mittagessen einladen, zu ihm zu sagen: »Wir gehen jetzt essen, aber ich dachte, du fastest vielleicht heute wegen *Jom Kippur* – ansonsten würden wir uns freuen, wenn du mitkommst.« Das zeigt, dass Sie wissen und anerkennen, dass er Jude ist.
Sukkot oder *Sukkos*. Auch Laubhüttenfest genannt.	September oder Oktober, fünf Tage nach *Jom Kippur*	Ein fröhliches Fest. Traditionell werden leichte Hütten *(sukkah)* in den Hinterhöfen oder hinter der Synagoge gebaut. Obst wird an das Dach gehängt. Zum Brauch gehört auch das Schwenken der traditionellen *lulav* (Zweige verschiedener Pflanzen) und *ethrog* (Zitronen).	Wird von vielen Juden nicht gefeiert. Es gibt keinen besonderen Gruß.

Feiertag	**Zeit des Jahres**	**Einhaltung**	**Verhalten gegenüber jüdischen Freunden**
Chanukka	November oder Dezember. Dauert acht Tage.	Ein fröhliches Fest zur Erinnerung an den Sieg der Makkabäer über das syrische Heer von Antiochus Epiphanes (etwa 174 v. Chr.). Es ist gekennzeichnet durch das Entzünden der *Menora* (Leuchter) an acht aufeinander folgenden Tagen, dem Drehen des *Trendel* (Art Kreisel) und dem Essen von Kartoffelpfannkuchen, die *latkes* genannt werden.	Schicken Sie zu *Chanukka* eine Grußkarte. Ein angemessener Gruß: »Fröhliches Chanukka.«
Purim	Februar oder März. Gilt als weniger wichtiger Feiertag, ist aber sehr beliebt.	Eine partyähnliche Stimmung kann herrschen. *Purim* erinnert an die Geschichte des Buches Esther, aus dem vorgelesen wird. *Purim*-Spiele, bei denen die ganze Geschichte als Theaterstück aufgeführt wird, sind sehr beliebt.	Kein besonderer Gruß
Passah	März oder April. Dauert eine Woche, aber das zeremonielle Mahl, *seder* genannt, wird nur an den beiden ersten Abenden eingenommen.	Der bekannteste jüdische Feiertag, eine Gelegenheit für Familienzusammenkünfte, diesbezüglich ähnelt es dem amerikanischen Erntedankfest. Die Ereignisse des 2. Buches Mose werden erzählt, indem man die *Haggada* während des *seder* liest. Die ganze Woche lang wird ungesäuertes Brot (Matze) gegessen.	Schicken Sie zum Passahfest eine Grußkarte. Ein angemessener Gruß lautet: »Fröhliches Passahfest.« Wenn ein jüdischer Freund Sie zum *seder* einlädt, so nehmen Sie die Einladung an! Der Gottesdienst ist in der *Haggada* leicht zu verfolgen, und das Essen wird hervorragend sein.
Sabuoth (auch Wochenfest genannt)	Mai oder Juni	Wird nur wenig eingehalten. Im Mittelpunkt stehen der Frühling und die Ernte. Traditionell war dieser Feiertag der Tag, an dem Mose am Berg Sinai das Gesetz erhielt.	Kein besonderer Gruß.

Die Heiligen Schriften des Judentums

Das Alte Testament unserer Bibel ist die Heilige Schrift des Judentums. Einige Juden ziehen den Ausdruck »Hebräische Bibel« vor, damit niemand auf den Gedanken kommt, dass sie die Vorstellung eines »neuen« Bundes im Gegensatz zum »alten« Bund anerkennen. In der Praxis benutzen viele jedoch den Begriff »Altes Testament«. Es ist zu berücksichtigen, dass viele Juden das Alte Testament nicht für das inspirierte Wort Gottes halten, doch ihm wird weitgehend als Teil jüdischer Tradition und Geschichte Achtung gezollt.

Es gibt weitere Bücher, wie den Talmud, denen die orthodoxen Juden göttliche Autorität zusprechen. Der Talmud besteht aus der *Mischna* und der *Gemara*. Die *Mischna* besteht zum großen Teil aus verschiedenen gesetzlichen Regelungen und wurde etwa 200 n. Chr. zusammengestellt. Die *Gemara* behandelt und erklärt ausführlich die *Mischna* und wurde etwa 500 n. Chr. zusammengestellt. Die meisten Juden halten den Talmud und die anderen rabbinischen Auslegungen in ethischen Fragen für nützlich und im praktischen Leben für lehrreich, jedoch nicht für eine verbindliche Anweisung Gottes.

Wie kommt man mit jüdischen Menschen in ein Gespräch über das Evangelium?

Die Einstellung jüdischer Menschen zum Evangelium

»Das Christentum ist für Nichtjuden.« Das Christentum wird für die Religion »der anderen« gehalten. Für Nichtjuden ist es völlig in Ordnung, an Jesus zu glauben. Juden jedoch brauchen oder sollten sich nicht mit Christus befassen. Wenn ein jüdischer Mensch sich mit Religion befasst, dann mit dem Judentum. Außerdem ist man der Meinung, ein Christ ist ein Abendländer oder Kirchgänger, der Nichtjude ist. Da Juden aufgrund ihrer Geburt jüdisch sind, nehmen sie an, dass Menschen, die in einer christlichen Familie geboren wurden, Christen sind. Der Gedanke einer persönlichen Glaubensentscheidung wird nicht verstanden.

Sie können darauf antworten, indem Sie erklären, dass Sie zwar als Nichtjude geboren wurden, Christ aber durch persönlichen Glauben an

Jesus wurden. Christsein bedeutet nicht, Anhänger einer nichtjüdischen Religion, sondern Nachfolger des jüdischen Messias zu sein – und »Christus« ist das griechische Wort für »Messias«. Sie können weiterhin das Jüdische an Ihrem Glauben betonen, indem Sie erklären, dass Sie durch den Glauben an Jesus auch zum Glauben an den Gott Abrahams, Isaaks und Jakobs gekommen sind, der drei Patriarchen des ersten Buches Mose.

Der unausgesprochene Einwand. Fast alle jüdischen Menschen haben folgenden unterschwelligen Einwand hinsichtlich eines Glaubens an Jesus: So etwas ist unjüdisch; wenn sie an Jesus glauben, sind sie nicht mehr jüdisch; wenn sie Christ werden, bedeutet dies, dass sie ihrem Volk, ihrer Geschichte und ihrem Erbe den Rücken kehren. Außerdem fürchten viele Juden die gesellschaftlichen Konsequenzen, die sie tragen müssten, wenn sie zum Glauben an Jesus kommen oder das auch nur in Erwägung ziehen.

»Jüdisch sein ist ein Lebensstil.« Egal ob ein jüdischer Mensch sich irgendeiner Form des jüdischen Glaubens anschließt oder nicht, sein Judentum ist ein Lebensstil, den er in unterschiedlichem Grade umsetzt. Es gibt jüdische Denk- und Handlungsweisen, die sich von denen der Nichtjuden unterscheiden. Einem Juden können Nichtjuden in Kleidung und Verhalten puritanisch, in zwischenmenschlichen Beziehungen unterwürfig und in der Politik und Lebensführung übertrieben konservativ erscheinen. Gottesdienste in der Kirche unterscheiden sich beträchtlich von den Gottesdiensten in der Synagoge, und die Kirchenlieder sind völlig anders als der Gesang eines Vorsängers oder der jazzige Sound einer osteuropäischen *Klezmer*-Gruppe. Für einen jüdischen Menschen bedeutet Christsein die Identifizierung mit einem Lebensstil, der anders ist als der jüdische.

Einem jüdischen Freund muss klar gemacht werden, dass er seine jüdische Identität nicht aufgibt, wenn er Jesus nachfolgt. Vielleicht ist Ihr Freund bereit, mit einem Juden zu sprechen, der an Jesus glaubt, oder die Geschichte eines Juden zu lesen, der zum Glauben an Jesus gekommen ist.

Juden nehmen an, dass sie ihren Platz bei Gott haben. Juden sprechen nicht von »Rettung«, denn es gibt nichts, vor dem sie gerettet werden müssen. Wenn es einen Gott gibt, dann haben jüdische Menschen bereits eine Beziehung zu ihm. Für Juden ist Jesus überflüssig.

Trotz alledem kommen Juden weiterhin in Rekordzahlen zum Herrn. Viele von ihnen kamen durch das Zeugnis eines nichtjüdischen Christen zum Glauben.

Die folgenden Abschnitte können Ihnen helfen, besser von Jesus zu erzählen, indem sowohl gezeigt wird, was Sie vermeiden sollten, als auch, welche Dinge Sie tun können.

Was Sie vermeiden sollten

Vermeiden Sie bestimmte Anstoß erregende Wörter. Das Evangelium wird wegen der Botschaft vom Kreuz immer Anstoß erregen, denn keiner von uns hört gerne, dass er Sünder ist. Es gibt jedoch andere Dinge, an denen Juden Anstoß nehmen oder bei denen sie Bedenken bekommen können. Es ist nicht erforderlich, immer strikt auf der Hut zu sein, aber man kann unnötige emotionale Gedankenverbindungen verhindern, wenn man bestimmte Wörter nicht benutzt.

- Erstens, vermeiden Sie im Allgemeinen christlichen Jargon. Einige Christen sprechen eine Sprache, die für Nichtkirchgänger wenig Bedeutung hat: »das kostbare Blut unseres Herrn Jesus Christus«, »gerettet«, »wiedergeboren«, all diese Ausdrücke bedeuten Christen etwas, aber einem durchschnittlichen weltlichen oder jüdischen Menschen nichts.
- Zweitens, vermeiden Sie bestimmte Ausdrücke und benutzen Sie andere:
  »Die Juden« oder »ihr Juden« klingt aus dem Mund eines Nichtjuden antisemitisch (obwohl jüdische Menschen untereinander von sich selbst auch als »Juden« sprechen). Es ist besser zu sagen, »jüdische Menschen«. »Ein jüdischer Mann« klingt besser als »ein Jude«. »Wie feiern jüdische Menschen das Passah?« ist eine bessere Frage als »Was tun Juden an Passah?« Nennen Sie eine jüdische Frau nicht »Jüdin«, sondern »jüdische Frau«. Und nennen Sie jüdische Menschen nicht »Hebräer«. Dieser Ausdruck war vor hundert Jahren gebräuchlich, ist es aber heute nicht mehr.

»Jüdisch« ist ein Wort, das nur zur Beschreibung von Menschen, dem Land, der Religion oder der Sprache gebraucht werden sollte. Wenn Sie von »jüdischem Geld« oder der »jüdischen Kontrolle über die Medien« sprechen, hegen Sie vielleicht antisemitische Anschauungen.

Am besten vermeidet man das Wort »Missionare« oder »Mission«. Für jüdische Menschen hat das den Beiklang von Rettungsmissionen, die hoffnungslos heruntergekommenen Leuten helfen, oder sie denken dabei an Menschen, die in Übersee unter primitiven Völkern arbeiten oder, schlimmer noch, an solche, die dafür bezahlt werden, »jüdische Seelen zu angeln«.

Für viele Juden ist das »Kreuz« ein Symbol für Verfolgung. Es ist besser, über den »Tod von Jesus« zu sprechen. »Bekehrung« hat auch den Beiklang, dass man sein Jüdischsein aufgibt. Es ist besser, zu sagen: »zum Glauben an Jesus kommen« oder »Nachfolger von Jesus werden«. Es ist aber angebracht, zu erklären, dass die Propheten der Bibel von Bekehrung in der Bedeutung »zu Gott zurückkehren« gesprochen haben und nicht in der Bedeutung »seine Religion ändern« (siehe zum Beispiel Jesaja 44,22; Jeremia 4,1; 24,7; Joel 2,12).

Manche schlagen vor, den Namen »Jesus« durch die hebräische Entsprechung »Y'shua« zu ersetzen. Es mag gut sein, von »Y'shua« zu sprechen – und zu erklären, dass sein hebräischer Name so lautet –, doch niemand merkt, dass Sie damit die historische Person Jesus von Nazareth meinen, wenn Sie nicht auch den Namen »Jesus« benutzen! Heutzutage führt der Name Jesus nicht mehr zu einer so negativen Reaktion wie früher. Es ist allerdings besser, vom »Messias Jesus« zu sprechen als von »Jesus Christus«. Viele Juden wissen nicht, dass »Christus« »Messias« bedeutet und denken, »Christus« war sein Familienname!

Zum Schluss noch etwas: Jüdische Menschen erzählen sich gerne jüdische Witze, aber ein Nichtjude sollte das nicht tun. Viele jüdische Menschen wissen nicht, wie sie darauf reagieren sollen und denken, Sie wollen sich über sie lustig machen. Kritisieren Sie auch nicht die Leiter der jüdischen Gemeinde. Obwohl kein Mensch auf dieser Welt in allen Dingen untadelig ist, soll gerechtfertigte Kritik von jüdischen Menschen und nicht von Ihnen kommen.

Vor allen Dingen aber denken Sie daran, dass das Evangelium von Natur aus Anstoß erregend sein kann. Wenn jemand an Ihrem Zeugnis Anstoß nimmt, kann der Grund sehr wohl darin liegen, dass er an Gott Anstoß nimmt.

Verfallen Sie nicht dem Irrtum, nur Liebe zu zeigen. Manche Christen sagen ihren jüdischen Freunden kein Wort über das Evangelium, weil sie sich vor negativen Reaktionen fürchten. Deshalb argumentieren sie, sie zeigen ihren Freunden Liebe und sind auf diese Weise Zeuge. Natürlich sollten Christen den Menschen immer mit Liebe begegnen. Es ist jedoch falsch, anzunehmen, dass man jemanden »ins Reich Gottes hinein lieben« kann. Nach allgemeinen Maßstäben sind jüdische Menschen bereits moralisch stabil. Die meisten sind »nette« Leute; viele spenden für wohltätige Zwecke. Ein Leben der Liebe wird ihnen das rettende Evangelium nicht näher bringen. Man muss vielmehr über das Evangelium sprechen, und das kann wie folgt geschehen.

Was soll man beachten, wenn man über das Evangelium spricht?

Mit jüdischen Freunden über das Evangelium sprechen. Es ist eine gute Idee, in erster Linie mit solchen jüdischen Menschen über das Evangelium zu sprechen, mit denen man freundschaftliche Beziehungen hat. Ob ein Freund jüdisch ist, können Sie anhand der Feiertage, die er hält, herausfinden oder vielleicht daran, dass er oder sie einen Davidstern als Schmuck trägt, oder oft auch anhand des Nachnamens.

Dann ist es wichtig, der jeweiligen Person mitzuteilen, dass Sie wissen, dass sie jüdisch ist. Dies tut man am besten nicht damit, dass man es dieser Person direkt sagt, sondern im Rahmen zwischenmenschlicher Beziehungen, etwa dadurch, dass man ihr eine Grußkarte zu einem jüdischen Feiertag schickt (siehe Tabelle »Jüdische Feiertage«). Dadurch wird nicht nur klargestellt, dass die Person sieht, dass Sie wissen, dass sie jüdisch ist, sondern es ist auch eine gute Methode, um die Freundschaft mit einem jüdischen Menschen zu pflegen.

Auf geistliche Themen zu sprechen kommen. Im Allgemeinen können wir mit einem Freund beherzter über das Evangelium sprechen als mit einem Fremden.

Oft sind Feiertage der geeignete Zeitpunkt, in ein Gespräch einzusteigen. Sie könnten Ihren jüdischen Freund bitten, Ihnen zu erzählen, wie er das Passahfest oder *Chanukka* verbracht hat.

Versuchen Sie dann, ins Gespräch zu kommen. Das können Sie auf eine Weise tun, die für Sie natürlich ist. Sie könnten beispielsweise etwas Erstaunliches und doch Direktes sagen und dann eine Frage aufwerfen: »Als Christ entdecke ich, dass unser Glaube im Grunde jüdisch ist. Man könnte sagen, dass ich an den Gott Abrahams, Isaaks und Jakobs glaube. Warum denkst du, dass hauptsächlich Nichtjuden an ihn glauben, auch wenn das Christentum im Grunde jüdisch ist?« Lassen Sie Ihren Bekannten dann antworten und Sie in ein Gespräch verwickeln.

Jüdische Menschen sprechen häufig humorvoll über geistliche Angelegenheiten, also könnten Sie etwa Folgendes sagen: »Vor kurzem war Ostern, das Fest der Auferstehung von Jesus. Da wir glauben, dass er von den Toten auferstanden ist und noch lebt, könnte man dann sagen, dass er die älteste lebende jüdische Person ist?«

Wenn Sie eine gute Beziehung zu Ihrem jüdischen Freund haben, könnten Sie folgenden Vorschlag machen: »Ich möchte dich um etwas bitten. Ich glaube an Jesus und du nicht. Als Christen denken wir, dass wir allen Menschen von Gott und von Jesus erzählen sollten. Wenn du an meiner Stelle wärest, wie würdest du mit einem (im Grunde genommen unreligiösen Menschen wie dir, einem orthodoxen Juden wie dir, einem Atheisten wie dir) über die Bibel und Jesus sprechen?«

Dies sind sicher keine überzeugenden Argumente, sondern Bemerkungen und Fragen, die zum Nachdenken anregen sollen. Ihr Gesprächspartner könnte antworten: »Für mich wäre es unmöglich, an Jesus zu glauben«, oder: »Darüber möchte ich nicht sprechen.« Akzeptieren Sie die Antwort, und wenn Ihr Bekannter nicht bereit ist, mehr zu hören, dann machen Sie auch nicht weiter. (Wenn Sie jedoch gefragt werden, sollten Sie erklären, warum Christen es für wichtig halten, anderen von Gott zu erzählen.) Andererseits könnten Sie auch auf Neugierde und den Wunsch, mehr zu hören, treffen.

Benutzen Sie einen jüdischen Bezugsrahmen. Wenn Sie eine positive Reaktion erhalten, können Sie innerhalb eines jüdischen Bezugsrahmens weiter über das Evangelium sprechen. Zum Beispiel könnten Sie Ihrem jüdischen Freund erzählen, dass das letzte Mahl, das Jesus hielt – ein jüdischerer Ausdruck als »feierte« – tatsächlich ein Passah *seder* war. Obwohl die Zeremonie sich seit der Zeit von Jesus weiterentwickelt hat, befolgten die Jünger und Jesus alles, was zu jener Zeit für einen Gottesdienst in der Passahnacht vorgeschrieben war (Lukas 22,7-20).

Einer der Teile der Feier, die nach der Zerstörung des Tempels im Jahre 70 n. Chr. hinzugekommen sind, hat mit den drei ungesäuerten Fladen *(matzo)* (siehe Rosen, *Christ in the Passover*) zu tun. Die drei Fladen werden in einen seidenen Behälter gelegt, der *matzo tash* genannt wird und drei Unterteilungen hat, eine für jeden Fladen. Oder sie werden auf einen Teller geschichtet, mit je einer Serviette zwischen den Fladen, und mit einem Tuch abgedeckt. Die drei Fladen sind ein Symbol für Einheit.

Während der Feier nimmt der Gastgeber den mittleren Fladen aus dem seidenen Behälter, bricht ihn in der Mitte durch und legt eine der Hälften in die *matzo tash* zurück. Dann wickelt er die andere Hälfte in eine Serviette, legt sie in eine andere weiße Seidentasche und versteckt sie. Dieser versteckte Fladen wird *aphikomen* genannt (»Nach-Speise« oder »was zuletzt kommt«).* Nach dem Essen ist es ein beliebtes Spiel für die Kinder, das *aphikomen* zu suchen, während die Eltern ihnen Hinweise geben. Wenn der Fladen gefunden ist, bricht der Gastgeber ihn in Stücke und verteilt diese an alle anderen, die den Fladen in ehrerbietiger Haltung essen.

Fragen Sie Ihren jüdischen Freund, warum der mittlere Fladen und nicht einer der anderen weggenommen wird. Warum wird er zerbrochen? Und warum wird er versteckt und kommt erst später in die Zeremonie zurück?

Könnte es sein, dass diese Zeremonie mehr ist als im heutigen *seder* dargestellt wird, dass sie mehr als ein Spiel ist? Vielleicht wird dadurch etwas vermittelt, was die meisten jüdischen Menschen nicht sehen. Auffallend ist, dass damit bildlich der Messias dargestellt wird, nämlich dass er sterben musste (das Brechen des Fladens; Psalm 22; Jesaja 53; Daniel 9), dass er begraben wurde (Verstecken des Fladens) und dass er

* Der jüdische Juraprofessor David Daube denkt, das Wort bedeutet »Der Kommende« und dass die Zeremonie ursprünglich eine messianische Bedeutung im Hinblick auf den kommenden Messias hatte. Dies kann wohl der Fall sein, mehr als die traditionelle Bedeutung »Nach-Speise«. Siehe Daube, *He That Cometh* (London: Council for Christian-Jewish Understanding, 1966).

von den Toten auferstanden ist (das Zurückbringen des Fladens; Hiob 19,25; Psalm 16,10; Rosen, 1978, 92).

Das letzte Mahl war zwar in der Tat ein Passah *seder*, doch Jesus tat auch etwas Neues. Lukas berichtet: »Dann nahm er [Jesus] ein Brot, und nachdem er Gott dafür gedankt hatte, brach er es in Stücke und reichte es den Jüngern mit den Worten: ›Dies ist mein Leib, der für euch gegeben wird. *Tut das zur Erinnerung an mich*‹« (Lukas 22,19; Kursivschrift vom Autor). Ursprünglich hatte Gott das Passah *seder* als jährliche Erinnerung an die Befreiung des Volkes Israel aus der bitteren Sklaverei in Ägypten eingesetzt. Doch Jesus ordnete jetzt an, das Brot »zur Erinnerung an mich« zu brechen! Damit wies Jesus darauf hin, dass an Passah gefeiert wird, wie Gott Israel aus der Sklaverei Ägyptens befreit hat, und dass diese Feier jetzt auch die Befreiung von der Sklaverei der Sünde bedeutet, die durch seinen stellvertretenden Tod bewirkt wird.

Oder, als andere Möglichkeit, die Dinge in einen jüdischen Bezugsrahmen zu bringen, könnten Sie bei einem Gespräch über Sünde eine positivere Reaktion während der Hohen Heiligen Tage erwarten (siehe Tabelle »Jüdische Feiertage«), wenn die meisten jüdischen Menschen, sogar nichtreligiöse, zur Synagoge gehen und Gebete verrichten, um Gott um Vergebung zu bitten. Obwohl ein Jude zu anderen Zeiten des Jahres den Gedanken an Sünde vielleicht abtut, sind die meisten Juden an *Jom Kippur*, dem Versöhnungstag, dem Tag, an dem jüdische Menschen Gott um Vergebung der im vergangenen Jahr begangenen Sünden bitten, bereit, sich darüber Gedanken zu machen.

Machen Sie die grundlegenden Lehren klar

Das Evangelium ist auf die Erkenntnis gegründet, dass wir Sünder sind und Rettung benötigen, die durch unseren Retter erwirkt wurde. Diese drei Begriffe – Sünde, Rettung, Retter – sind den meisten jüdischen Menschen jedoch fremd und müssen richtig vermittelt werden (siehe auch Tabelle »Die drei Zweige«).

Sünde: Jüdische Menschen verstehen unter Sünde einzelne Taten, nicht einen tief verwurzelten Charakterzug der Menschheit. Die Bezeichnung »Sünder« trifft ihrer Meinung nach nur auf notorisch dekadente und böse Menschen zu. Sie müssten darauf hinweisen, dass alle Menschen sündigen (1. Könige 8,46) und dabei verschiedene biblische

Analogien benutzen. Sogar der große König David bekannte seine Sünde (siehe Psalm 51). Sünde bedeutet Zielverfehlung. Wie es etwa bei Menschen der Fall ist, die wissen, dass sie ihre Kinder lieben sollen, aber dazu nicht wirklich in der Lage sind, oder bei jemandem, der auf Erfolg im Geschäft abzielt, dies aber nicht ganz schafft. Sünde ist das geistliche Gegenstück zum Nichterreichen der Ziele, die Gott uns für unsere Beziehungen zu ihm und anderen Menschen gesetzt hat (Römer 3,23). Sünde ist auch wie eine Krankheit, von der wir geheilt werden müssen. Sünde ist geistlicher Krebs. Sie ist auch geistliche Verschmutzung, die uns zerstört, wie Smog die Ozonschicht zerstört. Letztendlich ist Sünde unser Leben in Auflehnung gegen Gott zu leben. Sünde trennt uns von Gott, hindert uns daran, ihn kennen zu lernen und ihm zu dienen.

Rettung: Rettung ist ein anderer Begriff, der den meisten jüdischen Menschen fremd ist. Ein häufiger Einwand lautet: »Juden glauben nicht an Rettung.« Damit meinen sie: »Ihr Christen denkt, wir müssten im Leben nach dem Tod vor der Hölle gerettet werden, doch für uns Juden ist es wichtig, hier und jetzt recht zu leben.« Ein hilfreicher Einstieg wäre, von »Befreiung« anstatt von »Rettung« zu sprechen. Dieser Begriff ist vielen vom Passah *seder* her geläufig. Sie können erklären, dass Gott die Israeliten aus der Sklaverei in Ägypten befreite und uns genauso aus der Sklaverei der Sünde in unserem Leben befreien will (Matthäus 20,28; Titus 2,14).

Retter: Dies ist der dritte Begriff, den jüdische Menschen nicht verstehen. Es könnte hilfreich sein, von »Befreier« anstatt von Retter zu sprechen und sicherlich, den Begriff »Messias« zu gebrauchen.

Fassen wir zusammen: Sagen Sie nicht: »Jesus kam, um sein Blut zu vergießen, um uns von unseren Sünden zu erlösen und unser Retter zu sein«, sondern: »Jesus kam, um unser Messias und Befreier zu sein. Sein Tod war eine Sühne für unsere Sünden.«

Wie vermittelt man geistliche Wahrheiten anhand der Bibel?

Obwohl nicht viele jüdische Menschen glauben, dass das Alte Testament wahr ist, so zollen sie ihm doch Achtung. Es ist gut, mit einem jüdischen Freund zusammen die Bibel aufzuschlagen und das Evangelium nicht nur mit Ihren Worten und Geschichten, sondern direkt mit der Hilfe des Wortes Gottes zu erläutern.

Wenn Sie bei Ihrem Freund zu Hause sind, benutzen Sie seine Bibel, falls er eine hat. Es ist jedoch nicht üblich, dass eine Bibel in jedem Haushalt vorhanden ist.

Wie beim Einstieg in ein Gespräch sollten Sie nur dann auf die Bibel zurückgreifen, wenn Ihr Freund gezeigt hat, dass er bereit ist, Sie als »Lehrer« in dieser Hinsicht zu akzeptieren und Ihr »Schüler« zu sein. Sonst könnte das Gefühl aufkommen, Sie sprechen von einer »unsichtbaren Kanzel« herunter (Rosen, 1976, 55).

Die Bibel sollte benutzt werden, um Fragen aufzuwerfen und um Fragen anzusprechen. Ein Beispiel für den ersten Punkt – eine Frage aufwerfen – ist, anhand der Bibel ein Gespräch über das Wesen der Sünde zu beginnen (Jesaja 53 – der leidende Knecht, der die Sünden seines Volkes auf sich nimmt; Psalm 51 – König Davids Sündenbekenntnis; 1. Könige 8 – Salomos Gebet zur Einweihung des Tempels). Ein Beispiel für den zweiten Punkt – das Ansprechen einer Frage – ist, anhand der Bibel auf einen Einwand zu antworten.

In jedem Fall ist es gut, mit dem Alten Testament zu beginnen, auf bestimmte messianische Prophezeiungen hinzuweisen und dann ihre Erfüllung im Neuen Testament aufzuzeigen (siehe Tabelle »Ausgewählte messianische Prophezeiungen, die in Jesus erfüllt wurden«).

Jesus sprach oft davon, wie sein Leben die Erfüllung solcher Prophezeiungen ist (Matthäus 5,17; 26,56; Lukas 24,27.44; Johannes 5,37-40); auch die Apostel sahen es so (Johannes 2,17; Apostelgeschichte 3,18; Römer 16,25-26; Hebräer 1; 1. Petrus 1,10-12).

Achten Sie vor allem auf die Zahl der Prophezeiungen aus Jesaja 53 (sie sind in der Tabelle fett gedruckt). Überdenken Sie auch, was Gott durch Jesaja sagte:

> Darum habe ich dir's [frühere Prophezeiungen] vorzeiten verkündet und es dir sagen lassen, ehe es gekommen ist, damit du nicht sagen könntest: Mein Götze tat es, und mein Abgott, der geschnitzt und gegossen wurde, hat's befohlen. Das alles hast du gehört und siehst es und verkündigst es doch nicht. *Von nun an lasse ich dich Neues hören und Verborgenes, das du nicht wusstest* (Jesaja 48,5-6; Kursivschrift vom Autor).

Ausgewählte messianische Prophezeiungen, die in Jesus erfüllt wurden

Prophezeiung	Erfüllung
Der Messias kommt aus dem Geschlecht von Abraham (1. Mose 18,18), Isaak (21,12), Jakob (4. Mose 24,17), Juda (1. Mose 49,10), Isai (Jesaja 11,1-2.10), David (Jeremia 23,5-6).	»Jesus ... der Sohn von David. David war der Sohn von Isai ... der Sohn von Juda. Juda war der Sohn von Jakob. Jakob war der Sohn von Isaak. Isaak war der Sohn von Abraham ... (Lukas 3,23.31-34)
Geboren in Bethlehem (Micha 5,1; auch Johannes 7,42).	»Weil Josef ein Nachkomme Davids war, musste er nach Bethlehem in Judäa, in die Stadt Davids reisen. Von Nazareth in Galiläa aus machte er sich auf den Weg und nahm seine Verlobte Maria mit, die hochschwanger war« (Lukas 2,4).
Er wurde von den Menschen verachtet und abgelehnt (Jesaja 53,3).	»Die Leute, die vorübergingen [am Kreuz], beschimpften und verhöhnten ihn ...« (Matthäus 27,39-44).
»Er war ... voller Schmerzen« (Jesaja 53,3).	»Er [Jesus] sagte zu ihnen: ›Meine Seele ist zu Tode betrübt‹« (Matthäus 26,38).
»Ein Mann, der leiden muss« (Jesaja 53,3).	»Dann sprach Jesus mit ihnen zum ersten Mal darüber, dass der Menschensohn viel Schlimmes erleiden müsse« (Markus 8,31; auch Lukas 24,26).
»Seid getrost, fürchtet euch nicht! Seht, da ist euer Gott! ... Dann werden die Augen der Blinden aufgetan und die Ohren der Tauben geöffnet werden. Dann werden die Lahmen springen wie ein Hirsch, und die Zunge der Stummen wird frohlocken« (Jesaja 35,4-6); »Er hat mich gesandt, den Elenden gute Botschaft zu bringen« (Jesaja 61,1).	»Geht zurück zu Johannes und berichtet ihm, was ihr gesehen und gehört habt: Blinde sehen, Gelähmte gehen, Aussätzige werden gesund, Taube hören, Tote werden zum Leben erweckt und den Armen wird die gute Botschaft verkündet« (Matthäus 11,4-5; auch Lukas 4,18).
»Fürwahr, er trug unsere Krankheit und lud auf sich unsre Schmerzen« (Jesaja 53,4).	»Auf sein Wort hin verschwanden alle Geister, und er heilte auch alle Kranken. Damit erfüllte sich das Wort Gottes, das der Prophet Jesaja gesprochen hatte ...« (Matthäus 8,16,17).
»Und sie sollen ... auch keinen Knochen davon [vom Passahlamm] zerbrechen« (4. Mose 9,12); »Er ist um unsrer Missetat willen verwundet« (Jesaja 53,5); »Sie haben mir Hände und Füße durchbohrt« (Psalm 22,17; auch Sacharja 12,10).	»Doch als sie zu Jesus kamen, sahen sie, dass er schon tot war, deshalb brachen sie ihm nicht die Beine. Einer der Soldaten bohrte jedoch einen Speer in seinen Seite ...« (Johannes 19,33-37).
»Aber er ist um unsrer Missetat willen verwundet und um unsrer Sünde willen zerschlagen ... Der Herr warf unser aller Sünde auf ihn« (Jesaja 53,5-6).	»Der Menschensohn [ist gekommen], um ... sein Leben als Lösegeld für viele hinzugeben« (Matthäus 20,28); »Gott machte Christus, der nie gesündigt hat, zum Opfer für unsere Sünden« (2. Korinther 5,21; auch Johannes 11,49-51; 1. Korinther 15,3).

Prophezeiung	Erfüllung
»Als er gemartert ward, litt er doch willig und tat seinen Mund nicht auf ... wie ein Schaf, das verstummt vor seinem Scherer, tat er seinen Mund nicht auf« (Jesaja 53,7).	»Doch Jesus schwieg« (Matthäus 26,63); »Als die obersten Priester und die Ältesten ihre Anklagen vorbrachten, schwieg Jesus« (Matthäus 27,12).
»Sie teilen meine Kleider unter sich auf und würfeln um mein Gewand« (Psalm 22,19).	»Es [das Gewand von Jesus] war ohne Naht aus einem einzigen Stück gewebt, deshalb sagten sie: ›Wir wollen ... darum würfeln‹« (Johannes 19,23-24).
»... wiewohl er niemand Unrecht getan hat und kein Betrug in seinem Munde gewesen ist« (Jesaja 53,9).	Judas: »›Ich habe gesündigt‹, gestand er, ›ich habe einen Unschuldigen verraten‹« (Matthäus 27,4; auch Lukas 23,41; 2. Korinther 5,21).
Er wurde »den Übeltätern gleichgerechnet« (Jesaja 53,12).	»Zusammen mit ihm wurden zwei Verbrecher gekreuzigt« (Matthäus 27,38; auch Lukas 22,37).
»Und man gab ihm sein Grab bei Gottlosen und Übeltätern, als er gestorben war« (Jesaja 53,9).	»Als es Abend wurde, ging Josef, ein reicher Mann aus Arimathäa, ... zu Pilatus ... Josef nahm den Leichnam und ... Dann legte er ihn in sein eigenes neues Grab« (Matthäus 27,57-60).
Er hat »für die Übeltäter gebeten« (Jesaja 53,12).	»Vater vergib diesen Menschen, denn sie wissen nicht, was sie tun« (Lukas 23,34).
»Du wirst deinen Heiligen nicht im Grab verwesen lassen« (Psalm 16,10); »Wenn er sein Leben zum Schuldopfer gegeben hat, wird er Nachkommen haben und in die Länge leben ...« (Jesaja 53,10-11).	»Warum sucht ihr den Lebenden bei den Toten? Er ist nicht hier! Er ist auferstanden!« (Lukas 24,5-6; auch Apostelgeschichte 2,31-32).
»Der Stein, den die Bauleute verworfen haben, ist zum Eckstein geworden« (Psalm 118,22; Jesaja 8,14).	»... Doch als die Bauern seinen Sohn kommen sahen, sagten sie zueinander: ›Da kommt der Erbe des Anwesens. Lasst uns ihn umbringen ...‹« (Matthäus 21,28-42).

(siehe Rosen, 1976, 58-60, und McDowell, Kapitel 9).

Haben Sie keine Angst davor, das Neue Testament zu mehr als nur der Erfüllung messianischer Prophetie heranzuziehen. Sie können auf das Neue Testament auch zurückgreifen, um Folgendes zu zeigen:

- das Jüdische am Evangelium. In Lukas 2,21 zum Beispiel ist die Rede von der Zeremonie bei der Beschneidung von Jesus *(brit milah)*; Matthäus 26 und Lukas 22 berichten, wie Jesus ein *seder* hielt; Johannes 10,22 zeigt Jesus in Jerusalem beim *Chanukka-Fest*, das hier mit seinem griechischen Namen »Tempelweihe« bezeichnet wird.

- die Übereinstimmung der geistlichen Lehre im Alten und im Neuen Testament. Zur Frage der Sünde können Sie zum Beispiel auf eine Stelle wie Psalm 51 hinweisen (und sie mit Römer 3,23 im Neuen Testament vergleichen). Hinsichtlich eines neuen Bundes, der von Gott vorhergesagt wurde, verweisen Sie auf Jeremia 31,31-34 (und vergleichen Sie diese Stelle mit den Worten von Jesus in Johannes 6,45).
- wie Bilder aus dem Alten Testament auf Christus hinweisen: das Blut des Passahlamms, das auf die beiden Pfosten und die obere Schwelle des Türrahmens gestrichen werden muss – ein Hinweis auf das Kreuz (2. Mose 12,7); der Fels, der Wasser in der Wüste gab – ein Hinweis darauf, dass Jesus davon sprach, er gebe »lebendiges Wasser«, und dass die, die davon trinken, nie mehr Durst haben werden (2. Mose 17,6; Johannes 4,10-14; 7,37-39; 1. Korinther 10,4); das Volk Israel wurde geheilt, als die Menschen auf die eherne Schlange auf der Stange schauten – ein Hinweis auf unsere Rettung, wenn wir unseren Glauben auf den Messias setzen, der am Kreuz erhöht wurde (4. Mose 21,8-9; Johannes 3,14); Gott bat Abraham darum, Isaak, seinen »einzigen Sohn«, zu opfern – ein Hinweis darauf, wie Gott seinen einzigen Sohn opferte (1. Mose 22,1-18; Johannes 3,16); Jona wurde von einem großen Fisch verschluckt – ein Hinweis auf den Tod und die Auferstehung von Jesus (Jona 2,1; Matthäus 12,40; Lukas 1,30).
- wie sogar Ereignisse des Alten Testaments, die im Neuen Testament nicht ausdrücklich erwähnt werden, als Analogien dienen können. Im Buch Esther ist zum Beispiel die Rede davon, wie König Xerxes dazu gebracht wurde, eine Verordnung zu erlassen, die seine frühere Verordnung aufhob, in der der Tod der Juden gefordert worden war. Mit Hilfe dieses Ereignisses kann man einem jüdischen Menschen erklären, wie der Sühnetod von Jesus und seine Auferstehung die Grundlage für Gottes neue Verordnung ist, durch die wir Leben im Angesicht des sicheren Todes erhalten können (Esther 8,5-8; Johannes 3,16-18; Römer 6,23).

Wenn Sie sich auf Ereignisse des Alten Testaments, wie dem Beispiel aus dem Buch Esther, beziehen, bekommen Sie nicht nur hilfreiche Analogien und Bilder, sondern Sie zeigen Ihrem jüdischen Freund damit auch, dass Sie mit dem Alten Testament vertraut sind und es wertschätzen.

Ein hilfreicher Hinweis: Nur wenige jüdische Menschen befassen sich gründlich mit dem Alten Testament. Es besteht die Möglichkeit, dass Sie das Alte Testament besser kennen als Ihr jüdischer Freund. Und falls eine Frage aufkommt, auf die Sie keine Antwort wissen, können Sie immer sagen, dass Sie es nicht wissen, dass Sie aber nachschlagen werden. Haben Sie keine Angst, dass Sie an Glaubwürdigkeit verlieren, wenn Sie nicht auf alles eine Antwort haben.

Antworten auf Hindernisse und Einwände

Zweifellos wird die Zeit kommen, in der Ihr jüdischer Freund gegen das Evangelium Einwände äußert. In vielen Fällen sind die Einwände nicht zu Ende gedacht. Die Einwände können deshalb ein Reflex Ihres jüdischen Freundes sein. Möglicherweise vertritt er auch die »offizielle Linie« anstatt seinen eigenen persönlichen Standpunkt vorzubringen.

Konkrete Einwände

»Christen glauben an drei Götter, doch Juden glauben nur an einen einzigen Gott.« Auch ein Atheist könnte diesen Einwand erheben! Eventuell meint er damit nicht mehr als: »Unsere Religion lehrt, dass es nur einen Gott gibt. Auch wenn ich nicht an Gott glaube, so würde ich, wenn ich glauben würde, an einen solchen Gott glauben.«

Jüdische Menschen verstehen die Dreieinigkeit irgendwie als den Glauben an die Existenz mehrerer Götter. Sie könnten einfach bekräftigen, dass Sie glauben, dass es nur einen Gott gibt und darauf hinweisen, dass Jesus selbst das *Sh'ma* zitierte (Erklärung in 5. Mose 6,4, dass es nur einen Gott gibt, zitiert in Markus 12,29).

Wenn Ihr Freund dieses Thema weiterverfolgt und sagt: »Ich verstehe einfach nicht, wie Gott drei in einem sein kann – das kann ich mir nicht zusammenreimen«, dann ist eine einfache Antwort oft besser als eine tiefgehende theologische Abhandlung. Sie könnten zum Beispiel sagen: »Gott ist größer als du und ich, und wir werden ihn nie ganz verstehen.« Das verhindert, dass das Gespräch zu einer zwecklosen Diskussion über einen Einwand wird, der oft nicht mehr als Schall und Rauch ist und nicht aufgrund echter Überzeugung erhoben wird.

»Es gibt keinen Beweis dafür, dass Jesus der Messias war.« Dies ist eine typische Klischeeantwort; die Person hat sich wahrscheinlich nie mit den Gründen für den Glauben auseinander gesetzt. Anstatt ein langes Streitgespräch mit allen Beweismitteln herbeizuführen, könnten Sie zunächst fragen: »Welche Art Beweis würde dich überzeugen?« Das führt dann zu konkreteren Fragen und Einwänden.

»Wenn Jesus der Messias ist, warum herrscht dann kein Friede auf Erden?« Eine Antwort ist, dass wir Frieden im Herzen haben müssen, bevor Friede auf Erden herrschen kann. Nehmen wir an, Gott würde plötzlich alle Kriege für beendet erklären, die Menschen blieben aber unverändert. In kurzer Zeit wäre die Welt wieder so wie sie jetzt ist.

Geben Sie die Verantwortung an Ihren Freund zurück, indem Sie antworten: »Wenn du zuerst durch Jesus Frieden in deinem eigenen Herzen schaffst, dann kannst du deinen Teil tun und mithelfen, die Erde zu einem besseren Ort zu machen.«

»Wie kann man an Gott glauben, nach all den Verfolgungen, die wir erlebt haben, ganz zu schweigen von der Judenvernichtung während des Nationalsozialismus? Und es waren Christen, die das getan haben.« Menschen können alles missbrauchen, sogar das Evangelium. Tyrannen missbrauchen Freiheit und Gerechtigkeit. Das macht Freiheit und Gerechtigkeit nicht weniger erstrebenswert.

Was die Verfolgung betrifft, so geht das alles zurück bis zur Zeit des Pharao in Ägypten, der erwiesenermaßen kein Christ war. Sogar damals gab es schon Verfolgung, und die jüdischen Menschen glaubten trotzdem an Gott.

»Das Neue Testament ist antisemitisch.« Fragen Sie, welche Teile und welche Stellen er meint. Oft ist die Person nicht in der Lage, auf etwas Konkretes hinzuweisen. Manchmal hat ein jüdischer Mensch bestimmte hart klingende Stellen wie Johannes 8,44 oder 1. Thessalonicher 2, 14-16 im Kopf. Sie können darauf hinweisen, dass dies die Art war, in

der die Propheten Israels sprachen. Jesaja 1 ist dafür ein gutes Beispiel. Dann sollten Sie zu verstehen geben, dass Jesus nicht antisemitisch war, sondern über die Sünden der Menschen betrübt war (über die Sünden aller Menschen, nicht nur die der Juden). Sie können die Stelle nennen, in der Jesus über Jerusalem weinte, Matthäus 23,37-39. Erwähnen Sie, dass Sie ähnliche Gefühle über Nichtjuden haben, die sich nicht zu Gott hinwenden. Alle haben gesündigt, und Gottes Antwort auf die Sünde ist für alle Menschen gleich.

»Juden wollen niemanden bekehren.« Dieser Einwand bedeutet meistens: »Ich denke nicht, dass Leute ihren Glauben anderen aufdrängen sollten. Wir Juden tun es nicht, und ihr Christen solltet es auch nicht tun.« Sie können darauf hinweisen, dass Jesaja sagte, Israel werde zum Licht der Völker werden (Jesaja 42,6; 49,6).* Außerdem können Sie anmerken, dass auch Sie nicht dafür sind, einem Menschen eine Religion aufzuzwingen, dass Sie aber schon immer der Meinung waren, dass Gespräche und Meinungsäußerungen Teil einer jeden Freundschaft sind.

»Ich bin mit meiner Religion glücklich.« Eine passende Antwort darauf wäre: »Es ist in Ordnung, wenn du über geistliche Dinge nicht sprechen willst, aber denke einfach daran, dass das Ziel des Lebens nicht darin besteht, glücklich zu sein, sondern Gott zu kennen. Manchmal macht mich das, was ich glaube, traurig, weil es Sachen von mir verlangt, die andere vielleicht nicht tun wollen. Wir sollten nicht an etwas glauben, weil es uns glücklich macht, sondern weil es wahr ist. Letztendlich jedoch wird die Kenntnis der Wahrheit über Gott uns völlige und bleibende Erfüllung und Freude bringen.«

»Wenn Jesus der Messias war, warum glauben dann die Rabbiner nicht an ihn?« Die Antwort lautet, weil sie dann nicht mehr lange Rabbiner bleiben dürften! Bei der Art Verantwortung, die ein Rabbiner in der Gemeinde hat, nehmen sich nicht viele Rabbiner die Freiheit zu fragen, ob Jesus der Messias sein könnte.

* Der »Knecht« hier scheint sich zunächst auf Israel zu beziehen und dann allmählich zum Messias zu werden. Diese Frage braucht in einem Gespräch nicht angeschnitten zu werden, da eine traditionelle jüdische Auslegung die Stellen auf das Volk Israel bezieht. Der Gedanke jedoch, dass die ganze Welt durch Israel gesegnet wird, geht bis auf 1. Mose 12,1-3 zurück.

Schlussbemerkung

Vor allem, verlieren Sie nicht den Mut, denn viele jüdische Menschen sind durch das liebevolle Zeugnis eines nichtjüdischen Christen zum Glauben an Jesus gekommen. Gott kann und will Sie gebrauchen, wenn Sie sich darum bemühen, mit jüdischen Besonderheiten vertraut zu werden und Ihren jüdischen Freunden das Evangelium zu erschließen. Die folgenden Quellen können eine große Hilfe sein.

Bibliographie und Quellen

Fruchtenbaum, Arnold. *Jesus Was a Jew.* Tustin, Calif.: Ariel Ministries, 1974. Jüdische Apologetik, von einem Judenchristen geschrieben.

Frydland, Rachmiel. *When Being Jewish Was a Crime.* Cincinnati: Messianic Jewish Outreach, 1978. Ein Zeugnis.

Goldberg, Louis. *Our Jewish Friends.* Neptun, N. J.: Loizeaux Brothers, 1983. Hilfreiche Übersicht über das Judentum und das Gespräch mit jüdischen Menschen über das Evangelium, geschrieben vom ehemaligen Leiter der Abteilung Judaistik des Moody Bible Institute.

Kac, Arthur. *The Messiahship of Jesus. Are Jews Changing Their Attitude Toward Jesus?* (überarbeitete Ausgabe). Grand Rapids, Mich.: Baker Book House, 1986. Eine Sammlung positiver Aussagen über Jesus von jüdischen Menschen.

Questions and Answers from Jews for Jesus. San Francisco: Jews for Jesus, 1983. Durchdachte Antworten auf typische Einwände.

McDowell, Josh. *Evidence that Demands a Verdict.* San Bernardino, Calif.: Campus Crusade for Christ, 1972.

Riggans, Walter. *Jesus Ben Joseph: An Introduction to Jesus the Jew.* Ort nicht angegeben: MARC; Olive Press; Monarch Publications, 1993.

Rosen, Moishe und Ceil Rosen. *Christ in the Passover.* Chicago: Moody Press, 1978.

Rosen, Moishe und Ceil Rosen. *Share the New Life with a Jew.* Chicago: Moody Press, 1976.

Rosen, Moishe. *Y'shua. The Jewish Way to Say Jesus.* Chicago: Moody Press, 1982. Überblick über die messianische Prophetie.

Rosen, Ruth, Herausgeberin. *Testimonies.* San Francisco: Purple Pomegranate Productions, 1987.

Telchin, Stan. *Betrayed.* Lincoln, Va.: Chosen Books, 1981. Ein Zeugnis. Die 30-minütige Tonbandkassette mit dem Zeugnis von Stan Telchin ist erhältlich von »Life Story«, Box 1417, Sumas, WA. 98295-1417.

The Y'shua Challenge: Answers for Those Who Say Jews Can't Believe in Jesus. San Francisco: Purple Pomegranate Productions, 1993.

Judentum, das jüdische Volk und die jüdische Geschichte

Johnson, Paul. *History of the Jews.* New York: Harper & Row, 1987.

Kolatch, Alfred. *The First and Second Jewish Books of Why.* Middle Village, N. Y.: Jonathan David, 1981 und 1985. Erklärt spezifische Bräuche.

Telushkin, Joseph. *Jewish Literacy: The Most Important Things to Know About the Jewish Religion, Its People, and Its History.* New York: William Morrow and Company, 1991. Das Wichtigste über das Judentum und das jüdische Volk.

Wylen, Stephen. *Setting of Silver: An Introduction to Judaism.* New York and Mahwah, N. J.: Paulist Press, 1989.

Marxismus

Rick Rood

Einführung

Die marxistische Ideologie gründet sich auf die Schriften von Karl Marx und Friedrich Engels. Sie betont, dass ein politisches und wirtschaftliches System erforderlich ist, in dem das Privateigentum abgeschafft wird und in dem alle materiellen Güter im gemeinsamen Besitz aller sind. Wie wir noch sehen werden, umfasst der Marxismus mehrere Denkbereiche, zu denen nicht nur Wirtschaft und Politik, sondern auch Ethik, Geschichte, die menschliche Natur und die Religion gehören. Die marxistische Ideologie ist eine umfassende »Weltanschauung«.

Es ist nicht schwer zu verstehen, warum das marxistische Denken bei vielen Menschen Anklang findet. Wir leben in einer Welt wirtschaftlicher Extreme. Zwischen Arm und Reich besteht eine tiefe Kluft. Verständlicherweise klingt das Versprechen des Marxismus, wirtschaftliche Gleichheit herbeizuführen, für viele Menschen, die diese Extreme beseitigen möchten, verlockend. Der Marxismus spricht auch Idealisten an und Menschen, die nach Hoffnung und einem Sinn im Leben suchen, aber von anderen Ideologien enttäuscht wurden.

Niemand weiß, wie viele Menschen auf der Welt Anhänger des Marxismus sind. Es liegt jedoch auf der Hand, dass er im zwanzigsten Jahrhundert einen außerordentlichen Einfluss auf die Menschheit hatte. Obwohl der Marxismus in den letzten Jahren (besonders in der ehemaligen Sowjetunion und in Osteuropa) schwere politische und wirtschaftliche Rückschläge hinnehmen musste, bleibt er für viele eine lebensfähige und ansprechende Ideologie.

Sogar an amerikanischen Universitäten übt der Marxismus einen ungeheuren Einfluss aus. In einem Artikel des *U. S. News and World Report* vom 25. Januar 1982 steht, dass es an amerikanischen Hochschulen 10.000 marxistische Professoren gibt. Laut eines Artikels der *Denver Post* vom 29. August 1989 sind an einigen Universitäten des Mittleren Westens bis zu 90 % der Fakultätsmitglieder Marxisten. Der Einfluss dieser Professoren auf das Denken der Studenten an amerikanischen Universitäten sollte nicht unterschätzt werden.

Die Geschichte des Marxismus

Frühe Wurzeln

Schon immer gab es Menschen, die Ideen entwickelten, die mit denen von Marx vergleichbar sind. Etwa 300 v. Chr. schlug Platon in seinem Werk *Der Staat* den gemeinschaftlichen Besitz der herrschenden Klasse an allem Vermögen vor. Im Mittelalter praktizierten viele religiöse Orden das gemeinschaftliche Eigentum. Thomas More schlug in seinem Buch *Utopia* (1516) den gemeinsamen Besitz an Vermögen vor.

Ende des achtzehnten und Anfang des neunzehnten Jahrhunderts verliehen mehrere Faktoren dieser Art des Denkens neuen Aufschwung. Dazu gehörte die Französische Revolution, die die Gleichheit aller Menschen betonte. Eine wichtige Rolle spielte auch die Romantik, die den Glauben an das Edle im menschlichen Wesen und an die Fähigkeit des Menschen und der Gesellschaft, Vollkommenheit zu erlangen, förderte. Ein dritter Faktor war die industrielle Revolution, die aufgrund der großen Zahl ungelernter Arbeitskräfte in den Fabriken einen bedeutenden Aufschwung nahm. Viele dieser Arbeiter arbeiteten und lebten unter extrem schwierigen Bedingungen.

Aufgrund des Einflusses dieser Faktoren findet man zu Beginn des neunzehnten Jahrhunderts sozialistisches Denken bei vielen Schriftstellern. Zu ihnen gehören Henri de Saint-Simon, Charles Fourier, Etienne Cabet, Robert Owen (der New Harmony in Indiana gründete), Louis Blanc, Pierre Proudhon, Prosper Enfanten, Victor Considerant und Auguste Conte.

Karl Marx und Friedrich Engels

Karl Marx wurde am 5. Mai 1818 in Trier als Sohn von Heinrich und Henriette Marx geboren. Heinrich Marx war Rechtsanwalt. Er und seine Frau waren Juden und stammten aus alteingesessenen Rabbinerfamilien. Um seine Rechtsanwaltspraxis in einem »christlichen« Umfeld weiterführen zu können, trat Heinrich Marx 1816 zum Luthertum über. Karl und seine Geschwister wurden 1824 getauft.

Während seiner Schulzeit in Trier schrieb Marx einen Aufsatz über Johannes 15 und die Bedeutung des Verbundenseins mit Christus. Darin heißt es:

> Das Verbundensein mit Christus schenkt innere Befriedigung, Trost im Leiden, ruhige Gewissheit und ein Herz, das offen ist für die Liebe zu den Menschen, für alles Edle, für alles Große, nicht aus Ehrgeiz, nicht aus Ruhmsucht, sondern nur wegen Christus (Geisler, 68).

In den Unterlagen seiner Schule steht, dass Marx »evangelischen Glaubens« war und dass sein »Verhalten gegenüber Vorgesetzten und Mitschülern gut« war (Mazlish, 45). Zumindest äußerlich identifizierte Marx sich mit dem christlichen Glauben.

1835 ging Marx an die Universität Bonn und ein Jahr später an die Universität Berlin. Nach Abschluss seiner Philosophiearbeit an der Universität Berlin wurde seine Dissertation schließlich von der Universität Jena angenommen, die Marx im Jahre 1841 den Doktortitel verlieh.

Spätestens zu Beginn seines Universitätsstudiums wurde er Atheist. An der Universität wurde er von Ludwig Feuerbachs Kritik der Religion als Schöpfung des Menschen beeinflusst, ebenso von Bruno Bauer und Richard Strauss (Letzterer behauptete, Jesus habe nie existiert). Als Student identifizierte er sich mit den »Jungen Hegelianern«, dem liberalen Zweig der Anhänger Hegels.

Zwar hoffte Marx, eine Stelle im Lehramt zu bekommen, war jedoch aufgrund seiner liberalen politischen Ansichten gezwungen, eine Laufbahn als Zeitungsredakteur einzuschlagen. 1843 heiratete er Jenny von Westphalen, die aus einer aristokratischen Familie Triers stammte. Im selben Jahr zogen sie nach Paris, wo Marx kurze Zeit für eine Zeitung schrieb. Hier kamen sie mit vielen radikalen Denkern in Kontakt. Unter ihnen war Friedrich Engels (Sohn eines deutschen Industriellen), der Karls lebenslanger Freund und Mitarbeiter wurde.

Zwischen 1845 und 1848 lebte die Familie Marx in verschiedenen europäischen Ländern. 1848 veröffentlichten Marx und Engels *Das Kommunistische Manifest der Kommunistischen Liga.* Die Liga bestand zum größten Teil aus Intellektuellen und Künstlern. Das *Manifest* war ein Aufruf zur Revolution. Es machte Marx und Engels zu den führenden Theoretikern der kommunistischen Bewegung.

1849 zogen Marx und Engels nach England. Engels arbeitete in der Fabrik seines Vaters in Manchester. Die Familie Marx wohnte in London, wo sie den Rest ihres Lebens in Armut verbrachte. Marx verdiente sein einziges regelmäßiges Einkommen als Auslandskorrespondent für die New Yorker Zeitung *Tribune.* Der Rest seiner Einkünfte setzte sich aus regelmäßigen Unterstützungen von Engels zusammen.

Marx verbrachte seine Zeit mit Studien im Britischen Museum und dem Schreiben über verschiedene Themenbereiche, insbesondere über Wirtschaftsfragen. 1858 veröffentlichte er sein Buch *Zur Kritik der politischen Ökonomie.* 1864 wurde er der Leiter der Ersten Internationalen Arbeitervereinigung. 1867 veröffentlichte Marx den ersten Band des *Kapitals*, das hauptsächlich eine Kritik der kapitalistischen Wirtschaft ist. Der zweite und dritte Band wurden nach dem Tod von Marx von Engels (anhand der Notizen von Marx) veröffentlicht. Es war das Hauptlebenswerk von Karl Marx.

In seinen letzten Lebensjahren schrieb Marx immer noch, litt aber unter vielen ernsthaften Gesundheitsproblemen. Er starb am 14. März 1883. Von seinen sieben Kindern (eines starb bei der Geburt) überlebten ihn nur zwei (beide begingen später Selbstmord) (Mazlish, 64).

Zu seinen Lebzeiten blieb Marx außerhalb revolutionärer Kreise verhältnismäßig unbekannt. Noch bis nach seinem Tod wurden seine Werke kaum gelesen. Bei seiner Beerdigung waren nur sechs Personen anwesend. Die Schlussworte von Engels bei seiner Beerdigung bewahrheiteten sich jedoch: »Sein Name und sein Werk werden fortbestehen« (Sowell, 186).

Der Marxismus nach Marx

Obwohl Marx und Engels die Grundlage für die Ideologie, die Marxismus genannt wurde, legten, wurde die Entwicklung von einer Reihe anderer Autoren gegen Ende des neunzehnten und Anfang des zwanzigsten Jahrhunderts geprägt. Bei der Tagung der zweiten Internationalen Arbeitervereinigung im Jahr 1889 in Paris entfachte ein Konflikt zwischen Karl Kautsky und Eduard Bernstein. Letzterer glaubte, dass ein schrittweises Vorgehen besser sei als die von Marx vorgebrachte revolutionäre Doktrin. Er glaubte, das politische und wirtschaftliche System könne allmählich verändert werden. Die Anhänger Bernsteins wurden »Revisionisten« genannt. Der moderne »Eurokommunismus« vertrat diesen Gedankengang. Kautsky dagegen argumentierte, dass zur Errichtung des Sozialismus eine Revolution erforderlich sei. Er wurde der führende Theoretiker des orthodoxen Marxismus im späten neunzehnten Jahrhundert.

Niemand hatte größeren Einfluss auf die Zukunft der marxistischen Bewegung als V. I. Lenin. Er trat zu Beginn des zwanzigsten Jahrhunderts als Führer des bolschewistischen Flügels der Sozialdemokratischen Partei Russlands auf. Wegen seiner führenden Rolle kamen die Kommunisten in Russland 1917 an die Macht. Er unterschied sich von Marx zumindest in den folgenden Punkten:

Erstens glaubte er, dass die kommunistische Partei die Revolution in die Hand nehmen müsse, anstatt zu erwarten, dass die Arbeiterklasse sie von sich aus in Gang bringt. Er glaubte auch, dass die Partei nach der Revolution ein straffes Regiment über die sozialistische Gesellschaft zu führen hat.

Zweitens glaubte er, dass der von Marx vorhergesagte Zusammenbruch des Kapitalismus aufgrund der imperialistischen Ausbeutung der Dritten Welt ausgeblieben ist. Deshalb war er der Ansicht, dass eine kommunistische Revolution in einer nicht industrialisierten Gesellschaft wie Russland stattfinden würde und nicht in industrialisierten Ländern wie Großbritannien oder den Vereinigten Staaten.

Ab 1917 wurde die kommunistische Bewegung treffender Marxismus-Leninismus genannt. Nach Lenins Tod im Jahr 1924 festigte Stalin seine führende Stellung in der kommunistischen Partei und wurde schließlich Staatsoberhaupt. Er führte eine totalitäre Herrschaft brutalster Form ein. Man schätzt, dass er für die Vernichtung von zwanzig Millionen Menschen verantwortlich ist (Hill, *Turbulent Times*, 70).

Nach dem Zweiten Weltkrieg griff der Kommunismus auf andere Länder außerhalb der Sowjetunion über, insbesondere auf China und Osteuropa. Die Brutalität des Stalinismus führte etwa ab 1950 zu einem menschlicheren Typ des Marxismus, besonders in der Tschechoslowakei und in Jugoslawien. Die humanistischen Marxisten entnahmen den frühen Schriften von Marx den Gedanken, dass das Ziel des Sozialismus die Befreiung der Menschheit vom Zustand der »Entfremdung« sei, sowie die Befähigung der Menschen, ihre Möglichkeiten voll auszuschöpfen. Sie bemühten sich um eine demokratischere Form des Sozialismus als Stalin. In den vergangenen Jahren haben die meisten kommunistischen Gesellschaften schwere Wirtschaftskrisen durchlebt, die zum Zusammenbruch kommunistischer Regime führten.

Die Leitgedanken des Marxismus

1. Der philosophische Materialismus

Der Marxismus gründet sich auf eine materialistische Wahrnehmung der Wirklichkeit. Das heißt, Marxisten glauben, dass es keinen übernatürlichen oder immateriellen Bereich der Wirklichkeit gibt. Die Wirklichkeit ist im Grunde materiell.

Die Marxisten streiten keinesfalls die Existenz des Verstandes ab und sie reduzieren das Denken auch nicht auf einen physiologischen Prozess. Doch sie glauben, dass der Verstand ein Produkt des Gehirns ist und den Tod nicht überlebt. Engels schrieb:

> Die wirkliche Einheit der Welt besteht in ihrer Materialität … Doch wenn die Frage gestellt wird, was dann Gedanken und das Bewusstsein sind und woher sie kommen, dann wird offenbar, dass sie Produkte des menschlichen Gehirns sind und dass der Mensch selbst ein Produkt der Natur ist (zitiert aus Noebel, 133).

Marxisten verneinen also die Existenz eines Schöpfers und stimmen der Evolutionstheorie Darwins zu. Sie betonen die Bedeutung des wissenschaftlichen Vorgehens beim Beobachten der Wirklichkeit. Sie betonen auch die Rolle praktischer Experimente bei der Überprüfung von Ideen.

2. Der dialektische Prozess

In engem Zusammenhang mit dem Materialismus steht die marxistische Anschauung, dass die gesamte Wirklichkeit aufgrund der so genannten Dialektik in einem Prozess der Veränderung und Aufwärtsentwicklung steht. Georg W. F. Hegel hatte den Begriff der Dialektik auf der Grundlage des Idealismus (das bedeutet, dass Ideen die treibende Kraft der Wirklichkeit sind) entwickelt. Marx und Engels passten diesen Begriff an ihren Materialismus an. Sie glaubten, dass alle Dinge in einem Prozess der Entwicklung begriffen sind und dass diese Entwicklung durch die gegenseitige Beeinflussung einander entgegenwirkender Kräfte, die in allen Dingen enthalten sind, stattfindet. Diese Kräfte werden »These« und »Antithese« genannt.

Aus dem Widerstreit dieser beiden Kräfte entsteht etwas Neues, das »Synthese« genannt wird. Marx und Engels glaubten, diesen Prozess in der Natur zu erkennen (zum Beispiel durch die Entwicklung neuer Arten oder durch das Keimen eines Samens und seines Heranwachsens zu einer Pflanze). Sie glaubten ebenfalls, dass dieser Prozess in der Geschichte durch die wirtschaftliche und gesellschaftliche Aufwärtsentwicklung der Menschheit am Werk ist. Sie sahen darin einen unvermeidlichen Prozess der Veränderung, der auf wissenschaftliche und gesellschaftliche Gesetzmäßigkeiten gegründet ist.

3. Wirtschaftlicher Determinismus

Infolge ihrer materialistischen Philosophie hielten Marx und Engels am so genannten wirtschaftlichen Determinismus fest. Engels schrieb als Vorwort zur Ausgabe von 1888 des *Kommunistischen Manifests*:

> In jeder Geschichtsepoche bilden die vorherrschende Art der wirtschaftlichen Produktion und des Tausches und die daraus notwendigerweise folgende gesellschaftliche Organisation die Grundlage, auf der die politische und intellektuelle Geschichte dieser Epoche aufgebaut ist und anhand der allein sie erklärt werden kann (DeKoster, 11).

Mit anderen Worten, die Wirtschaft bestimmt alles in einer Gesellschaft, einschließlich der Regierung, der vorherrschenden Ideen, Gesetze und sogar der Religion. Wirtschaft und nicht Ideen sind der bestimmende Faktor in der Geschichte. Sogar die »menschliche Natur« wird vom Wirtschaftssystem bestimmt.

4. Der Klassenkampf

Marx glaubte, dass die Geschichte der Gesellschaft die Geschichte des Klassenkampfes ist. Seit die Produktionsmittel (Fabriken usw.) in Privateigentum sind, ist die Gesellschaft in gegnerische Klassen aufgeteilt. Engels schrieb: »Die ganze Geschichte der Menschheit … ist eine Geschichte des Klassenkampfes, der Auseinandersetzungen zwischen den ausbeutenden und den ausgebeuteten, den herrschenden und den unterdrückten Klassen« (DeKoster, 11). Man kann leicht erkennen, dass wirtschaftliche und gesellschaftliche Veränderungen das Ergebnis des dialektischen Prozesses zwischen den Klassen sind. Die beiden gegnerischen Klassen (die die These und die Antithese vertreten) stehen miteinander im Streit, bis eine neue Gesellschafts- und Wirtschaftsordnung (die Synthese) geschaffen ist.

Wenn eine neue Stufe in der Wirtschaftsgeschichte ihren Reifegrad erreicht hat, so lehrte Marx, dann wird die nächste Stufe erreicht. Es ist jedoch erforderlich, dass eine Art Revolution stattfindet, um diese Änderung in Gang zu setzen. Marx identifizierte sechs Stufen der Wirtschaftsgeschichte.

Erstens: Die *Stammesgemeinschaft.* Der Stammesgruppe gehörten alle Dinge gemeinsam.

Zweitens: Die *Sklavenarbeit.* Siegreiche Gruppen versklavten ihre Gegner.

Drittens: Der *Feudalismus.* Mächtige Grundbesitzer gewährten den »Bauern«, die das Land für sie bearbeiteten, Schutz und kleine Landparzellen.

Viertens: Der *Kapitalismus.* Unter dem kapitalistischen System besitzt die »Bourgeoisie« die Produktionsmittel, während das »Proletariat« für Lohn arbeitet.

Marx stellte sich eine fünfte Stufe, den *Sozialismus*, vor. Wenn das Proletariat der Bourgeoisie die Produktionsmittel entrissen hat, würde es eine Diktatur einführen, durch die die Gesellschaft von allen Klassenunterschieden, die sich auf Privateigentum gründen, gesäubert werde.

Dann würde die sechste und letzte Stufe der Geschichte eintreten – der *Kommunismus*. Da alle Klassenunterschiede verschwinden, würde der Staat selbst vergehen. Dann würden Frieden und Wohlstand herrschen.

5. Die Kritik am Kapitalismus

Marx räumte ein, dass die kapitalistische Phase erforderlich sei, um die Produktionsmittel zu konzentrieren und möglichst weit zu entwickeln. Doch er sah im Kapitalismus mehrere Faktoren, die schließlich seinen Sturz erforderlich machen. Der wichtigste Faktor war, dass seiner Meinung nach der Kapitalismus die Ausbeutung des Proletariats durch die Bourgeoisie fördert. Den Beweis dieser Ausbeutung sah er insbesondere in dem, was er »Mehrwert« nannte. Marx stimmte der allgemein anerkannten »Arbeitswerttheorie« zu (Gedanke, dass der Wert einer Ware von der Arbeit bestimmt wird, die zu ihrer Herstellung erforderlich ist) und erklärte dazu, dass der Kapitalist dem Arbeiter nicht das bezahlt, was seine Arbeit wert ist, sondern einen Teil für sich selbst behält. Den Unterschied zwischen dem Wert des Produktes und dem Lohn, den der Arbeiter erhält, nannte Marx »Mehrwert«. Er hielt die Vorenthaltung dieses »Mehrwertes« für Ausbeutung, ja sogar Diebstahl.

Der zweite Faktor, den Marx am Kapitalismus kritisierte, war das, was er »Entfremdung« nannte. Marx glaubte, dass die Menschen in ihrer Arbeit und den Waren, die sie produzieren, den Sinn ihres Lebens finden. Menschen sind eigentlich das, was sie herstellen. Wenn der Kapitalist aus den Waren, die ein Arbeiter herstellt, etwas an Wert entnimmt, wird der Arbeiter seiner Arbeit, … ja einem Teil von sich selbst entfremdet (DeKoster, 32). Marx war ebenfalls der Meinung, dass der Arbeiter der Gesellschaft entfremdet wird, da seine Arbeit in einer kapitalistischen Wirtschaft keine »gemeinschaftliche« Anstrengung ist, sondern nur dem individuellen Überleben dient.

Marx sagte voraus, dass die kapitalistische Gesellschaft schließlich zusammenbrechen würde. Dies sei zuerst auf die Belastung immer schwererer Wirtschaftskrisen zurückzuführen. Zweitens werde dies durch die »Verelendung des Proletariats« veranlasst. Er glaubte, dass die Bourgeoisie immer kleiner und immer reicher, das Proletariat aber immer zahlreicher und immer ärmer wird. Diese »Verelendung« würde das Proletariat dazu bringen, sich gegen die Bourgeoisie zu erheben und die Herrschaft über die Produktionsmittel zu übernehmen.

6. Die letzte Stufe der Geschichte

Im Gegensatz zu denen, die sie »utopische Sozialisten« nannten, bestanden Marx und Engels nicht nur hartnäckig darauf, dass die Gesellschaft nach sozialistischen Grundsätzen organisiert werden sollte, sondern behaupteten sogar, dass der Sozialismus und der Kommunismus unvermeidlich seien! Marx glaubte, dass er die wissenschaftlichen Gesetzmäßigkeiten der Geschichte entdeckt hatte und die Dialektik sicherstellte, dass der Sozialismus unweigerlich kommt. Die Ankunft des Sozialismus finde jedoch nicht statt, solange die kapitalistische Gesellschaft ihr Potenzial für die Entwicklung der Produktionsmittel und die Ausbeutung des Proletariats nicht ausgeschöpft hat. Wenn dies soweit ist, würde sich die Arbeiterklasse erheben.

Marx erwartete, dass die Aufstände der Arbeiterklasse zuerst in den am meisten entwickelten Ländern stattfinden. Obwohl er die Möglichkeit eines friedlichen Übergangs vom Kapitalismus zum Sozialismus in Erwägung zog, glaubte Marx, dass eine gewaltsame Revolution fast unvermeidlich ist. Er konnte sich nicht vorstellen, dass Kapitalisten ohne Kampf auf ihre Macht verzichten.

In diesem Punkt war Lenin anderer Meinung als Marx; er vertrat die Ansicht, dass der Zusammenbruch des Kapitalismus an seinem schwächsten Glied – in einem Land wie Russland – beginnen würde.

Nach der Revolution der Arbeiterklasse stellte sich Marx eine Zeit des Sozialismus unter der »Diktatur des Proletariats« vor. Während dieser Stufe würde die Gesellschaft von individualistischen Elementen gereinigt, ein Prozess, der Jahrzehnte dauern könnte. Marx sah darin ein Zeitalter wachsender Demokratie, geprägt von Offenheit und Gleichheit. Unter Lenin und insbesondere unter Stalin und später unter Mao Tse-tung in China stellte sich heraus, dass diese Zeitspanne alles andere als demokratisch und offen war!

Schließlich, wenn die Gesellschaft einmal von allen bourgeoisen Elementen gesäubert ist, sah Marx das Entstehen einer rein kommunistischen Gesellschaft voraus. In einer solchen Gesellschaft würden alle Dinge in Gemeineigentum sein und ein Staat wäre nicht mehr erforderlich. Die menschliche Natur wäre von allen selbstsüchtigen Neigungen gereinigt und Frieden und Wohlstand würden herrschen. 1924 beschrieb Leo Trotzki diese Änderung mit folgenden Worten:

> Der Mensch wird unermesslich viel stärker, weiser und feinsinniger werden, sein Körper wird ausgewogener, seine Bewegungen rhythmischer, seine Stimme wohlklingender werden. Die Lebensformen werden dynamisch dramatisch. Der Durchschnittsmensch wird sich auf die Höhen eines Aristoteles, Goethes oder Marx' erheben. Und über dieser Bergkette werden neue Gipfel auftauchen (zitiert in Lyon, 184).

Ein anderer kommunistischer Denker, Leonid Ilyichov, drückte es so aus:

> Ein Erbauer des Kommunismus ist ein voll entfalteter Mensch, der einen reichen Intellekt, moralische Integrität, einen reifen ästhetischen Geschmack und körperliche Vollkommenheit in sich vereinigt ... Menschen, die sich selbst neu gemacht haben ... (mit) neuen Einstellungen zur Arbeit und ihren gesellschaftlichen Verpflichtungen, (mit) einer neuen Art Disziplin ... neuen moralischen Grundsätzen ... Selbstdisziplin und moralischer Reinheit (Bockmuehl, 134).

Unter dem Kommunismus würde jeder seinen Beitrag zur Gesellschaft »nach seinen Fähigkeiten« leisten und alles »nach seinen Bedürfnissen« bekommen. Marx und Engels sagten sogar die Auflösung der traditionellen Familie, die Errichtung einer »legalisierten Frauengemeinschaft« und die Versorgung aller Kinder durch die Gesellschaft voraus (Noebel, 463-464).

7. Die marxistische Ethik

Als Atheisten lehnen Marxisten alle moralischen Grundsätze ab, die auf dem Wesen und Geboten Gottes gegründet sind. Sie glauben, dass Ethik sich auf die Wirtschaft gründet. Marx lehrte, dass unter dem

Kapitalismus die moralischen Grundsätze einfach eine Widerspiegelung der »Interessen der bourgeoisen Klasse« sind.

Für den Marxisten ist alles moralisch, was den Kommunismus voranbringt. Lenin erklärte: »Unsere moralischen Grundsätze sind voll und ganz den Interessen des Klassenkampfes des Proletariats untergeordnet« (Bales, 196). Das bedeutet, dass Lügen, Terror und Töten moralisch sind, wenn sie die Sache des Kommunismus voranbringen. Es ist kein Problem, wenn jetzt Millionen Menschenleben geopfert werden müssen, um das höchste Wohlergehen einer künftigen Generation in einem kommunistischen Idealstaat zu fördern.

8. Religionskritik

Im Vorwort zu seiner Doktorarbeit erklärte sich Marx selbst zum Atheisten, indem er der Aussage David Humes beipflichtete: »Einfach ausgedrückt, ich hasse das Götterpack« (Bales, 36). Er machte sich die Auffassung Feuerbachs zu Eigen, dass Gott einfach eine Schöpfung der Menschen ist, die ihre eigenen Eigenschaften auf eine erfundene Gottheit projizieren, bei der sie Geborgenheit finden können. Er stimmte der Meinung zu, dass die Menschen erst dann wirklich frei sind, wenn sie ihren Glauben an Gott aufgeben.

Zum Ursprung der Religion sagte Engels: »Die ersten Götter entstanden durch die Personifizierung von Naturkräften … aus den vielen … Göttern entstand in den Gedanken der Menschen die Idee eines einzigen Gottes« (Bales, 45).

Es ist bekannt, dass Marx die Religion für das »Opium des Volkes« hielt. Er glaubte, die Religion sei einfach ein Werkzeug der Bourgoisie, um das Proletariat, in der Hoffnung auf ein besseres Leben im Himmel, mit seinem Geschick zufrieden zu machen. Marx forderte: »Die Abschaffung der Religion als illusorisches Glück der Menschen ist zu ihrem wahren Glück erforderlich« (Noebel, 70). Lenin äußerte: »Jede religiöse Idee … ist unaussprechliche Abscheulichkeit … von der gefährlichsten Sorte« (Noebel, 73). In Übereinstimmung mit dem wirtschaftlichen Determinismus glaubte Marx, dass die Menschen nicht mehr das Bedürfnis nach Religion haben werden, sobald der kommunistische Idealstaat verwirklicht ist. Die Religion würde, genauso wie der Staat, verschwinden.

Als Folge dieser Einstellung zur Religion haben marxistische Staaten der Religion immer ablehnend gegenübergestanden. Bisweilen versuchten sie, die Religion aktiv zu zerstören. Manchmal bemühten sie sich um die Hilfe religiöser Menschen bei der Förderung ihrer Sache. Zumindest haben sie immer versucht, die Kontrolle über die Religion in ihrer Gesellschaft zu behalten, in dem Glauben, dass die Religion langsam dahinschwinden würde, wenn die jüngere Generation wissenschaftlich erzogen wird.

Die christliche Kritik am Marxismus

Bevor man am Marxismus Kritik übt, ist anzuerkennen, dass ihm einige positive Werte zugeschrieben werden können. Sonst wäre es kaum verständlich, dass er Menschen für sich einnehmen kann.

Erstens muss gesagt werden, dass der Marxismus versucht, etwas gegen die harten Bedingungen zu tun, unter denen viele Menschen auch jetzt noch arbeiten und leben.

Zweitens erkennt er, dass es unter dem kapitalistischen System Missbräuche gegeben hat (Geisler, 67). Die Frage stellt sich jedoch, ob man der Lösung, die er bietet, beipflichten kann. Marxisten weisen oft auf die verbesserten Lebensbedingungen in sozialistischen Gesellschaften wie China und der ehemaligen Sowjetunion hin. Man muss sich jedoch fragen, zu welchem Preis an Menschenleben dies erreicht wurde. Und wie viel besser wären die Bedingungen in diesen Ländern unter einem demokratischen System?

Es folgt eine Liste kurzer Antworten auf die wichtigsten Lehren des Marxismus, die den in der Bibliographie aufgezählten Quellen entnommen wurden.

Philosophischer Materialismus

- Der Materialismus lässt die Beweise für die immaterielle und unsterbliche Natur der Menschheit außer Acht.
- Er lässt die Beweise dafür außer Acht, dass das Universum einen Anfang hatte und einen Schöpfer gehabt haben muss.

- Er erkennt unkritisch die Evolutionstheorie an (trotz gegenteiliger Beweise).
- Er bleibt eine Erklärung dafür schuldig, wie ein materielles Universum auf ein gutes Ziel für die Menschheit hinarbeiten kann.

Wirtschaftlicher Determinismus

- Der wirtschaftliche Determinismus übertreibt die Rolle, die die Wirtschaft in der Gesellschaft spielt und lässt die Rolle der Ideen fast ganz außer Acht.
- Wenn Gedanken und Ideen das Ergebnis des Wirtschaftssystems sind, wie ist es dann möglich, dass die Ideen von Marx und Engels inmitten eines kapitalistischen Systems entstanden sind? Und wie könnten sie das System ändern?

Dialektischer Prozess

- Die Beobachtung vereinzelter Fälle dieses Prozesses in der Vergangenheit rechtfertigt nicht den Schluss, dass die Dialektik ein »unwandelbares Gesetz« der Geschichte ist und dass die Zukunft von ihr bestimmt wird.
- Wenn die Dialektik ein »Gesetz« der Geschichte ist, warum hat die Revolution dann nicht in einem industrialisierten Land stattgefunden?

Der Klassenkonflikt

- Wirtschaftliche Klassen sind nicht immer der entscheidendste Faktor in einer Gesellschaft. Rasse und Religion haben oft mehr Einfluss.
- Unterschiedliche wirtschaftliche Klassen verbinden sich häufig gegen einen gemeinsamen äußeren Feind.
- Wirtschaftliche Klassen halten nicht immer zusammen. Oft sind sie aufgrund anderer Probleme gespalten.

Die Kritik am Kapitalismus

- Die kapitalistischen Gesellschaften haben sich nicht selbst zerstört, wie Marx vorhersagte, und das Proletariat ist auch nicht weiter verarmt. Die Lebensbedingungen der Arbeiterklasse haben sich sogar verbessert, teils infolge einer besseren Sozialgesetzgebung.

- Marx übersah, dass noch andere Dinge als Arbeit die Kosten einer Ware bestimmen (zum Beispiel die Fabrik, Werkzeuge, Material, Ausbildung, Verkauf usw.).
- Marx erkannte nicht, in welcher Weise der Kapitalismus dem Sozialismus überlegen ist. Zum Beispiel begünstigt der Kapitalismus die Zusammenarbeit, indem er den Wettbewerb fördert. Er ermutigt die Menschen, sich zusammenzuschließen, um ihre persönlichen Stärken voll zu nutzen. Da Millionen Menschen tagtäglich wirtschaftliche Entscheidungen treffen, wird das Wissen von mehr als nur einer Hand voll Planern verwertet, die versuchen, eine Wirtschaft zu leiten. Er lenkt auch selbstsüchtige Neigungen in Richtung Dienstleistung und belohnt diejenigen, die anderen am besten dienen.

Der Sozialismus und der Kommunismus

- Wer bestimmt in einer Gesellschaft, in der jeder alles »nach seinen Bedürfnissen« erhält, die Bedürfnisse eines jeden Einzelnen? Wie kann man wissen, dass die Menschen unter dem Kommunismus nicht genauso selbstsüchtig sind wie unter dem Kapitalismus?
- Warum wurde der Staat in marxistischen Gesellschaften immer stärker anstatt »dahinzuschwinden«?
- Anstatt zu einer »klassenlosen Gesellschaft« zu werden, haben marxistische Gesellschaften eine neue »Eliteklasse« von Herrschenden und Führungskräften geschaffen, die fortwährend um die Macht kämpfen.
- Im Sozialismus ist zu viel Macht in den Händen weniger konzentriert, ohne dass eine Möglichkeit zur Verhinderung unkontrollierbarer Machtbefugnisse besteht.
- Die sozialistischen Gesellschaften sind wirtschaftlich gescheitert, außer sie sind zu einem gewissen Grade zu Praktiken des freien Marktes zurückgekehrt.
- Wenn die Bourgeoisie ihre Macht nicht ohne Kampf aufgeben will, wie kann man dann wissen, dass das Proletariat sich nicht auch dagegen wehren wird, auf seine Macht zu verzichten?
- Die Änderung des Wirtschaftssystems brachte keinen »neuen Menschen« hervor, der frei von selbstsüchtigen Neigungen ist und nur für die Menschheit lebt. Wenn die russische Revolution eine Verände-

rung der menschlichen Natur hervorgerufen hätte, warum musste dann Stalin in den Jahren nach 1930 sein Politbüro von den überzeugtesten Kommunisten säubern?

Moralische Grundsätze

- Wie kann man sagen, die Menschen »sollten« den Kommunismus fördern, wenn es keinen transzendenten Maßstab für moralische Grundsätze gibt?
- Der Gedanke, dass der »Zweck die Mittel heiligt«, führte zu furchtbarem Machtmissbrauch und zu einer totalen Missachtung der Menschenrechte des Einzelnen.

Religionskritik

- Der Atheismus von Marx lässt die Beweise für die Existenz Gottes außer Acht.
- Der Gedanke, dass sich die Religion vom Polytheismus zum Monotheismus hin entwickelte, ist falsch. Sogar in den »primitivsten« Kulturen findet man einen Glauben an einen höchsten Gott.
- Marxisten kommen in Bedrängnis, wenn sie erklären sollen, warum die Religion in sozialistischen Gesellschaften weiter besteht und sogar Anhänger gewonnen hat, wenn Religion einfach nur eine Widerspiegelung des Wirtschaftssystems ist.
- Marx lehnte die Religion aufgrund ihres Missbrauches, nicht aufgrund ihres wahren Wesens, ab.
- Bei seiner Ablehnung des Christentums lässt Marx die geschichtlichen Beweise seiner Echtheit außer Acht.

Der grundlegendste Makel am Marxismus

Der entscheidende Makel am Marxismus ist, dass er auf eine fehlerhafte Auffassung der menschlichen Natur aufgebaut ist. Der Marxismus lehrt, dass es, abgesehen von ein paar biologischen Trieben, keine unveränderliche menschliche Natur gibt. Die menschliche Natur wird vom vorherrschenden Wirtschaftssystem bestimmt. Wenn sich das Wirtschaftssystem ändert, ändert sich demzufolge auch die menschliche Natur.

Diese Lehre wird nicht nur von der Bibel abgelehnt, auch die geschichtlichen Tatsachen widersprechen ihr. Die sozialistischen Gesellschaften haben keine derartige Veränderung der menschlichen Natur hervorgebracht. Dies bestätigte Alexander Tsipko (Berater des Zentralkomitees der Kommunistischen Partei der Sowjetunion von 1988-1989) 1989 in einem Artikel, in dem er erklärte: »All unsere Absurditäten kommen von unserer hartnäckigen Weigerung, den Menschen so zu sehen, wie er wirklich ist ...« (Hill, *Turbulent Times*, 63). Sogar Lenin wetterte 1919 gegen die fehlende Änderung in sozialistischen Menschen: »Die Arbeiter bauen die neue Gesellschaft auf, ohne selbst zu neuen Menschen geworden zu sein, die frei vom Schmutz der alten Welt sind. Sie stehen noch bis zu den Knien darin« (Bockmuehl, 129).

Seit dem Zerfall des kommunistischen Regimes erkannten die Menschen in Russland allmählich die Auswirkungen des Fehlens einer religiösen Grundlage in ihrer Kultur. 1992 sagte Gorbatschow: »Die Missachtung religiöser Erfahrungen hat zu großen Verlusten für die Gesellschaft geführt« (Yancey, *Christianity Today*, 19). Da der Kommunismus durch das Leugnen der Existenz Gottes den moralischen Grundsätzen jede Grundlage entzogen hat, haben die Menschen keine Veranlassung mehr, in Übereinstimmung mit einer selbstlosen Ethik zu handeln. Eine Meinungsumfrage der *Pravda* zu Beginn der neunziger Jahre ergab zum Beispiel, dass die Menschen in Russland eher Geld für Alkohol ausgeben als bedürftige Kinder zu unterstützen. Aus der Meinungsumfrage ging hervor, dass »70 % der russischen Eltern es ihren Kindern nicht erlauben würden, mit einem behinderten Kind Kontakt zu haben; 80 % würden kein Geld für wohltätige Zwecke spenden; einige sprachen sich für Kindestötung aus« (Yancey, 75). Die Theorie von Marx wurde von der Geschichte widerlegt.

Gibt es einen biblischen Sozialismus/Kommunismus?

Viele sind der Meinung, in der Bibel gebe es Argumente für den Sozialismus. Dabei werden häufig die Stellen in Apostelgeschichte 2,44-45 und 4,32-35 angeführt, in denen beschrieben wird, dass die Urgemeinde kein Privateigentum hatte, sondern ihnen alles gemeinsam gehörte. Auch 2. Korinther 8,13-14 wird zitiert, wo »Gleichheit« oder ein »Ausgleich« unter Christen empfohlen wird. Diese Stellen fordern Christen auf, miteinander zu teilen, und wir sollten sie auch beherzigen. Doch dabei dürfen einige Dinge nicht übersehen werden.

Erstens war das Teilen freiwillig, nicht zwingend vorgeschrieben. Das Eigentum wurde immer für Privateigentum gehalten, bis der Eigentümer beschloss, es als seinen Beitrag beizusteuern (siehe Apostelgeschichte 5,4).

Zweitens wurden die Gläubigen zwar aufgefordert, mit den Bedürftigen zu teilen, aber ihnen wurde nie gesagt, sie sollten denen etwas abgeben, die nicht gewillt waren, für ihren Lebensunterhalt zu arbeiten (2. Thessalonicher 3,10-12).

Es wurde auch immer betont, dass das Prüfen der persönlichen Haushalterschaft das Privateigentum voraussetzt. Das Ziel des Marxismus war jedoch nie eine Angelegenheit der Haushalterschaft über Privateigentum, sondern die Abschaffung des Privateigentums.

Grundsätze für die Verkündigung des Evangeliums für Marxisten

- Seien Sie bereit, die Missbräuche vieler Kapitalisten anzuerkennen. Die Menschen sind habgierig und selbstsüchtig und nicht dagegen gefeit, andere Menschen auszunutzen und auszubeuten (siehe Jakobus 5,1-6).
- Seien Sie bereit, anzuerkennen, dass mit der Religion häufig Missbrauch getrieben wurde. Menschen haben die Religion benutzt, um andere »in ihren Schranken« zu halten (zum Beispiel die Billigung der Sklaverei und des Rassismus seitens vieler Christen in früheren Generationen). Doch das bedeutet nicht, dass die Bibel solche Ideen unterstützt.
- Seien Sie bereit, die guten Eigenschaften einiger Marxisten anzuerkennen. Einige werden von Mitleid mit den Unterdrückten zum Handeln angeregt.
- Machen Sie jedoch Mut zu einer objektiven Bewertung des Marxismus. Marx betonte, dass Ideen in der Praxis geprüft werden müssen. Wird die Theorie von Fakten untermauert? Hat sich die mensch-

liche Natur infolge einer Änderung des Wirtschaftssystems geändert?

- Machen Sie Mut zu einer Prüfung der Beweise für die Existenz Gottes, für die Geschichtlichkeit von Jesus Christus und für die Zuverlässigkeit der Bibel (siehe Kapitel über »Wie kann man wissen, dass die Bibel Gottes Wort ist?«).
- Marxisten denken in der Regel, das Christentum sei »unwissenschaftlich«. Weisen Sie darauf hin, dass die objektive Wissenschaft und der biblische Glaube einander nicht widersprechen. Wenn ein Marxist Probleme mit dem Widerspruch zwischen der Schöpfung und der Evolution hat, zeigen Sie ihm gutes Material zu diesem Thema (siehe Kapitel über den Säkularismus).
- Weisen Sie auf die praktischen Auswirkungen des christlichen Glaubens im Leben der Christen hin, sowie auf die Veränderungen, die Christen in der Gesellschaft bewirkt haben. Christen waren verantwortlich für die verbesserte Stellung der Frau, für die Abschaffung der Sklaverei, für den Bau von Krankenhäusern und Waisenhäusern, für die Versorgung der Hungrigen mit Nahrung, für die Ausbildung der Arbeiter und für viele andere soziale Projekte.
- Bringen Sie ihnen Liebe entgegen. Beten Sie für sie. Machen Sie ihnen Mut, das Wort Gottes mit Ihnen durchzuarbeiten.

Vergleich zwischen Marxismus und Christentum

	Marxismus	**Christentum**
Gott	Atheistisch – es gibt keinen Gott. Die grundlegende Wirklichkeit ist Materie.	Theistisch – es gibt einen Schöpfergott. Die Wirklichkeit besteht sowohl aus Materie als auch aus Geist.
Die Natur der Menschheit	Die Menschheit stammt von den Tieren ab. Die menschliche Natur wird von Wirtschaftskräften bestimmt.	Die Menschheit wurde von Gott geschaffen. Die Menschheit hat einen einzigartigen Platz in der Schöpfung, denn wir wurden nach dem Bild Gottes geschaffen.
Ethik	Es gibt keine transzendenten moralischen Werte, die absolute Gültigkeit haben. Alles, was den Kommunismus voranbringt, ist richtig.	Die absoluten moralischen Werte gründen sich auf die Heiligkeit Gottes und seine Gebote.

	Marxismus	Christentum
Das Problem	Die Menschheit ist wegen der Unterscheidung zwischen Arbeiter und Eigentümer von der Frucht ihrer Arbeit entfremdet.	Die Menschheit hat gegen Gott aufbegehrt, und wir ernten die Ergebnisse unserer Sünde durch persönliche und soziale Streitigkeiten.
Die Lösung	Die Menschheit kann durch die Aufhebung von Privateigentum und Klassenunterschieden von der Entfremdung »gerettet« werden. Durch wirtschaftliche, politische und gesellschaftliche Mittel kann jeder von uns zu einem »neuen Menschen« werden.	Die Menschheit kann durch Vertrauen auf Christus gerettet werden. Durch das Erneuerungswerk des Heiligen Geistes kann jeder von uns zu einem »neuen Menschen« werden (2. Korinther 5,17).
Die Grundlage für Hoffnung	Die Hoffnung der Menschheit liegt in der politischen Revolution.	Die Hoffnung der Menschheit liegt im Opfertod von Jesus Christus, der den Tod für uns besiegt hat. Unsere Hoffnung wird sich erfüllen, wenn Jesus wiederkommt, um mit Gerechtigkeit über die ganze Erde zu herrschen.

Bibliographie und Quellen

Adeney, David. *China: The Church's Long March.* Ventura, Calif.: Regal Books, 1985.

Bales, James D. *Communism: Its Faith and Fallacies.* Grand Rapids, Mich.: Baker Book House, 1962.

Billingsley, Lloyd. *The Generation That Knew Not Josef – A Critique of Marxism and the Religious Left.* Portland, Ore.: Multnomah, 1985.

Bockmuehl, Klaus. *The Challenge of Marxism.* Colorado Springs, Colo.: Helmers and Howard, 1986. (In deutscher Übersetzung als neueste Ausgabe erschienen unter dem Titel: *Herausforderungen des Marxismus. Verdrängte Hintergründe und bleibende Anfragen.* Bockmühl Werkausgabe. Die Hauptschriften. Brunnen Verlag 2002.)

Bourdeaux, Michael. *The Gospel's Triumph Over Communism.* Minneapolis: Bethany House, 1992.

Carson, Clarence B. *Basic Communism: Its Rise, Spread and Debacle in the Twentieth Century.* Wadley, Ala.: American Textbook Committee, 1990.

DeKoster, Lester. *Communism and Christian Faith.* Grand Rapids, Mich.: Wm. B. Eerdmans Publishing Co., 1962.

Geisler, Norman L. *Is Man the Measure?* Grand Rapids, Mich.: Baker Book House, 1983.

Hill, Kent R. *The Puzzle of the Soviet Church.* Portland, Ore.: Multnomah, 1989.

Hill, Kent R. *Turbulent Times for the Soviet Church – The Inside Story.* Portland, Ore.: Multnomah, 1991.

Hook, Sidney. *Marxism and Beyond.* Totowa, N. J.: Rowman and Littlefield, 1983.

Hook, Sidney. *Marx and the Marxists – The Ambiguous Legacy.* Princeton, N. J.: D. Van Nostrand Co., Inc., 1955.

Kline, George L. *Religious and Anti-Religious Thought in Russia.* Chicago: The University of Chicago Press, 1968.

Lyon, David. *Karl Marx: A Christian Assessment of His Life and Thought.* Downers Grove, Ill.: InterVarsity Press, 1979.

Marx, Karl. *Communist Manifesto.* Chicago: Henry Regnery Co., 1968.

Mazlish, Bruce. *The Meaning of Karl Marx.* New York, Oxford: Oxford University Press, 1984.

McClellan, David. *Karl Marx: His Life and Thought.* New York: Harper and Row, 1973.

McClellan, David. *Marxism after Marx.* New York: Harper and Row, 1979.

McClellan, David. *Marxism and Religion.* New York: Harper and Row, 1987.

Nash, Ronald H. *Poverty and Wealth: Why Socialism Doesn't Work.* Richardson, Tex.: Probe Books, 1986.

Noebel, David A. *Understanding the Times.* Manitou Springs, Colo.: Summit Press, 1991.

Sowell, Thomas. *Marxism: Philosophy and Economics.* New York: Wm. Morrow and Co., 1985.

Stevenson, Leslie. *Seven Theories of Human Nature.* New York: Oxford University Press, 1987.

Yancey, Philip. »Praying With the KGB«. *Christianity Today.* Carol Stream, Ill.: Christianity Today, Inc., 13. Januar 1992.

Yancey, Philip. *Praying With the KGB.* Portland, Ore.: Multnomah, 1992.

New-Age-Bewegung

William Honsberger und
Dean C. Halverson

Zahl der Anhänger

Es ist schwierig, die Zahl der Anhänger des New Age in Erfahrung zu bringen, hauptsächlich, weil die Bewegung ein Komplex von Glaubensüberzeugungen ist und keine Organisation. Es gibt jedoch Indikatoren in einer Kultur (siehe Roof). Zum Beispiel glaubten laut einer von CNN 1990 veröffentlichten Meinungsumfrage schätzungsweise 35 % aller Amerikaner an die Reinkarnation. Falls dies zutrifft, bedeutet dies, dass etwa 35 bis 40 Millionen Menschen in den Vereinigten Staaten an einen der zentralen Lehrsätze des New Age glauben. Man vermutet, dass der Prozentsatz der Anhänger des New Age in Europa und Südamerika noch etwas höher als in den Vereinigten Staaten ist.

Definition des »New Age« und der »Bewegung«

Der Begriff »New Age« bezieht sich auf das kommende »Zeitalter des Wassermanns«, das das alte »Fische-Zeitalter« ablösen wird. Den Astrologen zufolge machen 2000 Jahre ein »Zeitalter« aus. Anhänger des New Age sagen voraus, dass dieses Zeitalter des Wassermanns eine Zeit idealer Vollkommenheit sein wird.

Die »Bewegung« ist wie ein kaltes Büfett fürs Geistliche. Der religiöse Verbraucher hat die Möglichkeit, aus einem breiten Sortiment von Gruppen, Lehrern und Praktiken auszusuchen. Er ist frei, den »Weg« oder die »Tür«, die seinem besonderen Geschmack an Spiritualität zusagt, zu wählen. Ein Anhänger des New Age kann Hinduist, Buddhist,

Wicca-Anhänger (Hexe) oder Astrologe, Toten- und Geisterbefrager oder Parapsychologe sein. Sein Schwerpunkt kann in der Tiefenökologie, in den Rechten von Tieren, in ganzheitlichem Heilen oder Ufos liegen. Die an der Oberfläche liegende Überzeugung, Bezeichnung oder Praktik ist nicht so wichtig. Wichtig ist, dass hinter all diesen Gruppen und Praktiken eine vereinende Philosophie steht, die die Bewegung zusammenbindet.

Die Geschichte und die Wurzeln der New-Age-Bewegung

Die New-Age-Bewegung hat Überzeugungen und Praktiken aus einer breiten Palette geschichtlicher Bewegungen gesammelt und in sich aufgenommen (siehe Burrows, Kapitel 1). Der Name – Neues Zeitalter – stammt aus der Astrologie, die das Bevorstehen eines Zeitalters des Friedens und der Harmonie vorhersagt.

Die grundlegenden Glaubensüberzeugungen der Bewegung stammen aus dem Hinduismus und dem Buddhismus. Diese Religionen kamen durch Swami Vivekananda, D. T. Suzuki, Paramahansa Yogananda, Yogi Bhajan, Swami Muktananda, Alan Watts, Maharishi Mahesh Yogi und andere direkt in die Vereinigten Staaten. Indirekt verbreiteten sie sich im neunzehnten Jahrhundert in Amerika durch den Transzendentalismus von Whitman, Thoreau und Emerson.

Die Neigung des New Age zum Channelling (auch »Tunneln« genannt) – der Kontaktaufnahme mit Geistern – entstand durch die Fox-Schwestern, die 1848 Klopfzeichen hörten und behaupteten, sie kämen von einem ermordeten Hausierer, der unter ihrem Haus in Hydesville, New York begraben worden war (Burrows, 21). Diese Art Spiritismus beruht auch auf den Lehren über die Kontaktaufnahme mit »Aufgestiegenen Meistern« – fortgeschrittenen Geistwesen – von Madame Helena Blavatsky (1831-1891), der Mitbegründerin (mit Henry Olcott) der Theosophischen Gesellschaft im Jahr 1875. Er beruht ebenfalls auf Edgar Cayce, dem »schlafenden Propheten« (1877-1945) und auf Jane Roberts (1929-1984), die eine »Geistpersönlichkeit« namens Seth »tunnelte«.

Die Einstellung des New Age zum Geistheilen beruht auf Phinehas P. Quimby, der bei der Gründung von Mind-Science-Gruppen half, wie Christian Science (Christliche Wissenschaft; Mary Baker Eddy), Unity School of Christianity (Charles und Myrtle Fillmore) und der Church of Religious Science (Ernest Holmes).

Das Umweltbewusstsein wurde durch indianische Religionen und Rachel Carsons Buch »Der stumme Frühling« (1962) in die Bewegung einbezogen.

Die New-Age-Bewegung ist nicht nur das Ergebnis von Lehren, Philosophien und Praktiken früherer Bewegungen, sie beeinflusst auch maßgeblich die Lehren, Praktiken und modernen Strömungen auf folgenden Gebieten:

- Medizin (ganzheitliches Heilen, Handauflegen, Bernie Siegel, Deepak Chopra),
- Erziehung (Einsatz von imaginativer Psychotherapie und Meditation im Klassenzimmer, »Werteklärung«),
- Politik (Globalismus, Robert Muller of the United Nations, Planetary Citizens [Planetarische Bürger], Global Education Associates),
- Musik (Stephen Halpern, Yanni),
- Naturwissenschaften (Fritjof Capras *The Tao of Physics*, die monistische/mystische Interpretation der neuen Physik),
- Psychologie (transpersonale Psychologie, »Human Potential Movement«),
- Ökologie (Umweltschutzbewegung, »Tiefenökologie«),
- Geschäftsleben (Transformationstechnologien, »Organisatorische Transformation«, Lifespring, Forum, Anthony Robbins),
- Religion (*A Course in Miracles*, Marianne Williamson, Unity School of Christianity) (siehe Miller, Kapitel 5-6, und Chandler).

Seit einiger Zeit jedoch hat das New Age sein Erscheinungsbild verändert. Im Dezember 1987 prangte Shirley MacLaine für New Age auf dem Titelbild des *Time Magazine*, doch seit kurzem nimmt sie es übel, mit New Age in Verbindung gebracht zu werden. Die Tatsache, dass sie sich von dem Begriff »New Age« distanziert, bedeutet jedoch nicht, dass sie ihre New-Age-Überzeugungen aufgegeben hat. In der Tat erklärte sie in einem Interview, dass sie bei weitem nicht mehr so polemisch ist wie früher (Denver Post, 24. März 1994). Dies stimmt, jedoch nicht, weil sie sich geändert hat, sondern weil ihre Ideen inzwischen gängig geworden sind. Die meisten Anhänger des New Age sagen jetzt lieber, sie befassen sich mit »Spiritualität«.

Zu den im Kommen begriffenen Tendenzen der New-Age-Spiritualität gehört Wicca, die Religion der Hexerei. Sie ist eng verbunden mit der Anbetung von Göttinnen und dem Neuheidentum. All diese verschiedenen Gruppen glauben an die Göttlichkeit der Natur und dass man geistliche Macht durch die Manipulation dieser »Naturkräfte« erlangen kann. Während Wicca ursprünglich ältere Menschen ansprach, übte es schnell eine große Anziehungskraft auf junge Leute aus. Es verspricht Macht, Übersinnliches, Genuss und Auflehnung gegen das Christentum.

Eine weitere neuere Entwicklung ist die Verbindung von New-Age-Gedankengut und der Ufo-Bewegung. Viele Toten- und Geisterbefrager treten mit Außerirdischen aus anderen Galaxien und Dimensionen in Kontakt. Diese Wesen erzählen von einer bevorstehenden dunklen Zeit für die Erde und dass nur die Menschen überleben können, die sich mit den außerirdischen Wesen verbinden. Diese Außerirdischen werden für »Aufgestiegene Meister« oder für *bodhisattvas* (siehe Buddhismus) gehalten, die gekommen sind, um die Erde zu erleuchten und von den Übeln des alten Paradigmas, insbesondere dem christlichen Glauben, zu retten.

Die Kerngedanken der New-Age-Bewegung

Zu den wichtigsten Überzeugungen, die die unterschiedlichen Vereinigungen der New-Age-Bewegung verbinden, gehören die folgenden:

1. Es geht um Wahrnehmung

Das grundlegendste Problem der Menschheit hat mit der Wahrnehmung zu tun. Genauer gesagt leidet die ganze Menschheit an ernsthafter Unwissenheit, da wir unsere wahre Natur vergessen haben. Wir haben vergessen, dass wir mit Gott, dem »Universalen Bewusstsein«, verbunden sind und von ihm herkommen.

Während des alten »Fische-Zeitalters« stützten wir uns auf die dualistische Denkweise, die besagt, dass die Menschheit einzigartig und vom Rest der Natur abgesondert ist. Der New-Age-Bewegung zufolge muss diese Sicht jedoch geändert werden. Barbara Marx Hubbard, eine führende Verfechterin des New Age, nennt die dualistische Weltanschauung den »unheilvollen menschlichen Fehler, der in der Illusion besteht, dass wir voneinander, von der Natur und von den schöpferischen Prozessen der Natur selbst getrennt sind« (Hubbard, 239).

New-Age-Anhänger halten eine neue Denkweise aus zwei Gründen für wichtig. Erstens ist die Welt ohne sie in großer Gefahr. Das abendländische, rationale, lineare und separatistische Denken, so wird behauptet, brachte uns die Naturwissenschaft, die uns die Technologie brachte, die uns die wirtschaftliche Vorherrschaft einiger weniger gebracht hat, was uns durch internationale Zwistigkeiten, Umweltkatastrophen und gesellschaftliche Unstimmigkeiten an den Rand der Vernichtung geführt hat.

Zweitens ist das neue Paradigma eine wichtige Hilfe für uns bei der Suche nach Spiritualität. Die materialistische und die naturalistische Weltanschauung, die in der abendländischen Kultur vorherrschend sind, haben den Sinn für das Heilige vernebelt. New-Age-Anhänger halten es auch nicht für möglich, das Heilige in den Religionen der Welt zu finden. Sie glauben jedoch, dass ein Sinn für Spiritualität und für das Heilige in den alternativen Religionen zu finden ist, die vor allem von östlichen Religionen beeinflusst sind.

Was wir also brauchen, ist ein neues Bewusstsein, eine neue geistige Klarheit, eine erleuchtete Denkweise, einen Paradigmenwechsel. Wenn wir die erleuchtete Sichtweise des New Age in uns aufnehmen, finden wir eine Kraft in uns, mit der wir uns selbst und dadurch die Welt verändern können.

2. Das Gottesverständnis im New Age

Das Ziel der verschiedenen New-Age-Methoden und New-Age-Überzeugungen ist es, die Hauptwahrheit des New Age zu erkennen, die besagt, dass alles im Grunde göttlich ist, da alles von der göttlichen All-Einheit herkommt, der existentiellen Substanz – der absoluten Wirklichkeit –, die die Grundlage aller Dinge ist.

Wenn ein New-Age-Anhänger von Gott spricht, so bezieht er sich nicht auf den jüdisch-christlichen Gottesbegriff als personales, heiliges Wesen, das vor allen Dingen war und von allen Dingen abgesondert ist. Stattdessen beschreiben zwei Schlüsselwörter den Gottesbegriff der New-Age-Bewegung: *Monismus* und *Pantheismus*.

Monismus ist der Glaube, dass Gott Eins ist in dem Sinne einer All-Einheit ohne Dualität oder Differenzierung. Es gibt keine Trennung innerhalb von Gott. Es ist »jenseits« solcher Unterscheidungen, auch der Unterscheidungen zwischen Personen und zwischen Gut und Böse. Die New-Age-Bewegung bezeichnet diese All-Einheit als Kraft oder Energie. Doch im Gegensatz zum Naturalismus, der besagt, dass es außer Materie (oder physikalischer Energie) nichts gibt, ist die letzte Wirklichkeit des New Age keine leblose Energie. Sie ist vielmehr ein kosmisches Denken oder Bewusstsein, das oft Universales Selbst genannt wird.

Die New-Age-Praktiken sind gewissermaßen darauf angelegt, mit der grundlegenden Kraft oder Energie oder dem Geist des Universums in Kontakt zu treten oder diese Kraft zu manipulieren. Je nach der Art der Praktik kann diese grundlegende Kraft mit verschiedenen Begriffen bezeichnet werden, wie zum Beispiel psychische Energie, Bewusstsein, Farbe, Geist, Licht, Schwingung, vitale Energie, Lebenskraft, *chi'i, prana* oder Aura.

Wenn man bedenkt, dass der Gott des New Age die göttliche Energie ist, die in allen und unter allen Dingen fließt, versteht man die Bedeutung des zweiten Begriffs, der das New-Age-Verständnis von der letzten Wirklichkeit beschreibt – Pantheismus. Pantheismus ist der Glaube, dass »alles Gott ist« oder dass »alles göttlich ist«. Das bedeutet, dass alles von Natur aus mit der göttlichen All-Einheit verbunden oder eine Emanation von ihr ist.

3. Das Menschenbild des New Age

Wenn Gott die wesenhafte Lebenskraft oder vitale Energie ist, von der die gesamte Wirklichkeit ausgeht, dann kann man daraus den Schluss ziehen, dass wir Menschen uneingeschränkt mit ihr verbunden sind. Wenn Gott das Universale Selbst ist, sind wir Teile dieses Universalen Selbst. Wir sind wie Bäche, die aus dem unendlichen See fließen. Wie das Wasser in den Bächen seinem Wesen nach das gleiche ist wie das Wasser im See, so sind wir wesensgleich mit Gott.

Das Christentum lehrt, dass das Problem der Menschheit darin besteht, dass wir gegen Gott aufbegehrt und deshalb die Beziehung zu ihm zerbrochen haben. Die New-Age-Bewegung dagegen lehrt, dass wir unmöglich die Verbindung zwischen uns und der göttlichen All-Einheit trennen können. Der New-Age-Anhänger sieht unser Problem in unserer Unwissenheit, nicht im Aufbegehren. Wir haben vergessen, wer wir in unserem wahren Selbst sind, das mit dem Universalen Selbst eins ist. Das Ziel von Yoga, Meditation und anderen bewusstseinserweiternden Techniken ist die Erfahrung dieser All-Einheit. Solch eine Erfahrung ändert unser Leben, denn wenn wir diese All-Einheit – diese Verbundenheit mit allen Dingen – erfahren, werden wir verändert und können alles als eine Erscheinung des Göttlichen sehen und achten.

4. Die Macht des Geistes

Wenn die Existenz eines transzendenten Gottes, der alle Dinge geschaffen hat, abgelehnt wird, wie es die New-Age-Bewegung tut, dann verringert sich die Objektivität – die Stabilität, das Anderssein – der äußeren Wirklichkeit. Wenn das geschieht, gewinnt die Rolle des Einzelnen bei der Gestaltung der Wirklichkeit an Bedeutung. Und genau das ist der Ansatzpunkt der New-Age-Bewegung. Und da der grundlegende »Stoff« des Universums Geist ist, kann unser Geist außerordentliche Macht über die »Wirklichkeit« ausüben, wenn wir die richtigen Techniken lernen. Die Behauptungen des New Age zur Macht des Geistes reichen vom Glauben, dass positive Gedanken oder Behauptungen sich in körperlicher Gesundheit und erfüllten Träumen äußern bis hin zur Auffassung, dass das Bewusstsein jedes Einzelnen durch die Tätigkeit der Visualisierung eine der vielen möglichen, aber noch nicht erfüllten Wirklichkeiten »verwirklicht« – das heißt zur Wirklichkeit macht.

5. Das unmittelbare Ziel

Einige New-Age-Anhänger glauben, dass das Ziel der Menschheit die Vervollkommnung unserer Liebesfähigkeit ist. Sie glauben, dass wir im Leben einige Lektionen lernen müssen, bevor wir zur nächsten Stufe übergehen können. Die Reinkarnation, die Vorstellung, dass unser wesenhaftes Selbst immer wieder in ein neues Leben hineingeboren wird, ermöglicht dieses Lernen der Lektionen. Bevor wir in ein neues Leben eintreten, wählen wir die Situation, in die wir eintreten wollen. Zum Beispiel können wir beschließen, in eine Familie hineingeboren zu werden, die zu einer rassischen Minderheit gehört, oder als Behinderter geboren zu werden oder Aids zu haben oder vergewaltigt zu werden. Jede Erfahrung bietet der Person die Möglichkeit, den Charakterzug zu vervollkommnen, den sie zur Weiterentwicklung braucht und die Lektion zu lernen, die sie nötig hat.

Andere New-Age-Anhänger vertreten einen Standpunkt, der dem ursprünglich hinduistischen Begriff der Reinkarnation, der auf das Karma gegründet ist, näher kommt. Karma, das einfach »Handeln« bedeutet, ist das moralische Gesetz von Ursache und Wirkung – »man erntet, was man gesät hat«. Dieser Ansicht zufolge sind die Handlungen, die Teil unseres jetzigen Lebens sind, die Ergebnisse von Handlungen, die wir in früheren Leben begangen haben. Wer ermordet wird, war wahrscheinlich in einem früheren Leben ein Mörder. Wer arm ist, war wahrscheinlich in einem früheren Leben reich, und so weiter.

Das Ziel der Erleuchtung liegt in der Befreiung von der Bindung an alles Handeln, sei es gut oder böse. Wenn wir eine solche Befreiung erfahren, entkommen wir dem Kreislauf der Reinkarnation von einem Leben zum anderen.

Der New-Age-Anhänger ändert den hindustischen Begriff der Reinkarnation leicht ab. Für den New-Age-Anhänger bedeutet Reinkarnation eine zweite (und dritte und vierte usw.) Chance zu bekommen. New-Age-Anhänger fühlen sich zu der Lehre von der Reinkarnation hingezogen, weil sie darin eine Form der Gerechtigkeit sehen und eine Möglichkeit, der unangenehmen christlichen Lehre von einem Gott, der einen Menschen nach einem einzigen Leben richtet, zu entkommen. In diesem Sinne klingt Reinkarnation wie eine gute Nachricht. Wir durchlaufen eine spirituelle Entwicklung in Richtung Vollkommenheit.

Für den Hindu dagegen ist Reinkarnation keineswegs eine gute Nachricht. Es ist vielmehr etwas, dem man entkommen will. Das Ziel liegt nicht darin, im Streben nach Vollkommenheit von einem Leben zum anderen zu schreiten, sondern von dem Leid befreit zu werden, das wir erfahren, solange wir im *samsara* – dem Rad von Leben, Tod und Wiedergeburt – gefangen sind.

6. Der Ruf nach Hilfe

New-Age-Anhänger ermutigen Menschen, mit ihren geistlichen Führern in Kontakt zu treten, die ihnen auf ihrem Weg der spirituellen Entwicklung und Veränderung helfen können. Zu den verschiedenen Wesen, mit denen man sich in Verbindung setzen kann, gehören »Aufgestiegene Meister«, von der körperlichen Hülle befreite Geister, die früher in einem Körper wohnten, Ufos, die Geister von Tieren und Engeln. Die Kontaktaufnahme (»Tunneln«) mit solchen Wesen füllt das Vakuum, das die Auffassung der New-Age-Bewegung von der letzten Wirklichkeit als unpersönlicher All-Einheit ohne Differenzierung hinterlassen hat. Da eine solche Wirklichkeit so abstrakt ist, können wir nicht mit ihr in Beziehung treten. Wie kann schließlich eine Person mit einer Kraft warm werden? Wir brauchen etwas Persönlicheres. Wir brauchen etwas, das sich um uns kümmern und uns Leitung geben kann. Shirley MacLaine schrieb: »Wenn ich mich in mein Inneres hineinversenke, suche ich nach Kommunikation und Leitung ... und im Allgemeinen habe ich einen freundlichen Austausch mit jemandem oder etwas, das ich als weiter fortgeschritten wahrnehme als ich selbst bin« (MacLaine, 70). Deshalb füllen wir das Vakuum zwischen uns und dieser abstrakten Form der letzten Wirklichkeit mit Geistwesen, mit denen man in Kontakt treten kann und die uns auf unserem Weg weiterführen.

7. Das letzte Ziel

Da der New-Age-Bewegung zufolge die letzte Wirklichkeit eine All-Einheit jenseits aller Trennung und Differenzierung ist, liegt das *letzte Ziel* für jeden Menschen darin, jede innere Verbundenheit und Identifizierung mit seinem eigenen Ich aufzugeben und sich mit dem Universalen Selbst zu identifizieren oder in es zu verschmelzen. Anstatt die Auflösung des individuellen Ichs als etwas Negatives zu beschreiben, sieht die New-Age-Bewegung das letztendliche Verschmelzen in eine allumfassende Einheit in einem positiven Licht. Es wird als eine Erweiterung des individuellen Bewusstseins in das Universale Bewusstsein verstanden.

Häufige Argumente und Einwände des New Age

1. *»Christen richten und verurteilen so gerne. Ich möchte zu etwas gehören, das allen gegenüber liebevoll und tolerant ist.«*

Das Problem bei diesem Einwand ist, dass der New-Age-Anhänger den Christen vorwirft, zu verurteilen, er gleichzeitig aber die Christen verurteilt. Man kann nicht andere verurteilen, weil sie verurteilen, ohne inkonsequent zu sein.

Um ihre Haltung gegen das Verurteilen zu untermauern, zitieren die New-Age-Anhänger oft Jesus, der gesagt hat, wir sollen nicht verurteilen (Matthäus 7,1-5). Eine klärende Aussage jedoch ist: »Denkt darüber nach und richtet nicht nach dem äußeren Schein, sondern richtet gerecht« (Johannes 7,24).

Stellen Sie auch die Frage, was der New-Age-Anhänger unter »liebevoll und tolerant« versteht. Stellen Sie sich zur Veranschaulichung vor, Sie stehen am Ufer eines Flusses und sehen, wie einige Paddler dabei sind, in die falsche Abzweigung des Flusses einzuschwenken. Diese Abzweigung bringt sie zu einem zwanzig Meter tiefen Wasserfall. Sie haben jedoch die Möglichkeit, sie zu warnen, so dass sie vor dieser Gefahr bewahrt bleiben. Wäre es liebevoll und tolerant von Ihnen, sie einfach weiterpaddeln zu lassen, weil sie ihrer festen Überzeugung Ausdruck verliehen haben, dass vom Fluss keine Gefahr droht und dass alle Wege des Flusses zum selben Ort führen? Sicher nicht.

Natürlich würden New-Age-Anhänger Einwände gegen eine solche Analogie erheben, weil sie nicht glauben, dass ein religiöser Weg ins Verderben führt. Doch wir als Christen glauben es. Die Frage sollte lauten, welche Weltanschauung richtig ist und nicht, was liebevoller und toleranter ist.

New Age und Christentum im Vergleich

	New-Age-Bewegung	Christentum
Gott ist ...	Unpersönlich.	Eine Person.
	Ohne moralische Unterscheidungen.	Moralisch heilig.
	Die Lebenskraft in der Natur; die existentielle Substanz hinter allen Dingen.	Der Schöpfer; von seiner Schöpfung abgegrenzt.
Die Menschheit ist ...	Göttlich, da wir ontologisch (d. h. in unserem Sein) Teil von der existenziellen Substanz Gottes sind.	Nach Gottes Bild geschaffen, aber wir sind ontologisch (in unserem Sein) vom transzendenten, unendlichen und heiligen Gott abgesondert.
	Uneingeschränkt. Teil der All-Einheit, doch wir kennen unsere wahre göttliche Natur nicht.	Wegen unserer Sünde und Auflehnung gegen Gott geistlich von ihm getrennt.
Rettung ist ...	Eine neue Sichtweise gewinnen, mit der wir die Verbundenheit aller Dinge, einschließlich von uns selbst, mit der göttlichen All-Einheit erkennen.	Durch den Glauben und das Sühnewerk von Jesus Christus vor Gott gerechtfertigt und mit ihm versöhnt sein. Rettung ist auch das Geschenk des neuen Lebens durch die verändernde Kraft des Heiligen Geistes.
Leben nach dem Tod ist ...	Spirituelle Weiterentwicklung mit dem Ziel, Erleuchtung zu erreichen.	Entweder im Himmel oder in der Hölle leben.
	Die Erweiterung des Bewusstseins in den Universalen Geist.	Entweder ewige Gemeinschaft mit dem personalen Gott oder ewige Trennung von ihm.

2. *»Da im 1. Buch Mose steht, dass der Mensch von der Natur abgesondert ist und über ihr steht, sind die christlichen Glaubensüberzeugungen für die Ausbeutung der Reichtümer unseres Planeten und die Umweltzerstörung verantwortlich.«*

Erstens, gehen Sie nicht in die Defensive. Vielleicht gab es und gibt es immer noch Menschen, die die Bibel zum Zweck der Ausbeutung der Umwelt missverstehen (Drane, 7). Eine solche Interpretation der Bibel ist jedoch falsch.

Die Bibel lässt keinen Zweifel daran, dass Gott darauf achtet, wie wir mit seiner Schöpfung umgehen. Sein Auftrag an die Menschen, über die Erde zu »herrschen« und sie sich »untertan« zu machen (1. Mose 1,

26.28), steht im Zusammenhang damit, dass die Menschen nach dem Bild Gottes geschaffen wurden. Das ist wichtig, denn wie Gott seine Herrschaft bewies, indem er durch den Schöpfungsakt Ordnung ins Chaos brachte (1. Mose 1,2), so sollte auch die Menschheit ihre Herrschaft beweisen, indem sie Ordnung in das Chaos der Natur bringt (siehe 1. Mose 2,15; Jesaja 45,18), denn das ist der Zustand, in den die Natur naturgemäß verfallen würde, wenn sie sich selbst überlassen bliebe. Und so wie es undenkbar ist, dass Gott seine Schöpfung ausbeuten würde, so ist es undenkbar, dass der Auftrag, über die Erde zu »herrschen« und sie sich »untertan« zu machen, in irgendeiner Weise bedeutet, dass die Menschheit das Recht hat, die Erde auszubeuten.

Die Bibel stellt auch klar, dass Gott diejenigen richten wird, die seine Schöpfung schlecht behandeln. Gott warnte zum Beispiel das Volk Israel: »... damit nicht auch euch das Land ausspeie, wenn ihr es unrein macht, wie es die Völker ausgespien hat, die vor euch waren« (3. Mose 18,28). Und durch Jeremia erklärte er den Juden: »Ich brachte euch in ein fruchtbares Land, dass ihr äßet seine Früchte und Güter. Aber als ihr hineinkamt, machtet ihr mein Land unrein und mein Eigentum mir zum Gräuel« (Jeremia 2,7). Achten Sie darauf, wie Gott in dem Vers in Jeremia zum Ausdruck bringt, dass er möchte, dass wir das Land in gutem Zustand erhalten, dass die nächste Generation und die folgenden es erben können.

Bedenken Sie auch, dass Gott seine Schöpfung so wertschätzt, dass er sie in seinen Rettungsplan eingeschlossen hat, denn das Endziel der Rettung, die Gott im Auge hat, ist nicht nur die Befreiung der Menschheit von der Sünde, sondern auch die Befreiung der Erde von der Knechtschaft der Vergänglichkeit (Römer 8,21).

Zweitens, zu sagen, die Christen seien für die Ausbeutung der Umwelt verantwortlich, ist eine unverantwortliche und allzu große Vereinfachung, denn unsere Kultur ist nicht alleine das Ergebnis christlicher Grundsätze. Seit dem neunzehnten Jahrhundert hat unsere Kultur ihre Grundsätze weit mehr aus dem säkularen Humanismus übernommen, der auf den Individualismus und die Wissenschaftsgläubigkeit der Aufklärung, den Naturalismus der Evolutionstheorie und die Konsumentenhaltung der Moderne gegründet ist. Unsere Kultur ist ebenfalls das Ergebnis der Verstädterung, die dazu führte, dass die Menschen ihre

Verbindung mit der Natur vergessen haben (Wilkinson, 4). Aufgrund des säkularen Humanismus hat sich die Menschheit vom Glauben an einen Schöpfer getrennt und betrachtet sich daher selbst als das Maß aller Dinge, was zu einem Mangel an Zurückhaltung führt, wenn es um die Ausbeutung der Umwelt geht.

Drittens sollte darauf hingewiesen werden, dass in Kulturen, die auf nichtchristliche Weltanschauungen gegründet sind, wie etwa in der ehemaligen Sowjetunion (Marxismus) und in Indien (Hinduismus), die Umweltprobleme noch viel schlimmer sind als in Kulturen mit einer angeblich christlichen Weltanschauung.

Viertens, als Christen sollten wir dem Argument der New-Age-Anhänger zustimmen, dass beim Umweltschutz das Hauptproblem in der »Trennung« liegt. Es kommt jedoch auf die Definition von »Trennung« an. Der New-Age-Anhänger definiert »Trennung« in einem *ontologischen* Sinn, dahingehend, dass wir uns von der göttlichen Kraft in allen Dingen getrennt sehen. Wir Christen dagegen definieren »Trennung« mit Bezug auf *Ungehorsam*, das heißt, dass wir gegen den Schöpfer aufbegehrt und uns dann geweigert haben, dem Einen, der die Schöpfung gemacht hat und für sie sorgt, Rechenschaft abzulegen.

Zwar ist das Thema des Umweltschutzes wichtig, und die Bibel lässt keinen Zweifel daran, dass Gott auf seine Schöpfung bedacht ist, doch die dringendere Frage ist, mit Gott ins Reine zu kommen. (Eine weiterführende Erörterung der Haltung des New Age zum Umweltschutz finden Sie bei Miller, »A Summary Critique«.)

3. *»Christen glauben, Gott schickt Menschen wegen ihrer schlechten Taten in die Hölle. Wie kann man glauben, dass ein Gott der Liebe einen Menschen mit der Hölle bestraft? Die Reinkarnation scheint so viel gerechter zu sein.«*

Erstens, wir haben uns selbst verurteilt. Wir selbst sind für unsere Trennung von Gott verantwortlich.

Die Situation des Menschen ist ähnlich der des verlorenen Sohnes (Lukas 15,11-24), denn der Sohn war es, der sich vom Vater trennte und in ein fernes Land zog. Der Vater hat seinen Sohn nicht in jenes ferne Land verbannt; er ging aus eigenem freien Willen davon. In gleicher Weise sind wir es, die uns von Gott entfremdet haben, wir sind »seine

Feinde«, und unsere »bösen Gedanken und Taten trennten« uns von ihm (Kolosser 1,21). Wie Jesus sagte: »Gott sandte seinen Sohn nicht in die Welt, um sie zu verurteilen, sondern um sie durch seinen Sohn zu retten ... Und so vollzieht sich das Gericht: Das Licht ist vom Himmel in die Welt gekommen, aber sie liebten die Dunkelheit mehr als das Licht, weil ihre Taten böse waren« (Johannes 3,17.19).

Doch wie der Vater in der Geschichte sich nach einer Beziehung zu seinem Sohn sehnte, so kommt Gott uns durch Jesus Christus in Liebe entgegen, sogar wenn wir noch mitten im Aufbegehren gegen ihn sind (Römer 5,8; 1. Johannes 4,9-10).

Zweitens, wenn es um die Anerkennung der Folgen der Sünde geht, ist der christliche Standpunkt realistisch. Sünde ist schließlich kein abstrakter Begriff; sie besteht aus Lügen, Betrügen, Stehlen und Verleumden – manchmal auf die feine Tour und manchmal auf die weniger feine. Wie dem auch sei, solche Taten haben Konsequenzen, denn sie belasten oder zerbrechen unsere Beziehungen.

Die biblische Lehre über die Sünde ist auch dahingehend realistisch, dass sie anerkennt, dass wir nicht nur verletzt sind, wenn jemand direkt gegen uns sündigt, sondern auch indirekt, zum Beispiel, wenn jemand gegen eine Person, die wir lieben, sündigt. Wenn ein Lehrer zum Beispiel mein Kind ungerecht behandelt, ärgere ich mich über diesen Lehrer. Da Gott alle Menschen liebt, ist er gekränkt, wenn wir einander verletzen.

Drittens, New-Age-Anhänger behaupten, dass ein liebender Gott Menschen nicht zur Hölle verurteilen würde. Bedenken Sie jedoch die andere Möglichkeit, wenn jeder das Recht hätte, in die Gegenwart Gottes zu kommen:

- Wenn Gott alle Menschen, so wie sie moralisch sind, in sein Reich einlässt, dann muss er auch Massenmörder wie Hitler, Stalin und Pol Pot und Serienmörder wie Jeffrey Dahmer in sein Reich einlassen. Wäre das Reich Gottes dann immer noch der Himmel oder wäre es die Hölle?
- Wenn Gott alle Menschen, so wie sie moralisch sind, in sein Reich einlässt, bedeutet es, dass er mit ihren Taten nachsichtig umgeht. Würde ein solches Verhalten nicht einen Fehler in Gottes Charakter widerspiegeln? Wollten wir einen solchen Gott haben?

- Wenn Gott absolut heilig ist und trotzdem alle Menschen, ohne dass eine moralische Änderung stattgefunden hat, in seine Gegenwart zugelassen würden, wäre dieses Leben in der Gegenwart eines absolut heiligen Gottes für Sünder nicht vielleicht eine größere Strafe als die Hölle?
- Wenn Gott alle Menschen in sein Reich einlässt, aber nur nachdem er sie verändert und zu liebevollen Menschen gemacht hat, egal, ob sie mit der Änderung einverstanden waren oder nicht, hat er sie dann nicht zu willenlosen Robotern degradiert?

New-Age-Anhänger würden antworten, dass die genannten Argumente gerade für die Reinkarnation sprechen, denn sie gibt Menschen die Möglichkeit, im Verlauf zahlreicher Leben die Lektionen der Liebe zu lernen und sich dem Charakter eines heiligen Gottes anzugleichen. Diese Sichtweise wirft jedoch mehrere Probleme auf.

Erstens unterschätzt eine solche Sichtweise den Ernst der Sünde. Die Bibel sagt, dass wir aufgrund unserer Sünden tot sind (Epheser 2,1) und dass die Sünde uns für die Wahrheiten Gottes blind macht (Epheser 4,18). Diese Bilder machen anschaulich, dass wir zu unserer Änderung Hilfe von außen brauchen; denn Tote können sich selbst kein Leben geben, genauso wenig wie Blinde sich selbst kein Sehvermögen geben können.

Die Hoffnung auf Hilfe, die das New Age anzubieten hat, wurde in einem Comic bildlich dargestellt: Man sieht einen Mann mitten im Wasser. Er ist offensichtlich am Ertrinken und geht zum dritten Mal unter. Verzweifelt wirft er beide Arme in die Höhe und schreit: »Selbsthilfe! Selbsthilfe!«

Zweitens, in dem Prozess, in dem wir die Lektionen der Liebe lernen, ist es nicht zu verhindern, dass wir andere schlechte Dinge tun. Und das bedeutet, dass wir zurückkommen müssen, um für diese Dinge zu bezahlen. Der Kreislauf ist unaufhörlich und hoffnungslos.

Drittens, Menschen erinnern sich nicht an ihre früheren Leben. Wie kann es gerecht sein, für Taten in der Vergangenheit zu zahlen, wenn wir uns an diese Taten gar nicht erinnern?

Viertens, in manchen Fällen (im Buddhismus zum Beispiel) gibt es keine existentielle Kontinuität von einem Leben zum anderen, und doch geht das Karma von einem Leben ins nächste weiter. Das heißt, dass jemand, der keinerlei Verbindung mit der Person im früheren Leben hatte, jetzt für das Karma eines anderen bezahlen muss. Ist das gerecht?

Fünftens, New-Age-Anhänger widersprechen sich selbst, da sie dasselbe in derselben Hinsicht behaupten und gleichzeitig verneinen. Hierzu die Erklärung: New-Age-Anhänger sagen, dass Reinkarnation gerechter ist als der Gedanke, dass Gott die Menschen nach einem einzigen Leben richtet. Diese Aussage verurteilt ein System auf der Grundlage von etwas, das gleichzeitig verneint wird. Warum? Weil Reinkarnation auf das *unpersönliche Prinzip* des Rechts von Ursache und Wirkung – man erntet, was man sät – gegründet ist. Gerechtigkeit ist jedoch eine Eigenschaft, die nur von *Personen* an den Tag gelegt werden kann. So wie das Vorhandensein von Gesetzen einen Gesetzgeber voraussetzt, so lässt Gerechtigkeit auf einen Richter schließen.

Durch die Behauptung, dass Reinkarnation gerechter ist als ein Gott, der richtet, weisen New-Age-Anhänger stillschweigend auf einen Maßstab der Gerechtigkeit hin. Gerechtigkeit jedoch weist auf die Existenz eines Richters hin, der eine Person ist, da Gerechtigkeit etwas ist, das von Personen ausgeübt wird, nicht von einem unpersönlichen Prinzip oder einer unpersönlichen All-Einheit. Reinkarnation gründet sich jedoch auf etwas Unpersönliches. Die Aussage der New-Age-Anhänger, dass Reinkarnation gerechter ist, behauptet und verneint deshalb die Existenz eines personalen Gottes, und somit wird die Aussage sinnlos.

Sechstens, hinter dem Ruf der New-Age-Anhänger nach Gerechtigkeit steht nicht so sehr die Gerechtigkeit, sondern die Frage nach dem Mitgefühl. Wo, fragen sie sich, ist das Mitgefühl eines Gottes, der richtet? Darauf gibt es mehrere Antworten:

- Sind Sie genauso besorgt um das Mitgefühl für das Opfer? Ist es ein Beweis von Mitgefühl für das Opfer, wenn sein Mörder freibleibt und nicht gerichtet wird?
- New-Age-Anhänger sehen zwar in der Reinkarnation das Evangelium der zweiten Chance, in Wirklichkeit bietet die Reinkarnation jedoch keine Möglichkeit für Mitgefühl oder Vergebung. Die Folgen der Taten einer Person sind unausweichlich; es gibt kein Entrinnen.

- Wo ist Mitgefühl in einem System, in dem Menschen in unzähligen Leben für Taten leiden müssen, an die sie sich nicht erinnern können?
- Nur ein personaler Gott kann Mitgefühl zeigen; und er hat es getan, indem er durch Jesus Christus Vergebung ermöglicht hat. Die Frage ist nicht, ob Gott mitfühlend und zur Vergebung bereit ist (in der Tat, er starb an unserer Stelle – Johannes 15,13), sondern, ob der New-Age-Anhänger bereit ist, das Mittel der Vergebung anzunehmen, das Gott anbietet.

Siebtens, New-Age-Anhänger wehren sich gegen den Gedanken, dass Gott richtet. Es ist deshalb ironisch, dass sie bereitwillig ein System annehmen, in dem die Menschheit uneingeschränkt gerichtet wird. Bedenken Sie Folgendes: Das Ziel der Reinkarnation besteht darin, dass jeder Einzelne in der All-Einheit verschmilzt. Dies ist ein Zustand, in dem es keine Unterschiede gibt, in dem absolut nichts geschieht, wo es nur ein ewiges Jetzt gibt. Ein solcher Zustand klingt eher nach ewigem Tod als nach ewigem Leben. Wenn wir die Existenz des Einzelnen etwas wert achten, dann ist dieses Ergebnis die höchste Form des Richtens, und es gibt kein Entrinnen. (Eine weiterführende Erörterung der christlichen Antwort auf die Reinkarnation finden Sie bei Albrecht und Geisler und Amano.)

4. *»Christen sind so arrogant. Woher haben sie das Recht, zu sagen, dass ihr Weg der richtige ist?«*

Die New-Age-Anhänger machen hier den Christen den Vorwurf, arrogant zu sein, weil sie an einen einzigen Weg zu Gott glauben. Mit anderen Worten, Arroganz wird definiert als Glaube, der andere Glaubensüberzeugungen ausschließt.

Nach ihrer eigenen Definition von Arroganz sind demnach New-Age-Anhänger auch arrogant. Ihr Glaube, dass alle Wege zu Gott führen – *schließt den Glauben aus*, dass es nur einen einzigen Weg zu Gott gibt.

Sie können dem New-Age-Anhänger auch die folgende Szene vor Augen führen, um zu verdeutlichen, warum es nur einen Weg gibt. Nehmen wir an, Sie sind für das Zerbrechen der Beziehung zu Ihrem Vater oder Ihrer Mutter verantwortlich. Wie viele Wege gibt es, um die Beziehung wiederherzustellen? Einen einzigen Weg – Bekennen der Schuld und Bitten um Vergebung.

Eine solche Szene rückt die Frage, wie viele Wege es zu Gott gibt, in den richtigen Blickwinkel. Das Problem ist eine zerbrochene Beziehung und nicht, dass wir von unserer Verbindung zu unserer inneren Göttlichkeit nichts wissen.

Deshalb ist »Versöhnung« eines der Wörter, das beschreibt, was Jesus am Kreuz vollbracht hat (2. Korinther 5,18-21). Versöhnung ist die Wiederherstellung einer Beziehung, wo vorher Feindschaft herrschte. Jesus ist das Mittel, mit dem Gott Vergebung und Versöhnung anbietet, damit unsere Beziehung zu ihm wiederhergestellt werden kann.

Vorschläge für die Verkündigung des Evangeliums

1. Erkennen Sie ihre Suche nach Spiritualität an

In den Vereinigten Staaten erlebt man zur Zeit eine echte Suche nach dem Heiligen, und dies ist zum Teil das Ergebnis der geistlichen Leere, die die naturalistische Sichtweise des säkularen Humanismus im Menschen zurückgelassen hat. Die New-Age-Bewegung vertritt eine Form dieser Suche. Sicher stimmen wir in vielen grundlegenden Fragen mit den Überzeugungen des New Age nicht überein, doch wir können Anhängern des New Age bestätigen, dass die Wirklichkeit aus mehr bestehen muss als nur aus kalter, lebloser Materie.

Wir Christen müssen auch ein gewisses Verschulden empfinden, da viele New-Age-Anhänger aus der Kirche ausgetreten sind, der sie einmal angehörten. Dafür gibt es viele verschiedene Gründe, und es ist leicht, sie allzu sehr zu vereinfachen. Trotzdem verspürten anscheinend viele New-Age-Anhänger nicht die Art der Spiritualität, die sie zur New-Age-Bewegung hingezogen hat. Und deswegen sollten wir Christen uns erst einmal selbst genau prüfen. Sind wir so sehr damit beschäftigt, »Kirche zu spielen«, dass wir nicht so herzlich und persönlich mit Jesus leben, dass andere aufmerksam werden und sich angezogen fühlen? Haben wir die Aufgeschlossenheit für Zeichen des Heiligen verloren, die man in alltäglichen Dingen um uns herum entdecken kann und die das Denken eines New-Age-Anhängers zur Wahrheit Gottes hinlenken würde? Sind wir in unserer christlichen Subkultur so verkrustet, dass wir die geistlichen Erkenntnisse nichtchristlicher Autoren, auch Autoren des New Age, nicht wahrnehmen? (siehe Apostelgeschichte 17,28).

2. Konzentrieren Sie sich auf wesentliche Fragen

Zweifellos werden sich New-Age-Anhänger mit Praktiken abgeben, die wir als Christen nicht empfehlen würden, wie Yoga, Kristallkugeln, Akupunktur, Astrologie, Tarot-Karten, Geisterbefragung und einige Formen von Kampfsportarten. Zu Beginn Ihrer Beziehung ist es am besten, aus solchen Praktiken kein Problem zu machen. Konzentrieren Sie sich stattdessen auf die Weltanschauung, die hinter diesen Praktiken steht.

Ich habe zum Beispiel einen Freund, der Yoga betreibt. Es hätte uns in unserer Beziehung nicht weitergebracht, wenn ich ihm gleich zu Beginn gesagt hätte, er solle mit Yoga aufhören, weil dies geistlich schädlich ist. Solch ein Frontalangriff hätte ihn befremdet. Ich sprach mit ihm jedoch darüber, dass viele Dinge, die er mit Hilfe von Yoga sucht – persönliche Erfüllung, Selbstverbesserung, geistliche Erfahrung –, besser in einer Beziehung zu einem persönlichen Gott zu finden sind.

3. Denken Sie an den Widerspruch, der im Gott des New Age liegt

New-Age-Anhänger sprechen oft von der letzten Wirklichkeit als Universellem Bewusstsein oder Unendlicher Intelligenz oder als bedingungslos liebendem Wesen.

Mit diesen Begriffen vermischen New-Age-Anhänger zwei Arten der Beschreibung Gottes – die unpersönliche (universal, unendlich, bedingungslos) und die persönliche (Bewusstsein, Intelligenz, Liebe).

Durch diese Vermischung versuchen die New-Age-Anhänger, aus beiden Bereichen das Beste zu bekommen und gleichzeitig die negativen Aspekte beider zu vermeiden. Zum Beispiel ergeben sich zumindest zwei positive Folgen aus dem Gedanken, dass Gott eine unpersönliche All-Einheit ist. Erstens, Gott kann bedingungslos alle willkommen heißen (also gibt es kein Gericht); und zweitens ist Gott dann eine Kraft, die wir manipulieren können (also wird verneint, dass wir Gott gehorchen müssen).

Obwohl New-Age-Anhänger die positiven Folgen der Auffassung, dass Gott eine unpersönliche Kraft ist, schätzen, erkennen sie auch, dass ein solcher Gott ziemlich kalt und gefühllos ist. Zum Beispiel steht in einem der grundlegenden Bücher für die Unity School of Christianity (eine Mind-Science-Gruppe):

Gott, als die allen Dingen zugrunde liegende Substanz, Gott als Prinzip, ist unveränderlich, und er wird nie [sic] um die sich ändernden Dinge der Zeit und des Empfindens wissen, und er bleibt davon auch unberührt. Es stimmt, dass Gott als Prinzip nie Schmerz verspürt und dass ihn die Hilferufe der Menschenkinder kalt lassen (*Foundation*, 143).

Der New-Age-Autor Stuart Wilde schrieb etwas Ähnliches: »Die Kraft ... ist sich nicht einmal intuitiv der negativen Dinge [unseres Leides und unserer Schmerzen] bewusst« (Wilde, 109).

Im Lichte der kalten und gleichgültigen Natur eines Gottes, der eine unpersönliche Kraft ist, sprechen New-Age-Anhänger von Gott auch als von einer Person, da sie ihm persönliche Eigenschaften zuschreiben, wie Liebe, Intelligenz und Gutsein (obwohl sie nie sagen, dass er moralisch heilig ist).

Wenn man diese zwei Gottesvorstellungen – den unpersönlichen und den persönlichen Gott – vermischt, entsteht ein Problem: sie sind unvereinbar und schließen sich gegenseitig aus. Dafür gibt es zwei Gründe.

Erstens, eine unpersönliche Kraft, die ohne innere Unterscheidungen ist, kann keine persönlichen Eigenschaften wie Liebe, Vergebung, Mitgefühl, Wissen, Intelligenz, Kreativität und moralische Heiligkeit haben. Zu all diesen Eigenschaften gehört die Fähigkeit, Unterscheidungen zu treffen – etwas, was eine unpersönliche Kraft nicht kann.

Zweitens, diese beiden Arten, Gott zu beschreiben, sind unvereinbar und schließen sich gegenseitig aus, weil die Beziehung zu einer unpersönlichen All-Einheit anders ist als die Beziehung zu einem Gott, der eine Person ist. Sie haben völlig andere Fragen zur Folge. Genauer gesagt, wenn Gott eine Person ist, dann bringt die Beziehung zu ihm moralische Fragen ins Spiel, wie moralische Fragen bei jeder Beziehung zu einer Person eine Rolle spielen. Dies trifft sogar auf die flüchtigsten

Beziehungen zu. Nehmen Sie zum Beispiel die Beziehung zu einer Verkäuferin in einem Lebensmittelgeschäft. Wenn die Verkäuferin entdeckt, dass ich Bonbons in die Hosentasche gesteckt habe, weil ich nicht die Absicht habe, sie zu bezahlen, so ist unsere Beziehung, gelinde ausgedrückt, belastet. Ich habe die vorausgesetzten moralischen Fragen des Respekts, des Vertrauens und der Ehrlichkeit verletzt.

In einer ehelichen Beziehung spielt die Frage der sexuellen Treue eine Rolle. In der Beziehung zu Gott zählen nicht nur Fragen der Ehrlichkeit und der Achtung, sondern auch Fragen der Treue (da er der einzig wahre Gott ist) und des Gehorsams (da seine Gebote nicht willkürlich, sondern so auf uns abgestimmt sind, wie er uns geschaffen hat). Keine dieser moralischen Fragen wäre jedoch von Bedeutung, wenn Gott eine unpersönliche All-Einheit wäre.

Der springende Punkt ist, dass bei allen Beziehungen zwischen Personen, einschließlich unserer Beziehung zu Gott, moralische Fragen im Spiel sind. Und jeder Verstoß gegen diese moralischen Fragen führt zu Konsequenzen in dieser Beziehung. Anders ausgedrückt, Sünde, also das Aufbegehren gegen Gott, hat Konsequenzen; und diese Konsequenzen sind der Bruch der Beziehung zwischen uns und Gott, und dies ist geistlicher Tod (Römer 6,23). Wäre Gott eine unpersönliche Kraft, würde dies nicht so sein.

Wir haben also gesehen, dass diese zwei Gottesvorstellungen – der unpersönliche und der persönliche Gott – unvereinbar sind und sich gegenseitig ausschließen, es handelt sich folglich um einen Widerspruch in sich.

4. Benutzen Sie das Prinzip Gute Nachricht/ Schlechte Nachricht

Als Christen müssen wir verstehen, dass der Gedanke, dass unsere Sünde zum geistlichen Tod führt, New-Age-Anhängern zuwider ist. Sie fragen sich, wie jemand etwas so Negatives, so Liebloses, so Verurteilendes, etwas, das die Möglichkeiten des Menschen überhaupt nicht anerkennt, glauben kann. Wenn man irgendetwas Allgemeines über New-Age-Anhänger sagen kann, dann, dass sie in ihren Überzeugungen positiv sind, so positiv, dass sie alles und jedes ablehnen, das auch nur den winzigsten Beigeschmack des Negativen hat.

Es ist deshalb ein wenig ironisch, dass die New-Age-Lehren mit einer guten Nachricht beginnen und mit einer schlechten Nachricht enden. Das Christentum beginnt dagegen mit einer schlechten Nachricht und endet mit einer guten Nachricht.

Gute Nachricht/Schlechte Nachricht

Wir werden das Prinzip Gute Nachricht/Schlechte Nachricht auf einige Überzeugungen des New Age anwenden.

»Gott liebt bedingungslos«

Die Überzeugung des New Age: Gott liebt uns bedingungslos, denn wir sind Teil der unpersönlichen All-Einheit.

Die gute Nachricht: Gott liebt alle bedingungslos. Niemand wird gerichtet.

Die schlechte Nachricht: Ein Gott, von dem wir bedingungslos Teil sein können, ist nicht ein Gott, der lieben kann. Warum nicht? Weil Liebe von Natur aus etwas ist, das zwischen Personen geschieht. Der Gedanke der »bedingungslosen Liebe« im Zusammenhang mit der unpersönlichen All-Einheit des New-Age-Gottes ist eigentlich eine »bedingungslose Absorption«, was bedeutet, dass der Einzelne in der All-Einheit aufgeht, genauso wie ein Wassertropfen im großen Ozean verschwindet. Wenn der Einzelne wertgeschätzt wird, ist ein solches Aufgehen kein Leben und auch keine gute Nachricht.

Gott ist eine unpersönliche All-Einheit	Gott ist eine Person
Die gute Nachricht: Sünde ist für Gott kein Thema, und man kann mit ihr auf der Ebene des menschlichen Denkens umgehen.	*Die schlechte Nachricht:* Sünde hat wirkliche Konsequenzen und führt zu unserer Trennung von Gott.
Die schlechte Nachricht: Vergebung ist nicht möglich, da die moralischen Gesetze wie Naturgesetze werden, was bedeutet, dass es unvermeidlich ist, dass wir säen, was wir ernten.	*Die gute Nachricht:* Vergebung ist möglich, weil die Quelle des moralischen Gesetzes die Person Gottes selbst ist, und Personen können vergeben.

»Es gibt viele Wege zu Gott«

Die Überzeugung des New Age: Es gibt so viele Wege zu Gott, wie es Wege zum Gipfel des Berges gibt.

Die gute Nachricht: Niemand wird dafür gerichtet, den falschen Weg zu Gott gewählt zu haben. Wir können den Weg auswählen, der uns am besten zusagt.

Die schlechte Nachricht: Die Betonung im Bild des Berges liegt darauf, dass Rettung sich auf *den Weg* gründet, den *wir gehen müssen.* Mit anderen Worten, Rettung ist ein allmählicher Prozess, der von menschlichen Bemühungen abhängt. Es gibt auch keine Gewissheit darüber, was nach dem Tod geschieht. Wer weiß, als was man wiedergeboren wird?

Im Christentum ist die Rettung ein Geschenk, das man bekommt und nicht etwas, das man sich mit menschlichen Bemühungen verdienen kann. Da Gott unsere Rettung schon für uns vollbracht hat, haben wir Heilsgewissheit. Außerdem haben wir Hoffnung auf das Überleben der Person und auf ewige Gemeinschaft mit Gott.

New-Age-Bewegung	Christentum
Die gute Nachricht: Es gibt viele Wege zu Gott.	*Die schlechte Nachricht:* Es gibt nur einen Weg zu Gott.
Die schlechte Nachricht: Die Rettung hängt von menschlichen Bemühungen ab.	*Die gute Nachricht:* Rettung ist auf die Gnade Gottes gegründet, man bekommt sie durch den Glauben geschenkt.
Die schlechte Nachricht: Keine Gewissheit darüber, was nach dem Tod geschieht.	*Die gute Nachricht:* Gewissheit der Gläubigen, dass wir vor Gott, aufgrund des bereits vollbrachten Werkes von Jesus Christus, als gerecht befunden werden.

»Es gibt viele Bedeutungen und Methoden der Rettung«

Machen wir mit dem Thema der Rettung weiter, wenn wir schon dabei sind. Stellen Sie einem New-Age-Anhänger die folgenden Fragen:

- Was ist Reinkarnation (oder Erleuchtung)?
- Was ist das Ziel der Reinkarnation (oder der Erleuchtung)?

  Wenn er über Reinkarnation oder Erleuchtung spricht, was die New-Age-Begriffe für »Rettung« sind, dann achten Sie auf die Sprache, die in der folgenden Tabelle benutzt wird und darauf, wie dieser Sprachgebrauch sich von der Rettung im biblischen Sinne unterscheidet.

New-Age-Bewegung	Christentum
1. *Die Bedeutung* der Rettung ist, dass der Einzelne in der unpersönlichen All-Einheit verschmilzt.	1. *Die Bedeutung* der Rettung ist, dass der Einzelne mit der Person Gottes versöhnt wird.
2. Rettung hängt von menschlichem Bemühen ab.	2. Rettung hängt von der Gnade Gottes ab.
3. Wenn von Rettung die Rede ist, wird auf Jesus als Vorbild für einen selbstverwirklichten Menschen hingewiesen.	3. Wenn von Rettung die Rede ist, wird auf Jesus, nicht nur als Vorbild für eine Person, die in völligem Gehorsam Gott gegenüber lebt, hingewiesen, sondern auch als jemanden, der *stellvertretend* für uns die Todesstrafe erlitten hat, die wir wegen unserer Sünde verdienen.
4. Wenn von Rettung die Rede ist, wird auf einen Maßstab der Vollkommenheit hingewiesen, der erreicht werden muss, um Rettung (oder Erleuchtung) zu erhalten.	4. Wenn von Rettung die Rede ist, wird auf die Sündhaftigkeit der Menschheit hingewiesen, was bedeutet, dass wir die Rettung nicht verdienen können.
5. Rettung ist ein allmählicher Prozess, in dem wir uns um Vollkommenheit bemühen.	5. Rettung ist ein sofortiges Geschenk, das man durch den Glauben an Jesus Christus erhalten kann.

»Glauben bewirkt Heilung«

Die Überzeugung des New Age: Gesundheit ist Sache des Geistes. Wenn wir positive Gedanken – Bekräftigungen – in unseren Geist einprägen, dann werden sich diese Gedanken in Gesundheit äußern.

Die gute Nachricht: Die Ergebnisse eines solchen positiven Denkens sind garantiert. Achten Sie zum Beispiel auf die Worte, die in diesem Zitat von Shakti Gawain von Garantien sprechen: »Je mehr wir unser Bewusstsein auf unsere höchste geistliche Verwirklichung ausrichten, um so mehr wird unser Körper unsere persönliche Vollkommenheit zu erkennen geben« (Gawani, 59). Barbara Hubbard spricht von der garantierten Macht der Gedanken, wenn sie selbstsicher schreibt: »Wir wissen ganz bewusst, dass es so wird, wie wir es denken« (Hubbard, 239).

Die schlechte Nachricht: Wer ist schuld, wenn die Heilung nicht eintritt oder wenn wir nicht vor Gesundheit strotzen? Wir sind schuld, weil wir unseren Geist nicht mit genügend positiven Gedanken geprägt haben oder vielleicht weil unsere Gedanken nicht positiv genug waren. Dr. Maria Angell, Herausgeberin des *New England Journal of Medicine*, schrieb: »Krankheit als persönliches Versagen hinzustellen [aufgrund des Glaubens, dass positive Gedanken Gesundheit bewirken] ist eine besonders verhängnisvolle Form der Schuldzuweisung zu Lasten des Opfers. Zu einer Zeit, in der die Patienten schon durch die Krankheit belastet sind, sollten sie nicht noch mehr dadurch belastet werden, dass sie die Verantwortung für ihre Gesundung oder ihr Krankbleiben tragen müssen« (Angell, 1571).

New-Age-Bewegung	Christentum
Die Bedeutung des Glaubens: Glaube ist Vertrauen auf die heilenden Kräfte des Geistes und beruht auf der Grundvorstellung, dass wir in unserem wahren Selbst vollkommene Gesundheit haben.	*Die Bedeutung des Glaubens:* Glaube ist Vertrauen darauf, dass Gott die Macht hat zu heilen, und Vertrauen darauf, dass er die Weisheit hat, zu entscheiden, ob er uns heilt oder nicht.
Das Ergebnis des Glaubens (die gute Nachricht): Die Ergebnisse des Glaubens sind garantiert, weil der Glaube auf voraussagbaren Kräften beruht, wie etwa dem Geist und der vollkommenen Gesundheit, die in unserem wahren Selbst liegt.	*Das Ergebnis des Glaubens (die schlechte Nachricht):* Die Ergebnisse des Glaubens sind in diesem Leben nicht garantiert, weil der Glaube auf Gottes souveränem und liebendem Willen beruht, nicht auf unserem.
Die Bedeutung des Versagens (die schlechte Nachricht): Nicht geheilt zu werden, ist Beweis für einen Mangel an richtigem Glauben oder höchstwahrscheinlich für einen inneren geistlichen Fehler, der zutage tritt.	*Die Bedeutung des Versagens (die gute Nachricht):* Nicht geheilt zu werden, ist kein Beweis für persönliche Unzulänglichkeit, und es ändert auch nichts am Vertrauen des Menschen auf die Liebe Gottes, weil er zugesichert hat, dass er uns zu *seiner* Zeit heilen wird, wie es durch die Auferstehung von Jesus Christus bestätigt wurde.

Schlussbemerkung

New-Age-Anhänger sind auf der Suche nach Spiritualität. Sie fassen jedoch das Christentum nicht ins Auge, weil sie von Christen negative Klischeevorstellungen haben. Wenn Sie einfach nur Interesse an dem New-Age-Anhänger zeigen, ihm ein offenes Ohr leihen und ihn nicht automatisch verurteilen, haben Sie schon viel getan, um seine Klischeevorstellungen von Christen aufzubrechen.

Denken Sie bei einem Gespräch mit einem New-Age-Anhänger an die beiden Hauptthemen, die in diesem Kapitel besprochen wurden: (1) Gott ist eine Person, und (2) das Prinzip Gute Nachricht/Schlechte Nachricht. Diese beiden Themen helfen Ihnen, die biblische Antwort auf viele Fragen zu finden, die Ihnen der New-Age-Anhänger stellt. Sie helfen Ihnen auch, den New-Age-Anhänger dazu zu bringen, seine festen Überzeugungen über Gott und wie man ihn kennen lernt, in Frage zu stellen.

Bibliographie und Quellen

Im Text zitierte Bücher:

Albrecht, Mark. *Reincarnation: A Christian Appraisal.* Downers Grove, Ill.: InterVarsity Press, 1982.

Angell, Marcia. »Editorial: Psychological Correlates of Survival in Advanced Malignant Disease«. *The New England Journal of Medicine.* 13. Juni 1985, Band 312, Nr. 24.

Burrows, Robert. »The Coming of the New Age«. *The New Age Rage.* Karen Hoyt, ed. Old Tappan, N. J.: Fleming H. Revell Co., 1987.

Capra, Fritjof. *The Tao of Physics.* Boulder, Colo.: Shambhala, 1975.

Drane, John. »Defining a Biblical Theology of Creation«. *Transformation.* Oxford, U.K.: Oxford Centre of Mission Studies, April/Juni 1993.

Foundations for Unity. Unity Village, Mo.: Unity, 1982, Serie 2, Band 3.

Gawain, Shakti. *Creative Visualization.* New York: Bantam Books, 1985.

Geisler, Norman und J. Yutaka Amano. *The Reincarnation Sensation.* Wheaton, Ill.: Tyndale House Publishers, 1986.

Hubbard, Barbara Marx. *The Hunger of Eve.* Eastsound, Wash.: Island Pacific Northwest, 1989.

MacLaine, Shirley. *Going Within.* New York: Bantam Books, 1989.

Miller, Elliot. *A Crash Course on the New Age Movement.* Grand Rapids, Mich.: Baker Book House, 1989.

Miller, Elliot. »A Summary Critique: Toward a Transpersonal Ecology«. *Christian Research Journal.* San Juan Capistrano, Calif.: Christian Research Institute, Spring, 1992.

Roof, Wade. *A Generation of Seekers: The Spiritual Journey of the Baby Boom Generation.* New York: HarperCollins, 1993.

Wilde, Stuart. *The Force.* Taos, N. M.: White Dove International, 1984.

Wilkinson, Loren und Mary Ruth Wilkinson. »The Depth of Danger«. *Transformation.* Oxford, U. K.: Oxford Centre of Mission Studies, April/Juni 1993.

Bücher, die der New-Age-Bewegung kritisch gegenüberstehen:

Alnor, William. *UFOs in the New Age.* Grand Rapids, Mich.: Baker Book House, 1992.

Ankerberg, John und John Weldon. *The Facts on Astrology.* Eugene, Ore.: Harvest House Publishers, 1988.

Ankerberg, John und Craig Branch. *Thieves of Innocence.* Eugene, Ore.: Harvest House Publishers, 1993.

Chandler, Russell. *Understanding the New Age.* Dallas: Word, 1991.

Clark, David und Norman Geisler. *Apologetics in the New Age.* Grand Rapids, Mich.: Baker Book House, 1990.

Ferguson, Duncan, Herausgeber. *New Age Spirituality: An Assessment.* Louisville, Ky.: Westminster/Knox Press, 1993.

Gray, William. *Thinking Critically About New Age Ideas.* Belmont, Calif.: Wadsworth Publishing, 1991.

Groothius, Douglas. *Confronting the New Age.* Downers Grove, Ill.: InterVarsity Press, 1988.

Groothius, Douglas. *Revealing the New Age Jesus.* Downers Grove, Ill.: InterVarsity Press, 1990.

Groothius, Douglas. *Unmasking the New Age.* Downers Grove, Ill.: InterVarsity Press, 1986.

Halverson, Dean. *Crystal Clear: Understanding and Reaching New Agers.* Colorado Springs, Colo.: NavPress, 1990.

Mangalwadi, Vishal. *When the New Age Gets Old.* Chicago: Cornerstone Press, 1994.

Reisser Paul, Teri Reisser und John Weldon. *New Age Medicine.* Downers Grove, Ill.: InterVarsity Press, 1987.

Rhodes, Ron. *The Counterfeit Christ of the New Age Movement.* Grand Rapids, Mich.: Baker Book House, 1990.

Sneed, David und Sharon Sneed. *The Hidden Agenda: A Critical View of Alternative Medical Therapies.* Nashville: Thomas Nelson Publishers, 1991.

Strohmer, Charles. *What Your Horoscope Doesn't Tell You.* Wheaton, Ill.: Tyndale House Publishers, 1988.

Bücher, die die New-Age-Bewegung befürworten:

Adler, Margo. *Drawing Down the Moon.* Boston: Beacon Press, 1981.

Campbell, Joseph. *The Power of Myth.* New York: Doubleday Press, 1988.

Capra, Fritjof. *The Turning Point: Science, Society, and the Rising Culture.* Toronto: Bantam Books, 1982.

Castanada, Carlos. *The Teachings of Don Juan: A Yaqui Way of Knowledge.* New York: Ballantine Books, 1968.

Chopra, Deepak. *Quantum Healing: Exploring the Frontiers of Mind/Body Medicine.* New York: Bantam Books, 1989.

de Chardin, Pierre. *The Phenomenon of Man.* New York: Harper & Row, 1961.

D'Antonio, Michael. *Heaven on Earth: Dispatches from America's Spiritual Frontier.* New York: Crown Publishers, 1992.

Ferguson, Marilyn. *The Aquarian Conspiracy.* Los Angeles: J. P. Tarcher Press, 1980.

Fields, Rick u. a., Herausgeber. *Chop Wood, Carry Water.* Los Angeles: J. P. Tarcher Press, 1984.

Fox, Matthew. *The Coming of the Cosmic Christ.* San Francisco: Harper & Row, 1988.

Muller, Robert. *New Genesis: Shaping a Global Spirituality.* Garden City, N. Y.: Doubleday, 1982.

Russell, Peter. *The Global Brain.* Los Angeles: J. P. Tarcher, 1983.

Siegel, Bernie. *Love, Medicine & Mircales.* New York: Harper & Row, 1986.

Spangler, David. *Revelation: The Birth of the New Age.* Elgin, Ill.: Lorian Press, 1976.

Williamson, Marianne. *A Return to Love.* New York: HarperCollins, 1992.

Zukav, Gary. *The Seat of the Soul.* New York: Simon and Schuster, 1989.

Säkularismus

Dean C. Halverson

Der Säkularismus in der Welt

Wenn man die Zahl der »Atheisten« und der »Unreligiösen « zusammenrechnet, stellt man fest, dass 20 % der Weltbevölkerung Säkularisten sind (Barrett, 25).

In den folgenden Ländern machen Atheisten oder Unreligiöse mehr als 10 % der Bevölkerung aus: Albanien, Australien, China, Kuba, die ehemalige Tschechoslowakei, Frankreich, Französisch-Polynesien, Ungarn, Italien, Japan, Nordkorea, Macao, Mongolei, Niederlande, Neuseeland, Polen, Rumänien, Singapur, Schweden, die ehemalige UdSSR, Großbritannien, Uruguay, Vietnam und das ehemalige Jugoslawien.

Definition der Begriffe

Ein »Atheist« ist jemand, der sagt, es gebe genügend Beweise für die Nichtexistenz Gottes. Ein »Agnostiker« ist jemand, der sagt, es gebe nicht genügend Beweise, um feststellen zu können, ob Gott existiert oder nicht. Der »funktionelle Atheist« ist jemand, dem es gleichgültig ist, ob Gott existiert oder nicht. Für die folgende kurze Abhandlung schließt der Begriff »Säkularist« alle drei ein.

Die Entwicklung des Säkularismus

Die Renaissance (ca. 1400-1600 n. Chr.)

Zu Beginn des fünfzehnten Jahrhunderts erfand Gutenberg die Druckerpresse mit beweglichen Metalllettern. In der Folge bekam die Öffentlichkeit besseren Zugang zu den Schriften der Vergangenheit. Dies löste zweierlei aus: Erstens eine bessere Kenntnis des Wortes Gottes und aus diesem Grunde mehr Gehorsam gegenüber dem Wort Gottes, was zur Reformation führte. Zweitens, die Beschäftigung mit humanistischen Themen, die den Werken griechischer und römischer Denker entnommen wurden und die Grundlage der Renaissance bildeten. Das Wort »Renaissance« bedeutet »Wiedergeburt«, und wiedergeboren wurde die Empfänglichkeit der Menschen für Unabhängigkeit und Individualismus.

Gegen Ende der Renaissance begann die Entwicklung der modernen Methoden der empirischen Naturwissenschaft. Die Schlüsselfiguren waren Nikolaus Kopernikus (1473-1543), Johannes Kepler (1571-1630) und Galileo Galilei (1564-1642). Obwohl es jetzt ironisch klingen mag, glaubte jeder dieser Männer an den Gott des Christentums. Sie hielten die Naturwissenschaften für eines der Mittel, um das Werk eines allmächtigen Schöpfers zu erforschen und seine Naturgesetze zu erkennen. Galileo vertrat die Auffassung, dass Gott zwei »Bücher« geschrieben hat: die Bibel und die Natur (Hummel, 106).

Im Gegensatz zur weit verbreiteten Meinung ging die Trennung zwischen dem Christentum und den Naturwissenschaften nicht von der Kirche aus, sondern von den Universitätsprofessoren, die sich durch Galileos revolutionäre Gedanken bedroht fühlten. Diese Professoren waren von der wissenschaftlichen Methode Griechenlands geprägt, zu der Beobachtungen in kleinem Ausmaß gehörten, die aber Naturvorgänge meistens mit Hilfe rationaler Schlussfolgerungen aus Grundvoraussetzungen oder Annahmen erklärten.

Auf der Grundlage solcher Annahmen wurde eine ganze Anschauung des Universums entwickelt. In der Folge hielten die Professoren an falschen Auffassungen fest, wie etwa dass die Sonne keine Unvollkommenheiten aufweist, dass der Mond eine völlig glatte Kugel ist, die ihr eigenes Licht ausstrahlt, und dass nur die Erde einen Mond hat (da man annahm, die Erde sei das Zentrum des Universums).

Mit dem Teleskop, das Galileo erfunden hatte, konnte schnell die Unrichtigkeit dieser Annahmen nachgewiesen werden (Hummel, 91-94).

Da die Professoren von Galileo nicht widerlegt werden wollten, beschlossen sie, aus dieser Sache eine religiöse und nicht eine wissenschaftliche Streitfrage zu machen (Hummel, 92). Sie argumentierten, dass die heliozentrische (auf die Sonne als Mittelpunkt bezogene) Anschauung der Heiligen Schrift widerspricht. In Psalm 104,22 heißt es zum Beispiel: »Wenn aber die Sonne aufgeht …«*

Angesichts eines, wie es zu jener Zeit schien, echten Widerspruchs zwischen der Bibel und der heliozentrischen Theorie hatten die Theologen der römisch-katholischen Kirche keine andere Wahl, als Galileos Anschauungen zu verwerfen, da der Konflikt die Autorität der Kirche in Frage stellte.

Aufgrund dieses Streites zwischen der Kirche und Galileo begann die Spaltung zwischen Vernunft und Glauben. Jetzt gab es zwei anscheinend unvereinbare Quellen der Wahrheit: die Kirche und die Naturwissenschaften.

Durch seine Reaktion auf eine Bewegung, die Pyrrhonismus genannt wurde, stärkte der Philosoph René Descartes (1596-1650) die Tendenz, die Quelle der Wahrheit mehr und mehr der Kirche zu entziehen. Der Pyrrhonismus (nach dem griechischen Skeptiker Pyrrhon, 365-275 v. Chr., genannt) war eine Form extremen Skeptizismus, bei dem alles angezweifelt wurde. Folglich konnte nichts für sicher gehalten werden. Die Bedeutung von Descartes' *cogito ergo sum* (»ich denke, also bin ich«) liegt darin, dass er die Methode der Pyrrhonisten, alles in Frage zu stellen, benutzt hatte, um eine unbestreitbare Tatsache festzustellen: Der Zweifler kann sich seiner eigenen Existenz sicher sein (Brown, 184). Descartes hatte nicht die Absicht, ein religiöser Reformer zu werden; trotzdem hat seine neue Methode der Stellung zur Wahrheit das Christentum zutiefst erschüttert. Sie wurde gebraucht, um die Grundlage für Gewissheit von Gott weg auf den Menschen zu verschieben.

* Luther-Übersetzung 1984. Deshalb muss die Sonne um eine stillstehende Erde kreisen.

Die Aufklärung (ca. 1600 – 1800 n. Chr.)

Die Erfolge der Naturwissenschaften kündigten das Zeitalter der Aufklärung an. Während der Aufklärung wurden die Naturwissenschaften zum höchsten Prüfungsmaßstab der Wahrheit erhoben.

Die Entdeckungen der Gesetze der Naturwissenschaft durch Männer wie Francis Bacon (1561-1626), Robert Boyle (1627-1692) und Isaac Newton (1642-1727) unterstützten die Analogie, dass das Universum wie eine Maschine funktioniert. Eine solche Analogie führt schnell dazu, dass es keinen Bedarf mehr für Gott als Erhalter des Universums gibt.

Andere Einwendungen gegen das christliche Weltbild entstanden aufgrund der Philosophen Thomas Hobbes (1588-1679), David Hume (1711-1776) und Immanuel Kant (1724-1804). Hobbes arbeitete die Folgen einer materialistischen Philosophie aus, in der die Materie die höchste Substanz des Universums ist. In seinem Hauptwerk *Eine Untersuchung über den menschlichen Verstand* brachte Hume Argumente gegen die Glaubwürdigkeit der Wunderberichte der Bibel vor. Und Kant ermutigte die Leute, die Macht ihres eigenen Verstandes geltend zu machen und die Fesseln kirchlicher Autorität abzuwerfen (Brown, 286-287).

Trotz des Angriffs der Aufklärung glaubten die meisten Menschen im neunzehnten Jahrhundert, einschließlich der Naturwissenschaftler, an die Existenz eines vernunftbegabten, personalen Schöpfers. Der Grund war, dass es keine Alternative zur Theorie der Schöpfung gab, mit der man das Bestehen eines wohlgeordneten Universums angemessen erklären konnte. Das änderte sich mit Charles Darwin.

Die Moderne (ca. 1800 bis zur Gegenwart)

1859 veröffentlichte Charles Darwin (1802-1882) sein Buch *Die Entstehung der Arten durch natürliche Selektion* oder *Die Erhaltung der begünstigten Rassen im Kampf ums Dasein.* Darin stellte Darwin die Theorie auf, dass Lebensformen sich aus natürlichen, dem Zufall überlassenen Prozessen und nicht aufgrund des Plans eines intelligenten Schöpfers entwickelten.

Die Lücke, die früher mit einem religiösen Glauben an einen Schöpfer gefüllt wurde, konnte jetzt mit Hilfe der Evolutionstheorie mit einer rein wissenschaftlichen und naturalistischen Erklärung gefüllt werden. Viele Naturwissenschaftler waren von der Evolutionstheorie fasziniert und begannen, sie auf alle Wissensgebiete, einschließlich Geschichte (Marx) und Psychologie (Freud) anzuwenden.

Der Darwinismus führte dazu, dass für viele der Glaube an Gott eine entbehrliche Hypothese wurde. Wenn die Menschen Lösungen für ihre Probleme und Hoffnung für die Zukunft finden wollen, dann müssen sie sich auf sich selbst verlassen und nicht auf Gott.

Die Überzeugungen des Säkularismus

1. Gottesleugnung

Der grundlegendste Lehrsatz des Säkularismus ist das Abstreiten der Existenz des Übernatürlichen. Es gibt nur Materie.

Dem Säkularismus zufolge ist der Glaube an Gott nichts mehr als eine Projektion der Gedanken und Wünsche der Menschen. Gott hat den Menschen nicht nach seinem Bild geschaffen; der Mensch hat vielmehr Gott nach seinem Bild geschaffen.

2. Das Abstreiten von Wundern

Wenn man die Existenz Gottes abstreitet, ist es logisch zu sagen, dass Wunder – das Ergebnis des Eingreifens Gottes – unmöglich sind. Die Säkularisten argwöhnen, dass die in der Bibel berichteten Wunder Beschönigungen der Autoren gewesen sein mussten, die ihre eigene religiöse Richtung anpriesen (Geisler und Brooks, Kapitel 5; Geisler, 1992).

3. Die Tatsache der Evolution

Die Säkularisten behaupten, dass die Existenz und Komplexität des Universums durch die naturalistischen Grundsätze, die in der Evolutionstheorie dargelegt sind, ausreichend erklärt werden können. Auch die Persönlichkeit und das Denken sind Produkte des Evolutionsprozesses und werden durch die gegenseitige Beeinflussung chemischer und biologischer Faktoren ausreichend erklärt. Deshalb gibt es keinen »Geist in der Maschine«.

4. Die Möglichkeiten der Menschheit

Die Säkularisten halten die Religion für einengend und realitätsfern. Religion dient nur zur Beschwichtigung der Ängste unwissender Menschen. Wenn die Menschen überleben wollen, müssen sie, den Säkularisten zufolge, den Problemen beherzt entgegentreten und die Antworten in sich selbst, in der Vernunft und in den Naturwissenschaften finden. Die Menschen können die Probleme nur dann beherzt angehen, wenn sie sich von den Fesseln der Religion befreit haben.

5. Die zentrale Stellung der Naturwissenschaften

Die Säkularisten sind davon überzeugt, dass die naturwissenschaftliche Methode der Forschung der einzig zuverlässige Weg zur Entdeckung von Wahrheit und Wissen ist. Dem säkularistischen Standpunkt zufolge besteht zwischen Vernunft und Glauben, Wissenschaft und Religion, empirischer Beobachtung und offenbarter Autorität eine unversöhnliche Gegensätzlichkeit. Die beiden Wege zu Wahrheit und Wissen schließen sich gegenseitig aus.

6. Die Betonung der Relativität

Die Säkularisten streiten ab, dass es einen absoluten moralischen Bezugspunkt außerhalb des Menschen, etwa einen heiligen Gott gibt. Sie behaupten, dass die Menschheit keinen absoluten moralischen Maßstab außerhalb ihrer selbst benötigt, um eine ausreichende Grundlage und Motivation für moralisches Verhalten zu haben. Die Menschheit ist von Natur aus gut, und dieses angeborene Gutsein muss nur durch Erziehung, nicht durch religiöse Umwandlung, verwirklicht werden.

7. Die Endgültigkeit des Todes

Mit dem Tod hört der Einzelne auf, in irgendeiner zusammenhängenden oder bewussten Form zu existieren. Wie die Unterzeichner des *Humanistischen Manifests II* schrieben: »Es gibt keinen glaubwürdigen Beweis dafür, dass das Leben nach dem Tod des Körpers weitergeht« (Lamont, 293).

Vorschläge für die Verkündigung des Evangeliums

1. Welchen Gott hat die betreffende Person abgelehnt?

Denken Sie nicht, dass jeder ausländische Student, den man als Säkularist bezeichnen könnte, den personalen Gott der Bibel ablehnt. Da sie aus Kulturen kommen, die von verschiedenen nichtchristlichen Religionen beeinflusst sind, haben sie vielleicht noch gar nicht die Möglichkeit ins Auge gefasst, dass es einen Gott gibt, der eine Person ist und der sie liebt. Stellen Sie Fragen, um den Gottesbegriff der jeweiligen Person herauszufinden.

Säkularismus und Christentum im Vergleich

	Säkularismus	Christentum
Gott	Materie, in der einen oder anderen Form, ist alles, was von Ewigkeit her existiert hat und was immer existieren wird.	Gott alleine ist unendlich und ewig. Das materielle Universum ist endlich und hat nicht immer existiert. Gott hat es aus dem Nichts geschaffen.
Menschheit	Die Menschheit ist von Natur aus monistisch (eine Einheit), da die Person nur aus einer Substanz besteht: der Materie. Die Menschheit ist die Krone der allmählichen und dem Zufall überlassenen Evolutionsprozesse.	Die Menschheit ist von Natur aus dualistisch, da die Person aus zwei Substanzen besteht: Körper und Geist. Da die Menschheit nach dem Bild Gottes geschaffen wurde, ist sie die Krone der Schöpfung Gottes.
Das Problem der Menschheit	Das Problem liegt darin, dass die Menschheit sich auf die realitätsfernen Versprechungen der Religion verlässt, anstatt die Probleme beherzt anzugehen und zu glauben, dass die Menschheit die Möglichkeiten hat, eine Welt zu schaffen, in der Frieden und Gerechtigkeit herrschen.	Das Problem liegt darin, dass die Menschheit gegen einen personalen und heiligen Gott aufbegehrt hat. Als Ergebnis leben wir für uns selbst und setzen unsere Hoffnung auf falsche Götter, wie Erfolg, Geld, die Natur, Wissenschaft, Bildung usw.
Die Lösung	Die Lösung liegt darin, die naturwissenschaftliche Methode der rationalen Forschung auf alle Aspekte des Lebens auszudehnen, während man gleichzeitig für den Einzelnen Mitgefühl empfindet.	Die Lösung liegt darin, die Menschheit durch den Glauben an Jesus Christus wieder in eine rechte Beziehung zu einem heiligen Gott zu bringen. Das Christentum ist zwar für die naturwissenschaftliche Methode der rationalen Forschung, jedoch gegen die Wissenschaftsgläubigkeit, die über

	Säkularismus	Christentum
		die Grenzen der Naturwissenschaft hinausgeht, indem sie behauptet, dass die naturwissenschaftliche Methode ein ausreichender Weg zur ganzen Wahrheit ist.
Jesus Christus	Jesus war bestenfalls ein guter Morallehrer. Da die Autoren der Bibel Einzelheiten aus dem Leben von Jesus beschönigten, haben wir nur wenig sichere Erkenntnisse über die historischen Tatsachen seines Lebens.	Jesus war die wahre Personifikation Gottes auf Erden. Die Bibel erfüllt die Voraussetzungen, verbürgte Geschichte zu sein. Sie berichtet, dass Jesus lebte, für unsere Sünden gestorben und von den Toten auferstanden ist.
Leben nach dem Tod	Nach dem Tod gibt es kein Überleben des Bewusstseins einer Person.	Nach dem Tod gibt es ein Überleben der Person, entweder im ewigen Leben mit Gott oder in ewiger Trennung von ihm.

2. Stellen Sie Beweise für die Existenz Gottes zur Verfügung

Im folgenden Abschnitt werden einige Beweise für die Existenz Gottes aufgelistet. Achten Sie darauf, wie jeder neue kleine Beweis uns mehr über die Natur Gottes erzählt – von der Ursache, zur intelligenten Ursache, zum moralischen Wesen, zum Erfüller unserer Sehnsüchte.

A. Der Ursprung des Universums und des Lebens. Der zweite Hauptsatz der Thermodynamik besagt, dass für den Fall, dass die gesamte Energie konstant bleibt (erster Hauptsatz), die verfügbare, nutzbare Energie konstant sinkt (zweiter Hauptsatz). Die Energie bewegt sich unweigerlich auf einen Zustand zu, in dem sie immer weniger nutzbar und immer unzugänglicher wird. Das unvermeidliche Abkühlen einer Tasse Tee ist ein Beispiel für die zwingenden Notwendigkeiten des zweiten Hauptsatzes.

Was sind die Folgen des zweiten Hauptsatzes der Thermodynamik im Hinblick auf den Ursprung des Universums? Er bedeutet, dass das Universum einen Anfang hatte. Hätte das Universum schon immer existiert, wäre bereits eine unendliche Zeit vergangen, bevor der jetzige Augenblick erreicht wurde. Es kann aber nicht sein, dass eine unendliche Zeit vergangen ist, um bis zu diesem Augenblick zu gelangen, weil dem zweiten Hauptsatz der Thermodynamik zufolge das Universum, das eine endliche Energiemenge enthält, dann in einem Gleichgewichtszustand wäre – einem kalten, leblosen Zustand absoluter Ruhe.

Das führt folgerichtig zur nächsten Frage: Wenn das Universum nicht immer existiert hat, wer oder was hat es dann zum Entstehen gebracht? Wir können uns mit dieser Frage an die Naturwissenschaft wenden. Die Wissenschaftler haben erkannt, dass das Universum an seinem Anfang auf eine Präzision von über sechzig Dezimalstellen eingestellt war, was eine Präzision ist, die gleich der Zahl zehn ist, die über sechzigmal mit sich selbst multipliziert wird. Wäre das Universum nicht so exakt eingestellt worden, hätte es nicht »funktioniert«. Alle bekannten Prozesse der Natur sind jedoch nicht so exakt eingestellt, sondern nur auf mehrere Dezimalstellen. Nur eine erste Ursache höchster Intelligenz hätte eine solch phänomenale Genauigkeit zustande gebracht.

Eine weitere Frage lautet: Was ist Leben und wie ist es entstanden? Könnte es möglich sein, dass das Leben aus allmählichen Veränderungen entstanden ist, die sich aus der gegenseitigen Beeinflussung natürlicher Kräfte im Verlauf von Milliarden von Jahren ergeben haben?

Machen Sie zur Beantwortung dieser Fragen ein einfaches Experiment. Geben Sie Salz und Pfeffer in einen durchsichtigen Behälter, der geschlossen werden kann und halten Sie das Salz und den Pfeffer getrennt. Schütteln Sie dann den Behälter. Was geschieht? Das Salz und der Pfeffer vermischen sich. Schütteln Sie den Behälter weiter und versuchen Sie, die beiden wieder zu trennen. Trennen sie sich? Wie könnte man am besten das Salz vom Pfeffer trennen?

Was zeigt dieses Experiment? Erstens, dass die dem Zufall überlassenen Naturprozesse strukturierte Anordnungen zerstören und nicht schaffen. Zweitens, dass ein Intellekt (der physikalisch das Salz vom Pfeffer trennt) erforderlich ist, um die strukturierte Anordnung wiederherzustellen (siehe Gang, Kapitel 7).

Lebende Zellen sind wie die Anordnung von Salz und Pfeffer in getrenntem Zustand, außer dass die Anordnung in den Zellen viel komplexer ist. Sie sind nicht nur komplex, sondern auch lebensfähig, was bedeutet, dass irgendeine beliebige Anordnung nicht ausreicht; lebende Zellen müssen eine ganz bestimmte strukturierte Anordnung enthalten, die das Leben hervorruft und erhält. Solch eine Anordnung enthält außerdem eine enorme Menge an Informationen, wie sie zum Beispiel in der DNS vorhanden sind. Das Leben ist nicht nur eine gleichbleibende strukturierte Anordnung wie in Kristallen, die von zufälligen Naturprozessen hergestellt werden können. Stattdessen ist das Leben wie eine Anordnung in einem Entwurf, die nur von einem intelligenten Wesen hergestellt werden kann.

Die Frage nach dem Ursprung betrifft auch die Frage nach einer ausreichenden Quelle für die Informationen – die logisch zusammenhängenden und lebensfähigen Anordnungen, die in lebenden Zellen enthalten sind. Wer sagt, die in einer komplexen lebenden Zelle enthaltenen Informationen haben ihren Ursprung in den zufälligen Evolutionsprozessen der Natur, der glaubt, dass man das Salz vom Pfeffer durch Schütteln des Behälters trennen kann – ein Ergebnis, das nicht beobachtet wurde und deshalb eine Sache des Glaubens ist und etwas, das gegen den beobachteten zweiten Hauptsatz der Thermodynamik verstößt.

Die beste Erklärung für die Quelle der Informationen in lebenden Zellen ist nicht die blinde Natur, sondern ein höchster Intellekt. Schließlich ist es eine alltägliche, empirische Tatsache, dass Menschen und nicht dem Zufall überlassene Prozesse die Quelle sinnvoller und logisch zusammenhängender Anordnungen, wie Bücher, Autos, Gebäude usw. sind. Auch ist es kein bloßer Zufall, dass das Thema der Trennung – das Eingeben von Informationen – im Schöpfungsbericht im ersten Kapitel von 1. Mose gefunden wird, wo Gott Ordnung in das gestaltlose Chaos brachte, indem er das Licht von der Dunkelheit, das Wasser unter der Feste von dem Wasser über der Feste, das Wasser vom Land, die Zeit in Tage und Jahre, das Leben im Meer, in der Luft und auf dem Land (jedes nach seiner Art), den Menschen vom Staub und die Frau vom Mann trennte.

B. Das Vorhandensein eines Planes. Das Argument des Planes ist auf die Voraussetzung gegründet, dass ein Plan auf das Werk eines intelligenten Planers hindeutet (siehe Psalm 19,2, Römer 1,20). Die Uhr ist dafür das klassische Beispiel. Es liegt auf der Hand, dass das komplizierte Uhrwerk nicht das Ergebnis eines glücklichen Zufalls sein kann, sondern nur durch die umsichtige Planung eines intelligenten Planers geschaffen werden konnte (siehe Olsen, 26-27, und Denton, Kapitel 14). Das Gleiche gilt für die Beziehung zwischen der Schöpfung und dem Schöpfer (zum Beispiel die Feinheiten des menschlichen Auges).

C. Die Stimme des Gewissens. Unser Gewissen und unsere Schuldgefühle sind Beweis für unsere moralische Natur. Solche moralischen Gefühle sind wie eine Währung – sie sind wertlos, wenn sie nicht von einem Wert außerhalb ihrer selbst gestützt werden. Sie sind auch die beste Erklärung dafür, warum wir moralische Empfindungen haben: Unsere Quelle muss sowohl moralisch als auch personal sein, denn unpersönliche Naturkräfte haben keine Empfindungen. Mit anderen Worten, da es ein moralisches Gesetz gibt, das für uns alle bindend ist, muss es einen moralischen Gesetzgeber geben (siehe Geisler und Brooks, Kapitel 13).

D. Die Sehnsucht nach mehr. Wenn Säkularisten auch in der Öffentlichkeit sagen mögen, dass sie es akzeptieren, dass mit dem Tod alles aus ist, bleiben doch private Zweifel bestehen. Corliss Lamont, zum Beispiel, der 1977 zum Humanisten des Jahres gewählt wurde, schrieb: »Sogar ich als Ungläubiger würde mich ehrlich gesagt freuen, wenn ich eines Tages zu einem befriedigenden ewigen Leben aufwachen würde« (Lamont, 98). Der atheistische Philosoph Bertrand Russell klang etwas unschlüssig bei dem Gedanken, dass dieses Leben alles ist, was es gibt: »Es ist komisch, nicht wahr? Ich bin dieser Welt und den Menschen, die in ihr leben, leidenschaftlich zugetan, und doch ... was ist das alles? Es muss etwas Wichtigeres geben, so meint man, obwohl ich nicht daran glaube« (Heck, 224).

Was könnte die Quelle unserer Sehnsucht nach mehr sein? Vielleicht hat das Universum einen kosmischen Schabernack mit uns gespielt. Oder vielleicht ist unsere Sehnsucht ein Fehler der Evolution. Und wenn es kein Schabernack und kein Fehler ist, sondern ein Hinweis auf das, was wirklich und wahr ist?

Antworten auf Hindernisse und Einwände

1. Das Problem des Bösen

Das Problem des Bösen lautet: Wenn es einen allmächtigen und ganz und gar guten Gott gibt, dann würde er das Böse nicht zulassen. Doch das Böse geschieht, also ist Gott entweder nicht allmächtig oder nicht ganz und gar gut.

Man kann auf diesen Einwand zunächst antworten, dass das Problem des Bösen das Vorhandensein eines absoluten Maßstabs für Gutsein voraussetzt. Solch ein Maßstab kann sich nur auf einen heiligen Gott gründen, genau das, was dieses Argument abstreiten will (siehe Geisler und Brooks, Kapitel 4; Zacharias, 174-178).

Zweitens, identifizieren Sie die Quelle des Bösen (siehe Kreeft, 49-56). Wir sprechen über moralisch Böses, nicht über Naturkatastrophen oder körperliche Krankheiten. Was das moralisch Böse betrifft, sind wir Personen, und Personen haben die Fähigkeit, zwischen Gut und Böse zu wählen. Das Böse ist das Ergebnis davon, dass Personen sich für das Falsche entschieden haben. Gott kann nicht dafür verantwortlich gemacht werden, in welcher Weise seine Geschöpfe entschieden haben, sich ihm zu widersetzen, da sie wirklich Entscheidungsfreiheit haben.

Hätte Gott eine Welt schaffen können, in der die Leute so programmiert wären, dass sie nur das tun, was gut ist? Ja, aber solche Geschöpfe wären Automaten, keine Personen, und sie wären nicht fähig gewesen, selbständig Entscheidungen zu treffen.

Drittens, wenn jemand das Problem des Bösen als Einwand vorbringt, nimmt er oder sie an, dass Gott sich mit dem Bösen nicht befasst hat. Die Bibel erklärt jedoch, dass Gott sich durch die stellvertretende Sühne von Jesus Christus mit dem Bösen auseinander gesetzt hat. Diejenigen, die das Problem des Bösen aufwerfen, meinen in Wirklichkeit oft, dass Gott mit dem Bösen nicht so verfahren ist, wie sie es erwarteten oder so, dass das Böse erträglicher gemacht wurde, sobald sie dies wünschten.

Obwohl das Böse jetzt nicht völlig besiegt ist, können wir gewiss sein, dass dies einmal geschehen wird. Wir wissen das aufgrund der historisch nachprüfbaren Auferstehung von Jesus Christus, durch die Gott den Tod – die Folge des Bösen und der Sünde – besiegt hat.

Widersprüche und Probleme innerhalb der säkularistischen Weltanschauung

Säkularistische Behauptung	Widerspruch oder Problem
»Es gibt keine absolute Wahrheit.«	Eine solche Aussage erhebt selbst Anspruch darauf, eine absolute Wahrheit zu sein.
»Das Leben ist sinnlos.«	Die Person, die eine solche Aussage macht, widerspricht sich selbst, weil sie behauptet, eine sinnvolle Aussage zu machen (Zacharias, 73). Warum sich bemühen, eine sinnvolle Aussage zu machen, wenn das Leben sinnlos ist?
»Die Naturwissenschaft ist der einzige Weg zur Wahrheit.«	Die Richtigkeit einer solchen Aussage kann nicht mit Hilfe ihres eigenen Weges zur Wahrheit – der wissenschaftlichen Methode – nachgewiesen werden.
»Alle moralischen Grundsätze sind relativ.«	Wie kann man wissen, dass eine Person, die eine solche Aussage macht, die Wahrheit sagt, denn sie kann möglicherweise eine Lüge für zweckmäßig halten? Außerdem zögert eine solche Person oft nicht, moralische Urteile zu sozialen Fragen oder bezüglich ihrer Gottesvorstellung zu treffen (zum Beispiel: Warum hat Gott das Böse zugelassen?).
»Jeder Einzelne bestimmt sein eigenes Ziel im Leben. Es gibt kein höchstes Ziel.«	Wenn es kein höchstes Ziel gibt, dann sind auch die Ziele der Einzelnen sinnlos. Und wie kann jemand wissen, dass es keinen höchsten Sinn gibt, wenn er selbst eine höchste Zielvorstellung hat?
»Die Evolutionstheorie, die als ein Naturgesetz gepriesen wird, behauptet, dass Komplexes (Leben) sich aus Einfachem (Nichtleben) ohne Hilfe von Intelligenz entwickelt hat.«	Doch das Gesetz der Entropie, das ein *unbestreitbares Naturgesetz ist*, besagt, dass komplexe Dinge in einen nichtkomplexen Zustand zerfallen (siehe Noebel, 330-333).
»Die Menschheit ist von Natur aus gut.«	Solch eine Aussage hat keinen Sinn, da es im Säkularismus keinen moralischen Bezugspunkt gibt, mit dem man Gutsein messen kann. Und wenn die Menschheit wirklich von Natur aus gut ist, warum fällt das Gutsein dann den Menschen nicht von Natur aus zu?
»Was heute erforderlich ist, ist rationales und logisches Denken.«	Wie kann man sich darauf verlassen, dass unsere Gedanken die Wirklichkeit widerspiegeln, wenn sie nichts mehr sind als das Produkt chemischer und biologischer Faktoren?

2. »Wie kann ein gerechter Gott diejenigen richten, die nie von Jesus gehört haben?«

Dieser Einwand wirft die Frage der Gerechtigkeit auf. Bevor Sie auf diesen Einwand direkt antworten, bitten Sie Ihren Freund, über etwas nachzudenken: Worin liegt die Quelle deines Gerechtigkeitssinnes?

Manche antworten möglicherweise, dass jeder Einzelne seine eigene Quelle ist. Andere sagen vielleicht, dass die moralische Grundlage für unseren Gerechtigkeitssinn die allgemein übereinstimmende Auffassung in der Gesellschaft ist.

Das Problem bei solchen Antworten liegt darin, dass sie den Sinn des »sollte« aus dem, was »ist« ableiten. Doch das, was »ist«, bildet eine unzureichende Grundlage für unseren Begriff des »sollte«. Wenn die meisten Leute eine Lüge erzählt haben, so wird dadurch unser Empfinden, dass Lügen moralisch falsch ist, nicht für null und nichtig erklärt. Wenn wir unseren Gerechtigkeitssinn auf nichts Höheres als uns selbst oder die übereinstimmende Auffassung in der Gesellschaft gründen, dann bleiben wir in moralischer Relativität stecken. Aber »relative Gerechtigkeit« ist ein Widerspruch in sich.

Unser Gerechtigkeitssinn muss auf eine feste moralische Norm gegründet sein, wenn er sinnvoll sein soll. Wir beobachten, dass moralisches Empfindungsvermögen die Eigenschaft von Personen, nicht von Naturkräften ist. Doch welches Wesen wäre (1) eine Person, (2) außerhalb der Menschheit und (3) hätte moralisches Empfindungsvermögen? Die Antwort: Gott.

Der in diesem Einwand vorgebrachte Gerechtigkeitssinn bestätigt deshalb eigentlich die Existenz genau dessen, was in Frage gestellt wird, denn nur ein personaler, transzendenter, heiliger Gott ist eine ausreichende moralische Grundlage für unseren Gerechtigkeitssinn. Kurz gesagt, nichts kann letztendlich ungerecht sein, wenn es keine letzte Gerechtigkeit (Gott) gibt.

Aber wird Gott tatsächlich diejenigen richten, die nie von Jesus gehört haben? Ja und nein. Nein, in dem Sinn, dass er uns nicht auf der Grundlage einer Offenbarung richtet, die wir nicht erhalten haben. Und ja, er wird uns auf der Grundlage unserer Reaktion auf das Wissen, das wir erhalten haben, richten (Römer 2,12).

Außerdem hat Gott jedem Menschen durch das, was »allgemeine Offenbarung« genannt wird, Kenntnis von sich gegeben. Dazu gehört die Offenbarung Gottes in der Schöpfung und im Gewissen (Lewis & Demarest, Kapitel 2; Römer 1,19-20; 2,14-15; siehe auch Psalm 8,2.4; 19,2-5; Jesaja 40,12-14.26; Apostelgeschichte 14,15-17; 17,24-25).

3. »Die Bibel ist es nicht wert, dass man sich mit ihr befasst.«

Die Säkularisten tun die Bibel mit der Behauptung ab, sie sei voller Mythen, Widersprüche und wissenschaftlicher Ungenauigkeiten. Aus Platzgründen werden nur wenige Antworten auf diesen Einwand zusammengefasst (siehe Kapitel »Wie können wir wissen, dass die Bibel Gottes Wort ist?«; Boice, Kapitel 5; und Geisler, *Critics,* Kapitel 1).

Erstens, fragen Sie Ihren Freund, ob er die Bibel gelesen hat. Wenn nicht, ermutigen Sie ihn, sie zu lesen, bevor Sie seine Frage ernst nehmen. Es ist gut möglich, dass er zu seiner Einstellung zur Bibel durch den Einfluss eines anderen und nicht durch Erfahrung aus erster Hand gelangt ist.

Zweitens, wenn Ihr Freund behauptet, gebildet und gut unterrichtet zu sein, sollte er sich mit der Bibel vertraut machen. Warum? Weil sie das Buch ist, das einen beachtlichen Einfluss auf die Kulturen der Welt ausübte. Nach dem *Guiness Book of World Records* steht die Bibel auf Platz eins der Bestsellerlisten aller Zeiten (MacFarlan, 383). Sie hatte auch einen bedeutenden Einfluss auf die abendländische Literatur. In einer Abhandlung über Literatur lesen wir: »Große Autoren zeigen im Allgemeinen, dass sie mit der Bibel vertraut sind, und jemand, der die biblische Literatur nicht kennt, kann nur wenige große englische und amerikanische Schriftsteller des siebzehnten, achtzehnten, neunzehnten und zwanzigsten Jahrhunderts wirklich Gewinn bringend lesen«* (Holman, 61-62).

Drittens, man sollte sich ernsthaft mit der Bibel befassen, weil sie historisch genau ist (siehe Bruce; Geisler und Brooks, Kapitel 9; Kitchen; Wilson; Yamauchi).

Viertens, der Säkularist sollte sich ernsthaft mit der Bibel befassen, weil sie einzigartig unter den religiösen Schriften ist. Sie ist einzigartig, denn sie spricht von Gott, der in seiner Heiligkeit absolut ist, und der

* Dies gilt im Übrigen in größten Teilen auch für die deutsche Literatur (Anmerkung der deutschen Lektorin).

Sünder richtet. Bedenken Sie im Lichte dieser Tatsache Folgendes: Würden schlechte Menschen über solch harte Urteile (von denen die Bibel spricht) über ihre eigene Sünde schreiben und sich dadurch selbst für schuldig erklären? Oder andererseits, würden gute Menschen Dinge, die sie sich selbst ausgedacht haben, mit dem: »So spricht der Herr« versehen? Ist es nicht wahrscheinlicher, dass dies von Gott kam? (Boice, 57-58).

Einige andere Möglichkeiten, mit diesem Einwand umzugehen:

- Die erstaunliche Einheit der Bibel in Anbetracht der Tatsache, dass sie aus 66 Büchern besteht, die während eines Zeitraums von über fünfzehnhundert Jahren geschrieben wurden (siehe McDowell, 18).
- Die Autoren der Bibel wurden so geleitet, dass sie falsche wissenschaftliche Auffassungen bezüglich des Körpers, des Himmels und der Erde, die in den Kulturen und Religionen jener Zeit allgemein verbreitet waren, vermieden haben (siehe Barfield; Montgomery, Teil 3).
- Die Erfüllung der Prophezeiungen (siehe McDowell, Kapitel 9; Montgomery, Teil 4, Kapitel 3-4).

4. »Die Evolution bietet eine ausreichende Erklärung für den Ursprung des Universums und den Formenreichtum der Arten.«

Zugegeben, die meisten von uns haben nicht die Sachkenntnis, um das Beweismaterial gegen die Evolution wissenschaftlich fundiert darzulegen. Wie sollten wir dann auf die Einwände antworten, die Menschen vorbringen, die an die Evolutionstheorie glauben?

A. Komplizieren Sie die Dinge nicht. Sprechen Sie mit einfachen Worten über die Schöpfung. Ihre Definition der Schöpfung sollte nur darin bestehen, dass Sie glauben, dass ein intelligenter Schöpfer erforderlich ist, um den Ursprung des Universums zu erklären. Alles andere lenkt das Gespräch von der Kernfrage ab.

B. Die Evolution gründet sich genauso wie die Lehre von der Weltschöpfung durch Gott auf Glauben und Schlussfolgerungen. Die Evolution gründet sich auf Glauben, genauso wie die Lehre von der Erschaffung der Welt durch Gott.

Beachten Sie, dass Anhänger der Evolutionstheorie in einer Weise, die nicht von Beweismaterial belegt wird, vom Beobachtbaren zum Theoretischen übergehen. Sie beobachten zum Beispiel, dass innerhalb der Arten kleinere Veränderungen stattfinden (Mikroevolution), doch aus diesen Beobachtungen schlussfolgern sie die Theorie, dass solche Veränderungen sich summieren und so zur Bildung völlig neuer Arten führen (Makroevolution). Während Mikroevolutionen emipirisch überprüfbar sind, ist die Schlussfolgerung zur Makroevolution nur eine Theorie, die noch nie beobachtet wurde und die eine Glaubensfrage ist (Johnson, 1991, 115).

C. Der Glaube an die Schöpfung ist eine vernünftige Schlussfolgerung. Die Lehre von der Weltschöpfung durch einen allmächtigen Schöpfer ist eine vernünftige Alternative zur Evolution. Schließlich lautet einer der Grundsätze der Naturwissenschaft, dass jede Wirkung eine Ursache hat. Die biblische Lehre von der Weltschöpfung bietet eine ausreichende Ursache für unsere Existenz als Personen: einen personalen Gott, der moralisch heilig und intelligent ist und durch sich selbst besteht.

Auf der anderen Seite bietet die Evolution keine ausreichende Ursache dafür, dass Komplexes (Leben) aus Einfachem (Nichtleben) entsteht. Mit anderen Worten, die Evolutionstheorie behauptet, dass das Universum ohne Ursache aus nichts entstanden ist. Ist das vernünftig?

Die biblische Lehre von der Schöpfung ist außerdem vernünftig, weil sie in der Lage ist, eine Unterscheidung zu treffen zwischen der *Funktionswissenschaft*, die sich mit den Grundsätzen des kontinuierlichen Funktionierens des Universums befasst, und der *Ursprungswissenschaft*, die sich mit den Grundsätzen befasst, die das Universum zum Entstehen brachten. Wenn die Anhänger der Evolutionstheorie behaupten, die Naturwissenschaft könne Aussagen über den Ursprung des Universums machen, so nehmen sie an, dass dieselben Gesetze, die für das Funktionieren des Universums gelten, auch geeignet für die Erklärung des Ursprungs des Universums sind. Eine solche Annahme kommt der Aussage gleich, dass dieselben Gesetze, die erklären, wie ein Auto funktioniert, auch hinreichend erklären können, wie das Auto entworfen und gebaut wurde. Dies ist nicht der Fall, weil für den Ursprung des

Autos die Arbeit intelligenter Wesen erforderlich war (Geisler, 1983, 137-138).

Wenn Sie weiteres Beweismaterial gegen die Evolution sammeln möchten, dann finden Sie im Folgenden einige nützliche Ansatzpunkte (siehe Noebe, Kapitel 14):

- Die Fossilien: das plötzliche Auftauchen komplexer Lebensformen und das Fehlen von Übergangsformen.
- Das Problem, dass Leben aus Nichtleben entstanden sein soll (siehe Gange, Kapitel 9; Thaxton).
- Das Problem, dass Komplexes (Leben) sich aus Einfachem (Nichtleben) ohne Hilfe eines intelligenten Eingreifens entwickelt haben soll.
- Die enorme Menge an Information, die in der DNS gespeichert ist, lässt eher auf eine intelligente Quelle als auf puren Zufall schließen (siehe Gange).
- Das Fehlen von Mutationen, die sich auf das Überleben eines Organismus günstig auswirken.
- Das Maximum an Veränderungen, die innerhalb einer Art möglich sind.

Nun möchte ich noch drei Bücher empfehlen, die die Evolutionstheorie vom naturwissenschaftlichen Standpunkt her beleuchten: *Evolution: A Theory in Crisis* von Michael Denton; *Darwin on Trial* von Phillip Johnson und *Of Pandas and People* von Percival Davis und Dean Kenyon.

Empfohlene Quellen

Wenn Sie Bücher suchen, die in einem einzigen Band die meisten gängigen Einwände der Säkularisten ansprechen, so empfehle ich: Geisler and Brooks; Kreeft; und Moreland (1987).

Wenn Sie Bücher suchen, die man einem Säkularisten in die Hand drücken kann und die vom naturwissenschaftlichen Beweismaterial her für die Existenz eines intelligenten Schöpfer argumentieren, so empfehle ich: Gange und Ross.

Ein Buch, das vom christlichen Standpunkt her in fast jedem Wissenszweig (Theologie, Philosophie, Ethik, Biologie, Psychologie usw.) einen

Vergleich zwischen der biblischen christlichen Weltanschauung und den Weltanschauungen des säkularen Humanismus und des Marxismus/Leninismus zieht: siehe Noebel.

Bibliographie und Quellen

Aldrich, Joseph C. *Life-Style Evangelism.* Portland, Ore.: Multnomah Press, 1981.

Barfield, Kenny, *Why the Bible Is Number I: The World's Sacred Writings in the Light of Science.* Grand Rapids, Mich.: Baker, 1988.

Barrett, David. »Annual Statistical Table on Global Mission: 1994«. *International Bulletin of Missionary Research.* Gerald Anderson, Herausgeber. New Haven, Conn.: Overseas Ministries Study Center, Januar 1994.

Boice, James M. *Foundation of the Christian Faith.* Downers Grove, Ill.: InterVarsity Press, 1986.

Brown, Colin. *Christianity & Western Thought: A History of Philosophers, Ideas & Movements.* Band I. Downers Grove, Ill.: InterVarsity Press, 1990.

Bruce, F. F. *The New Testament Documents: Are They Reliable?* Downers Grove, Ill.: InterVarsity Press, 1978.

Davis, Percival und Dean Kenyon. *Of Pandas and People. The Central Question of Biological Origins.* Dallas: Haughton Publishing, 1989.

Denton, Michael. *Evolution: A Theory in Crisis: New Developments in Science Are Challenging Orthodox Darwinism.* Bethesda, Md.: Adler & Adler, 1985.

Gange, Robert. *Origins and Destiny: A Scientist Examines God's Handiwork.* Dallas: Word Publishing, 1986.

Geisler, Norman. *Is Man the Measure?* Grand Rapids, Mich.: Baker Book House, 1983.

Geisler, Norman. *Miracles and the Modern Mind.* Grand Rapids, Mich.: Baker Book House, 1992.

Geisler, Norman und Ron Brooks. *When Skeptics Ask: A Handbook on Christian Evidence.* Wheaton, Ill.: Victor Books, 1990.

Geisler, Norman und Thomas Howe. *When Critics Ask: A Popular Handbook on Biblical Difficulties.* Wheaton, Ill.: Victor Books, 1992.

Hayward, Alan. *Creation and Evolution: Rethinking the Evidence from Science and the Bible.* Minneapolis: Bethany House Publishers, 1995.

Heck, Joel, Herausgeber. *The Art of Sharing Your Faith.* Tarrytown, N. Y.: Fleming H. Revell Company, 1991.

Holman, C. Hugh. *A Handbook to Literature*, 3. Ausgabe, Indianapolis: Odyssey Press, 1975.

Hummel, Charles. *The Galileo Connection: Resolving Conflicts Between Science & the Bible.* Downers Grove, Ill.: InterVarsity Press, 1986.

Hunter, George, III. *How to Reach Secular People.* Nashville: Abingdon, 1992.

Johnson, Phillip. *Darwin on Trial.* Washington D. C.: Regnery Gateway, 1991.

Johnson, Phillip. *Reason in the Balance: The Case Against Naturalism in Science, Law & Education.* Downers Grove, Ill.: InterVarsity Press, 1995.

Johnstone, Patrick. *Operation World.* Pasadena, Calif.: William Carey Library, 1986.

Kitchen, K. A. *The Bible in Its World: The Bible & Archaeology Today.* Downers Grove, Ill.: InterVarsity Press, 1977.

Knechtle, Cliff. *Give Me an Answer That Satisfies My Heart and My Mind.* Downers Grove, Ill.: InterVarsity Press, 1986.

Kreeft, Peter. *Yes or No: Straight Answers to Tough Questions About Christianity.* San Francisco: Ignatius Press, 1991.

Kurtz, Paul. *In Defense of Secular Humanism.* Buffalo, N. Y.: Prometheus Books, 1983.

Lamont, Corliss. *The Philosophy of Humanism.* New York: Continuum, 1988.

Lewis, C. S. *Miracles.* New York: MacMillan, 1960. (In deutscher Übersetzung erschienen unter dem Titel: *Wunder: möglich – wahrscheinlich – undenkbar?* Brunnen Verlag 1992)

Lewis, Gordon und Bruce Demarest. *Integrative Theology.* Band I. Grand Rapids, Mich.: Zondervan Publishing House, 1987.

Lochhaas, Philip. *How to Respond to Secular Humanism.* St. Louis: Concordia Publishing House, 1990.

MacFarlan, Donald, Herausgeber. *Guinness Book of World Records.* New York: Bantam Books, 1991.

McDowell, Josh. *Evidence That Demands a Verdict.* San Bernardino, Calif.: Campus Crusade for Christ, 1972.

Montgomery, John, Herausgeber. *Evidence for Faith: Deciding the God Question.* Dallas: Word Publishing, 1991.

Moreland, J. P. *Christianity and the Nature of Science.* Grand Rapids, Mich.: Baker Book House, 1989.

Moreland, J. P. *Scaling the Secular City: A Defense of Christianity.* Grand Rapids, Mich.: Zondervan, 1987.

Nash, Ronald. *Faith & Reason: Searching for a Rational Faith.* Grand Rapids, Mich.: Zondervan, 1988.

Noebel, David. *Understanding the Times.* Manitou Springs, Colo.: Summit Press, 1991.

Olsen, Viggo. *The Agnostic Who Dared to Search.* Chicago: Moody Press, 1990.

Ross, Hugh. *The Creator and the Cosmos.* Colorado Springs, Colo.: NavPress, 1993.

Ross, Hugh. *The Fingerprint of God.* Orange, Calif.: Promise Publishing Co., 1989.

Russell, Bertrand. *Why I Am Not a Christian.* New York: Simon & Schuster, 1957.

Thaxton, Charles, Walter Bradley und Roger Olsen. *The Mystery of Life's Origin: Reassessing Current Theories.* New York: Philosophical Library, 1984.

Wilson, Clifford. *Rocks, Relics, and Biblical Reliability.* Grand Rapids, Mich.: Zondervan Publishing House, 1977.

Yamauchi, Edwin. »Archaeology and the New Testament«. *The Expositor's Bible Commentary.* Band I. Frank E. Gaebelein, Herausgeber. Grand Rapids, Mich.: Zondervan, 1979.

Zacharias, Ravi. *A Shattered Visage: The Real Face of Atheism.* Brentwood, Tenn.: Wolgemuth & Hyatt, 1990.

Zacharias, Ravi. *Can Man Live Without God?* Dallas: Word Publishing, 1994.

Shintoismus

David Clark

Geschichtliche Wurzeln

Für Abendländer ist und bleibt Japan ein Rätsel. Das gilt insbesondere für seine Religionen. Die traditionelle japanische Religion, der Shintoismus (oder *kami no michi*) – »der Weg der Götter« –, hat ihre Wurzeln in der Nationalgeschichte Japans und ist eng mit seiner Kultur verflochten.

Die frühe Entwicklungsphase (Vorgeschichte bis 790 n. Chr.)

Der frühe Shintoismus (vor 538-522 n. Chr.): Der Ausdruck »früher Shintoismus« beschreibt das religiöse Leben in Japan vor der Einführung des Buddhismus im sechsten Jahrhundert nach Christi Geburt. Die wichtigsten schriftlichen Quellen, die den frühen Shintoismus beschreiben, heißen *Kojiki* und *Nihongi* (Chroniken früher Mythen, die nach 712 von Mitgliedern des Kaiserhofes aufgezeichnet wurden) und *Engishiki* (Beschreibungen von frühen Gebeten und Ritualen).

Da die Mythen des *Kojiki* und *Nihongi* sehr viel später als die tatsächliche Zeit, die sie schildern sollen, aufgeschrieben wurden, stellt sich die Frage, wie genau sie die Glaubensinhalte und Praktiken des frühen Shintoismus beschreiben. Trotzdem steht fest, dass im Mittelpunkt der Traditionen des frühen Shintoismus landwirtschaftliche Feste, Sippen- oder Familientreue und Verehrung des Lebens standen. Örtliche Schamanen sprachen als religiöse Amtsträger für die *kami* (Götter) und bekämpften böse Geister. Mit Hilfe der *Kagura*, überlieferter heiliger Tänze und Musik des Shintoismus, die von jungen Mädchen *(miko)* ausgeführt wurden, riefen sie die *kami* herbei. In der Tat kann ein Großteil der traditionellen Kunst, Literatur und Musik Japans auf diese schamanistischen Praktiken zurückgeführt werden.

Viele Bräuche des einfachen Volkes jener Zeit sind jetzt in Geheimnis gehüllt. Doch steht fest, dass es in dieser alten Tradition im Shintoismus zwei unterschiedliche Arten von *kami* gab: die *hitogami* und die *ujigami*.

Die *hitogami* sind Mitglieder der Klasse von *kami* (oder *gami*, Götter), die mit heiligen Personen wie Schamanen, Weisen oder Heiligen in Verbindung gebracht werden. Das Hitogami-System ist sehr individualistisch und verehrt die wichtigen, manchmal idiosynkratischen religiösen Gestalten der Geschichte des Shintoismus.

Die *ujigami* dagegen sind eine Klasse von *kami*, die mit Familien, Sippen oder einer dazu gehörenden Gegend in Verbindung gebracht werden. Den *ujigami* und nicht den *hitogami* wird in einer japanischen Familie gehuldigt, wenn sie als Teil der Kindespflicht an der Ahnenverehrung teilnimmt.

Frühe wechselseitige Beeinflussung mit dem Buddhismus (552-710): Zwischen 538 und 552 kamen aus China und Korea neue Religionen nach Japan. Die Einführung des Buddhismus, des Konfuzianismus und des Taoismus setzte eine neue Dynamik gegenseitiger Beeinflussung der Religionen in Gang. Im frühen Shintoismus betete wahrscheinlich jede Gemeinde ihre lokale Gottheit nach den Bräuchen der jeweiligen Gegend an. Doch unter dem Einfluss anderer Religionen sammelten die Anhänger des Shintoismus allmählich ihre Gottheiten in einem Pantheon und errichteten ein System von Schreinen.

Der Konfuzianismus und der Taoismus gewannen keine große Anhängerschaft in Japan, doch brachen gewaltige Konflikte über der Frage aus, ob der Buddhismus angenommen werden sollte oder nicht. Diese Auseinandersetzung führte zu Sippenfehden und schließlich zur Ermordung des Kaisers im Jahr 592. Der siegende Sippenführer setzte seine buddhistische Nichte auf den Thron, und sie wählte als ihren Regenten den äußerst einflussreichen Shotoku (573-621). Shotoku machte den Buddhismus zur Staatsreligion und benutzte ihn als Teil seines Vorhabens zur Festigung des Staates und zur Schaffung einer reiferen japanischen Kultur.

Trotz der Bedeutung des Buddhismus am Kaiserhof wurde der Shintoismus immer noch von mächtigen Sippen unterstützt. Gegen Ende des siebten Jahrhunderts modernisierten einige Kaiser die Riten des Shintoismus und gaben ihnen den gleichen Status wie dem Buddhismus. Während dieser Zeit entstanden starke Verbindungen zwischen dem Kaiserhof und dem Großen Schrein von Ise. Der Große Schrein von Ise ist zwei Göttinnen geweiht, eine von ihnen ist die bedeutende Sonnengöttin Amaterasu.

Die Niederschrift des Kojiki (712): Als Teil der Wiederbelebung des Shintoismus am Kaiserhof ordnete der Kaiser das Niederschreiben des *Kojiki* an. Die Schöpfungsmythen im *Kojiki* stellen eine ganze Kosmologie verschiedener Götter vor. Sieben Generationen der *kami* gipfeln in der Heirat von Izanagi (einem männlichen *kami*) und Izanami (einem weiblichen *kami*). Diese beiden stiegen zum Meer hinunter, stießen einen Speer in die Wellen und zogen ihn wieder heraus. Überall, wo ein Tropfen Salzwasser von dem Speer hinfiel, entstand eine japanische Insel. Dann stiegen Izanagi und Izanami auf diese Inseln herab und erzeugten andere *kami*. Nach mehreren Generationen erschien Amaterasu, die Sonnengöttin. Amaterasu ihrerseits wurde die Urgroßmutter von Jimmu, dem ersten Kaiser.

Das Universum, das in diesen Quellen beschrieben wird, spiegelt zweifellos die Grundzüge der Weltanschauung des frühen Shintoismus wider. Dazu gehören die hohen Himmelsebenen, auf der die *kami* leben, die menschliche Welt und eine düstere Schattenwelt darunter *(yomi)*. Die *kami* sind Götter oder geistliche Mächte, die den Menschen helfen oder sie behindern können.

Die Betonung auf ritueller Reinheit ist in Japan tief verwurzelt. Shinto-Schreine werden abseits errichtet; alles, was durch Blut, Krankheit oder Tod verunreinigt ist, ist verboten. Vor dem Betreten muss man sich erst mit Wasser reinigen. Weiter ausgearbeitete rituelle Reinigungen (wie stundenlang bewegungslos unter einem eiskalten Wasserfall stehen) beseitigen innere und äußere Beschmutzung und ermöglichen es den *kami*, dem betreffenden Menschen hilfreich zur Seite zu stehen. Diese Reinigungsriten werden *harai* genannt. (*Harai* beschreibt auch den Zustand ritueller Reinheit.) Um den *kami* näher zu kommen, sind heilige Stätten der Reinheit, die frei von der Verunreinigung der Welt sind, erforderlich. Dieses Warten auf das Kommen der *kami* ist immer noch ein wichtiger Aspekt der Shinto-Praxis (Ellwood und Pilgrim, 106).

Der Aufstieg des Buddhismus in der Nara-Zeit (710-784): Gegen Ende der frühen Entwicklungsphase bauten die Buddhisten eine ganze Anlage von Tempeln um Nara (Südwesten von Tokio) herum. Die Buddhisten gründeten sechs Philosophenschulen und übten weiterhin Einfluss auf den Shintoismus aus, mit dem sie gleichzeitig im Wettstreit standen. Doch der Buddhismus konnte nie den weniger attraktiven Shinto-Glauben völlig in den Schatten stellen. Der Shintoismus spielte eine Rolle bei der Legitimierung des Buddhismus. Gegen Ende dieser Zeit hatten die Japaner in der Tat das Fundament für die Verschmelzung der beiden Religionen gelegt.

Die Entwicklungsphase (790-1600 n. Chr.)

Die Heian-Zeit (794 - 1185): Als die Japaner ihre Hauptstadt von Nara nach Kyoto verlegten (784-794), nahm die Kultur feudalistische Züge an. Der Kaiserhof entwickelte ein hochstilisiertes, ästhetisches Kulturleben. Japaner halten diese Zeit von Kyoto für den Inbegriff der klassischen japanischen Kultur. Die Oberschichten bemühten sich um *miyabi*, einen schwer fassbaren Sinn für höfische Eleganz und kultivierten ästhetischen Geschmack.

Auf der Grundlage der Zusammenarbeit in der Vergangenheit entwickelten die Buddhisten jener Zeit einen wichtigen Begriff: *honji suijaku*. Diese Lehre, die man mit »Urform, herabgelassene Spur« übersetzen kann, ermöglichte es den Buddhisten, ihre Götter, Buddhas und *bodhisattvas* (Menschen, die den Zustand eines Buddha erreicht haben) mit den Gottheiten des Shintoismus zu vereinen. Die Buddhisten betrachteten die *kami* des Shintoismus als Wächter, Schüler oder Verkörperungen buddhistischer Götter. Mit anderen Worten, die *kami* des Shintoismus wurden »herabgelassene Spuren« wahrer buddhistischer Realitäten.

Die Kamakura-Zeit (1185 - 1333): Im Laufe der Heian-Zeit strebten die Kaiser nach immer mehr Macht. Dies traf auch auf viele ruhelose Feudalherren zu. Diese Kriegsherren besaßen wirkliche Macht, weil sie die berühmte Kriegerklasse der Samurai vertraten. Die Samurai entwickelten einen besonderen Lebensstil, *bushido*, der verschiedene religiöse Traditionen zu einer Ethik der Selbstdisziplin, Treue, des Mutes und der Ehre verband. 1185 zerstörten Mitglieder der immer mächtiger werdenden Samurai-Klasse die alte Ordnung und errichteten eine neue Hauptstadt in Kamakura.

Während dieser Zeit erlebte der Shintoismus eine Art Wiederbelebung. Gegen Ende des dreizehnten Jahrhunderts versuchten Anhänger der Yui-ichi-Schule des Shintoismus, die Vorherrschaft und Unabhängigkeit des Shintoismus wiederherzustellen. Mit neuem Selbstbewusstsein bemühte sich die Yui-ichi-Schule um einen gereinigten Shintoismus, der frei von buddhistischen oder anderen Einflüssen ist. Zu diesem reinen Shintoismus gehörte nicht nur das System der Schreine mit seinen verschiedenen lokalen Aktivitäten, sondern auch das sehr bedeutende Gefühl der nationalen Einheit und Identität, das sich auf die Überzeugungen von der göttlichen Abstammung des Kaisergeschlechts und der geistlichen Einzigartigkeit Japans in der Welt gründete.

Um den Wiederaufschwung zu unterstützen, nahm die Yui-ichi-Schule *honji suijaku*, die Lehre von der »Urform, herabgelassenen Spur« an. Jetzt interpretierten die Anhänger des Shintoismus verschiedene buddhistische Gottheiten als »herabgelassene Spuren« shintoistischer Gottheiten.

Zeit der Konsolidierung und Erneuerung (1600 bis zur Gegenwart)

Die Tokugawa-Zeit (1600 - 1867): Dem sich verschärfenden politischen Konflikt und dem Chaos nach der Kamakura-Zeit wurde allmählich ein Ende gesetzt, als eine Gruppe tatkräftiger Feudalherren sich daran machte, das Land zu vereinigen und zu stabilisieren. Unter ihnen genoss Tokugawa Ieyasu (1542-1616) besondere Verehrung. Zwar hatten seine Vorgänger beträchtliche Fortschritte erzielt, doch es war Tokugawa, der schließlich ein neues Shogunat mit dem Sitz der Macht in der neuen Stadt Edo (dem heutigen Tokio) errichtete. Diese Männer besiegten nicht nur die Feudalherren, die ihnen den Rang streitig machten, sondern übernahmen auch die Herrschaft über das buddhistische Hauptquartier in Nara und das Kaisergeschlecht.

Die Tokugawa-Regierung bescherte Japan zweieinhalb Jahrhunderte lang relativen Frieden. Die Regierung war sehr auf die Sicherung ihrer Macht bedacht, mischte sich in das Privatleben der Menschen ein und widersetzte sich allen internationalen Einflüssen. Als Teil dieser Politik verboten die Tokugawa-Herrscher das Christentum, erklärten jedoch den Buddhismus als zum Staat gehörig. Die Tokugawa-Herrscher verhalfen auch dem Konfuzianismus, einem Glauben, der moralische Pflichten in den Mittelpunkt stellte, zu einer neuen Blüte.

In der Zwischenzeit entwickelte sich der Shintoismus in Richtung Nationalismus. Ein neues Interesse an klassischer japanischer Literatur durchdrang den Shintoismus in dieser Zeit. Verfechter des Shintoismus bemühten sich, den geschichtlichen Geist Japans wieder bekannt zu machen, die Menschen in diesem Geist zu unterweisen und das japanische Leben von ausländischen Einflüssen zu reinigen. Verschiedene shintoistische Themen der Vergangenheit – der göttliche Ursprung des Kaisergeschlechts und die Heiligkeit der nationalen Tradition – florierten in der späten Tokugawa-Zeit. Diese nationale Geisteshaltung förderte das Misstrauen, ja sogar die Feindschaft gegenüber ausländischen Ideen, selbst gegenüber den Ideen aus China. Die Anpassung der shintoistischen Themen an diese nationalen Belange schuf eine Art shintoistischer bürgerlicher Religion. Die Frucht dieses Nationalismus reifte im zwanzigsten Jahrhundert und erreichte ihren Höhepunkt im Zweiten Weltkrieg.

Die Meiji-Periode und die Neuzeit (1868-1945): Verschiedene innere Spannungen und der Druck seitens ausländischer Staaten kamen zusammen und führten zum Sturz des Tokugawa-Regimes. Binnen kurzem brach das ganze Feudalsystem zusammen. Eine Gruppe jüngerer Angehöriger der Samurai-Klasse setzten in der berühmten Meiji-Restauration den Kaiser wieder auf den Thron. Ihr Motto lautete »Zurück zur Antike«, obwohl sie sich ironischerweise schnell daranmachten, Japan in die Neuzeit zu bringen. 1889 führten die Japaner ein parlamentarisches System ein, wobei der Kaiser als Symbol erhalten blieb. Japan setzte seine ganze Kraft dafür ein, eine von den demokratischen Grundsätzen des Abendlandes beeinflusste Wirtschaftsmacht zu werden (obwohl die tatsächliche Macht weiterhin in den Händen einer kleinen Gruppe nicht gewählter Beamter lag).

Die Regierung der Meiji-Zeit hob das Verbot des Christentums auf (als Teil ihres Modernisierungsprozesses), führte die Trennung von Buddhismus und Staat durch und erklärte den Shintoismus zur Staatsreligion (als Teil der Restauration des Kaisergeschlechts). Gegen Ende des neunzehnten Jahrhunderts führten Missionare erneut den Katholizismus und zum ersten Mal den Protestantismus ein. Die Japaner machten unglaubliche wirtschaftliche und politische Fortschritte und wandelten sich von einem Feudalstaat in eine moderne wegweisende Nation.

In den Jahren vor dem Zweiten Weltkrieg spielte der Shintoismus eine immer bedeutendere Rolle im nationalen Leben Japans. Die Verfassung von 1889 proklamierte offiziell einen »unreligiösen« Shintoismus. Dieses Gefüge von Werten und Idealen – es fällt schwer, diese Form des Shintoismus eine Religion zu nennen – diente zur Bekräftigung des Kaisertums und zur Verherrlichung der natürlichen Struktur. Die Regierung verflocht mit diesem unreligiösen Gebrauch des Shintoismus konfuzianische Ideale wie Treue und Ehrerbietung den Eltern gegenüber, sowie Werte der Samurai, wie zum Beispiel Selbstdisziplin. Dadurch wurde das Nationalbewusstsein heiliger Überlegenheit gestärkt. Die Nationalisten nutzten diese Begriffe des heiligen Nationalismus und den erklärten Wunsch, die »Welt unter ein Dach zu bringen«, um Japans Eintritt in den Zweiten Weltkrieg zu unterstützen.

Es ist schwierig, die Entwicklung des Shintoismus in der Vorkriegszeit zu deuten. Einige nannten diesen unreligiösen Gebrauch des Shintoismus »Staats-Shintoismus«. Doch daraus geht nicht hervor, dass die verschiedenen Personen, die diese bürgerliche Religion praktizierten, sie auf unterschiedliche Weise verstanden. Verwaltungsbeamte nutzten den Shintoismus unter Umständen zu Propagandazwecken, doch das gewöhnliche Volk praktizierte den Shintoismus nahezu genauso wie schon Jahrhunderte zuvor.

Einige Gelehrte sind der Meinung, der nationalistische und militaristische Gebrauch des Shintoismus sei in der Tat die Gründung eines gesonderten shintoistischen Kultes. Jemand nannte ihn Kokutai-Kult (Woodward, 11). Der nationalistische Gebrauch des Shintoismus durch die Regierung zwischen 1868 und 1945 war in gewisser Weise ein Überbau über das traditionelle religiöse Leben der Menschen in den Provinzen.

Nach dem Zweiten Weltkrieg wurde auf Druck der Vereinten Nationen in Japan eine neue Verfassung eingeführt. Während der Militärbesatzung (1945-1952) forderte die Regierung (wie sie von den Besatzungsbehörden umgestaltet wurde) wahre Religionsfreiheit. Der Shintoismus wurde des Charakters einer Staatsreligion entkleidet, und Kaiser Hirohito verzichtete offiziell auf seinen Anspruch auf Göttlichkeit. In diesem Zusammenhang des völligen gesellschaftlichen Zusammenbruchs und einer noch nie da gewesenen Freiheit kämpften viele traditionelle Religionen um ihre Neuordnung, während viele neue Glaubensrichtungen diese neuen Gegebenheiten für sich ausnutzten.

Trotz all des Neuen und Ausländischen, das in Japan Fuß gefasst hat, durchdringt das Traditionelle und wesenhaft Japanische immer noch das Bewusstsein der Menschen. Auf vielen Gebieten besteht in Japan eine beträchtliche Spannung zwischen der Aufnahme neuer Einflüsse und dem Erhalt seiner traditionellen Eigenart. Dies trifft auf nichts mehr zu als auf die Religion.

Die shintoistische Lebensweise

1. Der Geist des Shintoismus

A. Das gesellschaftliche Netz. Der Shintoismus tritt für die moralischen Werte der Treue und Pflicht gegenüber der Familie, der Sippe oder der Gruppe ein. Dies wird durch viele Aspekte der japanischen Kultur verdeutlicht. Das Wort für eine menschliche Person ist zum Beispiel *ningen* (wörtlich »zwischen Leuten«). Mensch sein bedeutet, mit anderen Personen zusammen zu sein. Die japanische Gesellschaft legt mehr Wert auf Gemeinschaft als auf individuelle Existenz. In der japanischen Sprache gibt es verschiedene Anredeformen für Menschen, die über, auf derselben oder unter der gesellschaftlichen Stellung des Sprechenden stehen. Die verbale Kommunikation bestärkt deshalb ein hierarchisch strukturiertes System menschlicher Beziehungen, an dem jeder teilhat. Der richtige Gebrauch der japanischen Sprache bindet eine Person in das gesellschaftliche Netz ein.

Der feudale Begriff *ōn*, »Verschuldetsein«, betont den Grundsatz der Pflicht. Obwohl manche Japaner abstreiten, dass dieser Begriff in einem modernen Zusammenhang von Bedeutung ist, so übt der Grundsatz des Verschuldetseins doch immer noch einen beträchtlichen Einfluss aus, wenn man von einer anderen Person etwas Wertvolles bekommen hat. Wenn zum Beispiel jemand das Leben eines Menschen rettet, dann entsteht dadurch eine besondere Beziehung zwischen diesen beiden Personen, und derjenige, dessen Leben gerettet wurde, steht in der Schuld des anderen.

Die feudalen Ursprünge des *ōn* gehen darauf zurück, dass ein Herr einem Vasallen ein Stück Land geschenkt hat. Als Gegenleistung schenkte der Vasall dem Herrn Treue, und so entstand eine gegenseitig verpflichtende Beziehung.

Die Eltern-Kind-Beziehung spielt ebenfalls eine Schlüsselrolle. Kinder haben für ihre alten Eltern zu sorgen und sie nach ihrem Tod zu verehren.*

Diese beiden Beispiele – Herr/Vasall und Eltern/Kind – veranschaulichen zwei bedeutende Merkmale dieses Systems des Verschuldetseins: Die Beziehung entwickelt sich zwischen einem Höherstehenden und einem Untergeordneten, und es handelt sich um eine Beziehung zwischen Personen, nicht nur um Treue gegenüber einem abstrakten moralischen Prinzip.

Mit *ōn* in Zusammenhang steht *giri*, eine gesellschaftliche Verpflichtung, die von einem Japaner fordert, nach strengen gesellschaftlichen Normen gegenüber Menschen, mit denen er in Beziehung getreten ist, zu handeln. *Giri* umfasst mehr als *ōn*, denn *giri* gilt nicht nur für hierarchische Beziehungen (etwa zwischen Kaiser und Untertan), sondern auch für Beziehungen zu Gleichgestellten (etwa zwischen Freunden). Ein interessanter Ausdruck von *giri* ist das Geben von Geschenken, ein häufiges Ereignis in der japanischen Gesellschaft. Es werden in der Tat so viele Geschenke gemacht, dass sogar Hochzeitsgeschenke weitergeschenkt werden.

Als ich Schüler der High-School war, war ich zum Beispiel erstaunt, als ich von einem Nachbarn einen Lackteller geschenkt bekam, auf dem der Name des Bräutigams und der Braut und das Hochzeitsdatum eingraviert waren. Dieses verblüffende Erlebnis machte mir die Bedeutung

* Soll man dies »Ahnen*verehrung*« oder »Ahnen*anbetung*« nennen? Für einige wenige streng religiöse Anhänger des Shintoismus ist es Anbetung, doch für die Mehrheit der nichtreligiösen Japaner, deren Praktizieren des Shintoismus nur ein äußerer Anstrich ist, handelt es sich um eine quasi religiöse Ehrerbietung. In beiden Fällen handelt es sich um ein Hindernis für die Aufnahme des Evangeliums. Außerdem ist die Ahnenverehrung so sehr mit shintoistischen Bräuchen, Riten und Ausdrucksweisen verflochten, dass Christen daran nicht teilnehmen sollten.

des Schenkens im Zusammenhang mit Pflicht und Beziehungen deutlich.

B. Ästhetisches Feingefühl. Zusätzlich zur Treue gegenüber der Gruppe legen Japaner großen Wert auf ästhetisches Feingefühl und Kultiviertheit. Dieses Gefühl für Ästhetik steht in direktem Zusammenhang mit dem japanischen Verständnis von religiösem Glauben. Die Japaner schätzen »poetische Wirklichkeiten« – »Wirklichkeiten unmittelbaren Erlebens und Fühlens, die einfach unbeschreiblich sind« (Ellwood und Pilgrim, 105). Der Shintoismus spricht zum Beispiel von *naka ima* (wörtlich: die Mitte von jetzt), der Betonung auf dem Leben in der Reinheit des momentanen Augenblicks.

Die Christen der westlichen Welt nehmen dagegen oft an, dass die richtige Lehre von zentraler Bedeutung für den religiösen Glauben ist. Für den Japaner ist das vermutlich nicht so.

Für einen Menschen aus dem Westen ist die Neigung der Japaner, in ihrem religiösen Ausdruck vage und ungenau zu sein, überraschend und verwirrend, ja sogar ärgerlich. Die japanische Art hat jedoch ihre eigene logische Grundlage. Jeder, der die Logik versteht, sollte sich in sie hineindenken und versuchen, ästhetisch an ihr Gefallen zu finden.

Die Japaner sind als sehr anmutige Menschen bekannt. Auf der Ebene zwischenmenschlicher Beziehungen sind Menschen aus der westlichen Welt oft verblüfft über die extreme Höflichkeit, die Japaner an den Tag legen. Doch obwohl dies bemerkenswert ist, sollten Menschen aus dem Westen sie nicht falsch deuten. In Geschäftsverhandlungen zum Beispiel können Japaner ungewöhnlich harte Gegner sein. Ein gewisses angenehmes äußeres Wesen verdeckt vielleicht vor dem Auge des Europäers die tiefe Treue, die Japaner gegenüber allem Japanischen haben.

C. Emotionale Tiefe und Reinheit des Herzens. Ein weiteres wichtiges Merkmal der Lebensanschauung des Shintoismus ist seine emotionale Tiefe und Reinheit des Herzens. Wir finden dies nicht nur in dem Interesse an ritueller Reinigung *(harai)*, sondern auch in der Betonung eines reinen *kokoro* (Herz). Man kann die moralischen Grundsätze des Shintoismus nicht in Listen mit Regeln ausdrücken. Der Shintoismus ist mehr darauf bedacht, die rituelle Reinheit einer ungetrübten Gesinnung und einer unbefleckten Seele zu bewahren oder wiederherzustellen. Diese bilden die Grundlage für richtiges Handeln.

In diesem Zusammenhang ist Wahrheit *(makoto)* etwas, das im *kokoro* ausgelebt wird. Wahrheit hat nichts mit einer Feststellung zu tun; Wahrheit bezieht sich nicht auf die richtige Beschreibung eines tatsächlichen Sachverhalts. Wahrheit wird vielmehr erfahren. Die Japaner erwarten, dass das Vermitteln von *makoto* keine klaren und deutlichen Aussagen erfordert, sondern eine kultivierte, verblümte Ausdrucksweise. Ausländer kommen damit äußerst schwer zurecht.

Der shintoistische Gelehrte Motoori Norinaga (1730-1801) greift dieses Merkmal des Shintoismus auf. Er prägte den Begriff *magokoro*, »aufrichtiges Herz«, ein Ideal, das *kokoro* und *makoto* verbindet. *Magokoro* ist das eigentliche Wesen der Götter und auch das Wesen von all dem, was im Menschen göttlich ist. Das Ideal ist jedoch nicht ein theoretischer Begriff, sondern eine Eigenschaft, die gelebt wird. Dieser Sinn für das Erleben oder Erfahren (das wichtiger ist als ein Interesse an genauen theologischen Aussagen) unterscheidet die religiöse Erfahrung der Japaner völlig von den abendländischen Formen der protestantischen christlichen Erfahrung.

2. Das Praktizieren des Shintoismus

Das tatsächliche Praktizieren des Shintoismus ist recht vielgestaltig, konzentriert sich aber meistens um den shintoistischen Schrein. (Die shintoistischen Kultstätten werden »Schreine« genannt; die buddhistischen heißen »Tempel«.) Vor dem heiligen Gelände eines shintoistischen Schreins stehen *torii*, große heilige Portale, die in etwa die Form des griechischen Buchstabens π haben, jedoch mit zwei Querbalken. Auf dem Weg von den *torii* zum Hauptgebäude findet man immer ein Waschgefäß zur Reinigung.

Das Hauptgebäude des Schreins besteht aus mehreren Bezirken. Der heiligste Ort beherbergt das *shintai*, einen Gegenstand wie einen Spiegel, ein Juwel oder ein Schwert, der die *kami* verkörpert. Das *shintai* selbst ist nicht direkter Gegenstand der Verehrung. Die Gläubigen beten die Gottheit an, die in dem *shintai* wohnt.

Eine Beterin nähert sich dem Hauptgebäude, hält an, um sich zu reinigen. Sie bringt ein Opfer dar, indem sie eine Münze in eine Sammelbüchse wirft oder Weihrauch anzündet. Vor dem Hauptgebäude des Schreins blickt sie auf den Altar, verneigt sich, klatscht zweimal in die Hände, um die *kami* zu rufen und hält die Hände dann zusammen vors Gesicht. In dieser Stellung verrichtet sie ihre Gebete für die *kami.* Für strenge gläubige Nachfolger gehört zur Anbetung die Einhaltung der rituellen Reinigung und das stille Warten darauf, dass die *kami* kommen, um mit dem Gläubigen zu sprechen. In vielen Häusern steht ein Familienaltar *(kamidana)*, an dem die Ahnen verehrt werden.

Die Anbetung ist jedoch nicht auf offenkundig religiöse Handlungen beschränkt. Ellwood und Pilgrim beschreiben die Bedeutung der Anbetung wie folgt:

> Der Wunsch nach richtigem Praktizieren, der Suche nach Reinigung und dem Feiern der vitalen Kräfte des Lebens durchdringt das religiöse Empfinden, ja das ganze Leben der Japaner. Von den alten mythischen Berichten über die Erschaffung der Welt durch die ursprünglichen kami bis zur rituellen Anrufung der kami zum Segnen eines neuen Öltankers [oder einer neuen Verkehrsampel], von den heiligsten Zeremonien der großen shintoistischen Schreine bis zu einem Gefühl für richtige gesellschaftliche Ordnung und Etikette, das Bemühen um richtiges Praktizieren, um Reinheit und Feiern des Lebens ist offenkundig. Diese religiöse Bewusstheit und Form ist tief in der japanischen Tradition verankert (Ellwood and Pilgrim, 6-7).

Gemeinschaftliche Feste haben das jährliche *matsuri* zum Mittelpunkt. Im weitesten Sinne steht *matsuri* für alle shintoistischen Rituale, einschließlich der Ritualisierung des Lebens selbst. Im engeren Sinne ist *matsuri* jedoch ein lokales shintoistisches Fest, bei dem ein lokaler *kami* gefeiert und seine Gegenwart angerufen wird.

Der Widerstand des Shintoismus gegen das Christentum

Obwohl die neue Verfassung dem Nationalismus der Vorkriegszeit die Flügel gestutzt hatte, ist der traditionelle Shintoismus immer noch Teil des Lebens im modernen Japan. Nur etwa 1,5 Millionen der 120 Millionen Japaner bekennen sich zum Christentum. Doch 112 Millionen sind Anhänger des Shintoismus. Viele Japaner betrachten sich selbst als Mitglieder mehrerer Religionen, denn 93 Millionen sind ebenfalls Buddhisten!

Trotz dieser Zahlen behaupten 65 bis 75 Prozent der Japaner, persönlich keine Religion zu haben. Für die meisten steht die Religionszugehörigkeit nur auf dem Papier. Shintoistisch zu sein bedeutet nach Meinung vieler Japaner nichts anderes als japanisch zu sein (Reader, Andreasen, Stefansson, 33).

Ein Haupthindernis für das Christentum in Japan ist sein Anspruch auf Ausschließlichkeit. In einer Kultur, in der der Shintoismus und der Buddhismus eine »Arbeitsteilung« entwickelt haben (das heißt verschiedene Aufgaben für verschiedene Religionen), erscheint eine Entscheidung »Entweder/Oder« merkwürdig. Für viele Japaner bieten die Religionen keinen persönlichen Glauben; sie sorgen für feierliche Zeremonien. Üblicherweise ist für Beerdigungen der Buddhismus, für Hochzeiten der Shintoismus zuständig. Heute sind in Japan »christliche« Eheschließungen beliebt. Doch dies bedeutet nur, dass die Kleidung, der Ablauf und der äußere Rahmen westlich und kirchenähnlich gestaltet sind.

Ironischerweise sind die Japaner natürlich kulturell recht ausschließlich japanisch. Doch religiös sind sie synkretistisch, und deshalb erscheint es schwierig, dass das Christentum eine ausschließliche Bindung an seine Lehren und an seinen Gott fordert.

Während des christlichen Jahrhunderts (1549-1649) erlebte das Christentum in Japan einen Durchbruch. St. Francis Xavier (1506-1552) war der Erste, der den Katholizismus in Japan einführte, und er hatte dabei zunächst Erfolg. Man schätzt, dass vielleicht 10 Prozent der damaligen Bevölkerung Christen waren.

Doch das Christentum war nicht zum selben religiösen Kompromiss wie der Buddhismus bereit. Obwohl der Buddhismus genauso eine ausländische Religion ist wie das Christentum, bedeutete seine Anpassung an den Shintoismus (zum Beispiel durch *honji suijaku*), dass der Buddhismus »japanisiert« wurde. Als kompromisslos monotheistische Religion konnte das Christentum etwas Ähnlichem nie zustimmen. Ein Jahrhundert nach Xavier, während der Tokugawa-Zeit, merzten schreckliche, von ausländerfeindlichen und antiwestlichen Leidenschaften angeheizte Verfolgungen die christliche Bewegung aus. Erst zweihundert Jahre später kam das Christentum nach Japan zurück.

In dem Roman *Shogun* wird eine Person gezwungen, sich zu entscheiden, ob sie Christ bleiben möchte. Sie sagt: »Seit hundert Jahren bin ich Christin. Japanerin bin ich schon tausend Jahre lang.« Dies drückt gut das Gefühl vieler Japaner aus, dass die Zugehörigkeit zu einer ausländischen Religion mit Jesus irgendwie einen Betrug an etwas grundlegend Japanischem bedeutet. Deshalb haben sich nicht viele Japaner für das Christentum entschieden.

Sowohl der japanische Widerstand gegen das Christentum als auch Japans Verbeugung vor dem neuen Gott des Materialismus hängen damit zusammen, dass die shintoistischen *kami* sehr immanent sind. Es ist geschichtlich belegt, dass in Weltanschauungen, in denen die Götter in der Natur wohnen, es schwierig wird, die Götter von der Natur zu unterscheiden. Wenn man anfängt zu sagen, dass Gott sich auf die innerhalb der Natur befindliche Lebenskraft bezieht, führt das schließlich dazu, dass man nur noch die Natur hat. Deshalb ist die tatsächliche Religion der Japaner, die zu Recht stolz auf ihre wirtschaftlichen Leistungen und ihre wirtschaftliche Macht sind, im Grunde genommen unreligiös und weltlich.

Der Shintoismus ist eine tief verankerte Wurzel, die bestimmte kulturelle Bräuche oder gesellschaftliche Gesetzmäßigkeiten trägt. Er ist auch wie eine Rinde, die die grundlegend weltliche Lebensausrichtung bedeckt. Doch der wirkliche Kern des Baumes ist die Teilnahme am Geschäftsleben. Die stärkste persönliche Religion ist der säkulare Materialismus.

Das Wesen der Götter (Kami) im Vergleich mit Gott

Shintoismus	Christentum
Es gibt viele Götter *(kami)*.	Es gibt einen dreieinigen Gott.
Die *kami* werden von anderen Göttern ins Leben gerufen.	Gott hat alle Dinge und alle Personen geschaffen.
Die *kami* wohnen in materiellen Gegenständen und in der Welt der Natur.	Gott geht in seinem Wesen über die Grenzen der Sinnenwelt hinaus.
Die *kami* können einem Menschen helfen oder übel wollen.	Gott ist liebevoll und absolut gut.
Die *kami* sind die Götter Japans.	Gott ist der Schöpfer und Herr aller Völker.

Die Beziehungen der Menschen zu den Göttern (Kami) oder zu Gott

Shintoismus	Christentum
Die *kami* fühlen sich durch rituelle oder zeremonielle Verunreinigung, die mit Blut oder Tod zusammenhängt, beleidigt.	Gott wird durch das moralische Aufbegehren seiner Geschöpfe, das sich in Ichbezogenheit und Ungehorsam äußert, entfremdet.
Die *kami* treten vielleicht mit denen in Verbindung, die sich rituell gereinigt haben und die auf ihre Gegenwart warten.	Gott verspricht, all denen nahe zu sein, die ihn um Vergebung bitten.
Die shintoistischen Gläubigen können ihre Pflicht erfüllen und nach ihrem eigenen Plan leben.	Christen folgen Gott, wenn sie den Plan Gottes und seinen Willen erfüllen.
Die shintoistischen Gläubigen erlangen die Gunst der *kami*, wenn sie die Reinigungsgrundsätze befolgen.	Die Christen genießen die Beziehung zu Gott durch zuversichtliches Vertrauen (Glauben) auf Gott.
Die Gunst der *kami* hängt von menschlichen Anstrengungen ab.	Eine Beziehung zu Gott ist ein Geschenk (Gnade), das man nicht verdienen kann.

Umgang mit Menschen, die vom Shintoismus beeinflusst sind

1. Machen Sie sich bewusst, dass jeder Japaner vom Shintoismus tief geprägt ist.

Jeder, der mit der japanischen Kultur in Berührung kommt, erlebt die Welt des Shintoismus. Der Shintoismus ist gewissermaßen die nationale Luft, die alle Japaner einatmen. Deshalb unterscheidet er sich beträchtlich vom Christentum, bei dem ernsthafte Nachfolger von Jesus versuchen, ihren Glauben bewusst im Alltag zu leben. Der Shintoismus ist viel mehr ein Hintergrundglaube und ein Praktizieren, als dies die Lebensweise eines gläubigen Christen ist. Doch deswegen ist der Shintoismus nicht weniger einflussreich. Ja, aus diesem Grund hat er vielleicht sogar noch mehr Einfluss.

2. Erkennen Sie die auffallende Schönheit der japanischen Kultur an.

Oft erscheinen manche Aspekte der japanischen Kultur, die Amerikaner und Europäer zuerst sehen, sehr seltsam: *Sumo* (massige Ringer, die nur spärlich bekleidet sind), *Sushi* (roher Fisch und andere Meerestiere, die gerne gegessen werden) und *Furo* (das Baden mit Freunden im Badehaus des Stadtteils).

Doch ohne Frage ist die japanische Kultur außergewöhnlich. Die wundervollen nationalen Schreine sind exquisit. Eine Teezeremonie, die von einer erfahrenen Person gestaltet wird, ist Ausdruck all der stilisierten Schönheit der alten Traditionen. Makellose japanische Gärten schaffen ein Gefühl der Ruhe und heiteren Gelassenheit. Die Liste ließe sich fortsetzen. Die Bereitschaft, diese Schönheit anzuerkennen und sich daran zu freuen, ist eine unschätzbare Eigenschaft für jemanden, der einem Shintoisten Jesus näher bringen will.

3. Holen Sie sich Hilfe von der japanischen Kirche.

Genauso wie die westlichen Kirchen ihr Umfeld erkennen lassen, so spiegelt auch die japanische Kirche ihre Kultur wider. Für einen Amerikaner oder Europäer ist die Kirche in Japan sehr hierarchisch. Der Pastor hat die Macht in der Hand, und die Ältesten machen ihre Autorität gegenüber den Jüngeren geltend. Diese Ordnung hat etwas sehr Japanisches an sich, auch wenn sie für Menschen aus dem Westen nicht sehr ansprechend anmutet. Einer der Hauptvorteile liegt darin, dass die Kirche eine gesellschaftliche Gruppe ist, zu der ein Japaner gehören kann. Ohne eine solche Zugehörigkeit würde die Entscheidung für Jesus einen Japaner aus dem gesellschaftlichen Netz ausschließen.

Es ist also wichtig, die richtige Gruppe ausfindig zu machen, zu der Ihr Freund gehören könnte.

4. Machen Sie sich bewusst, dass Japaner über schwierige Themen sehr vorsichtig sprechen.

Japaner sind in ihrer Art zu reden absichtlich sehr zurückhaltend, besonders wenn sie mit Menschen sprechen, die auf der sozialen Leiter über ihnen stehen. Allzu große Offenheit wird in Japan für unschicklich gehalten, und die meisten Japaner werden wichtige, aber unangenehme Dinge taktvoll andeuten, anstatt sie geradeheraus zu sagen. Vieldeutigkeit ist in der Tat ein Zeichen von Respekt. Die japanische Sprache ist voll wortloser Übereinkommen und unausgesprochenem Einvernehmen.

Ein junger Japaner kam einmal zu mir und bat mich um Hilfe, da er den Eindruck hatte, er werde ungerecht behandelt. Er sagte nicht: »Könnten Sie Herrn Schmitt bitten, mir mehr Zeit für meine Arbeit einzuräumen?« Er erzählte mir vielmehr, dass er eine ungenannte Person sehr respektiere und dass es ihm viel Freude bereite, für diese Person zu arbeiten, aber dass er aufgrund gewisser Probleme nicht in der Lage sei, dieses bestimmte Projekt zu Ende zu bringen, das er dann behutsam beschrieb. Danach sagte er, er wolle seine Arbeit gut verrichten, bräuchte aber nur etwas mehr Zeit. Mir blieb es überlassen, zu folgern, dass ich für ihn Fürsprache einlegen sollte. Glücklicherweise zeigte der Arbeitgeber Erbarmen, bevor ich mich einmischte. Doch diese Erfahrung veranschaulicht die zurückhaltende Art des Meinungsaustausches der Japaner. Allzu offenherzige Menschen aus dem Westen täten gut daran, dieses Merkmal des japanischen Lebens zu kennen.

5. Konzentrieren Sie sich auf die Klärung religiöser Begriffe.

Auch wenn die Japaner Wert auf eine mehrdeutige Ausdrucksweise legen, muss ein Christ, der über seinen Glauben spricht, mit Feingefühl darangehen, die wichtigsten christlichen Begriffe zu klären.

Das Wort *kami* zum Beispiel ist recht vage. Mein Vater sprach einmal mit vier Japanern über Gott. Da er ihre Verwirrung spürte, fragte er sie, was das Wort *kami* für sie bedeutete. Einer erklärte, *kami* sei wie eine Wolke, die über der Erde schwebt, so ähnlich wie ein Gespenst. Der nächste meinte, *kami* sei *pachi pachi* (der Klang des zweimaligen Händeklatschens vor dem Schrein). Der dritte äußerte, *kami* wohne im Herzen des Menschen. Der letzte schließlich dachte bei diesem Wort an einen alten Mann mit Bart, der böse Menschen bestraft und oben auf Bäume festbindet. Er nimmt den Reichen Geld ab und gibt es den Armen. Ihre Antworten halfen meinem Vater, zu erkennen, dass für die Japaner *kami* eine Mischung aus Merlin, dem Zauberer, Robin Hood und dem Weihnachtsmann ist.

Die Übermittlung christlicher Bedeutungen ist ohne die sorgfältige Definition christlicher Begriffe unmöglich. Bis zu einem gewissen Grad dreht man sich dabei im Kreis. Man kann christliche Bedeutungen nicht ohne christliche Worte ausdrücken; man kann christliche Begriffe nicht ohne Verständnis der christlichen Wahrheit definieren. Trotzdem sollte man beim Weitergeben des Evangeliums mit der größten Wahrheit beginnen – der Existenz Gottes und seinem Wesen. Gott ist der Schöpfer, der sich grundsätzlich von der Schöpfung unterscheidet. Er ist nicht irgendein *kami* (ein Gott), sondern *sozosha* (Schöpfer) oder *sozo no kami* (Schöpfergott).

6. Benutzen Sie die Rede auf dem Areopag.

Die Predigt, die Paulus vor den Philosophen Athens gehalten hat (Apostelgeschichte 17,22-31), erklärt das Wesen Gottes. Ein Christ kann vorbehaltlos äußern: »Er ist der Gott, der die Welt und alles, was darin ist, erschuf. Weil er der Herr über Himmel und Erde ist, wohnt er nicht in Tempeln, die Menschen erbaut haben« (V. 24). Dies steht im Gegensatz zu den *kami*, die geschaffen wurden und in den *shintai* wohnen.

»Er selbst gibt allem, was ist, Leben und Atem, und er stillt jedes Bedürfnis, das ein Mensch haben kann« (V. 25). Gott ist der Schöpfer von allem, einschließlich der Geistwesen, der Kaiser und der Ahnen.

»Aus einem einzigen Menschen hat er alle Völker der ganzen Welt hervorgebracht« (V. 26). Die ganze Menschheit hat denselben Ursprung und hat dasselbe Bedürfnis nach einem Retter.

Die Worte, die Paulus vor seinem heidnischen Publikum gesprochen hat, greifen viele monotheistische christliche Lehren auf, die ein Japaner, der vom shintoistischen Polytheismus geprägt ist, oft missversteht.

7. Benutzen Sie den Begriff des Harai (Reinigung).

Die Japaner glauben, dass die Menschen, die in die Gegenwart der *kami* treten wollen, rein sein müssen. *Harai*, die Handlung oder der Zustand der Reinigung, ist deshalb sehr wichtig für die Beseitigung jeglicher Beschmutzung.

Das Bedürfnis nach *harai* ist mit dem biblischen Gedanken zu vergleichen, dass moralische Rechtschaffenheit die Voraussetzung für das Treten in die Gegenwart Gottes ist. Ein geschickter Christ kann diese Analogie als Grundlage für die Vermittlung eines zentralen christlichen Anspruchs gebrauchen. Wie die *kami* in Schreinen wohnen, die Heiligtümer der Reinheit sind, so bleibt Gott moralisch rein. Wie die rituelle Verunreinigung die Menschen von den *kami* trennt, so hält die moralische Verunreinigung die Menschen von Gott fern. Auf diese Weise findet die christliche Lehre, dass wir verändert werden müssen, bevor wir in die Gegenwart Gottes treten können, etwas Anklang im japanischen Denken.

Trotz anfänglicher Ähnlichkeiten müssen Christen mehrere wichtige Unterschiede erklären, um das Evangelium nicht zu verdrehen. Der japanische Begriff der Verunreinigung hat eine rituelle, keine moralische Bedeutung. Die Bibel lehrt, dass die Ursache unserer Verunreinigung und die daraus folgende Entfernung von Gott unsere Untreue Gott gegenüber ist. Wir Menschen bringen diese Treulosigkeit zum Ausdruck, wenn wir unsere eigenen Ziele und Werte über die Ziele und Werte Gottes stellen. Solange wir von unseren eigenen Interessen und Begierden verzehrt werden, können wir nicht in die Gegenwart Gottes treten. Nur wenn wir Gottes Geschenk der Vergebung dieser Untreue erfahren, werden wir rein. Wir müssen deshalb unsere Hingabe an die

Herrschaft des Ichs aufgeben und zulassen, dass Gott uns zu treuen Nachfolgern des Reiches Gottes macht. Wir brauchen keine rituelle Reinigung, sondern ein neues Leben auf der Grundlage einer Beziehung zu einem neuen König (2. Korinther 5,17-18).

8. Wirken Sie der Neigung zum Synkretismus entgegen.

Auf einer Halbinsel am östlichen Ufer des Hafens von Tokio steht die große Statue einer Göttin, die *Kwannon* heißt. Ich stieg einmal im Inneren der Statue nach oben, genauso wie man im Inneren der Freiheitsstatue in New York hochsteigen kann. Die Wendeltreppe führt etwa fünfzehn Stufen nach oben, bevor man ein Podest erreicht, nach dem wieder die Stufen beginnen. Auf jedem Podest steht in einer Nische eine religiöse Gestalt. Unter den vielen Buddhas und *kami* standen auch Statuen von Jesus und Maria.

Gemäß des Grundsatzes von *honji suijaku* haben die Japaner seit langem die Götter der verschiedenen Religionen entdeckt und mehr oder weniger alle als rechtmäßige Gottheiten in ein hierarchisch strukturiertes Pantheon aufgenommen. Es ist allzu leicht, den christlichen Gott dieser Mischung als weitere Gottheit hinzuzufügen. Wenn man die Natur Gottes erklärt, gehört unbedingt dazu, dass Gott als der einzig wahre Gott erkannt wird. Noch einmal: Gott ist nicht einfach *kami*, sondern *sozosha*.

9. Erklären Sie, dass Gott nicht Diener, sondern Herr ist.

Ich sah einmal im Fernsehen ein Sonderprogramm über einheimische Religionen in China. Ein Dorfältester erläuterte die Glaubensüberzeugungen seines Dorfes. Sie beteten einen Gott an, erklärte er, weil der Gott gutes Wetter und eine reiche Ernte schenkt. Solange die Landwirtschaft gut läuft, beten sie diesen Gott an. Sollte jedoch eine Hungersnot eintreten, so würden die Dorfbewohner nicht zögern, sich von diesem Gott abzuwenden und nach einem anderen zu suchen. Sie bräuchten einen Gott, der Regen gewährleisten kann.

Diese Denkweise ist von der religiösen Praxis vieler Menschen – einschließlich der Christen – nicht weit entfernt (siehe Kapitel über Animismus). Wir stehen in Versuchung, Gott für seine Gaben, anstatt den Geber der Gaben zu lieben. Aber das Entscheidende bei der Anbetung Gottes liegt nicht darin, bestimmte Vorteile zu gewinnen. Wir können Gott nicht für die Unterstützung unserer Vorhaben benutzen. Die Ironie des Evangeliums liegt hier: Wenn wir unsere kleinkarierten Pläne wirklich abschreiben und unser Leben Gott und seinem Reich anvertrauen, dann finden wir die Befriedigung, die wir eigentlich von der Erfüllung unserer eigenen Pläne erwartet haben. Wir meinen, unsere Befriedigung kommt aus der Verwirklichung unserer Interessen, während wir doch nur dann das Leben finden, wenn wir wie ein Weizenkorn in die Erde gelegt werden und sterben.

10. Erklären Sie, dass der Schöpfergott die Sehnsucht des Menschen nach einem Sinn im Leben erfüllt.

Die Japaner genießen die Sicherheit eines hoch entwickelten gesellschaftlichen Netzes und die Freude über eine bewundernswerte Kulturgeschichte. Doch zum menschlichen Leben gehört noch mehr. Das japanische Wort *ikigai* (»Ziel im Leben«) drückt diesen Gedanken aus. Wenige Japaner haben *ikigai* gefunden, obwohl dies ein großer Verlust ist.

Der christliche Glaube erklärt, dass durch Gott, wie er sich in Jesus offenbart hat, *ikigai* gefunden ist. Die menschliche Sehnsucht nach einem Sinn ist so groß, dass Wirtschaftswunder, gesellschaftliche Netze, eine bewundernswerte Kultur und nationale Ehre keine Erfüllung schenken können, doch die Gegenwart Gottes stillt diese Sehnsucht.

Zusammenfassung

Das moderne Japan gehört zu den führenden Nationen im weltweiten Handel, in der wissenschaftlichen und technologischen Forschung und der internationalen Politik. Doch trotz des Wirtschaftswunders nach dem Zweiten Weltkrieg sind die Japaner ganz anders als Amerikaner oder Europäer. Obwohl sie viel von anderen Kulturen aufnehmen, passen sie diese Anleihen erfolgreich in ihre eigene Kultur ein.

Ein Christ, der mit einem Shintoisten zusammenkommt, sollte sich bewusst machen, dass das Leben dieses Menschen von sehr alten und einflussreichen Traditionen geprägt ist. Der japanische Sinn für Etikette, Höflichkeit und scheinbare Zusammenarbeit kann die tiefen Strömungen nationaler Treue und kultureller Werte verschleiern, die in der Seele eines jeden Japaners fließen. Doch die japanische Kultur befriedigt, trotz all ihrer Schönheit, das tiefste Verlangen des menschlichen Herzens nicht. Es handelt sich um Sehnsüchte, die uns von Gott eingegeben wurden, der uns »die Ewigkeit [ins] Herz gelegt« hat (Prediger 3,11).

Ein Bewunderer des Shintoismus wird erst dann zu Christus kommen, wenn er wirtschaftlichen Erfolg, kulturelle Errungenschaften und gesellschaftliche Beziehungen als das sieht, was sie sind: Ausdruck für den Wunsch nach Sinn im Leben. An sich sind sie nur Ersatz für die wahre, erfüllende Beziehung zum Schöpfergott. Nachfolger von Jesus können den Anhängern des Shintoismus erklären, dass sie *ikigai* in wirtschaftlichem oder materiellem Gewinn, in der Kunst oder der kulturellen Tradition, in familiären oder gesellschaftlichen Beziehungen oder in akademischen Leistungen nicht finden werden, sondern nur in Jesus.

Glossar

Bushido: Der »Weg des Kriegers«; der strenge Kodex kultureller Treue und der Selbstdisziplin, der mit den mittelalterlichen japanischen Kriegern, den *Samurai*, in Verbindung gebracht wird. *Bushido* wurde von vielen religiösen und unreligiösen Kräften beeinflusst, einschließlich der shintoistischen Ideale der Treue gegenüber der Nation und der rituellen Reinheit. *Bushido* beeinflusst auch heute noch die kulturellen ethischen Werte Japans.

Harai: Der Akt ritueller Reinigung oder der Zustand ritueller Reinheit, der im Shintoismus eine zentrale Rolle spielt. *Harai* beseitigt innere und äußere Beschmutzung und ermöglicht es den *kami*, den Menschen hilfreich zur Seite zu stehen.

Hitogami: Die Klasse der *kami (gami)*, die mit heiligen Personen wie Schamanen, Weisen oder Heiligen in Zusammenhang gebracht wird. Im Gegensatz zum *ujigami*-System ist das *hitogami*-System streng individualistisch.

Honji suijaku: Die Theorie von der »Urform, herabgelassenen Spur«, die im frühen Mittelalter gebraucht wurde, insbesondere, um die buddhistischen und shintoistischen Gottheiten zu vereinigen. Entweder wurden die shintoistischen *kami* als »herabgelassene Spuren« wahrer buddhistischer Wirklichkeiten gesehen, oder umgekehrt, die verschiedenen Buddhas und *bodhisattvas* (Menschen, die den Zustand eines Buddha erreicht haben) wurden als »herabgelassene Spuren« der großen shintoistischen Götter verstanden.

Kagura: Traditionelle shintoistische Tänze und Musik, die im klassischen shintoistischen Ritual gebraucht werden. Sie werden von jungen Mädchen, den *miko*, ausgeführt und stammen aus alten schamanistischen Traditionen und dienen zum Herbeirufen der *kami.*

Kami: Wörtlich, alles, was über dem Gewöhnlichen steht, einschließlich vieler heiliger Kräfte, seien sie im Menschen oder in der Natur vorhanden, die in der Welt wohnen und sich durch heilige Stätten, Gegenstände oder Personen zeigen; im engeren Sinn die Götter des Shintoismus.

Kami no michi: Wörtlich, der »Weg der Götter«; ein anderer Ausdruck für Shintoismus im Japanischen.

Kokoro: Das Zentrum oder der Mittelpunkt der Gefühle und der kultivierten Feinfühligkeit innerhalb eines Menschen; wird von Christen »Herz« genannt, das innerste Wesen einer Person.

Makoto: Wahrheit, Aufrichtigkeit oder Reinheit in der Absicht. Ein zentraler Begriff des Shintoismus, beschreibt den idealen Zustand des Menschen und auch das innerste Wesen der *kami.*

Matsuri: Örtliche shintoistische Feste, in denen ein lokaler *kami* gefeiert und seine Gegenwart angerufen wird. Im weitesten Sinne schließt *matsuri* alle shintoistischen Rituale ein, einschließlich der Ritualisierung des Lebens selbst.

Shintai: Ein Gegenstand, der den *kami (shin)* »verkörpert« *(tai).* Die Gottheit wohnt in einem *shintai,* der ein Spiegel, ein Juwel oder ein Schwert sein kann. Ein *shintai* befindet sich immer an einem besonderen Ort in einem shintoistischen Schrein, ist aber nicht direkter Gegenstand der Anbetung.

Ujigami: Die Klasse der *kami (gami),* die mit Familien, Sippen oder einer dazugehörenden Gegend in Verbindung gebracht werden. Im Gegensatz zu den *hitogami* sind die *ujigami* die *kami*, die ein Japaner verehrt, wenn er als Teil seiner familiären Pflichten an einer Ahnenanbetung teilnimmt.

Bibliographie und Quellen

Earhart, H. Byron. *Japanese Religion: Unity and Diversity*, 2. Ausgabe. Encino, Calif.: Dickenson, 1974. Enthält eine gut kommentierte Bibliographie von Werken in englischer Sprache über die Religion in Japan.

Earhart, H. Byron. *Religion in the Japanese Experience: Sources and Interpretations.* Encino, Calif.: Dickenson, 1974.

Earhart, H. Byron. *Religions of Japan: Many Traditions Within One Sacred Way.* San Francisco: Harper & Row, 1984.

Ellwood, Robert S. *The Eagle and the Rising Sun: Americans and the New Religions of Japan.* Philadelphia: Westminster, 1974.

Ellwood Robert S. und Richard Pilgrim. *Japanese Religion: A Cultural Perspective.* Prentice-Hall Series in World Religions. Englewood Cliffs, N. J.: Prentice Hall, 1985. Ausgezeichnetes Werk, das die Verflechtung von Religion und Kultur in Japan aufzeigt.

Hearn, Lafcadio. *Japan's Religions: Shinto and Buddhism.* New Hyde Park, N. Y.: University Books, 1966.

Ichiro, Hori. *Folk Religion in Japan.* Chicago: University of Chicago Press, 1968.

Kato, Genichi. *A Historical Study of the Religious Development for Shinto.* Shoyu Hanayama (Übers.), New York: Greenwood Press, 1988.

Kitagawa, Joseph M. *On Understanding Japanese Religion.* Princeton: Princeton University Press, 1987. Größeres Werk von einem führenden Gelehrten der Universität Chicago.

Kitagawa, Joseph M. *Religion in Japanese History.* New York: Columbia University Press, 1966.

Mason, J. W. T. *The Meaning of Shinto: The Primeval Foundation of Creative Spirit in Modern Japan.* Port Washington, N. Y.: Kennikat Press, 1935.

Morioka, Kiyomi und William H. Newell, Herausgeber. *The Sociology of Japanese Religion.* Leiden, Niederlande: E. J. Brill, 1968.

Muraoka, Tsunetsugu. *Studies in Shinto Thought.* Delmer M. Brown und James T. Araki, Übers. New York: Greenwood Press, 1988.

Reader, Ian, Esben Andreasen und Finn Stefansson. *Japanese Religions: Past & Present.* Honolulu: University of Hawaii Press, 1993. Eine Sammlung einführender Abhandlungen mit Originaltexten.

Ross, Floyd Hiatt. *Shinto: The Way of Japan.* Boston: Beacon Press, 1965.

Schwade, Arcadio. *Shinto – Bibliography in Western Languages.* Leiden, Niederlande: E. J. Brill, 1986. Unschätzbare Liste mit über 1.600 Quellen zum Shintoismus.

Woodard, William P. *The Allied Occupation of Japan 1945 - 1952 and Japanese Religions.* Leiden, Niederlande: E.J. Brill, 1972.

Yamamoto, J. Isamu. *Beyond Buddhism: A Basic Introduction to the Buddhist Tradition.* Downers Grove, Ill.: InterVarsity, 1982. Ein Buch über den Buddhismus, das zeigt, wie ein Mensch, der die ethischen Werte Japans versteht, über seinen christlichen Glauben nachdenkt.

Hilfsmittel für die Verkündigung des Evangeliums:

Shiokari Pass, von Ayako Miura. Es handelt sich um die wahre, beeindruckende Geschichte eines jungen Japaners, der sein eigenes sündiges Wesen erkennt, als er versucht mit eigener Kraft ein gutes Leben zu führen. Als Video im Handel oder direkt beim Hänssler Verlag erhältlich.

Taoismus

Kent Kedl und
Dean C. Halverson

Einführung

Es ist wichtig, die Grundsätze des Taoismus zu verstehen, weil sie den eigentlichen Kern der asiatischen Kulturen bilden – von China, Korea, Japan und Vietnam. Ein chinesischer Gelehrter schrieb:

> »Niemand kann sich der Hoffnung hingeben, die chinesische Philosophie, Religion, Regierung, Kunst, Medizin – ja sogar Küche – zu verstehen, wenn er nicht ein gewisses Verständnis für die tiefe Philosophie hat, die im *[Tao Te Ching]* gelehrt wird ... Kein anderes klassisches chinesisches Werk von so wenigen Seiten hat so viel Einfluss ausgeübt« (Chan, 136, 137).

Worum geht es beim Taoismus? Welche Grundsätze liegen hinter dieser Religion/Philosophie, die vor über 2.500 Jahren gegründet wurde und die die Gedanken der asiatischen Welt so grundlegend geprägt hat und jetzt auch im Westen immer mehr Einfluss gewinnt?

Die Geschichte des Taoismus

Die Kultur der Ritualmusik. Während der ersten vier Jahrhunderte der Chou-Dynastie (1111-249 v. Chr.; Chan, XV) war die chinesische Gesellschaft von Harmonie gekennzeichnet. Die Grundlage der Harmonie war ein Gefüge von Grundsätzen, das Ritualmusik-Kultur genannt wurde (siehe auch Kapitel über Konfuzianismus).

Die Ritualmusik-Kultur gründete sich auf den Gedanken, dass es bestimmte »Wege« gibt, Dinge zu tun, die vom Himmel befohlen wurden *(Tao)*. Diese »Wege« wurden »Rituale« oder *li* genannt, doch die Idee dieser »Rituale« ging über unser begrenztes Verständnis dieses Begriffs hinaus. »Rituale« bezog sich auf die richtige Art und Weise, Dinge zu tun, insbesondere im Hinblick auf die Beziehungen zu Menschen höherer oder niedrigerer Schichten oder innerhalb der Familie. Der Kaiser hatte gemäß *li* zu regieren, und man nahm an, dass es zum Wohle des Volkes sei, wenn er sich daran hielt.

Der Begriff »Musik« in der Ritual*musik*-Kultur bedeutet, dass die Bräuche einer Gesellschaft wie Musik sein sollten, da sie »mit Stil, wie eine künstlerische Darbietung« durchzuführen sind (Graham, 11).

Der Gedanke hinter der Ritualmusik-Kultur war, dass gesellschaftliche Harmonie entstehen würde, wenn die Herrscher im Volk einen Sinn für Höflichkeit, Schicklichkeit und Tugend förderten.

Die Grundsätze der Ritualmusik-Kultur sorgten in China tatsächlich vier Jahrhunderte lang für Harmonie. Diese Harmonie kam jedoch ins Wanken, als die Feudalstaaten innerhalb Chinas begannen, gegeneinander um Land und Macht zu kämpfen.

In dem Bestreben, die Harmonie wiederherzustellen, durchzogen Wandergelehrte und Staatsphilosophen das Land und versuchten, die Herrscher mit ihren Theorien und Weltanschauungen zu beeinflussen (Mair, 1994, xvii). Konfuzius (551-479 v. Chr.) war der einflussreichste dieser Gelehrten und Staatsphilosophen. Er drängte auf eine Rückkehr zu den Geboten der Ritualmusik-Kultur. Die Neuerung, die Konfuzius einbrachte, war, dass *das ganze Volk*, nicht nur der Kaiser, nach den befohlenen Gesetzmäßigkeiten des Himmels, dem *Tao*, leben sollten (Lau, 28).

Trotz den Bemühungen von Konfuzius verschlechterten sich die gesellschaftlichen Bedingungen in China weiter. Die Chinesen waren besonders schockiert darüber, dass die Kämpfe ohne Zurückhaltung ausgefochten wurden. Konflikte waren auch während der Chou-Dynastie aufgetreten, doch sie wurden nach festgesetzten Regeln ausgetragen. Die jetzigen Kriege wurden jedoch ohne Rücksicht auf anständige Kampfführung geführt. Zum Beispiel kochten die siegreichen Herrscher manchmal die Körper der Besiegten und tranken dann die Suppe (Welch, 19).

Lao-Tse, ein Zeitgenosse des Konfuzius, hielt Konfuzius und seine Ritualmusik-Kultur verantwortlich für den chaotischen Zustand Chinas. Er schrieb im *Tao Te Ching*, der heiligen Schrift des Taoismus: »Wenn die Rechtschaffenheit verloren ist, dann entsteht die Lehre der Schicklichkeit. Nun ist Schicklichkeit der oberflächliche Ausdruck der Treue und Zuverlässigkeit und der Anfang der Unordnung« (Kapitel 38; Chan, 158). Lao-Tse lehrte, dass das Aufzwingen äußerer Gesetze den Zusammenbruch der inneren Gesetze widerspiegelt und dass keine Harmonie entsteht, wenn den Menschen Gesetze aufgezwungen werden.

Der Legende nach kam Konfuzius zu Lao-Tse und befragte ihn über die Rituale. Lao-Tse antwortete Konfuzius: »Herr, gebt eure Allüren, euer geziertes Gehabe und eure überspannten Forderungen auf. Sie führen zu nichts! Das ist alles, was ich euch zu sagen habe« (Blakney, 27). Lao-Tse erklärte Konfuzius, dass er einen falschen Weg zur Schaffung der Harmonie gewählt habe. Er beschuldigte Konfuzius, zu Recht oder zu Unrecht, dass er den Menschen moralische Grundsätze aufzwinge. Er hielt es für eine natürliche Reaktion, dass Menschen gegen das autoritäre Aufzwingen moralischer Gesetze aufbegehren.

Dagegen war Lao-Tse der Meinung, die Antwort auf das gesellschaftliche Chaos könne im *Tao* (»dau« ausgesprochen) und im Grundsatz des *wu-wei*, dem Grundsatz der zielbewussten »Untätigkeit«, gefunden werden. Um die Harmonie herzustellen, lehrte Lao-Tse, sollte unsere einzige »Tätigkeit« darin bestehen, uns nach dem natürlichen Fluss des *Tao* auszurichten und es in uns wirken zu lassen. Je weniger die Regierung in diesen Prozess eingreift, um so besser.

Chuang-Tse. Chuang-Tse, der etwa von 399-295 v. Chr. lebte, griff die Ideen des *Tao Te Ching* auf, entwickelte sie weiter und betonte die mystische Natur des *Tao*. Chuang-Tses Werk wird das *Chuang-Tse* genannt.

Chuang-Tse betont mehr als Lao-Tse die Fähigkeit des Einzelnen, sich selbst durch die Verwirklichung des *Te* (»da« ausgesprochen) zu verwandeln. *Te* ist das Wirken des universalen *Tao* im Einzelnen.

Die Suche nach Unsterblichkeit. Die Lehren des Lao-Tse, des Chuang-Tse und des Lieh-Tse, eines anderen Lehrers, der nach Chuang-Tse kam, beinhalten die Grundlagen des *philosophischen* Taoismus. In den folgenden Jahrhunderten verließ der Taoismus jedoch seine philosophischen und metaphysischen Wurzeln und wurde zu dem, was man *religiösen* Taoismus nennt. Diesen religiösen Taoismus sollte man passender »magischen« Taoismus nennen, denn er befasste sich mit der Entwicklung von Techniken zur Nutzung der Kräfte des *Tao*, um magische Kräfte und Unsterblichkeit zu erreichen.

Die Wandlung vom philosophischen zum religiösen Taoismus fand statt, als die Gründer des religiösen Taoismus Stellen aus den Werken der drei Begründer des Taoismus wörtlich interpretierten. Diese Stellen waren jedoch wahrscheinlich in einem übertragenen Sinn gemeint – Ziele, nach denen man in einem geistlichen Sinne streben soll (Welch, 92).

Aus dieser streng buchstabengetreuen Bewegung entwickelten sich mehrere Strömungen, sowohl hinsichtlich der Theorie als auch des Praktizierens (Welch, 92-97):

- *Hygiene:* Diese gedankliche Strömung besagte nicht, dass »Reinheit fast Göttlichkeit ist«, sondern dass man das *ch'i* – den Atem oder die vitale Energie in sich selbst – benutzen kann, um sich selbst zu reinigen und dadurch Unsterblichkeit zu erlangen.
- *Alchimie:* Diese Strömung des Taoismus bemühte sich, natürliche Elemente in ein Lebenselixir zu verwandeln, das einen Menschen unsterblich macht.
- *P'eng-lai:* Dieser Name bezieht sich auf eine mythische Insel (oder Inseln), nach der man zu jener Zeit tatsächlich suchte. Man glaubte, dass man auf dieser Insel unsterbliche Wesen und ein Heilmittel, das den Tod verhindert, finden würde.

Nach einiger Zeit vermischten sich diese drei Strömungen des Taoismus, und hinzu kamen weitere magische Techniken zum Erlangen der Unsterblichkeit. Außerdem schloss sich der religiöse Taoismus mit einer Bewegung zusammen, die eine Vielzahl von Göttern geschaffen hatte.

Etwa im dritten Jahrhundert n. Chr. jedoch lebte der philosophische Taoismus durch eine Bewegung, die »Reine Konversation« genannt wird, wieder auf. Im Rahmen der »Reinen Konversation« studierten die Gelehrten wieder die ursprünglichen Schriften des Taoismus – das *Tao*

Te Ching und das *Chuang-Tse*. Dieses Wiederaufleben des philosophischen Taoismus hält bis heute an.

Zu den Ursprüngen des *Tao Te Ching*

Über das Leben Lao-Tses sind nur legendenhafte Angaben überliefert. Es bestehen sogar erhebliche Zweifel, ob tatsächlich eine Person namens Lao-Tse gelebt hat. Lao-Tse, was »alter Philosoph« oder »alter Meister« bedeutet, ist eher eine Bezeichnung des Respekts als ein tatsächlicher Name.

Es ist deshalb nicht erstaunlich, dass auch unter Gelehrten Uneinigkeit über die Ursprünge des *Tao Te Ching* bestehen. Einige sind der Meinung, es sei das Werk mehrerer Autoren, deren Verse im Verlauf mehrerer Jahrhunderte gesammelt wurden, andere behaupten, es sei das Werk eines Mannes namens Li Ehr, dem der Ehrentitel Lao-Tse verliehen wurde.

Der Streit über einen oder viele Autoren sprengt den Rahmen dieses Kapitels. Um der Einfachheit willen nehmen wir die »Ein-Mann-Theorie« an.

Die Glaubensinhalte des Taoismus

1. Das Tao.

In den meisten Übersetzungen beginnt das *Tao Te Ching* mit den folgenden beiden Zeilen:

> Das Tao (der Weg), von dem wir sprechen können, ist nicht das ewige Tao;
> Der Name, den wir nennen können, ist nicht der ewige Name (Kapitel 1; Chan, 139).

Diese Worte geben zu verstehen, dass das *Tao* etwas Geheimnisvolles ist; es liegt jenseits allen Wissens, jenseits jeder Beschreibung und jenseits allen Erkennens. Wenn man denkt, man verstehe das *Tao*, hat man es allzu sehr vereinfacht.

Obwohl man das *Tao* nicht kennen und nicht beschreiben kann, versucht das *Tao Te Ching*, es trotzdem zu beschreiben, wie in der folgenden Stelle:

> Es war etwas Undifferenziertes und doch Vollständiges,
> Das vor Himmel und Erde bestand.
> Lautlos und formlos, hängt es von nichts ab und verändert sich nicht.
> Es wirkt überall und ist frei von Gefahr.
> Man kann es für die Mutter des Universums halten.
> Ich kenne seinen Namen nicht; ich nenne es Tao (Kapitel 25; Chan, 152).

In einem Sinn ist *Tao* also die Kraft der Existenz selbst. In einem anderen Sinne steht es sogar jenseits der Kraft der Existenz, denn das *Tao Te Ching* spricht davon, dass die Nichtexistenz noch über der Existenz steht: »Alle Dinge der Welt kommen aus dem Sein. Und das Sein kommt aus dem Nichtsein« (Chan, 160).

Das *Tao Te Ching* erklärt weiter, dass die Existenz und die Nichtexistenz sich wechselseitig beeinflussen: »Sein und Nichtsein erzeugen einander« (Kapitel 2; Chan, 140). Diese Wechselbeziehung wird in der folgenden Analogie deutlich: »Ton wird zu einem Gebrauchsgegenstand [»Sein« oder Existenz] geformt, aber von seinem Nichtsein hängt die Nützlichkeit des Gebrauchsgegenstandes ab« (Kapitel 11; Chan, 145). Mit anderen Worten, ein Löffel ist wegen der »Leere« (Nichtsein) innerhalb der Ausbuchtung (Sein) des Löffels nützlich.

Aus Nichtsein und Sein entsteht auch der Rest der Welt:

> Tao brachte das Eine hervor.
> Das Eine brachte die zwei hervor.
> Die zwei brachten die drei hervor.
> Und die drei brachten die zehntausend Dinge hervor (Kapitel 42, Chan, 160).

Deshalb entstand aus dem Nichtsein das Sein. Und aus dem Sein entstanden die »zwei«: *Yin* und *Yang* (über die wir später sprechen werden). Und aus den »zwei« entstanden die drei: *Yin, Yang* und *Ch'i* (»Atem«

oder »vitale Energie«). Und aus den »drei« entstanden die zehntausend Dinge oder die Welt.

Das *Tao* ist nicht nur die Kraft der Existenz, aus der die Welt fließt, sondern es ist auch der »Weg« oder die »Struktur« innerhalb dieser Welt. Das Bild, das das Wort *Tao* hervorruft, ist der »Weg«, den ein Fluss seinem natürlichen Lauf nach fließt (Lewis und Travis, 297). *Tao* ist demnach die grundlegende Kraft, die durch die Natur fließt und jeden Gegenstand so führt und bewegt, wie es für ihn natürlich ist.

Außerdem führt der Weg, auf dem das *Tao* fließt, immer zur Harmonie, zu Gesundheit und Frieden (Lewis und Travis, 297). Wenn wir uns nach dieser grundlegenden Strömung ausrichten, werden wir diese Dinge in unserem Leben erfahren.

2. Das Te.

Te ist die Struktur innerhalb eines jeden Gegenstandes, die ihn zu dem macht, was er ist; es ist unsere persönliche Eigenart, unsere Einzigartigkeit. *Te* ist weiterhin die innere Verbindung eines jeden Einzelnen zum universalen *Tao*. Wenn wir deshalb im Einklang mit unserem einzigartigen Wesen leben, dann sind wir in Harmonie mit dem natürlichen Fluss des Universums.

Der Taoismus lehrt, dass wir das *Te* – die einzigartige Struktur – so annehmen müssen, wie es in uns selbst und in anderen Dingen ist. Deshalb sollten wir nicht versuchen, alles mit unserer beschränkten Auffassung von dem, was richtig ist, in Einklang zu bringen. Wenn einem Gegenstand oder einer Person eine solche Übereinstimmung aufgezwungen wird, wehrt er oder sie sich dagegen, und zwar deshalb, weil wir die einzigartige Struktur innerhalb dieser Person oder dieses Gegenstandes nicht berücksichtigt haben. Wir Menschen würden es zum Beispiel ungemütlich finden, an einem feuchten Ort zu schlafen, doch ein Frosch würde sich dort recht wohl fühlen (Kapitel 2; Fung, 11). Aber welche Art zu schlafen ist richtig? Beide, es hängt nur davon ab, ob wir von einem Frosch oder von einem Menschen sprechen. Es würde jedoch dem *Te* widersprechen, die eine Art des Schlafens dem jeweils anderen aufzuzwingen.

Der Widerstand, der in uns hervorgerufen wird, wenn jemand unser *Te*, oder unsere einzigartige Struktur verletzt, ist der Grund, weshalb wir anderen gegenüber mit einer gewissen »Untätigkeit« auftreten sollen, wie im nächsten Abschnitt beschrieben ist.

3. Das Prinzip der Untätigkeit (Wu-Wei).

Lao-Tse beobachtete die Kämpfe, die zwischen den Feudalstaaten ausgefochten wurden, und ihm fiel auf, dass die Reaktion auf Gewalt unvermeidlich Gewalt ist. Weiterhin bemerkte er, dass die anfängliche Gewalt letztendlich zu ihrer Niederlage führte (Welch, 20). Lao-Tse schrieb: »Gewalttätige und aufbrausende Menschen sterben keines natürlichen Todes« (Kapitel 42; Chan, 16). Er sah, dass dieses Prinzip nicht nur für Fälle physischer Gewalt gilt, sondern auch dann, wenn ein Mensch einem anderen seinen Willen aufzwingt. Der Grund dafür liegt darin: Wenn jemand einem Gegenstand oder einer Person seinen Willen aufzwingt, dann leistet die Struktur – *Te* – innerhalb dieses Gegenstandes oder dieser Person Widerstand.

Um sein Ziel zu erreichen, meint Lao-Tse, sollte man deshalb *mit* den Strukturen – dem *Te* – innerhalb der Dinge arbeiten, anstatt ihnen seinen Willen aufzuzwingen. Dies ist im Wesentlichen das Prinzip des *wu-wei* oder der »Untätigkeit«. *Wu-wei* ist das zielbewusste »Ablassen von unnatürlichen Handlungen« (Chan, 791); es bedeutet, bewusst die Hände von etwas zu lassen und der Natur, oder dem *Tao*, seinen Lauf zu lassen.

4. Die Dualität Yin/Yang.

Das *Tao Te Ching* lehrt: »Das Eine brachte die zwei hervor.« Die zwei sind das *Yin* und das *Yang* – die entgegengesetzten, aber gleichzeitig ausgleichenden und sich gegenseitig beeinflussenden Kräfte in der Natur. Hier einige Beispiele:

Yin	Yang
Weiblich	Männlich
Kalt	Heiß
Passiv	Aktiv
Dunkel	Hell
Tod	Leben
Gut	Böse
Rechts	Links
Schwach	Stark
Einfühlend	Aggressiv
Zusammenziehung	Ausdehnung

Auch wenn die beiden Kräfte entgegengesetzt sind, beeinflussen sie sich gegenseitig, und dabei werden das Leben und die Natur hervorgebracht.

Wenn wir die Natur betrachten, sehen wir sie als Ganzes, wie sie sich als Yin und als *Yang* äußert, denn beide hängen wechselseitig voneinander ab – wir können nicht eines getrennt vom Gegensatz des anderen kennen. Zum Beispiel können wir das Gute nicht kennen, wenn das Böse uns nicht den richtigen Blickwinkel gibt. Das Symbol für *Yin* und *Yang* – ein Kreis mit einer schwarzen und einer weißen Hälfte, die sich ineinander winden – zeigt diese aufeinander einwirkende und voneinander abhängige Beziehung.

Das *Yin* und das *Yang* wurden auch in der taoistischen – faktisch in der chinesischen – Prophezeiung benutzt. Im religiösen Leben Chinas waren die Sommer- und die Wintersonnenwende die wichtigsten Zeiten des Jahres, wenn die Kräfte des *Yin* und des *Yang* ihren Höhepunkt erreichten und einander den Platz räumten. Das Frühlingsfest, (auch das chinesische Neujahr genannt) ist eine dieser Zeiten. Für ein Volk, das glaubte, dass der Mittelpunkt des Lebens im Fluss der natürlichen Welt liegt, war dies eine wichtige Zeit für die Vorhersage der Zukunft. Man suchte bei Wahrsagern und Medien Hilfe für wichtige Entscheidungen wie Hochzeiten, Beerdigungen und große Investitionen und befolgte ihren Rat buchstabengetreu.

Auch heute noch werden sogar in den modernsten chinesischen Städten vor wichtigen Entscheidungen spirituelle Berater aufgesucht. Was wir im Westen »Aberglaube« nennen, würden die Chinesen »mit dem Fluss gehen« bezeichnen und es unter allen Umständen vermeiden, die Verbindung mit dem natürlichen Fluss der Natur zu verlieren. Im Hinblick auf die *Yin/Yang*-Dualität versucht man nicht, das eine oder das andere zu vermeiden; es ist vielmehr wichtig, zwischen beiden in Harmonie zu leben und nie zu viel von dem einen oder dem anderen zu haben.

Zusammenfassung

Der Taoismus ist ein faszinierendes System von Gedanken, von denen viele für die westliche Denkweise paradox klingen und ihr widersprechen, denn im Westen steht man mehr für eine klare Unterscheidung zwischen den Dingen.

Der Taoismus ist zweifellos naturalistisch, da die Natur das Maß aller Dinge ist. Er ist auch »gesellschaftsorientiert« in dem Sinne, dass die menschliche Gesellschaft der Schauplatz ist, auf dem der »Weg« sich abspielt und verstanden wird. Zwar ist der Taoismus in jeder Hinsicht praktisch, doch er behält einen Sinn für das Mystische und das Unerreichbare bei, da man sich dem wahren »Weg« nur nähern, ihn jedoch nie völlig verstehen oder sich von ihm eine Vorstellung machen kann. Doch obwohl der »Weg« nie ganz ergründet werden kann, ist er betont diesseitig ausgerichtet, denn er befindet sich nicht jenseits, sondern innerhalb der Menschheit, und er äußert sich im täglichen Leben in der irdischen Welt.

Außerdem ist das *Tao* keine Person, es kann uns nicht kennen, und wir können es nicht persönlich kennen lernen. In allen taoistischen Schriften spricht der Weise *über* das *Tao*, nie *zum Tao*.

Vorschläge für die Verkündigung des Evangeliums

1. Würdigen Sie den Taoismus

A. Würdigen Sie die Relevanz des Taoismus. Sie könnten in Versuchung stehen, Lao-Tse und Chuang-Tse als veraltete Philosophen abzutun, deren Schriften nicht länger relevant sind. Doch solch eine Haltung wäre ein Fehler.

Erstens *liegt der Taoismus im Herzen der chinesischen und der asiatischen Kultur.* Um Asiaten verstehen zu können, muss man den Naturalismus des Taoismus verstehen.

Zweitens, diese alten chinesischen Lehrer *rangen mit Problemen und Umständen, die unserer heutigen Situation ähnlich sind.* Sie lebten in einer Zeit des Zerfalls der Kultur. Die frühere Grundlage der Harmonie – die Ritualmusik-Kultur – funktionierte nicht mehr. Chinesische Lehrer, wie Lao-Tse und Chuang-Tse, versuchten, ein Glaubenssystem zu finden, das die Harmonie in eine Kultur zurückbringen würde, die die Orientierung verloren hat. Heute stehen wir vor den gleichen Problemen.

Drittens, *diese chinesischen Lehrer setzten sich mit Fragen auseinander, die immer relevant bleiben*, Fragen, die mit den letzten Dingen des Lebens zu tun haben: Was ist die letzte Wirklichkeit? Was ist der Sinn des Lebens? Was geschieht nach dem Tod?

B. Würdigen Sie die Weisheit des Taoismus. Einesteils können wir dem Grundsatz des Taoismus zustimmen, der besagt, *dass ein Mensch unvermeidlich Widerstand leistet, wenn ein anderer versucht, ihm seinen Willen oder seine Meinung aufzuzwingen.* Wenn man an den Kulturkrieg denkt, den Amerika zur Zeit erlebt, kann man sehen, wie relevant ein solcher Grundsatz ist. Wenn zum Beispiel eine Seite im Kulturkrieg die andere Seite verteufelt, ist es nicht erstaunlich, dass diese mit gleicher oder größerer Heftigkeit reagiert. Und es ist auch nicht erstaunlich, dass das Ergebnis Polarisierung ist und nicht Kommunikation.

Die Anwendung des Prinzips des Aufzwingens bedeutet auch, dass *die sanfte Vorgehensweise am besten funktioniert.* Solch eine sanfte Vorgehensweise erinnert an die Weisheit von Jesus: »Liebt eure Feinde! Betet für die, die euch verfolgen« (Matthäus 5,44), und an die Aussage von Paulus: »Wenn dein Feind hungrig ist, gib ihm zu essen … und er wird beschämt darüber sein, was er dir angetan hat« (Römer 12,20).

Wir sollten auch die Weisheit des Taoismus würdigen, wenn er *betont, dass jeder Einzelne und jeder Gegenstand einzigartig ist, und wie diese Einzigartigkeit zu berücksichtigen ist.*

Schließlich können wir auch die Weisheit des Taoismus würdigen, wenn er von den *Grundsätzen der Leiterschaft* spricht. Lao-Tse schrieb:

> Die großen Flüsse und Seen sind die Könige der Bergbäche, weil sie klug unter ihnen bleiben. Deshalb können sie ihre Könige sein. Wenn man über den Menschen stehen will, muss man sich deshalb beim Gebrauch der Worte unter sie stellen (Kapitel 66; Chan, 170-171).

Welch herrlich anschauliche Analogie von dem, was es bedeutet, ein dienender Herr zu sein. Jesus lehrte solche Leiterschaft und lebte sie auch vor, als er seinen Jüngern die Füße wusch (Johannes 13,12-15) und als er sagte: »Der Menschensohn ist nicht gekommen, um sich bedienen zu lassen, sondern um anderen zu dienen und sein Leben als Lösegeld für viele hinzugeben« (Matthäus 20,28).

Taoismus und Christentum im Vergleich

	Taoismus	Christentum
Das Höchste	*Das Tao:* Eine unpersönliche, undifferenzierte Kraft der Existenz. Wir müssen uns nach dem *Tao* ausrichten, doch wir können es nicht persönlich kennen lernen.	Gott: Der personale Schöpfer, der ontologisch von seiner Schöpfung abgesondert ist. Er kennt uns (Jeremia 12,3), und wir können ihn persönlich kennen lernen (Johannes 17,3).
Die Bedeutung des Gutseins	Die höchste Form des *Tao* ist jenseits moralischer Unterscheidungen. Die *Yin/Yang*-Dualität, die vom *Tao* fließt, stellt das Gleichgewicht zwischen Gut und Böse dar. Auf diese Weise sind Gut und Böse gleichrangig und voneinander abhängig.	Das Gute war vor dem Bösen da. Moralische Rechtschaffenheit gründet sich auf das innerste Wesen Gottes. Im Gegensatz zum Taoismus ist das Böse weder zur Existenz des Guten noch zum Erkennen von Gottes Gutsein erforderlich.
Natur	Die Natur hat schon immer existiert, sie wurde nicht geschaffen. Die Natur ist moralisch in dem Sinn, dass die moralischen Gesetze wie Naturgesetze sind – unpersönliche Grundsätze mit unvermeidlichen Konsequenzen (Ursache und Wirkung).	Eine Schöpfung Gottes und Ausdruck der Kreativität seines innersten Wesens. Die Natur ist moralisch neutral; Personen sind moralisch verantwortlich.
Das Hauptproblem der Menschheit	Das menschliche Leben liegt im Chaos, weil wir uns nicht nach dem »Weg« ausrichten, der durch die Natur fließt. Dieses Nicht-Ausrichten führt zu Unordnung und Disharmonie in der Gesellschaft und im Inneren des Menschen.	Das menschliche Leben liegt im Chaos, weil wir gegen Gott, unseren Schöpfer, aufbegehrt haben. Als Folge sind wir von ihm getrennt, und das führt zu geistlicher Leere.
Die Lösung	Vertrauen auf unsere Fähigkeit, die Art und Weise zu erkennen, in der das *Tao* in der Welt funktioniert und uns danach auszurichten. Die Umwandlung geschieht durch unsere zielbewusste Untätigkeit *(wu-wei)* und dadurch, dass wir »mit dem Fluss des Tao gehen«.	Vertrauen auf das, was Gott für uns durch Jesus Christus getan hat. Die Umwandlung geschieht, wenn wir unsere Sünden (Selbstsucht) bereuen, auf die Vergebung und das Versöhnungswerk von Jesus vertrauen und zulassen, dass der Heilige Geist uns neues Leben schenkt.
Das Ergebnis	Wenn wir uns nach dem *Tao* ausrichten, entsteht Harmonie in der Gesellschaft und Frieden in uns. »Harmonie kennen bedeutet, mit dem Ewigen in Einklang zu sein« (Kapitel 55, Chan, 166).	Wenn wir unsere Sünden bereuen und Christus vertrauen, haben wir Frieden mit Gott und in uns, was Leben bedeutet, und die Gesellschaft wird auch geordneter werden.
Leben nach dem Tod	Das Bewusstsein des Einzelnen hört auf zu existieren, doch seine Lebenskraft wird »in den Kreislauf zurückgeführt«. Durch Erinnerungen macht die Familie ihn »unsterblich«.	Das Bewusstsein des Einzelnen existiert weiter, entweder in Gemeinschaft mit Gott oder von ihm getrennt.

2. Weisen Sie auf die Dinge hin, die bezeugen, dass Gott eine Person ist.

Einer der Hauptpunkte, in denen sich das Christentum vom Taoismus unterscheidet, ist die Frage, ob Gott eine Person ist oder nicht. Das Christentum ist der Auffassung, dass Gott eine Person ist, was bedeutet, dass er persönliche Eigenschaften hat wie Denkvermögen, Wille, Gefühle, Kreativität, Sinn für Schönheit und moralische Maßstäbe. Solche Eigenschaften können dem unpersönlichen *Tao* nicht zugeschrieben werden.

Im Folgenden werden Beweise innerhalb des Taoismus aufgezählt, mit deren Hilfe man den Taoisten anregen kann, die unpersönliche Natur der letzten Wirklichkeit zu überdenken und die Stichhaltigkeit des Glaubens an einen Gott, der eine Person ist, in Betracht zu ziehen.

A. Die Grundlage für unsere Einzigartigkeit und unsere Komplexität. Die Einzigartigkeit ergibt sich aus der Komplexität. Wenn etwas zum Beispiel in sich nicht komplex ist (etwas innerlich Undifferenziertes), dann gibt es nichts, mit dem es sich von etwas anderem unterscheidet. Nur wenn ein Gegenstand in sich komplex ist, kann er einzigartig sein und sich von anderen Gegenständen unterscheiden.

Der Taoismus lehrt, dass unsere Einzigartigkeit sich aus dem *Te* ergibt, das die persönliche und individuelle Erweiterung des unpersönlichen und universalen *Tao* ist. Doch ist das *Te* komplex genug, um Einzigartigkeit zu erzeugen? Die Taoisten beschreiben unsere Beziehung zum *Tao* wie Bäche, die aus einem See fließen. Doch das Wasser in den Bächen (das *Te*) ist genauso undifferenziert wie das Wasser in dem See (das *Tao*). Das Wasser ist in sich nicht komplex genug, um, verglichen mit anderem Wasser, einzigartig zu sein.

Die folgende Analogie veranschaulicht besser, warum wir als Personen einzigartig sind: Wir sind wie ein Gemälde, das ein Maler mit seinem Pinsel anfertigt. Der Maler sorgt für die Komplexität in dem Gemälde, die es von anderen Gemälden unterscheidet.

Im Licht dieser Erörterung sind die Gedanken Chuang-Tses zu der Frage, worin ein genügender Grund für unsere Komplexität und Einzigartigkeit liegt, interessant:

> Wenn es keinen anderen gibt, gibt es auch kein Ich. Wenn es kein Ich gibt, ist niemand da, der Unterscheidungen treffen kann. Dies scheint wahr zu sein. Doch worin liegt die Ursache dieser Vielfalt? Man könnte meinen, es gebe einen wirklichen Herrn, doch es gibt keinen Hinweis auf seine Existenz. Man mag glauben, dass es ihn gibt, doch wir sehen seine Form nicht. Es gibt ihn möglicherweise, doch er hat keine Form (Kapitel 2; Fung, 46).

Chuang-Tse kämpft hier mit der klaren und wahrnehmbaren Tatsache, dass Komplexität – oder »Vielfalt« – von Personen herkommt. Wenn Personen erforderlich sind, um Komplexität herzustellen, grübelt Chuang-Tse, dann würde man meinen, dass die Komplexität, die wir in der Welt um uns herum sehen, auf das Werk eines Gottes hinweist, der eine Person ist. Chuang-Tse unterlässt es jedoch, in dieser Angelegenheit eine bindende Schlussfolgerung zu ziehen.

Als Christen stimmen wir mit Chuang-Tses Gedankengang dahingehend überein, dass es vernünftiger scheint zu sagen, dass unsere Komplexität und Einzigartigkeit das Ergebnis der erstaunlichen Kreativität eines personalen und intelligenten Planers ist und nicht einer undifferenzierten All-Einheit wie dem *Tao*.

B. Das moralische Empfindungsvermögen der Menschen. Im Taoismus sind Gut und Böse wie entgegengesetzte, aber sich gegenseitig beeinflussende Kräfte in der Natur, ähnlich dem Gegensatz von heiß und kalt, hell und dunkel. Deshalb müssen beide Seiten des moralischen Spektrums – das Gute und das Böse – als gleichrangig betrachtet werden, wobei keines über dem anderen steht. Weiterhin können weder das Gute noch das Böse ohne das andere erkannt werden oder sogar existieren, denn, wie Chuang-Tse schreibt: »›Dies‹ und ›das‹ sind voneinander abhängig; Richtig und Falsch sind auch voneinander abhängig« (Kapitel 2,5; Mair, 1994, 15).

Das Christentum lehrt jedoch, dass das Gute *vor* dem Bösen existierte, denn Gott, der absolut heilig (1. Johannes 1,5) und gut (Matthäus 19,17) ist, ist der Eine, der alle Dinge geschaffen hat und deshalb vor allen Dingen da war. Das Gute und das Böse sind nicht voneinander abhängig, das Böse ist vielmehr ein Aufbegehren gegen das Gute, eine

Ablehnung des Guten. Das Böse ist weder zur Existenz des Guten erforderlich noch dazu, dass wir das Gute erkennen.

Was hat all das mit Beweisen für die Existenz eines personalen, transzendenten Gottes zu tun? Sehr viel.

Wenn man sagt, das Gute und das Böse seien voneinander abhängig, dann folgt daraus, dass die Unterschiede zwischen den beiden nicht nur verwischen, sondern auch willkürlich werden. Was für eine Person gut ist, kann für eine andere Person böse sein und umgekehrt; es gäbe keinen Maßstab, aufgrund dessen man entscheiden kann, ob der Standpunkt einer Person richtig oder falsch ist. Beide Standpunkte wären nur unterschiedlich. Denn niemand hätte die moralische Autorität, zu bestimmen, was gut und was böse ist. Wenn jemand behauptet, eine solche moralische Autorität zu besitzen, dann behauptet er, über Gut und Böse zu stehen. Doch genau das ist der springende Punkt!

Um zwischen Gut und Böse unterscheiden zu können, brauchen wir einen moralischen Maßstab, der über Gut und Böse steht. Doch das *Tao* kann eine solche moralische Autorität nicht bieten, denn es besitzt keine moralischen Unterscheidungsmerkmale. Nur ein personaler, transzendenter und heiliger Gott, wie er in der Bibel beschrieben wird, hat die moralische Autorität, um solche moralischen Unterscheidungen zu treffen.

C. »Tiefe Liebe«. Ein anderer Beweis dafür, dass Gott eine Person ist, liegt in einer Aussage Chuang-Tses: »Wenn der Himmel eine Person retten will, dann wird er sie mit tiefer Liebe schützen« (Kapitel 67; Chan, 17).

Man könnte einem Taoisten folgende Fragen stellen:

- Was ist mit »tiefer Liebe« gemeint?
- Ist das *Tao* zu solch »tiefer Liebe« fähig?

Warum sind diese Fragen von Bedeutung? Weil nur ein Wesen mit persönlichen Eigenschaften die Fähigkeit hat zu lieben. Das *Tao* ist jedoch zu solcher Liebe unfähig, da es keine Person, sondern eine undifferenzierte All-Einheit ist und keinerlei persönliche Eigenschaften hat.

Chuang-Tses Aussage gibt dem Christen die Möglichkeit, auf die tiefe Liebe hinzuweisen, die Gott uns durch Jesus Christus erwiesen hat: »Die größte Liebe beweist der, der sein Leben für die Freunde hingibt« (Johannes 15,13; siehe auch Johannes 3,16; Römer 5,8; 1. Johannes 4,8-10).

Wir haben mindestens drei Arten der Beweisführung aufgezeigt, wie anhand des Taoismus gezeigt werden kann, dass Gott eine Person ist. Dass Gott eine Person ist, ist aus zwei Gründen von Bedeutung. Erstens, weil der Taoist dann allmählich verstehen kann, dass Gott sich um ihn kümmert. Zweitens, weil das personale Wesen Gottes eine Grundlage dafür ist, dass der Taoist vom Ernst der Sünde überzeugt werden kann. Die Sünde ist ernst, denn sie ist Auflehnung gegen Gott und führt zum Bruch unserer Beziehung zu Gott, was geistlichen Tod bedeutet.

3. Sprechen Sie über die Sünde

Im Sinne des Taoismus ist das Ergebnis der Sünde Disharmonie. Wenn in der Gesellschaft, in der Familie oder in unserem Leben Disharmonie herrscht, dann liegt es daran, dass wir nicht im Einklang mit dem *Tao* leben. Für einen Christen ist es leicht, einem Taoisten zu der Erkenntnis zu verhelfen, dass in seinem Leben Disharmonie herrscht.

Viel schwieriger jedoch ist es, dem Taoisten zu der Erkenntnis zu verhelfen, dass er durch eigenes Bemühen dem Problem der Sünde nicht abhelfen kann, sondern dass er eine radikale innere Veränderung braucht. Das ist so schwierig, weil die Taoisten glauben, durch das »Gehen lassen« (zielbewusste Untätigkeit) würde sich die Veränderung ganz natürlich vollziehen.

A. Weisen Sie darauf hin, dass es unmöglich ist, den Anforderungen des Tao zu genügen. Der Taoismus selbst enthält viele Hinweise, die dem Taoisten zu der Erkenntnis verhelfen können, dass es hoffnungslos ist, sich auf seine eigenen menschlichen Bemühungen zu verlassen, um auch nur den im *Tao Te Ching* dargelegten Anforderungen zu genügen. Die folgenden Worte werden zum Beispiel zweimal im *Tao Te Ching* wiederholt:

> Dass Dinge mit dem Alter an Kraft verlieren,
> Magst du sagen, stimmt nicht mit dem Weg überein;
> Und nicht mit dem Weg übereinstimmen, bedeutet einen frühen Tod
> (Kapitel 30; Blakney, 108; auch Kapitel 50).

Blakney, der Übersetzer, erläutert dazu: »Wenn er [die Person] auf dem Weg weitergeht, wird seine Kraft und seine Tugend nicht abnehmen. Wenn er vom Weg abweicht, ist er verloren« (Blakney, 108).

Es ist unmöglich, dieser Anforderung zu genügen. Erfahren schließlich nicht alle Menschen ein Abnehmen ihrer Kraft, wenn sie alt werden? Und sterben nicht alle Menschen? Dem *Tao Te Ching* zufolge sind Schwachwerden und Sterben Beweise dafür, dass die Menschen nicht in Harmonie mit dem *Tao* leben! Wo liegt dann unsere Hoffnung?

Überdenken Sie auch andere Anforderungen für das Leben gemäß des *Tao*:

> Ich bin gut zu denen, die gut sind, aber ich bin auch gut zu denen, die nicht gut sind (Kapitel 49; Chan, 162).
> Sei es groß oder klein, viel oder wenig, zahle Hass mit Tugend heim (Kapitel 63; Chan, 169).

Solche Anforderungen sind lobenswert – sogar biblisch. Doch wenn dies bedeutet, nach dem *Tao* zu leben, dann bleiben wir alle weit hinter diesen Anforderungen zurück!

Einerseits sterben also die, die in einer Weise leben, die »nicht mit dem Weg übereinstimmt«, einen »frühen Tod«. Andererseits ist es unmöglich, solchen Anforderungen zu genügen.

Wenn man die oben stehenden Zitate liest, wird man an folgende Verse in der Bibel erinnert: »Denn alle Menschen haben gesündigt und das Leben in der Herrlichkeit Gottes verloren« (Römer 3,23) und: »Denn der Lohn der Sünde ist der Tod« (Römer 6,23).

B. Der Wunsch zu tun, was richtig ist, aber es nicht tun können. Wir haben gesehen, dass es unmöglich ist, den Anforderungen des *Tao* gerecht zu werden. Doch das ist nicht alles. Auch wenn wir den Anforderungen genügen könnten, ist etwas in uns, das uns daran hindert, dementsprechend zu leben.

Dieses »etwas« könnte man »Selbstsucht« nennen. Das Wort »selbstsüchtig« vermittelt einem Taoisten klarer als das Wort »Sünde«, was mit der Menschheit nicht in Ordnung ist. In unserem Wunsch, uns selbst zu dienen, wenden wir uns gegen Gott und gegen andere Menschen (Jesaja 53,6). Eine solche Selbstsucht bewirkt Disharmonie.

Lao-Tse machte eine interessante Aussage, als er schrieb: »Die ganze Welt weiß, dass das Schwache das Starke und das Weiche das Harte überwindet. *Doch niemand kann sich dementsprechend verhalten*« (Kapitel 78; Chan 175; Kursivschrift vom Autor). Lao-Tse sagt damit, dass wir alle wissen, was wir tun sollen, doch niemand von uns hat die Kraft, konsequent diesem Wissen gemäß zu leben.

Es ist gut, mit einem Freund, der aus einem taoistischen Hintergrund kommt, zunächst Römer 7,14-25, insbesondere Vers 18 durchzusprechen: »Immer wieder nehme ich mir das Gute vor, aber es gelingt mir nicht, es zu verwirklichen.« In diesem Abschnitt sagt der Apostel Paulus, dass er weiß, dass er das Richtige tun soll, er weiß sogar im Grunde genommen, was das Richtige ist. Doch in seiner »menschlichen Natur« (V. 18) (aus seiner eigenen menschlichen Kraft heraus) kann er es nicht tun. Stattdessen ist er in einem »Gesetz«, das ihn zum »Sklaven der Sünde« (V. 23) macht, gefangen – einer Macht, die ihn dazu treibt, nach seinem eigenen Willen zu handeln.

Alle Menschen können sich darin wiederfinden: Wir *wollen* das Richtige tun, aber *tun* dann das Falsche. Dann kommt der Augenblick, in dem wir wie Paulus nicht anders als um Hilfe schreien können: »Was bin ich doch für ein elender Mensch! Wer wird mich von diesem Leben befreien, das von der Sünde beherrscht wird?« (V. 24).

Wo liegt unsere Hoffnung? Sie scheint nicht in uns zu sein!

4. Vergebung – die Grundlage für Hoffnung

Das *Tao Te Ching* gibt einen Hoffnungsschimmer, doch die vollkommene Hoffnung kann nicht im Taoismus gefunden werden.

A. Der Grund, weshalb das Tao in Ehren gehalten werden soll. Ein Hoffnungsschimmer taucht auf, wenn das *Tao Te Ching* die Frage beantwortet, warum das *Tao* am meisten in Ehren gehalten werden soll. Erstaunlicherweise ist das, was am *Tao* am meisten geschätzt werden soll, die *Vergebung*!

Warum hielten die Alten dieses DAO in Ehren?
War dies nicht deshalb so, weil es von ihm hieß:
»Wer bittet, wird empfangen;

Wer gesündigt hat, dem wird vergeben«?
Darum ist das DAO das Köstlichste auf Erden.
(Kapitel 62; Wilhelm, 55; siehe auch Mair, 1990; 32; Blakney, 115).

Doch wie kann es sein, dass Vergebung das Wertvollste am *Tao* ist? Schließlich bedeutet Vergebung, dass gegen einen moralischen Maßstab verstoßen wurde. Doch das *Tao* ist jenseits moralischer Unterscheidungen! Und nur Personen sind zur Vergebung fähig. Vergebung ist jenseits der Fähigkeit einer unpersönlichen Daseinskraft wie es das *Tao* ist.

Das *Tao Te Ching* spricht also von der Notwendigkeit der Vergebung, doch das *Tao* ist zu einer solchen Vergebung nicht fähig. Nur der personale Gott der Bibel ist zur Vergebung fähig.

B. Die Mittel zur Vergebung. Das *Tao Te Ching* gibt einen weiteren Hoffnungsschimmer, und zwar in einem Abschnitt, den wir bereits früher erwähnten. In diesem Abschnitt ist die Rede davon, dass niemand konsequent die Anweisungen des *Tao* ausführt. Überdenken Sie, wie Lao-Tse diesen Gedanken fortführte:

Die ganze Welt weiß, dass das Schwache das Starke und das Weiche das Harte überwindet. Doch niemand kann sich dementsprechend verhalten.

Darum sagt der Weise:
Wer für sein Land Entehrung erleidet,
Wird der Herr des Landes genannt.
Wer das Unglück des Landes auf sich nimmt,
Wird der König des Reiches.
Unmissverständliche Worte scheinen ihr Gegenteil zu bedeuten
(Kapitel 78; Chan, 175; Kursivschrift vom Autor).

Es ist fast unheimlich, wie diese Worte eine Vorahnung vom Evangelium geben, denn sie beginnen mit dem Gedanken, dass niemand dem Gesetz oder dem Grundsatz, den alle kennen, gerecht werden kann (siehe Römer 1-3). Danach spricht der Abschnitt jedoch von einem, der »für sein Land Entehrung erleidet« und »das Unglück des Landes auf sich nimmt« (siehe Jesaja 53,6; Römer 5,8; 2. Korinther 5,21). Außerdem hat eine solche Person das Recht, »Herr des Landes« und »König des Reiches« genannt zu werden (siehe Philipper 2,6-11; Offenbarung 17,14).

Nochmals, wo können wir, die nicht fähig sind, den Anforderungen zu genügen, Hoffnung finden? Lao-Tses Worte scheinen anzudeuten, dass einer notwendig ist, der an unserer Stelle leidet.

C. Vergebung wird in Jesus gefunden. Die Hoffnung ist demnach in der Vergebung zu finden. Und wo finden wir Vergebung? In einem, der an unserer Stelle leidet. Jesus erfüllt diese Beschreibung. Die Bibel sagt:

> Brüder, hört mir zu! In diesem Mann, Jesus, findet ihr Vergebung für eure Sünden. Wer an ihn glaubt, wird von aller Schuld frei und vor Gott gerecht gesprochen – wie es das jüdische Gesetz nie vermochte (Apostelgeschichte 13,38-39; auch 1. Johannes 1,9).

Was wir durch unsere eigenen menschlichen Anstrengungen nicht fertig brachten, egal über welches moralische Gesetz wir sprechen, hat Gott durch Jesus Christus, der am Kreuz an unserer Stelle litt und starb, für uns vollbracht.

5. Würdigen Sie die »sanfte« Art von Jesus.

Die Taoisten wissen, dass der Weg des *Tao* »sanft« ist; es bringt alles, was es tun muss, fertig, ohne sich aufzuzwingen. Lao-Tse schrieb: »Das Weichste auf der Welt überwindet das Härteste« (Kapitel 43; Chan, 161; siehe auch Kapitel 78; Chan, 174).

Wenn Sie bedenken, wie der Taoismus Wert auf die »Sanftheit« des Weges *(Tao)* legt, ist es wahrscheinlich, dass der Taoist die *Sanftheit des Weges von Jesus* gefühlsmäßig akzeptieren und würdigen kann:

- Als Jesus festgenommen wurde, leistete er keinen Widerstand (Matthäus 26,50-56).
- Als er verhört wurde, verteidigte er sich nicht (Matthäus 26,60-63; 27,12-14).
- Als er angespuckt und ins Gesicht geschlagen wurde, übte er keine Vergeltung (Matthäus 26,67).

- Als er ausgezogen, verspottet und mit einer Dornenkrone gequält wurde, wehrte er sich nicht (Matthäus 27,28-30).
- Als er ans Kreuz genagelt wurde, rief er: »Vater, vergib diesen Menschen, denn sie wissen nicht, was sie tun« (Lukas, 23,34).
  In der Apostelgeschichte lesen wir: »Er wurde wie ein Schaf zum Schlachten geführt. Und wie ein Lamm vor dem Scherer verstummt, so machte er den Mund nicht auf« (8,32; zitiert nach Jesaja 53,7-8).

Und doch, obwohl er keinen Widerstand leistete, obwohl er »mit dem Fluss der Dinge« ging, vollbrachte er alles für uns! Jesus nahm alles auf sich, was der Tod und das Böse ausspucken konnten. Sie tobten sich an Jesus aus. Als die Mächte des Todes mit ihm fertig waren, erweckte Gott ihn wieder zum Leben. Die gute Nachricht lautet, dass wir auch ewiges Leben und Gerechtigkeit erhalten können, wenn wir unseren Glauben auf Jesus Christus setzen: »Denn vorher wart ihr tot aufgrund eurer Schuld ... Doch Gott hat euch mit Christus lebendig gemacht. Er hat uns alle unsere Schuld vergeben« (Kolosser 2,13).

Der Weg von Jesus ist auch »sanft« in der Art und Weise, *wie er sich uns gegenüber verhält*, denn er zwingt sich uns nicht auf und drängt uns nicht zu einer Entscheidung. Sein Weg ist vielmehr der Weg der Liebe, der Menschen zu ihm hinzieht: »Und wenn ich am Kreuz aufgerichtet bin, werde ich alle zu mir ziehen« (Johannes 12,32). Jesus befielt niemandem, zu ihm zu kommen, doch er lädt uns mit Liebe ein und mit der Aussicht darauf, Ruhe zu finden:

> Kommt alle her zu mir, die ihr müde seid und schwere Lasten tragt, ich will euch Ruhe schenken. Nehmt mein Joch auf euch. Ich will euch lehren, denn ich bin demütig und freundlich, und eure Seele wird bei mir zur Ruhe kommen. Denn mein Joch passt euch genau, und die Last, die ich euch auflege, ist leicht (Matthäus 11,28-30).

Und seine Ruhe erhalten wir durch den »sanften« Weg der Erkenntnis, dass wir eine innere Veränderung brauchen und dadurch, dass wir es zulassen, dass Gott sein Werk der Veränderung in unserem Leben durchführt.

Dann können wir nach dem »sanften« Weg leben, indem wir zulassen, dass der Heilige Geist uns erfüllt (Römer 8,9) und uns Leben schenkt, denn wie Jesus sagte: »Das Wasser, das ich ihm gebe, wird in ihm zu einer nie versiegenden Quelle, die unaufhörlich bis ins ewige Leben fließt« (Johannes 4,14; vgl. 7,38-39; Römer 8,11).

Zusammenfassung der Vorschläge für die Verkündigung des Evangeliums

Vorschläge für Gesprächsthemen	Beweise aus dem Taoismus	Worauf soll Wert gelegt werden
1. Würdigen Sie die Weisheit und die Relevanz des Taoismus.		
2. Weisen Sie auf die Dinge hin, die bezeugen, dass Gott eine Person ist.		
A. Die Grundlage für unsere Einzigartigkeit und unsere Komplexität.	Chuang-Tse: »Wenn es kein Ich gibt, ist niemand da, der Unterscheidungen treffen kann« (Kapitel 2).	Ein personaler Gott ist eine bessere Erklärung für unsere Einzigartigkeit und Komplexität als eine undifferenzierte All-Einheit.
B. Das moralische Empfindungsvermögen der Menschen.	Chuang-Tse: »Richtig und falsch sind voneinander abhängig« (Kapitel 2); man kann das eine nicht ohne das andere haben.	Das Gute war schon vor dem Bösen da. Ohne einen transzendenten Maßstab für moralische Grundsätze (wie er von einem personalen, heiligen Gott geboten wird) gibt es keine Grundlage für die Unterscheidung zwischen Gut und Böse, Richtig und Falsch.
C. »Tiefe Liebe«	Chuang-Tse: »Wenn der Himmel eine Person retten will, dann wird er sie mit tiefer Liebe schützen« (Kapitel 67).	Liebe ist jenseits der Fähigkeit des unpersönlichen *Tao*. Der personale Gott der Bibel zeigte seine »tiefe Liebe«, denn: »Die größte Liebe beweist der, der sein Leben für die Freunde hingibt« (Johannes 15,13; siehe auch Römer 5,8; 1. Johannes 4,8-10).
3. Sprechen Sie über die Sünde		

Vorschläge für Gesprächsthemen	Beweise aus dem Taoismus	Worauf soll Wert gelegt werden
A. Weisen Sie darauf hin, dass es unmöglich ist, den Anforderungen des Tao zu genügen.	Lao-Tse: »Dass Dinge mit dem Alter an Kraft verlieren, magst du sagen, stimmt nicht mit dem Weg überein« (Kapitel 30). Lao-Tse: »Zahle Hass mit Tugend heim« (Kapitel 63).	Das Tao Te Ching stellt Anforderungen für das Leben gemäß des *Tao*, die niemand konsequent erfüllen kann; doch sie nicht zu erfüllen bedeutet den Tod.
B. Der Wunsch zu tun, was recht ist, aber es nicht tun können.	Lao-Tse: »Das Schwache überwindet das Starke. Doch niemand kann sich dementsprechend verhalten« (Kapitel 78).	Paulus: »Immer wieder nehme ich mir das Gute vor, aber es gelingt mir nicht, es zu verwirklichen« (Römer 7,18).
4. Vergebung – die Grundlage für Hoffnung		
A. Der Grund, weshalb das Tao in Ehren gehalten werden soll.	»Warum hielten die Alten dieses DAO in Ehren? War dies nicht deshalb so, weil es von ihm hieß: ›Wer bittet, wird empfangen; wer gesündigt hat, dem wird vergeben‹?« (Kapitel 62).	Da das *Tao* unpersönlich ist, kann es nicht vergeben. Nur ein personaler Gott ist zur Vergebung fähig.
B. Die Mittel zur Vergebung.	»Wer für sein Land Entehrung erleidet, wird der Herr des Landes genannt« (Kapitel 78).	»Denn Gott machte Christus, der nie gesündigt hat, zum Opfer für unsere Sünden, damit wir durch ihn vor Gott gerechtfertigt werden können« (2. Korinther 5,21).
C. Vergebung wird in Jesus gefunden.		»In ... Jesus findet ihr Vergebung für eure Sünden« (Apostelgeschichte 13,38-39).
5. Würdigen Sie die »sanfte« Art von Jesus.	Lao-Tse: »Das Weichste auf der Welt überwindet das Härteste« (Kapitel 43).	»Er wurde wie ein Schaf zum Schlachten geführt. Und wie ein Lamm vor dem Scherer verstummt, so machte er den Mund nicht auf« (Apostelgeschichte 8,32), doch Gott weckte ihn von den Toten auf, und durch den Glauben an ihn können auch wir Leben bekommen.

Bibliographie und Quellen

Blakney, R. B. *The Way of Life: Lao Tzu:* New York: The New American Library, Inc., 1955.

Chan, Wing-Tsit. *A Source Book in Chinese Philosophy.* Princeton, N. J.: Princeton University Press, 1963.

Chang, C.-y. *Tao: A New Way of Thinking.* New York: Harper & Row, 1975.

Dreher, Diane. *The Tao of Peace.* New York: Donald I. Fine Inc., 1990.

Fung, Yu-Lan. *Chuang-Tzu.* New York: Paragon Book Reprint Corp., 1964.

Graham, A. C. Disputers of the Tao: Philosophical Argument in Ancient China. La Salle, Ill.: Open Court, 1989.

Hoff, B. *The Tao of Pooh.* New York: Dutton, 1982.

Hoff, B. *The Te of Piglet.* New York: Dutton, 1992.

Lau, D.C. *Confucius: The Analects.* New York: Viking Penguin Inc., 1979.

Legge, J. *The Religions of China: Confucianism and Taoism Described and Compared with Christianity.* London: Hodder & Stoughton, 1880 und 1976.

Mair, Victor. *Wandering on the Way: Early Taoist Tales and Parables of Chuang Tzu.* New York: Bantam Books, 1994.

Mair, Victor. *Tao Te Ching: The Chinese Book of Integrity and the Way.* New York: Bantam Books, 1990.

Mote, F. W. *Intellectual Foundations of China.* New York: McGraw Hill, 1989.

Overmyer, D. L. *Religions of China: The World as a Living System.* San Francisco: Harper & Row, 1986.

Welch, Holmes. *Taoism: The Parting of the Way.* Boston: Beacon Press, 1966.

Wilhelm, Richard (Übersetzer ins Deutsche). *Tao Te Ching.* H. G. Oswald (Übersetzer ins Englische), New York: Penguin Books, 1990.

Ist Jesus der einzige Weg zu Gott?

Eine Rechtfertigung der ausschließlichen Ansprüche von Jesus Christus

Rick Rood

Einführung

Viele Menschen nehmen Anstoß an der Behauptung des Christentums, dass Jesus Christus der einzige Weg zu einer rettenden Beziehung zu Gott ist. Der Glaube, dass es viele Wege zu Gott gibt, breitet sich in der Kultur der Vereinigten Staaten von Amerika und in Europa immer weiter aus.

Nicht nur vielen Amerikanern und Europäern fällt es schwer, die Ausschließlichkeit Christi zu akzeptieren, sondern auch den Menschen, die aus anderen Ländern oder aus Familien kommen, in denen das Christentum nicht zur kulturellen Tradition gehört. Viele dieser Menschen vertreten die Ansicht, dass alle Religionen gleichwertige Wege zu Gott oder zur letzten Wirklichkeit sind. Eine solche Anschauung wird »religiöser Pluralismus« genannt.

Christen müssen ernsthaft darüber nachdenken, was sie den Menschen erwidern, die die Ausschließlichkeit des christlichen Glaubens in Frage stellen und die Ansicht äußern, dass alle Religionen gleichwertig sind.

Der beste Ausgangspunkt dafür ist die Bibel. Wir müssen von der Bibel her verstehen, warum Christen Jesus für den einzigen Weg zur Rettung halten. Einer der wichtigsten Gründe für diese Ausschließlichkeit hat mit dem zu tun, was der Bibel zufolge das entscheidende Problem des Zustands der Menschheit ist und wie die alleinige Lösung für dieses Problem aussieht.

Das Problem der Menschheit und die Lösung, die die Bibel anbietet

Was ist der Bibel zufolge mit der Menschheit nicht in Ordnung? Die Bibel lehrt, dass wir zwar nach dem Bild Gottes geschaffen wurden und in Gottes Augen einen einzigartigen und ganz besonderen Wert haben, dass wir aber dennoch tief und bleibend von Sünde befleckt sind. Die Sünde ist im Grunde genommen eine Haltung des Aufbegehrens gegen Gott, des Wunsches nach Unabhängigkeit von ihm. Außerdem sagt die Bibel, dass alle Menschen gesündigt haben (Römer 3,23).

Die härteste Strafe für unsere Sünde liegt darin, dass sie uns von Gott trennt. Der Prophet Jesaja schrieb: »Eure Verschuldungen scheiden euch von eurem Gott, und eure Sünden verbergen sein Angesicht vor euch« (59,2; siehe auch Habakuk 1,13).

Eine weitere Folge unserer Sünde ist unser geistlicher Tod. Wie der körperliche Tod eintritt, wenn der Geist sich vom Körper trennt, so findet der geistliche Tod statt, wenn wir uns von Gott trennen. Paulus schrieb: »Auch ihr wart früher tot aufgrund eurer Sünden« (Epheser 2,1). Keine andere Religion schildert die Menschheit in einem geistlich so schlechten Zustand wie das Christentum, denn schlechter als tot sein kann es einem Menschen nicht gehen.

Welche Lösung bietet die Bibel für das Problem der Menschheit?

Die Bibel benutzt mehrere Begriffe, um die Lösung für das Problem der Menschheit zu beschreiben, und jeder Begriff gibt zu verstehen, dass es für die Lösung des Problems nur einen Weg gibt.

Vergebung: Die Bibel sagt, dass wir gegen den heiligen Gott gesündigt haben und dass uns vergeben werden muss, bevor wir in Gemeinschaft mit Gott sein können. Es gibt nicht viele Möglichkeiten zum Erlangen dieser Vergebung, denn nur der Eine, gegen den wir gesündigt haben, kann uns diese Sünde vergeben (Markus 2,5-7). Jesus allein bezahlte die Strafe für unsere Sünde durch seinen Tod am Kreuz (2. Korinther 5,21). Dadurch ermöglichte er es, dass Gott seinem heiligen Wesen treu bleiben und uns gleichzeitig Vergebung anbieten kann. Deshalb konnte Johannes schreiben: »Doch wenn wir ihm unsere Sünden bekennen, ist er [Gott] *treu und gerecht, dass er uns vergibt* und uns von allem Bösen reinigt« (1. Johannes 1,9; Kursivschrift vom Autor; siehe auch Römer 3,22-26).

Versöhnung: Die Bibel lehrt, dass wir aufgrund unseres Aufbegehrens und unserer Sünde die Verbindung zu Gott durchtrennt haben: »Wir gingen alle in die Irre wie Schafe, ein jeder sah auf seinen Weg« (Jesaja 53,6). Die Lösung für unsere Trennung von Gott liegt darin, dass unsere Beziehung zu Gott wiederhergestellt werden muss. Die Notwendigkeit dieser Versöhnung zeigt wiederum, dass es nur einen einzigen Weg für die Lösung des Problems unserer Trennung von Gott gibt.

Wie viele Wege gibt es eigentlich, eine Beziehung, die ich durch meine alleinige Schuld zerbrochen habe, wiederherzustellen? Nur einen! Das Bekenntnis meiner Schuld und die Hoffnung, dass der andere, den ich gekränkt habe, so barmherzig ist, mir zu vergeben.

Die Menschheit steht in der gleichen Situation in Bezug auf Gott. Wenn wir jemals eine Hoffnung auf eine Beziehung zu Gott haben wollen, müssen wir etwas tun, um unsere Beziehung wiederherzustellen, was bedeutet, dass wir unsere Schuld vor Gott bekennen müssen.

Erneuerung: Die Bibel sagt, dass wir geistlich tot sind. Auch dieser Begriff gibt zu verstehen, dass es nur eine einzige Lösung für das Problem der Menschheit gibt. Denn Tote können sich selbst nicht helfen, und der Einzige, der die Macht hat, Leben zu schenken, ist Gott. Wir müssen geistlich lebendig gemacht oder erneuert werden. Geistlich lebendig gemacht werden ist die Bedeutung der biblischen Umschreibungen »von neuem geboren« werden (Johannes 3,3-6) oder »dieses neue Leben kommt von Gott« (Johannes 1,13). Gott sandte Jesus Christus als den Einen, durch den das Leben kommen würde: »Doch Gott ist so barmherzig und liebte uns so sehr, dass er uns, die wir durch unsere Sünden tot waren, mit Christus neues Leben schenkte« (Epheser 2,4-5). Jesus sagte: »Ich bin die Auferstehung und das Leben. Wer an mich glaubt, wird leben, auch wenn er stirbt« (Johannes 11,25). Er bewies die Wahrheit dieser Worte, als er von den Toten auferstand. Kein anderer Religionsgründer kann etwas derart Verblüffendes von sich behaupten.

Wie Gott sich offenbart

Ein anderer Grund, weshalb Christen von der Ausschließlichkeit des Evangeliums sprechen, liegt darin, dass mehrere Bibelstellen betonen, dass es erforderlich ist, die gute Nachricht von Jesus zu »hören«, bevor man gerettet werden kann. In Römer 10,17 sagt Paulus: »Und doch kommt der Glaube durch das Hören dieser Botschaft, die Botschaft aber kommt von Christus« (siehe auch Galater 3,2; Epheser 1,13; 2. Timotheus 3,15; Jakobus 1,18; 1. Petrus 1,23-25).

Es ist wichtig, eine Unterscheidung zu treffen zwischen dem, was man über Gott aufgrund der so genannten »allgemeinen Offenbarung« wissen kann und dem, was man über Gott nur durch seine »besondere Offenbarung« erfahren kann. Die »allgemeine Offenbarung« wird so genannt, weil sie die Wahrheit über Gott ist, die allen Menschen im Allgemeinen zugänglich ist. Im Folgenden einige Bibelstellen, die von der allgemeinen Offenbarung sprechen:

Der Himmel verkündet die Herrlichkeit Gottes und das Firmament bezeugt seine wunderbaren Werke (Psalm 19,2).

Seit Erschaffung der Welt haben die Menschen die Erde und den Himmel und alles gesehen, was Gott erschaffen hat, und können daran ihn, den unsichtbaren Gott, in seiner ewigen Macht und seinem göttlichen Wesen klar erkennen. Deshalb haben sie keine Entschuldigung dafür, von Gott nichts gewusst zu haben (Römer 1,20; siehe auch Apostelgeschichte 14,17).

Diese Verse sagen uns, dass wir durch die Schöpfung erkennen können, dass es einen Schöpfergott gibt, der eine Person ist und der mächtig und gut ist. In Römer 2,15 – »Gottes Gesetz [ist] in ihr Herz geschrieben« – sagt uns Paulus außerdem, dass wir durch unser Gewissen und das Gesetz Gottes, das in unser Herz geschrieben ist, wissen können, dass es einen Gesetzgeber gibt.

Durch die »allgemeine Offenbarung« ist es möglich, viel von Gott zu wissen, doch in der Bibel steht nichts davon, dass der Weg zur Versöhnung mit Gott durch etwas anderes als die »besondere Offenbarung« der guten Nachricht von Jesus Christus zu erfahren ist. Paulus schrieb:

Denn jeder, der den Namen des Herrn anruft, wird gerettet werden. Doch wie können sie ihn anrufen, wenn sie nicht an ihn glauben? Und wie können sie an ihn glauben, wenn sie nie von ihm gehört haben? Und wie können sie von ihm hören, wenn niemand ihnen die Botschaft verkündet? (Römer 10,13-14).

Die allgemeine Offenbarung im Vergleich mit der besonderen Offenbarung

Allgemeine Offenbarung	Besondere Offenbarung
Die Methode	
Die Schöpfung, der Himmel (Psalm 19,2-3; Apostelgeschichte 14,7; Römer 1,19-20).	Das Eingreifen Gottes in die Geschichte (z. B. das Teilen des Roten Meeres).
Das moralische Gesetz Gottes ist in unser Herz und in unser Gewissen geschrieben (Römer 2,15). Das Gesetz, das in unser Herz geschrieben ist, sagt uns, dass es einen transzendenten moralischen Maßstab gibt, und das Gewissen sagt uns, dass wir schuldig sind, weil wir diesem Maßstab nicht gerecht geworden sind.	Das Wort Gottes, das er zur Menschheit gesprochen hat (direkt: 1. Mose 12,1; durch Träume: 1. Mose 20,6; Visionen: Daniel 8,1; Engel: Apostelgeschichte 10,3).
	Das Wort Gottes, das von Menschen durch die Inspiration des Heiligen Geistes geschrieben wurde (1. Timotheus 3,16; 2. Petrus 1,21).
	Gott, der Sohn, der Mensch geworden ist (Johannes 1,14; Hebräer 1,1-2).
Die Empfänger	
Steht allen Menschen zu jeder Zeit und an jedem Ort zur Verfügung.	Steht denen zur Verfügung, die Zeuge solcher Ereignisse wurden oder die solche Worte hören oder lesen.
Der Inhalt	
Die Wahrheit über Gott: Seine Existenz, Macht, Güte und sein Wesen (Römer 1,20).	Die Wahrheit darüber, dass wir geistlich tot und von Gott getrennt sind (Römer 6,23; Epheser 2,1).
Die Wahrheit über unser Versagen vor dem Gesetz, das in unser Herz geschrieben ist (Römer 2,15: »Ihre Gedanken klagen sie entweder an oder bestätigen, dass sie das Richtige tun«).	Die Wahrheit über den Plan Gottes und Vorkehrungen für unsere Rettung (Johannes 14,6; Apostelgeschichte 4,12; Römer 10,13-17).

Das Christentum und andere Religionen

Welche Haltung nimmt die Bibel anderen Religionen gegenüber ein? Als Antwort auf diese Frage können mindestens vier Dinge angeführt werden.

Erstens, es ist sicherlich möglich, dass andere Religionen Wahrheiten enthalten, die sie entweder durch die allgemeine oder sogar die besondere Offenbarung empfangen haben. Mehrere Religionen lehren viele Wahrheiten sowohl theologischer als auch ethischer Natur, die mit den biblischen Lehren übereinstimmen. Zum Beispiel bekräftigen das orthodoxe Judentum und der Islam den Theismus. Natürlich enthalten einige Religionen Wahrheiten, die sie durch besondere Offenbarung erhalten haben, da sie Kontakt mit den jüdischen und christlichen Schriften hatten. Der Islam bekräftigt zum Beispiel Lehren wie die Jungfrauengeburt von Jesus.

Zweitens, da die Menschheit sündig ist, neigt sie dazu, die Wahrheit über Gott zu verfälschen. Die Bibel spricht davon, dass die Menschen die Wahrheit Gottes, wie sie in der Schöpfung offenbart ist, »niederhalten« (Römer 1,18*). Paulus schrieb: »Obwohl sie von Gott wussten, wollten sie ihn nicht als Gott verehren oder ihm danken« (Römer 1,21). Dieses Unterdrücken der Wahrheit ist die Quelle unserer religiösen Vorlieben.

Drittens, in der Bibel gibt es keinen Hinweis darauf, dass eine andere religiöse Botschaft außer dem Evangelium von Jesus Christus unsere Beziehung zu Gott wiederherstellen kann. Jesus selbst sagte: »Ich bin der Weg, die Wahrheit und das Leben. Niemand kommt zum Vater außer durch mich« (Johannes 14,6; siehe auch die Worte von Petrus in Apostelgeschichte 4,2).

Wir wissen, dass es auf menschlicher Ebene für zwei Menschen, die sich entzweit haben und sich versöhnen wollen, nur eine einzige Möglichkeit gibt: Die Probleme, die sie getrennt haben, müssen gelöst werden. Dies gilt für unsere Beziehung zu Gott genauso wie für unsere Beziehung zu anderen Menschen. Nur wenn wir einsehen, dass unsere Sünde die Quelle unserer Entfremdung von Gott ist und wenn wir seine Lösung für das Problem – das Sühneopfer von Jesus Christus – akzeptieren, können wir mit ihm versöhnt werden.

* Luther-Übersetzung 1984

Schließlich lehrt die Bibel, dass der Ursprung der Religionen eine geistliche Dimension hat und dass es die Absicht der Geister ist, die Menschen zu täuschen und von der Wahrheit abzubringen (siehe Johannes 8,44; 2. Korinther 11,13-14). Paulus schrieb, dass viele Menschen »auf Lügen hören und Lehren folgen [werden], die von Dämonen stammen« (1. Timotheus 4,1). Von Anfang an hat Satan die Wahrheiten Gottes verdreht (1. Mose 3,1-5), und sein Ziel war es die ganze Zeit, »die Gedanken der Ungläubigen ... [zu] verblenden« (2. Korinther 4,4).

Eine von Satans Lügen und eine seiner Methoden, mit der er die Menschen für die Wahrheit blind macht, sind die Religionen, die uns davon abbringen, das volle Ausmaß unseres Zustandes zu erkennen und das Angebot der Gnade Gottes durch Jesus Christus anzunehmen. Die nichtchristlichen Religionen haben zum Beispiel die absolute Heiligkeit Gottes entweder abgelehnt, eingeschränkt oder außer Acht gelassen (siehe Überblick über die Weltreligionen). Je mehr die Heiligkeit Gottes verzerrt wird, um so empfänglicher werden wir für den irreführenden Gedanken, dass wir die Errettung vielleicht durch unsere eigenen Bemühungen erlangen können, und als Folge werden wir blind dafür, dass wir einen Retter brauchen.

Allgemeine Einwände gegen die ausschließlichen Ansprüche von Jesus Christus

1. »Ist es nicht arrogant und intolerant zu behaupten, das Christentum sei die einzige wahre Religion?«

Es ist sicherlich möglich, eine arrogante und intolerante Haltung einzunehmen, wenn man behauptet, in irgendeiner Sache die Wahrheit zu besitzen, und dies trifft auch auf Christen zu. Solche Haltungen sind natürlich falsch.

Es ist jedoch wichtig, klarzustellen, dass es nicht unbedingt arrogant oder intolerant ist, wenn man behauptet, dass etwas unter Ausschluss aller anderen Behauptungen wahr ist. Jeder macht Aussagen, von denen er glaubt, dass ausschließlich sie wahr sind. Wir müssen auch darauf hinweisen, dass die ausschließlichen Ansprüche der christlichen Botschaft wirklich Behauptungen sind, die Jesus über sich selbst gemacht hat und nicht Behauptungen, die Christen über sich gemacht haben.

Was Toleranz betrifft, so müssen wir zwischen drei Arten von Toleranz unterscheiden (nach Dr. Erwin Lutzer, *Christ Among Other Gods*, 29):

- *»Rechtliche« Toleranz:* Die Anerkennung, dass jeder Mensch das Recht hat, zu glauben, was er für das Wahre oder das Beste hält.
- *»Soziale« Toleranz:* Die Anerkennung, dass alle Menschen, ungeachtet ihrer religiösen Überzeugungen, mit Würde und Achtung zu behandeln sind.
- *»Unkritische« Toleranz:* Die Meinung, dass keine religiöse Überzeugung für falsch oder minderwertiger als andere religiöse Überzeugungen zu betrachten ist. Alle Glaubensüberzeugungen sollten hinsichtlich ihres Wahrheitsanspruchs für gleichberechtigt gehalten werden.

Ohne Frage sollten Christen – und alle anderen auch – sowohl die rechtliche als auch die soziale Toleranz üben. Doch die »unkritische« Toleranz fordert für Christen – und die meisten anderen Menschen – einen zu hohen Preis. Sie verlangt, dass wir alle Wahrheitsansprüche, auch wenn sie sich widersprechen, für gleichwertig halten sollen. Die Wahrheit verliert dann jeglichen Wert.

2. »Hat nicht der Gedanke, dass das Christentum die einzig wahre Religion ist, zu Verfolgungskriegen gegen andere Religionen geführt?«

Ja, es gab Verfolgungskriege, die von Christen (oder zumindest von Menschen, die sich als Christen bezeichneten) gegen die Anhänger anderer Religionen geführt wurden. Die Tatsache, dass bekennende Christen solche Dinge taten, bedeutet nicht, dass das, was sie taten, richtig war oder dass die Botschaft der Bibel falsch ist. Jesus Christus behauptete, der einzige Weg zu Gott zu sein, doch er würde solche Taten in seinem Namen nie unbeanstandet lassen. Und nur wegen ihres Bekenntnisses zum christlichen Glauben müssen wir auch nicht davon überzeugt sein, dass sie wirklich echte Christen waren.

Wir sollten außerdem nicht vergessen, dass im Verlauf der ganzen Geschichte auch Christen Opfer von Verfolgungen waren.

3. »Ich denke, alle Religionen sind gleich wahr.«

Diese Meinung ist heutzutage sehr beliebt und weit verbreitet, wahrscheinlich, weil sie scheinbar eine Haltung des gegenseitigen Respekts unter Anhängern verschiedener Religionen fördert. Ein solcher Standpunkt ist jedoch eine falsche Grundlage für Respekt, da hierdurch die sehr realen und unüberbrückbaren Unterschiede zwischen den verschiedenen Religionen nicht anerkannt werden. Diese Unterschiede werden vielmehr als unbedeutend abgetan. Doch wie reagiert man auf eine solche Überzeugung?

Keine vernunftgemäße Überzeugung: Der Gedanke, dass alle religiösen Glaubensüberzeugungen wahr sind, kann zuerst einmal rational nicht aufrechterhalten werden. Denn wenn dieser Gedanke stimmen würde, dann müsste der gegenteilige Gedanke – dass alle religiösen Glaubensüberzeugungen nicht wahr sind – auch zutreffen, denn auch dies ist eine religiöse Glaubensüberzeugung, da sie sich mit letzten Fragen auseinander setzt. Eine solche Aussage würde aber die vorhergehende ungültig machen!

Die Definition von Wahrheit: Zweitens ist es unmöglich, zu glauben, alle Religionen seien wahr, wenn wir unsere normalerweise für richtig gehaltene Definition des Wortes »wahr« nicht ändern. Wenn wir im Allgemeinen sagen, eine Aussage ist »wahr«, dann meinen wir, dass sie mit einer Wirklichkeit übereinstimmt, die unabhängig von unseren Überzeugungen existiert. Dies nennt man die »Übereinstimmungstheorie der Wahrheit«.

Was die meisten »religiösen Pluralisten« in Wirklichkeit tun, ist, ihre Definition von »Wahrheit« in eine der anderen Definitionen umzuändern, die in der untenstehenden Tabelle mit dem Titel »Wahrheitstheorien« aufgelistet sind.

»Wahrheitstheorien«

Die pragmatische Theorie	»Wahrheit ist, was funktioniert.«
Die empirische Theorie	»Wahrheit ist, was wir erfahren oder beobachten können.«
Die rationalistische Theorie	»Wahrheit ist, was mit dem Verstand bewiesen werden kann.«
Die Kohärenztheorie	»Wahrheit ist Harmonie innerhalb eines Gedankengebäudes.«
Die emotionale Theorie	»Wahrheit ist, was ich fühle.«

(nach: The Handbook of Christian Apologetics von Kreeft & Tacelli)

Obwohl die Wahrheit in der Tat mit der Erfahrung und dem Verstand vereinbar und kohärent ist, gehört noch mehr dazu. Diese Definitionen sind unzulänglich, weil sie die Wahrheit nicht in eine objektive Wirklichkeit hineinstellen. Wahrheit definiert man am besten als das, was mit der Wirklichkeit übereinstimmt – so wie die Dinge wirklich sind. Außerdem sind diese Definitionen der Wahrheit nicht umfassend; sie gehen an die Wahrheit von einem lückenhaften oder unvollständigen Blickwinkel heran.

Unüberbrückbare Unterschiede: Schließlich, obwohl es möglich ist, zwischen den Religionen der Welt viele Ähnlichkeiten festzustellen, erkennt man beim näheren Hinsehen unüberbrückbare Unterschiede in den grundlegendsten Lehren. Viele Leute glauben, die Religionen seien nur oberflächlich unterschiedlich, doch auf einer tieferen Ebene gleich. Aber in Wirklichkeit trifft das Gegenteil zu: Die Religionen sind oberflächlich ähnlich, doch auf einer tieferen Ebene – der Ebene ihrer grundlegenden Glaubensüberzeugungen und Lehren – sind sie sehr unterschiedlich.

Die Unterschiede zwischen den Religionen

	Hinduismus	**Buddhismus**	**Islam**	**Christentum**
Die letzte Wirklichkeit	Unpersönliches Wesen oder viele Götter	Kein Gott oder unpersönliches »Buddhawesen«	Ein Schöpfer, den man nicht kennen kann	Ein Schöpfer, der eine Person ist und sich zu erkennen gegeben hat
Das Wesen der Menschheit	Göttlich in unserem Wesen	Kein persönliches Wesen	Von Gott geschaffen, aber nichts ist wie er	Von Gott nach seinem Bild geschaffen
Das Problem der Menschheit	Aufgrund von Unwissen und Karma in Reinkarnationen in einer illusorischen Welt gefangen	Aufgrund von Wünschen und Karma in Reinkarnationen in einer Welt des Leidens gefangen	Unter dem Urteil Allahs, wegen Nichteinhaltung des Gesetzes	Unter dem Urteil Gottes, wegen sündigen Aufbegehrens
Rettung	Befreiung aus der Welt durch Wissen, Werke oder Hingabe	Befreiung aus der Welt des Leidens durch den Verzicht auf Wünsche (durch eigene Werke oder »göttliche« Hilfe)	Befreiung von dem Urteil durch Gehorsam gegenüber dem Gesetz	Befreiung von dem Urteil durch den Glauben an Gottes gnädiges Rettungsangebot durch Jesus Christus

	Hinduismus	Buddhismus	Islam	Christentum
Endzustand	Verschmelzen mit der letzten Wirklichkeit, oder himmlische Seligkeit in der Gegenwart der Götter	Erlöschen des Leidens, des Wünschens und der Individualität *(nirvana)*	Das Paradies oder die Hölle	Der Himmel oder die Hölle

Wenn wir unter dem Wort »wahr« das verstehen, was »mit der Wirklichkeit übereinstimmt«, dann liegt es auf der Hand, dass nicht alle diese Religionen wahr sein können, denn sie widersprechen sich in ihren grundlegenden Glaubensüberzeugungen, und wenn man dasselbe in derselben Hinsicht behauptet und gleichzeitig verneint, macht man eine sinnlose Aussage. Die Rettung ist zum Beispiel entweder ein Lohn, den man sich verdienen kann (Hinduismus, Buddhismus, Islam), oder ein Geschenk, das man erhält (Christentum); sie kann nicht beides sein. Gott ist entweder eine Person oder eine unpersönliche Kraft, nicht beides, denn die beiden Gottesbegriffe haben Eigenschaften, die sich gegenseitig ausschließen.

Es stimmt, dass alle Religionen in der Tabelle falsch sein können, aber es stimmt nicht, dass sie alle wahr sein können!

4. »Ich denke, alle religiösen Wahrheitsansprüche sind relativ.«

Wenn jemand eine solche Aussage macht, so meint er in der Regel eines von den folgenden drei Dingen. Erstens könnte er meinen, dass keiner von uns behaupten kann, über irgendetwas die ganze Wahrheit zu wissen und dass deshalb Dinge, die widersprüchlich scheinen, zum Teil richtige Beschreibungen eines größeren Ganzen sein können. Solch eine Anschauung wird *»reiner« Relativismus* genannt.

Zweitens könnte er meinen, dass wir von überhaupt nichts sagen können, dass es wahr ist (zumindest in religiösen Angelegenheiten). Dies nennt man *Skeptizismus.*

Drittens könnte er meinen, dass jede Wahrheit (oder zumindest jede religiöse Wahrheit) einfach eine Angelegenheit subjektiver Auffassungen und Gefühle ist. Dies ist *Subjektivismus*, der besagt: »Was für dich wahr ist, muss nicht auch für mich wahr sein, und umgekehrt.«

»Reiner« Relativismus. Behalten Sie die folgenden Gedanken im Hinterkopf, wenn Sie auf den »reinen« Relativismus antworten. Erstens, auch wenn es stimmt, dass niemand von uns über irgendetwas die ganze Wahrheit wissen kann (insbesondere über Gott), bedeutet dies nicht, dass wir überhaupt nichts wissen können, und es bedeutet auch nicht, dass das, was wir wissen können, ungenau ist. Es mag sein, dass Gott uns nicht alles über sich offenbart, doch was er offenbart, das kann man wahrhaftig wissen!

Zweitens, obwohl es möglich ist, dass beide Seiten zu einem bestimmten Punkt sich gegenseitig ergänzende Wahrheiten (Teilwahrheiten, die sich gegenseitig vervollständigen) besitzen, können sie nicht beide wahr sein, wenn sie sich widersprechen (wenn sie dasselbe gleichzeitig behaupten und verneinen).

Außerdem ist es für einen Relativisten unmöglich, in der wirklichen Welt nach seiner Philosophie zu leben. Im wirklichen Leben müssen wir uns entscheiden, ob es wahr ist, dass ein Auto auf uns zurast oder nicht und dementsprechend handeln. Wir können nicht mit der Annahme leben, dass das Auto *sowohl* auf uns zurast *als auch* gleichzeitig *nicht* auf uns zurast!

Skeptizismus. Wenn man sagt, es sei unmöglich, über irgendetwas die Wahrheit zu wissen, so widerlegt man sich selbst. Wer eine solche Aussage macht, behauptet zumindest, dass er weiß, dass die Aussage »Man kann die Wahrheit nicht wissen« wahr ist.

Manche Menschen geben zu, dass man die Wahrheit über »gewöhnliche« Dinge wissen kann, aber nicht über Gott. Die christlichen Apologeten (Verteidiger des Glaubens) Peter Kreeft und Ronald Tacelli antworten darauf:

> Wenn der religiöse Skeptiker Recht hat, können wir über Gott nichts wissen. Und wenn wir über Gott nichts wissen können, wie können wir dann Gott so gut kennen, dass wir wissen können, dass man über ihn nichts wissen kann? Wie können wir wissen, dass Gott sich nicht – vielleicht sogar durch den menschlichen Verstand – offenbart hat? (Kreeft und Tacelli, 371).

Kreeft und Tacelli sagen damit, dass hinter dem *augenscheinlichen Abstreiten von Wissen* eine *versteckte Vermutung des Wissens* steht. Mit anderen Worten, achten Sie auf die Gewissheit des Wissens, die unter der vorgeblichen Ungewissheit liegt. Denken Sie über Folgendes nach:

Erstens sagen diese Menschen, dass sie wissen, wie Gott wäre, dass sie wissen, wie er sich offenbaren würde, und dass sie wissen, dass er sich auf diese Weise nicht offenbart hat.

Doch was wäre, wenn, wie Kreeft und Tacelli meinen, unser menschlicher Verstand eine Möglichkeit ist, mit der Gott offenbart, wer er ist? Oder wenn unser moralisches Empfindungsvermögen eine Offenbarung der Heiligkeit Gottes ist? Oder wenn Gott durch unser Bedürfnis nach Liebe offenbart, wie er uns liebt und wie sehr wir ihn brauchen? Was wäre, wenn unsere kreativen Fähigkeiten eine Möglichkeit darstellen, mit der Gott offenbart, dass wir nach seinem Bild geschaffen wurden, da er ja kreativ ist?

Zweitens stellt der Skeptiker unsere Fähigkeit, Gott zu kennen, aufgrund der angenommenen Gewissheit in Frage, dass es keinen zwingenden Grund für die Existenz Gottes gibt. Carl Sagan fasste die Schlussfolgerung von Stephen Hawkings Werk *A Brief History of Time* mit dem Satz zusammen, dass es »für einen Schöpfer nichts zu tun gibt« (Hawking, x). Der Skeptiker glaubt uneingeschränkt daran, dass die naturwissenschaftlichen Theorien und Methoden (die Evolutionstheorie usw.), die sich auf den Naturalismus gründen, alles erklären können – wenn nicht jetzt, dann zu irgendeiner Zeit in der Zukunft.

Oft jedoch enthalten solche naturalistischen Mutmaßungen Widersprüche in sich selbst. Eine Aussage von Francis Crick dient als Beispiel für einen solchen Widerspruch. Der Biochemiker Crick, der Mitentdecker der Struktur der DNS, schrieb in seinem Buch *The Astonishing Hypothesis*, dass unser Verstand nichts weiter als Materie ist.

> Die erstaunliche Hypothese lautet, dass *Sie*, Ihre Freuden und Ihr Leid, Ihre Erinnerungen und Ihr Ehrgeiz, Ihr Gefühl für Ihre persönliche Identität und Ihren freien Willen in Wirklichkeit nichts mehr sind als das Verhalten eines riesigen Gefüges von Nervenzellen und der dazugehörigen Moleküle (zitiert nach Johnson, 63).

Doch Philip Johnson, Professor für Jura an der kalifornischen Universität Berkeley, der die Anhänger der Evolutionstheorie zur Rede stellt, kommentierte: »Die Glaubwürdigkeit des materialistischen Determinismus [worauf Cricks Hypothese hinausläuft] erfordert, dass für den Theoretiker stillschweigend eine Ausnahme gemacht wird« (Johnson, 64). Mit anderen Worten, damit Crick diese Aussage – dass die Materie allein den Verstand hervorbringt – machen kann, ist es erforderlich, dass er sich selbst von der Wahrheit dieser Aussage ausnimmt. Denn wenn Cricks materialistische Hypothese richtig ist, dann gibt es keine Möglichkeit, sicher zu wissen, ob die Nerven und Moleküle in Cricks Gehirn – oder in unserem Gehirn – irgendetwas vermitteln, das mit der Wirklichkeit übereinstimmt. Der Skeptiker »kennt« die »Wahrheit« des materialistischen Determinismus nur, weil ihr Anzweifeln Platz für etwas anderes als seine materialistische Mutmaßung schaffen würde – die übernatürliche Hypothese, die offensichtlich für den Skeptiker eine noch erstaunlichere Hypothese ist.

Die Annahmen des Naturalismus und die Hinlänglichkeit der naturwissenschaftlichen Methode sind nur mutmaßliche Gewissheiten, die unter der vorgeblichen Ungewissheit des Skeptikers liegen.

Fordern Sie den Skeptiker heraus, der Gewissheit seiner grundlegenden Annahmen gegenüber skeptisch zu sein, denn ein Skeptizismus, der nur der Existenz Gottes gegenüber skeptisch ist, ist in der Tat ein selektiver Skeptizismus.

Eine andere Möglichkeit, mit dem Skeptiker ins Gespräch zu kommen, besteht darin, auf die allzu weitreichenden Ansprüche seiner Behauptung hinzuweisen. Bedenken Sie zum Beispiel, dass die Behauptung des Skeptizismus, dass wir absolut nichts über Gott wissen können, aus nur einem von zwei Gründen richtig sein kann: (1) weil er nicht existiert oder (2) weil er sich, wenn er existiert, der Menschheit nicht wahrnehmbar zu erkennen gegeben hat. Wenn der Skeptiker jedoch behauptet, beide Gründe sind richtig, was der Skeptiker stillschweigend tut, dann muss er sagen, dass er alles Wissen und die ganze Geschichte untersucht hat, denn Gott hätte sich auf eine Art und Weise offenbaren können, die außerhalb seiner begrenzten Erfahrung liegt. Es liegt auf der Hand, dass der Skeptiker, der eine solche Aussage über die letzte Wahrheit macht, über sein begrenztes Wissen hinausgeht, denn eine solche Behauptung erfordert mehr, als eine Person oder auch eine Gruppe von Personen wissen kann (siehe *Handbook of Christian Apologetics* von Kreeft und Tacelli, Kapitel 15).

Subjektivismus. Der »Subjektivist« sagt, dass die Wahrheit (oder zumindest die religiöse Wahrheit) nichts Objektives ist, sondern bei jedem Einzelnen liegt. Jeder von uns schafft sich seine eigenen geistlichen Werte (Wahrheiten). Der Subjektivist übersieht jedoch, dass seine Überzeugung, dass alle religiösen Wahrheiten subjektiv sind, sich auf einen objektiven Wahrheitsanspruch gründet: dass jede religiöse Wahrheit subjektiv ist. Der Subjektivismus widerlegt sich selbst.

5. »Ich glaube nicht, dass der Verstand oder Beweise auf die Religion anwendbar sind; ich denke, die Religion ist allein eine Angelegenheit der subjektiven Erfahrung eines jeden Menschen.«

Insbesondere Menschen, die von östlichem Gedankengut (zum Beispiel vom Hinduismus) geprägt sind, lehnen manchmal den Gebrauch des Verstandes oder objektiver Beweise in geistlichen Dingen ab und bestehen darauf, dass die Religion allein eine Angelegenheit der Erfahrung ist. Hier stehen wir vor zwei Fragenkomplexen.

Menschen, die behaupten, dass der Verstand und Beweise mit Religion nichts zu tun haben, sollte man fragen, warum sie das denken. Wenn sie zur Untermauerung ihrer Überzeugung auf irgendeinen verstandesmäßigen Grund oder Beweis zurückgreifen, widerlegen sie sich selbst.

Wenn wir unsere religiösen Überzeugungen nur auf persönliche Erfahrung gründen, brauchen wir immer noch einen objektiven Rahmen, mit dem wir unsere Erfahrung deuten und auswerten können. Jede Erfahrung kann beschrieben werden, doch ohne objektiven Rahmen können wir diese Erfahrung nicht deuten oder auswerten. Wenn wir zum Beispiel Fieber haben, können wir beschreiben, wie wir uns fühlen. Doch zur Deutung und Auswertung unseres Fiebers sind ein Thermometer und andere diagnostische Hilfsmittel erforderlich.

Das Gleiche gilt für religiöse Erfahrungen. Die wahre Natur und Bedeutung einer Erfahrung ist für den Menschen, der die Erfahrung macht, nicht unbedingt offensichtlich. Ein Mensch könnte das *Gefühl* haben, dass er eben Gott erfahren hat, doch es könnte ein betrügerischer Geist gewesen sein.

Um die Quelle und die Bedeutung der Erfahrung genau verstehen zu können, muss eine Person ein echtes Wissen von dem Zusammenhang – von der geistlichen Wirklichkeit –, in der die Erfahrung stattfand, haben. Die Person kann beschreiben, was geschehen ist, doch damit kann sie nicht Fragen beantworten wie: »Wer oder was war die Quelle dieser Erfahrung?« oder: »Was kann ich aus dieser Erfahrung für Schlüsse für die Wirklichkeit ziehen?« Solche Fragen können nur von einem Menschen beantwortet werden, der den objektiven Rahmen kennt, in dem die Erfahrung stattgefunden hat.

Gott ist sicherlich eine Quelle für solches Wissen, denn er ist der höchste Bezugsrahmen, und definitionsgemäß hat er unendliches Wissen. Doch wie können wir Zugang zu seinem Wissen bekommen, mit dem wir unsere Erfahrungen deuten können? Wenn man zeigen kann, dass die Bibel eine glaubwürdige Offenbarung Gottes ist, dann ist sie der »objektive Rahmen« der Wahrheit, die Quelle der wahren Information, mit der ich meine Erfahrung deuten kann.

Wir können glauben, dass die Bibel Gottes Offenbarung ist, weil überwältigendes Beweismaterial diesen Anspruch, das Wort Gottes zu sein, belegt (siehe Kapitel »Wie können wir wissen, dass die Bibel Gottes Wort ist?«).

Der Subjektivist könnte uns vorwerfen, dass wir selbst subjektivistisch sind, da wir die Bibel als unseren »objektiven Bezugsrahmen« gewählt haben. Doch solch ein Vorwurf lässt sich nicht halten, denn wir unterwerfen unsere Festlegung auf die Bibel den Prüfungen durch den Verstand und die Beweise.

6. »Ich glaube, Religionen sollten nach ihren praktischen Wirkungen und nicht nach ihren objektiven Wahrheitsansprüchen bewertet werden.«

In unserer vom Pragmatismus geprägten Zeit ist dies keine ungewöhnliche Idee. Bedenken Sie jedoch Folgendes:

Einfach weil eine Idee einige praktische Vorteile im Leben eines Menschen bewirkt, bedeutet nicht, dass sie wahr ist. Eine Person könnte fälschlicherweise glauben, dass alle Menschen göttlich sind und dass sie deshalb geliebt und geachtet werden müssen. Die Liebe und die Achtung, die sie anderen entgegenbringt, kann gut sein, doch dadurch wird die Vorstellung, dass alle Menschen göttlich sind, nicht wahr.

Außerdem ist die Auswertung der Religionen auf Grundlage ihrer praktischen Vorteile nicht so leicht, wie man denken könnte. Zunächst einmal herrscht keine Einigkeit darüber, was im Leben eines Menschen ein gutes Ergebnis ist. Was nach der Auffassung des einen ein gutes Ergebnis ist, ist nach der Auffassung eines anderen vielleicht gar kein gutes Ergebnis. Ist es zum Beispiel eine Tugend, alle Formen des Sexualverhaltens zu akzeptieren oder gibt es Grenzen für dieses Verhalten? Solche entgegengesetzten Überzeugungen sind auf religiöse Standpunkte gegründet.

Wenn außerdem zum wahren Gutsein nicht nur äußere Handlungen, sondern auch innere Einstellungen und Motive gehören, dann ist Gutsein wirklich sehr schwer zu messen.

7. »Wenn der Glaube an Jesus für die Rettung notwendig ist, was geschieht dann mit den Menschen, die nie von Christus gehört haben?«

Das ist einer der am häufigsten vorgebrachten Einwände gegen den christlichen Glauben. Wir müssen sorgfältig darauf antworten, denn die Person, die den Einwand vorbringt, stellt schnell die Fairness und Gerechtigkeit Gottes in Frage. Nicht alle Christen werden auf diese Frage dieselbe Antwort geben, doch wir möchten im Folgenden eine biblische Antwort herausarbeiten.

Manche Christen glauben, dass Gott die ernsthaften Bemühungen der »Nichtevangelisierten« anstelle des persönlichen Glaubens an Christus annimmt. Wenn ein Mensch angemessen auf die Wahrheit reagiert, die er besitzt, egal, welcher Art sie ist (sei es dass er sie durch die Schöpfung, das Gewissen oder eine andere Religion erhalten hat), und wenn er keine Gelegenheit hat, von Christus zu hören, dann ist das für Gott ausreichend. Obwohl es durchaus möglich ist, dass Gott so reagiert, gibt es keinen klaren biblischen Nachweis dafür, dass er tatsächlich so handelt! Diese Einstellung setzt auch die Unschuld des Menschen voraus, der nicht von Christus gehört hat. Die Bibel lehrt jedoch, dass »alle Menschen gesündigt … und das Leben in der Herrlichkeit Gottes verloren« haben (Römer 3,23).

Wir glauben, die biblischere Antwort auf die Frage, was mit denen geschieht, die nicht von Christus gehört haben, aber auf die Wahrheit, die sie über Gott besitzen (sei es dass sie sie durch die Schöpfung, das Gewissen oder wahre Elemente in anderen Religionen erhielten), angemessen reagiert haben, lautet, dass Gott dafür sorgt, dass sie das Evangelium erhalten, damit sie zum Glauben an Christus kommen. Der Bibel zufolge teilt Gott normalerweise das Evangelium einem Menschen durch einen anderen menschlichen Botschafter mit (»Wie können sie von ihm hören, wenn niemand ihnen die Botschaft Gottes verkündet?« Römer 10,14).

Dieser Standpunkt scheint von einer Aussage von Jesus in Lukas 8,18 bestätigt zu werden: »Dem Menschen, der für meine Worte offen ist, wird eine noch tiefere Einsicht geschenkt werden.« Das bedeutet, dass Gott einer Person, die freudig aufnimmt, was er ihr bereits offenbart hat, noch mehr offenbaren wird. Einer Person, die wirklich Gottes »allgemeine« Offenbarung aufnimmt, wird er auch seine »besondere« Offenbarung über die Rettung durch Jesus Christus zeigen. Die Erfahrung des Kornelius ist ein Beispiel dafür (Apostelgeschichte 10).

8. »Was geschieht mit meinen Vorfahren, denen Gott offensichtlich das Evangelium nicht geschickt hat?«

Es kann verlockend sein, zuzusichern, dass die Vorfahren beim Herrn sind, doch das ist etwas, was wir einfach nicht tun können. Und wir sollten keine falschen Hoffnungen wecken, für die es keine Grundlage gibt.

Andererseits wissen wir auch nicht sicher, dass sie nicht beim Herrn sind. Gott hat Möglichkeiten, mit Menschen Verbindung aufzunehmen, die über die normalen Mittel hinausgehen, und es ist nicht unmöglich, dass sogar zum Zeitpunkt des Todes (vor dem tatsächlichen Verlassen dieser Welt) Gott genau das getan hat. Auf jeden Fall müssen wir diese Frage Gott überlassen, der mit Gerechtigkeit und Liebe richtet!

Die Kriterien für die Bewertung religiöser Wahrheitsansprüche

Im vorhergehenden Abschnitt befassten wir uns mit einigen Einstellungen zur Frage der Wahrheitsansprüche, die wir ablehnten (Relativismus, Skeptizismus, usw.). Doch welche Kriterien sollten wir anwenden, um die Echtheit religiöser Wahrheitsansprüche zu bestimmen? Im Folgenden die unserer Meinung nach wichtigsten Kriterien.

1. Die religiöse Glaubensüberzeugung muss von der Vernunft her folgerichtig sein.

Dies ist der Test der »Logik«. Eine Behauptung ist glaubwürdig, wenn sie frei von inneren Widersprüchen ist. Da es unmöglich ist, religiöse Wahrheitsansprüche ohne Einsatz des Verstandes zu diskutieren, müssen diese Wahrheitsansprüche selbst mit den Gesetzen der Logik vereinbar sein, insbesondere mit dem Gesetz der Freiheit von Widersprüchen. Mit anderen Worten, eine Religion kann nicht dasselbe in derselben Hinsicht behaupten und gleichzeitig verneinen und trotzdem hoffen, sinnvoll zu sein.

Wenn man Religionen mit dem Verstand prüft, bedeutet dies jedoch nicht, dass alle religiösen Überzeugungen völlig mit dem Verstand erklärt werden können. Die christliche Lehre von der Dreieinigkeit ist ein Beispiel dafür. Manche würden sagen, die Dreieinigkeit widerspricht sich selbst, indem sie sagt, dass Gott sowohl drei als auch eins ist. Obwohl die Lehre der Dreieinigkeit – Gott ist eins im Wesen und drei in der Person – unser menschliches Verständnis übersteigt, ist sie kein Widerspruch, denn sie behauptet und verneint nicht dasselbe in derselben Hinsicht. Wesen und Person sind nicht dasselbe. Der Verstand ist vielleicht nicht in der Lage, zu erklären, warum das so ist, aber es ist nicht vernunftwidrig, zu glauben, dass es so ist.

2. Die religiöse Glaubensüberzeugung muss mit bekannten Tatsachen vereinbar sein.

Dies ist der »empirische« Test. Der Gott der Wahrheit würde von uns nicht erwarten, dass wir etwas glauben, das im Widerspruch zu Tatsachen steht, die man mit gewöhnlichen Mitteln erfahren kann. Die Bibel, zum Beispiel, wird an vielen Stellen am besten als historisches Dokument gedeutet, das tatsächliche historische Ereignisse beschreibt. Die Archäologen haben durchweg die geschichtliche Genauigkeit der biblischen Erzählungen bestätigt. *Das Buch Mormon* dagegen behauptet, einen geschichtlichen Bericht über die ursprünglichen Völker zu geben, die vor alter Zeit in Nordamerika lebten. Seine Berichte stimmen jedoch nicht mit den archäologischen Funden überein, weshalb seine Glaubwürdigkeit angezweifelt wird (Martin, 161-163; Gowan, 48-51).

3. Religiöse Glaubensüberzeugungen müssen erklären können, warum die Wirklichkeit so ist, wie sie ist.

Dies ist der Test der »Verständlichkeit«. Es ist nicht vernünftig, Glaubenssätze anzunehmen, die keine akzeptable Erklärung dafür liefern, dass die Dinge so sind, wie sie sind.

Wenn zum Beispiel der letzte Grund für unser Sein eine unpersönliche Kraft ohne jede Differenzierung ist (der Glaube, der vom New Age, dem Hinduismus und den Anhängern der Evolutionstheorie vertreten wird), dann gibt es keine ausreichende Grundlage dafür, warum wir uns als Personen einen höheren Wert als irgendetwas anderem beimessen (da das Personsein, verglichen mit dem unpersönlichen Letzten, ein Rückschritt wäre). Ein solcher Glaube erklärt also nicht ausreichend, warum wir uns selbst als Personen einen höheren Wert als anderen Dingen beimessen.

4. Religiöse Glaubensüberzeugungen sollten im Alltag gelebt werden können.

Dies ist der Test der »Brauchbarkeit«. Können wir im Einklang mit einem solchen Glaubenssystem leben oder zwingt es uns zu einem Verhalten, das mit einigen grundlegenden Richtlinien des Glaubenssystems unvereinbar ist?

Wenn es zum Beispiel keine höchsten absoluten moralischen Werte gibt – wie die Pantheisten und Relativisten glauben –, dann kann man auch keine moralischen Urteile über die Handlungen von Menschen oder Staaten abgeben, was die Pantheisten und Relativisten aber trotzdem tun. Solche moralischen Urteile gehen über den kulturellen Relativismus hinaus, an dem sie festhalten.

Wie geht man mit Menschen um, die gegen die ausschließlichen Ansprüche Christi Einwände erheben?

Unser eigentliches Ziel in diesem Kapitel liegt nicht einfach nur in der Widerlegung falscher intellektueller Ideen, sondern darin, ein offenes Ohr für die Wahrheit zu finden, die zu einer ewigen Beziehung zu Gott führen kann. Im Folgenden werden einige Gedanken aufgezählt, die man dabei beherzigen sollte.

Drücken Sie Ihr Verständnis dafür aus, dass Ihr Freund zögert, die ausschließlichen Ansprüche Christi zu akzeptieren. Die Behauptungen, die Jesus machte, sind in der Tat Ehrfurcht gebietend. Sie sollten deshalb nicht erwarten, dass diese Behauptungen ohne sorgfältige Prüfung akzeptiert werden. Weisen Sie jedoch darauf hin, dass Jesus Christus sich über unsere Prüfung freut.

Ermutigen Sie Ihren Freund zu einer gründlichen Untersuchung der Behauptungen Christi. Bitten Sie ihn, das Neue Testament zu lesen und die genaue Art der Behauptungen, die Jesus aufstellte, zu dokumentieren. Seien Sie dazu bereit, Ihren Freund bei der Untersuchung dieser Behauptungen anhand der Evangelien anzuleiten. Beachten Sie dabei vor allem folgende Stellen: Johannes 8,58; 10,30; 20,28. Erklären Sie, warum Sie glauben, dass diese Behauptungen der Wahrheit entsprechen. Weisen Sie auf einige Prophezeiungen hin, die von Christus erfüllt wurden (siehe Kapitel über das Judentum), und auf die astronomische Unwahrscheinlichkeit, dass sie »durch Zufall« erfüllt werden konnten. Weisen Sie auf sein vollkommenes Leben hin (von seinen engsten Gefährten bestätigt – 1. Petrus 2,22, und sogar von seinen Feinden nicht angezweifelt – Matthäus 26,59-60) sowie auf seine zahlreichen Wunder (wiederum von denen bestätigt, die ihm ablehnend gegenüberstanden – Johannes 11,47-48). Konzentrieren Sie sich insbesondere auf seine Auferstehung von den Toten und die überwältigenden Beweise dafür. Üben Sie keinen übermäßigen Druck auf Ihren Freund aus und versuchen Sie nicht, ihn dazu zu überreden, auf Christus zu vertrauen, bevor er nicht von seiner Identität überzeugt ist. Zögern Sie jedoch nicht, darauf hinzuweisen, wie wichtig es ist, die Beweise zu überprüfen und zu einer Entscheidung über Christus zu kommen. Wenn auch nur die Möglichkeit besteht, dass es stimmt, was Jesus über die Bedeutung des Glaubens an ihn sagte, dann kann es in unserem Leben nichts Wichtigeres geben!

Seien Sie bereit, Ihrem Freund zu helfen, mit noch verbleibenden Zweifeln über das Evangelium von Jesus Christus umzugehen. Oft erkennt jemand an, dass viel für das Vertrauen auf Jesus spricht, doch anhaltende Zweifel und das Berechnen der Kosten einer Nachfolge Christi halten ihn vom Glauben ab. Ermutigen Sie Ihren Freund, sich seinen Zweifeln ehrlich zu stellen.

Weisen Sie jedoch auch darauf hin, dass die Zeit kommt, in der die Beweise für den Glauben so mächtig sind, dass noch verbleibende Zweifel einer Entscheidung nicht im Wege stehen dürfen. In einem Gericht muss eine Entscheidung getroffen werden, wenn *keine vernünftigen Zweifel* zurückbleiben. Dies bedeutet nicht, dass es keinen *denkbaren Zweifel* geben kann, doch dieser darf uns nicht von einer Entscheidung abhalten.

Bringen Sie Ihren Freund mit Christen aus seiner eigenen religiösen Herkunft in Verbindung oder mit Christen, die sich mit den Fragen, die ihn quälen, auseinander gesetzt haben. Gott gebraucht viele Menschen, um jemanden zum Retter zu führen.

Bibliographie und Quellen

Anderson, Sir Norman. *Christianity Among the World's Religions.* Downers Grove, Ill.: InterVarsity Press, 1984.

Clarke, Andrew D. und Bruce W. Winter, Herausgeber. *One God, One Lord.* Grand Rapids, Mich.: Baker, 1992.

Corduan, Winfried. *Reasonable Faith.* Nashville: Broadman & Holman Publishers, 1993.

Cowan, Marvin. *Mormon Claims Answered.* Salt Lake City: Marvin Cowan, 1975.

Crockett, William und James Sigountos, Herausgeber. *Through No Fault of Their Own?: The Fate of Those Who Have Never Heard.* Grand Rapids, Mich.: Baker, 1991.

Harbin, Michael A. *To Serve Other Gods.* Lahman, Md.: University Press of America, 1994.

Hawking, Stephen. *A Brief History of Time.* New York: Bantam Books, 1988.

Kreeft Peter und Ronald K. Tacelli. *Handbook of Christian Apologetics.* Downers Grove, Ill.: InterVarsity Press, 1994.

Lutzer, Erwin W. *Christ Among Other Gods.* Chicago: Moody Press, 1994.

Martin, Walter. *The Kingdom of the Cults.* Minneapolis: Bethany House Publishers, Revised. 1985.

Morison, Frank. *Who Moved the Stone?* Grand Rapids, Mich.: Zondervan, 1958.

Nash, Ronald H. *Is Jesus the Only Savior?* Grand Rapids, Mich.: Zondervan, 1994.

Netland, Harold A. *Dissonant Voices.* Grand Rapids, Mich.: Eerdmans Publishing Co., 1994.

Nichols, Bruce, Herausgeber. *The Unique Christ in Our Pluralistic World.* Grand Rapids, Mich.: Baker, 1994.

Richard, Ramesh. *The Population of Heaven.* Chicago: Moody Press, 1994.

Wie können wir wissen, dass die Bibel Gottes Wort ist?

Norman L. Geisler

Die Fragestellung

Die Christen behaupten, dass die Bibel das Wort Gottes ist. Das bedeutet, sie glauben, dass die Bibel die wörtliche Offenbarung Gottes ist und deshalb eine einzigartige Stellung unter allen anderen Büchern einnimmt. Doch wie kann die Richtigkeit einer solchen Behauptung nachgeprüft werden?

Erstens würden wir erwarten, dass bestimmte Dinge auf ein Buch von Gott zutreffen. Zu den Kennzeichen eines solchen Buches würde Folgendes gehören:

- Es würde behaupten, das Wort Gottes zu sein.
- Es wäre historisch genau, wenn von historischen Dingen die Rede ist.
- Die Autoren wären zuverlässig.
- Das Buch wäre thematisch aus einem Guss und ohne Widersprüche.
- Wir hätten genaue Kopien der ursprünglichen Manuskripte.

Die aufgezählten Kennzeichen könnten auch auf Bücher zutreffen, die von Menschen verfasst wurden, doch man würde erwarten, dass sie zumindest auf das Buch Gottes zutreffen.

Zweitens, da Gott einzigartig ist, würde auch sein Buch Kennzeichen haben, die nur auf es alleine zutreffen. Zu diesen Kennzeichen würde Folgendes gehören:

- Es würde Aussagen machen, die Wissen offenbaren über die Art und Weise, wie die Dinge funktionieren, die über das Wissen der Zeit hinausgehen, zu der sie geschrieben wurden.

- Es würde Voraussagen über die Zukunft enthalten, die man mit natürlichen Mitteln nicht erfahren kann.
- Die Botschaft würde einzigartig sein.
- Die Botschafter würden durch Wunder bestätigt werden.
- Die Worte hätten verändernde Kraft.

Die genannten Kennzeichen würden das Buch Gottes so von allen anderen Büchern unterscheiden, dass es nicht gefälscht werden kann.

Untersuchen wir jetzt die genannten Kennzeichen und sehen, ob sie wirklich auf die Bibel zutreffen.

Kennzeichen, die auf Gottes Wort zutreffen müssen, jedoch auch auf ein von Menschen verfasstes Buch zutreffen können

1. Die Bibel behauptet, Gottes Wort zu sein.

A. Die Autoren behaupteten, die Worte Gottes zu sprechen. Ein großer Teil der Bibel wurde von den Propheten Gottes geschrieben. Ein Prophet war jemand, der genau das zu sagen hatte, was Gott ihm auftrug, nicht mehr und nicht weniger. Jeremia erhielt folgenden Auftrag:

> So spricht der Herr: Tritt in den Vorhof am Hause des Herrn und predige ... alle Worte, die ich dir befohlen habe, ihnen zu sagen, und tu nichts davon weg (Jeremia 26,2).

Der Prophet musste »alle Worte [sagen], die der Herr ... geredet hatte« (2. Mose 4,30). Außerdem behaupteten alle Autoren der Heiligen Schrift, unter der Leitung des Heiligen Geistes zu sein: »Vor allem aber sollt ihr begreifen, dass die prophetischen Worte der Schrift niemals von den Propheten selbst stammten oder aus ihrem eigenmächtigen Willen hervorgingen, prophetisch zu reden. Es war der Heilige Geist, der die Propheten dazu trieb, von Gott zu sprechen« (2. Petrus 1,20-21; siehe auch 2. Samuel 23,2; Matthäus 22,43).

B. Die Bibel behauptet, von Gott eingegeben zu sein. Als der Apostel Paulus über das Alte Testament schrieb, erklärte er: »Die ganze Schrift ist von Gottes Geist *eingegeben*« (2. Timotheus 3,16; Kursivschrift vom Autor). Jesus beschrieb die Bibel als das »Wort, das *aus dem Mund Gottes geht*« (Matthäus 4,4*).

C. Auch das Neue Testament wurde als offenbarte Schrift verstanden. Wenn die Autoren des Neuen Testaments das Wort »Schrift« benutzten, dachten sie in der Regel an das Alte Testament, denn das Neue Testament wurde ja noch geschrieben. Trotzdem waren sie sich bewusst, dass etwas in ihrer Mitte geschehen würde, denn Jesus hatte den Aposteln gesagt, dass der Heilige Geist neue Schrift eingeben werde (Johannes 14,26; 16,13). Paulus zum Beispiel verstand seine eigenen Schriften als »Worte, die der Geist uns gibt« (1. Korinther 2,13; siehe auch Galater 1,11-12; 1. Thessalonicher 2,13; 2. Petrus 3,15-16), und er lehrte, dass Gott seine Offenbarungen auch durch andere fortsetzen wird (Epheser 3,4-5).

D. Was die Bibel sagt, das sagt Gott und umgekehrt. Eine andere Weise, mit der die Bibel behauptet, Gottes Wort zu sein, kann so ausgedrückt werden: »Was Gott sagt, das sagt die Bibel.« Das zeigt sich darin, dass oft in einer Stelle im Alten Testament steht, dass Gott etwas sagte, doch wenn dieser Text im Neuen Testament zitiert wird, wird behauptet, dass »die Heilige Schrift« es sagt. Das Umgekehrte trifft auch zu. Was die Bibel sagt, das sagt Gott. In der folgenden Tabelle werden nur zwei von vielen Beispielen genannt.

* Luther-Übersetzung 1984; Kursivschrift vom Autor

Was Gott sagt	Die Bibel sagt
»Und der Herr sprach zu Abram: ›In dir sollen gesegnet werden alle Geschlechter auf Erden‹« (1. Mose 12,1.3).	»Die Schrift wies bereits auf die Zeit voraus, in der Gott auch die Völker wegen ihres Glaubens annehmen würde. Gott hat Abraham diese gute Botschaft schon vor langer Zeit verheißen, als er sagte: ›Alle Völker werden durch dich gesegnet werden‹« (Galater 3,8).
»Da sprach der Herr zu Mose: ›Mach dich morgen früh auf und tritt vor den Pharao und sage zu ihm: ... aber dazu habe ich dich erhalten, dass meine Kraft an dir erscheine und mein Name verkündigt werde in allen Landen‹« (2. Mose 9,13.16).	»Denn in der Schrift heißt es, dass Gott zu Pharao sagte: ›Ich habe dich in der Absicht berufen, dass ich an dir meine Macht zeige und sich dadurch der Ruhm meines Namens über die ganze Erde ausbreite‹« (Römer 9,17).

Was die Bibel sagt	Gott sagt
»Darum wird ein Mann seinen Vater und seine Mutter verlassen und seinem Weibe anhangen, und sie werden sein ein Fleisch« (1. Mose 2,24) [gesagt vom *Autor* des 1. Buch Mose].	»Er [Jesus] aber antwortete und sprach: ›Habt ihr nicht gelesen: Der am Anfang den Menschen geschaffen hat, schuf sie als Mann und Frau und sprach: Darum wird ein Mann Vater und Mutter verlassen und an seiner Frau hängen, und die zwei werden ein Fleisch sein‹?« (Matthäus 19,4-5*).
»Warum toben die Völker vor Zorn? Warum schmieden sie vergebliche Pläne?« (Psalm 2,1) [geschrieben von David].	»Vor langer Zeit hast du durch den Heiligen Geist und durch den Mund unseres Vorfahren David, deines Dieners, gesagt: ›Warum tobten die Völker vor Zorn? Warum schmiedeten sie vergebliche Pläne?‹« (Apostelgeschichte 4,25).

E. Die Autoren der Bibel behaupten: »So sprach der Herr.« Ausdrücke wie »spricht der Herr« (Jesaja 1,11.18; Jeremia 2,2.5; usw.), »Gott sprach« (1. Mose 1,3.6 usw.), »dies ist das Wort, das vom Herrn geschah« (Jeremia 34,1; Hesekiel 30,1; usw.) und ähnliche Ausdrücke kommen mehrere hundert Mal im Alten Testament vor. Sie bedeuten, dass der Schreiber geltend macht, dass ihm wirklich das Wort Gottes eingegeben wurde.

* Luther-Übersetzung 1984

Die Bibel wird auch »das Wort Gottes« genannt. Jesus sagte zum Beispiel zu den Juden seiner Zeit: »So setzt ihr durch eure eigene Überlieferung das *Gebot Gottes* außer Kraft« (Matthäus 15,6; Kursivschrift vom Autor). Paulus schrieb, »dass den Juden *die Worte Gottes* anvertraut wurden« (Römer 3,2; Kursivschrift vom Autor; siehe auch Hebräer 4,12).

F. Die Bibel behauptet, in all ihren Teilen göttliche Autorität zu besitzen. Die Bibel beansprucht hinsichtlich allem, was in ihr geschrieben ist, göttliche Autorität (2. Timotheus 3,16). Das schließt ihre Worte ein (Matthäus 22,43; 1. Korinther 2,13; Galater 3,16), die Zeiten der Verben (Matthäus 22,32; Jesus betont hier die Gegenwartsform von »Ich bin«), und sogar die kleinsten Wortteile (Matthäus 5,17-18). Obwohl die Bibel den Autoren nicht wortwörtlich von Gott diktiert wurde, ist das Ergebnis doch so vollkommen, als wäre es so gewesen. Denn die biblischen Autoren behaupten, dass Gott die Quelle der Worte der Schrift ist, da er auf übernatürliche Weise den Prozess des Schreibens überwachte, während sie aber trotzdem ihr eigenes Vokabular und ihren eigenen Stil benutzten: »Es war der Heilige Geist, der die Propheten dazu trieb, von Gott zu sprechen« (2. Petrus 1,21).

G. Christus bezeugte, dass die Bibel von Gott ist. Jesus hatte eine äußerst hohe Meinung von der Schrift. Einige Beispiele:

- Er sagte: »Der Mensch ernährt sich nicht nur von Brot, sondern auch von jedem Wort Gottes« (Matthäus 4,4).
- Er sagte, dass die Bibel unvergänglich ist (Matthäus 5,17-18).
- Er versicherte, dass die Bibel nicht gebrochen werden kann und dass sie ihren Zweck nicht verfehlen kann (Johannes 10,35).
- Er betonte, dass die Bibel mehr Gewicht hat als menschliche Traditionen (Matthäus 15,3.6).
- Er war davon überzeugt, dass die Bibel ohne Fehler ist (Matthäus 22,29; Johannes 17,17).
- Er war davon überzeugt, dass die Bibel historisch genau ist (Matthäus 12,40; 24,37-38).

2. Die Bibel ist historisch genau.

Die Bibel ist nicht nur ein Buch mit theologischen Lehren, die keinen Bezug zur Geschichte haben. Die theologischen Aussagen der Bibel sind vielmehr eng mit geschichtlichen Ereignissen verknüpft. Paulus behauptete zum Beispiel, dass unser Glaube nutzlos ist, wenn die Auferstehung Jesu von den Toten keine geschichtliche Tatsache wäre (1. Korinther 15,17). Eine solche Aussage zeigt, dass Menschen wie Paulus, denen Gott die Heilige Schrift eingegeben hat, keine Gruppe leichtgläubiger, einfältiger frommer Leute waren, die alles glaubten, was ihnen vorgesetzt wurde. Sie zogen die Tatsachen in Erwägung, und aufgrund der Tatsachen glaubten sie.

Die in der Bibel dargelegten geschichtlichen Fakten wurden weitgehend von der Archäologie bestätigt. Der bekannte Archäologe Nelson Glueck schreibt:

> Man kann kategorisch erklären, dass *keine archäologische Entdeckung jemals einer Bibelstelle widersprochen hat.* Dutzende archäologischer Funde bestätigen klar umrissen oder Punkt für Punkt die geschichtlichen Aussagen der Bibel (Glueck, 31, Kursivschrift vom Autor).

Der Archäologe Millar Burrows bemerkt, dass »mehr als ein Archäologe *nach Ausgrabungen in Palästina die Bibel höher achtete*« (Burrows, 1, Kursivschrift vom Autor).

William Ramsay ist ein Beispiel für einen Archäologen, der zunächst glaubte, die Bibel enthalte erdichtete Mythen, der dann aber zu der Überzeugung gelangte, dass die Bibel nicht nur historisch genau, sondern das Wort Gottes ist.

Anfangs war William Ramsay von einer liberalen Theologie beeinflusst, die lehrte, dass den Autoren der Bibel mehr daran gelegen war, einem voreingenommenen theologischen Standpunkt Vorschub zu leisten, als exakt über geschichtliche Ereignisse zu berichten. Während seiner Untersuchungen war Ramsay jedoch erstaunt darüber, umfassendes archäologisches Beweismaterial für die Genauigkeit der biblischen Erzählungen zu finden. Ramsay war insbesondere von Lukas, dem Schreiber der Apostelgeschichte, beeindruckt, der scheinbar unbedeutende Einzelheiten äußerst genau wiedergibt. Lukas betitelt zum

Beispiel die Herrscher von Thessalonich exakt mit »Politrarchen«, Gallio mit »Prokonsul von Achaja«, den Beamten von Ephesus mit »Tempelwärter«, den Gouverneur von Zypern mit »Prokonsul« und das Oberhaupt von Malta mit »erstem Mann der Insel«. Diese Titel wurden seither in zahlreichen griechischen und lateinischen Inschriften bestätigt.

Ramsay erkannte allmählich, dass die Bibel kein Legendenbuch ist, sondern ein Dokument, das mit äußerster Genauigkeit über geschichtliche Tatsachen berichtet. Er schrieb: »Lukas ist ein Historiker ersten Ranges« (Wilson, 114). Und wenn die Bibel in geschichtlichen Einzelheiten genau ist, so glaubte Ramsay, dann ist es wahrscheinlich, dass man sich darauf verlassen kann, dass die biblischen Autoren auch die geistliche Bedeutung der geschichtlichen Ereignisse genau schildern.

3. Die Zuverlässigkeit der Autoren der Bibel.

Wie wir in Punkt eins – »Die Bibel behauptet, Gottes Wort zu sein« – sahen, behaupteten die Autoren der Bibel, ihre Botschaften von Gott erhalten zu haben. Wenn die Autoren der Bibel als Meineidige bekannt gewesen wären, gäbe es keinen Grund, ihnen zu glauben. Sie waren jedoch rechtschaffene Männer, was die Glaubwürdigkeit ihrer Behauptung, dass sie von Gott inspiriert wurden, untermauert. Ihre Rechtschaffenheit zeigt sich durch Folgendes:

Erstens lehrten sie die höchsten ethischen Maßstäbe, einschließlich der Pflicht, immer die Wahrheit zu sagen: »Hört auf zu lügen und sagt einander die Wahrheit« (Epheser 4,25; siehe auch 2. Mose 20,16; Psalm 15,2; Offenbarung 22,15).

Zweitens zahlten die Autoren der Bibel einen hohen Preis für ihre Wahrhaftigkeit. Petrus zum Beispiel und die elf Apostel (Apostelgeschichte 5) sowie Paulus (Apostelgeschichte 28) wurden alle ins Gefängnis gesteckt. Die meisten erlitten schließlich wegen ihres Zeugnisses für Christus den Märtyrertod (2. Timotheus 4,6-8; 2. Petrus 1,14). »Treu bis zum Tod« bleiben war in der Tat ein Kennzeichen der ersten Christen (Offenbarung 2,10).

Manchmal sterben Menschen für etwas, das sie für richtig halten, das aber nicht richtig ist. Doch wenige sind bereit, für etwas zu sterben, das sie für falsch halten. Die biblischen Zeugen starben für die Wahrheit, die sie verkündeten, in dem Glauben, dass ihre Botschaft von Gott kommt. Obwohl dies kein hundertprozentiger Beweis ist, dient es doch als ein Hinweis darauf, dass die Bibel das ist, was ihre Autoren behaupteten: das Wort Gottes.

4. Die erstaunliche Einheitlichkeit der Bibel.

In all ihrer Vielfältigkeit ist die Einheitlichkeit der Bibel erstaunlich. Obwohl die Bibel von vielen Personen aus den verschiedensten Lebensbereichen und Zeiträumen zusammengestellt wurde, weist sie doch eine Einheit auf, die darauf hindeutet, dass ein einziger Verstand hinter den verschiedenen Schriften steht.

Überdenken Sie die Mannigfaltigkeit der Bibel:

- Sie wurde innerhalb einer Zeitspanne von eintausendfünfhundert Jahren oder mehr geschrieben (mindestens von 1400 v. Chr. bis fast 100 n. Chr.).
- Sie besteht aus 66 verschiedenen Büchern.
- Sie wurde von etwa 40 verschiedenen Autoren geschrieben.
- Sie wurde in drei Sprachen – Hebräisch, Griechisch und zu einem kleinen Teil in Aramäisch – abgefasst.
- Sie enthält Erörterungen über hundert verschiedene Themen.
- Sie wurde in einer Vielfalt verschiedener literarischer Stile geschrieben, unter anderem historisch, poetisch, didaktisch, parabolisch, allegorisch, apokalyptisch und episch.
- Sie wurde von Autoren verschiedener Berufe abgefasst.

Doch trotz dieser gewaltigen Vielfältigkeit weist die Bibel eine erstaunliche Einheitlichkeit auf. Erstens ist sie vom 1. Buch Mose bis zur Offenbarung ein fortlaufendes, sich immer weiter entfaltendes Drama der Erlösung, vom verlorenen Paradies bis zum wiedergewonnenen Paradies, von der Schöpfung aller Dinge bis zur Vollendung aller Dinge (Sauer, *Dawn and Triumph*).

Zweitens hat die Bibel ein zentrales Thema: die Person von Jesus Christus (Lukas 24,27). Im Alten Testament wird Christus erwartet und vorhergesagt, im Neuen Testament ist er gegenwärtig (Matthäus 5,17-18). Die Erwartung Christi im Alten Testament wurde im Neuen Testament geschichtlich verwirklicht.

Drittens, vom Anfang bis zum Ende verkündet die Bibel eine einheitliche Botschaft: Das Problem der Menschheit ist die Sünde (1. Mose 6,5; Römer 3,23), und die Lösung ist die Rettung durch Christus (Lukas 19,10; Markus 10,45).

Eine solch unglaubliche Einheitlichkeit inmitten einer solch gewaltigen Vielfältigkeit kann am besten mit einem Gott erklärt werden, der außerhalb von Zeit und Geschichte steht und der deshalb das Schreiben der Bibel lenken konnte. Derselbe Verstand oder Geist, von dem die Autoren der Bibel ihrer Behauptung zufolge inspiriert wurden, scheint sie auch überwacht und jedes ihrer Teilstücke in ein Gesamtmosaik der Wahrheit eingefügt zu haben.

Stellen wir doch einen Vergleich an, um die unglaubliche Einheitlichkeit der Bibel zu veranschaulichen. Nehmen wir an, ein Buch mit medizinischen Ratschlägen wurde im Verlauf von 1500 Jahren von 40 verschiedenen Ärzten in verschiedenen Sprachen über Hunderte verschiedener medizinischer Themen verfasst. Welche Einheitlichkeit würden wir vorfinden, auch wenn alle späteren Autoren wüssten, was die vorhergehenden geschrieben hatten? In einem Kapitel würde stehen, dass alle Krankheiten von Dämonen hervorgerufen werden und dass diese ausgetrieben werden müssen. Ein anderer würde behaupten, dass die Krankheit im Blut liegt, das gereinigt werden muss. Wieder ein anderer würde erklären, die Krankheit sei psychosomatisch – also mehr seelisch als körperlich. Solch einem Buch würde jede Einheitlichkeit und Geschlossenheit fehlen, und niemand würde ernsthaft der Ansicht sein, dass es eine Antwort auf die Ursachen und Behandlungen von Krankheit geben kann.

Doch die Bibel, in der die behandelten Themen noch verschiedenartiger sind, ist der dauerhafte Bestseller der Welt, und viele Millionen suchen in ihr die Lösung für die geistlichen Probleme der Menschheit. Die Bibel ist das einzige unter allen der Menschheit bekannten Büchern, dessen erstaunliche Einheitlichkeit bei aller Vielfältigkeit nur mit Gott erklärt werden kann.

5. Die Dokumente, die wir besitzen, sind genaue Kopien der ursprünglichen Manuskripte.

1948 entdeckten nomadische Hirten in den Höhlen von Qumran am Toten Meer alttestamentliche Manuskripte. Diese Manuskripte waren 2000 Jahre lang verborgen gewesen. Jetzt dienen sie zur Kontrolle der Genauigkeit der Manuskripte, die während der Zeit kopiert wurden, in der die Schriftrollen vom Toten Meer in den Höhlen verborgen waren.

Was fanden die Gelehrten, als sie die Qumran-Manuskripte mit den heutigen Kopien verglichen? Millar Burrows, der ein Buch über die Schriftrollen vom Toten Meer schrieb, äußerte: »Es ist ein Wunder, dass im Verlauf von etwa tausend Jahren die Texte so wenig verändert wurden« (Geisler, 1986, 366-367).

Gleason Archer, Fachmann für das Alte Testament, schrieb über die beiden Kopien des Jesajabuches, die in den Höhlen gefunden wurden:

> Es stellte sich heraus, dass sie zu über 95 % Wort für Wort mit dem Standardtext unserer hebräischen Bibel übereinstimmen. Die 5 % Abweichungen bestehen hauptsächlich in Schreibfehlern und unterschiedlicher Rechtschreibung (Geisler, 1986, 367).

Deshalb können wir mit Sicherheit sagen, dass diejenigen, die den Text der Bücher des Alten Testaments abschrieben, dies sehr sorgfältig taten.

Und wie ist es um die textliche Genauigkeit des Neuen Testaments bestellt? Der Genauigkeitsgrad des Neuen Testament beträgt über 99 %, was höher ist als der eines jeden anderen Buches aus der Antike (siehe Geisler, 1986, Kapitel 22). Die Gründe für diese erstaunliche Genauigkeit liegen darin, dass für das Neue Testament mehr Manuskripte vorliegen als von anderen Büchern der Antike und dass die biblischen Manuskripte zeitlich viel näher am Original liegen als die anderer Werke aus der Antike. Betrachten Sie diese Tabelle:

Die Zuverlässigkeit der neutestamentlichen Dokumente

Autor/Buch	Zeitspanne zwischen dem Original und der Kopie	Anzahl der Kopien
Herodot, *Geschichte*	etwa 1.350 Jahre	8
Thukydides, *Geschichte*	etwa 1.300 Jahre	8
Platon	etwa 1.300 Jahre	7
Demosthenes	etwa 1.400 Jahre	200
Cäsar, *Die gallischen Kriege*	etwa 1.000 Jahre	10
Livius, *Die Geschichte Roms*	etwa 400 Jahre etwa 1.000 Jahre	1. Teil 19 Kopien
Tacitus, *Annalen*	etwa 1.000 Jahre	20
Plinius der Jüngere, *Naturgeschichte*	etwa 750 Jahre	7
Das Neue Testament	Fragmente eines Buches: ± 50 Jahre Bücher des Neuen Testaments: 100 Jahre Der größte Teil des NT: 150 Jahre Das vollständige NT: 225 Jahre	5366

Es muss klargestellt werden, dass die Christen behaupten, dass Gott den Text der *Original*manuskripte, aber nicht alles in den Kopien inspiriert oder eingegeben hatte. Die Kopien sind nur ohne Fehler, soweit sie richtig abgeschrieben wurden. Es trifft aber trotzdem zu, dass die Kopien mit großer Sorgfalt und mit einem sehr hohen Genauigkeitsgrad abgeschrieben wurden. Christen glauben, dass Gott es so fügte, dass die Kopien vor wesentlichen Fehlern bewahrt blieben.

Es gibt jedoch einige Textvarianten in den Kopien der biblischen Manuskripte. Dabei ist es wichtig, sich bewusst zu machen, dass

- diese Varianten in den abgeschriebenen Manuskripten relativ selten sind;
- wir in den meisten Fällen aus dem Zusammenhang oder aus Parallelstellen erkennen können, was falsch ist;
- die Textvarianten in keinem Fall irgendeine Lehre der Heiligen Schrift betreffen;

- die Varianten im Grunde ein Beweis für die Genauigkeit des Abschreibevorgangs sind, denn die Kopisten, die sie abschrieben, wussten, dass in den Manuskripten Varianten sind, schrieben aber trotzdem pflichtgemäß ab, was im Text stand;
- die Textvarianten nicht die Botschaft der Bibel betreffen.

In der Tat muss man zwischen dem Text und seiner Botschaft unterscheiden, denn man kann einen Text mit Varianten und trotzdem 100 % der Botschaft erhalten. Nehmen wir zum Beispiel an, Sie erhalten ein Telegramm mit der Nachricht:

#ie haben sieben Millionen Euro gewonnen.

Sie würden voll Freude das Geld in Empfang nehmen. Und wenn Folgendes auf dem Telegramm stünde, hätten Sie auch keinen Zweifel an der Botschaft:

S#e haben sieben Millionen Euro gewonnen.
Si# haben sieben Millionen Euro gewonnen.
Sie #aben sieben Millionen Euro gewonnen.

Warum halten wir eine Botschaft für sicherer, wenn es mehrere Textvarianten gibt? Weil jede Variante an einem anderen Ort steht, und mit jeder neuen Zeile bekommen wir eine weitere Bestätigung für jeden anderen Buchstaben in der Originalbotschaft.

Es ist wichtig, hier an drei Dinge zu denken:

1. Auch mit einer einzigen Zeile – mit der Variante – kommt die Botschaft durch.

2. Je mehr Zeilen es gibt, um so mehr Varianten gibt es. Doch je mehr Varianten es gibt, um so sicherer sind wir, wie die beabsichtigte Botschaft wirklich lautet.

3. Es gibt hundert Mal mehr biblische Manuskripte als Zeilen in dem obigen Beispiel. Und es besteht ein größerer Prozentsatz von Varianten in diesem Telegramm als in allen biblischen Manuskripten zusammen.

Kennzeichen, die nur auf Gottes Wort zutreffen können

1. Wissenschaftliche Kenntnisse vor ihrer Zeit

Zu den erstaunlichen Dingen der Bibel gehört, dass sie wissenschaftlich genaue Aussagen über den Körper, die Erde und den Himmel enthält, meistens 2.000 bis 3.000 Jahre bevor die entsprechenden Entdeckungen gemacht wurden. Außerdem wurden diese wissenschaftlichen Aussagen mitten in Kulturen gemacht, die in hohem Maße abergläubisch und keinesfalls wissenschaftlich ausgerichtet waren.

A. Der Körper. Um 1840 starb jede sechste schwangere Frau an »Kindbettfieber«, wenn sie in ein bestimmtes Krankenhaus in Wien, Österreich, ging. Ignaz Semmelweis, einer der Ärzte, bemerkte, dass die Todesfälle nicht zufällig eintraten, sondern dass die betroffenen Patientinnen von Ärzten untersucht wurden, die kurz vorher eine Autopsie an Opfern des »Kindbettfiebers« vorgenommen hatten. Deshalb erließ Dr. Semmelweis die Vorschrift, dass alle Ärzte nach einer Autopsie die Hände zu waschen hatten. Als Ergebnis sank die Sterblichkeitsrate schwangerer Frauen dramatisch: nur noch jede 48. Frau starb. Doch Dr. Semmelweis wurde dafür keinesfalls gelobt; die anderen Ärzte erkannten den Zusammenhang nicht und hielten das ständige Händewaschen für lästig. Dr. Semmelweis wurde geächtet, schließlich verließ er Wien und wurde Arzt in Budapest, wo sich die gleiche Geschichte wiederholte (Cairney, »Prescience 2«, 137-142).

Bedeutend an der Geschichte von Dr. Semmelweis ist, dass die Reinheitsgesetze, die Gott durch Mose erlassen hatte, 3.500 Jahre zuvor die Grundsätze dafür darlegten, dass die Ausbreitung von Krankheiten durch Waschen vermieden werden kann. Mose schrieb:

> So soll man nun für den Unreinen [jemand, der einen toten Menschen oder ein totes Tier angefasst hat] Asche nehmen von dem verbrannten Sündopfer und fließendes Wasser darauf tun in ein Gefäß … [Der Unreine] soll seine Kleider waschen und sich mit Wasser abwaschen, so wird er am Abend rein (4. Mose 19,17.19).

Eine solche Aussage setzt das Wissen voraus, dass etwas, was mit dem bloßen Auge nicht sichtbar ist – Keime und Bakterien –, für die Ausbreitung von Krankheiten verantwortlich ist. Doch dieses Wissen wurde erst nach 1800 entdeckt! Außerdem war das Waschen zur Zeit Moses in den benachbarten Kulturen keine weit verbreitete Gewohnheit (Cairney, »Prescience 2«, 129).

B. Die Erde. Im Folgenden werden einige physikalische Erscheinungen aufgezählt, die in der Bibel erwähnt werden und die nicht nur im Widerspruch zu dem Wissen der benachbarten Zivilisationen jener Zeit standen, sondern auch 2.000 bis 3.000 Jahre vor der frühesten wissenschaftlichen Entdeckung dieser Phänomene beschrieben wurden.

- Der Meeresboden enthält tiefe Täler (2. Samuel 22,16; Hiob 38,16; Psalm 18,16) und hochragende Berge (Jona 2,7). Die Menschen der Antike dachten, der Meeresboden sei »flach, sandig und wie ein Becken« (Barfield, 170).
- Im Meer existieren unter dem Wasser Quellen (siehe 1. Mose 7,11; Hiob 38,16; Sprüche 8,28). Die anderen Zivilisationen glaubten, das Meere werde nur vom Regen und den Flüssen gespeist (Barfield, 171).
- Mose schrieb: »Sechs Jahre sollst du dein Land besäen und seine Früchte einsammeln. Aber im siebenten Jahr sollst du es ruhen und liegen lassen« (2. Mose 23,10-11). In den nichtbiblischen Kulturen war es nicht Brauch, das Land alle sieben Jahre brach liegen zu lassen. Dies ist jedoch eine Methode, die, wie Wissenschaftler entdeckten, ihrer Zeit weit voraus war (Cairney, »Prescience 2«, 134).

C. Der Himmel. Was Aussagen über den Himmel betrifft, so gehören zu den erstaunlichen Dingen an der Bibel die Fehler, die die Autoren der Bibel *nicht* machten, obwohl solche Fehler in den benachbarten Kulturen weit verbreitete Überzeugungen waren. Die Autoren der Bibel

- dachten nicht, dass die Sterne nahe bei uns sind und dass ihre Positionen feststehend sind. In 1. Mose 1,8 und 14-17 ist vom Himmel als einem »ausgedehnten Raum« *(Anm. d. Übers.: wörtliche Übersetzung aus dem englischen Text)* die Rede. Jeremia deutet an, dass man den Himmel nicht messen kann (31,37; Barfield, 102).

- waren nicht der Meinung, dass der Himmel seit Ewigkeit existierte, sondern lehrten, dass er einen Anfang hatte (1. Mose 1,1), eine Tatsache, die von Astronomen im ersten Teil des zwanzigsten Jahrhunderts, wenn auch mit Widerwillen, entdeckt wurde (Overbye, 39; Jastrow, 112-113).

Die biblischen Aussagen über den Himmel sind heute allgemein akzeptierte Annahmen, doch in den Tagen, als die Bücher der Bibel niedergeschrieben wurden, waren sie alles andere als selbstverständlich.

2. Die übernatürlichen Vorhersagen der biblischen Propheten

Wie kein anderes Buch der Welt macht die Bibel konkrete Vorhersagen, die sich mehrere hundert Jahre später wörtlich erfüllten. In einigen Fällen wurden über Städte, die relativ nahe beieinander lagen, sehr verschiedene Weissagungen gemacht – und dann erfüllt. Im Folgenden nur eines von mehreren möglichen Beispielen.

A. Memphis und Theben. Der Prophet Hesekiel schrieb im sechsten Jahrhundert v. Chr.:

> So spricht Gott, der Herr: »Ich will die Götzen von Memphis vernichten ... Ich will die Strafgerichte an Theben vollstrecken ... Theben wird erstürmt werden« (Hesekiel 30,13-15*).

Sowohl Memphis als auch Theben wurden Hunderte von Jahren nach Hesekiels Prophezeiung zerstört. Am bedeutendsten ist jedoch, dass die Götzen aus Memphis gänzlich entfernt wurden, aber nicht aus Theben, genau wie Hesekiel vorausgesagt hatte (Bloom, 179-181).

B. Das Kommen Christi. Viele der biblischen Voraussagen drehen sich um das erste Kommen Christi. Betrachten Sie die folgenden Voraussagen, die Jahrhunderte vorher über den Messias gemacht wurden:

* Bruns-Übersetzung

- Er ist ein Nachfahre Abrahams (1. Mose 12,1-3; 22,18; vgl. Matthäus 1,1; Galater 3,16).
- Er kommt aus dem Stamm Juda (1. Mose 49,10; vgl. Lukas 3,33; Hebräer 7,14).
- Er stammt aus dem Haus David (2. Samuel 7,12 ff.; vgl. Matthäus 1,1).
- Er wird von einer Jungfrau geboren (Jesaja 7,14; vgl. Matthäus 1,21 ff.).
- Er wird in der Stadt Bethlehem geboren (Micha 5,1; vgl. Matthäus 2,1 und Lukas 2,4-7).
- Er wird vom Heiligen Geist gesalbt (Jesaja 11,2; vgl. Matthäus 3,16-17).
- Er wird Wunder tun (Jesaja 35,5-6; vgl. Matthäus 9,35).
- Er wird von den Juden abgelehnt (Psalm 118,22; vgl. 1. Petrus 2,7).
- Er wird einen demütigenden Tod sterben (Psalm 22; Jesaja 53,3; vgl. Lukas 9,22) ungefähr im Jahr 33 n. Chr. (Daniel 9,24 ff.).
- Er wird von seinem eigenen Volk abgelehnt (Jesaja 53,3; vgl. Johannes 1,10-11; 7,5.48).
- Er schweigt vor seinen Anklägern (Jesaja 53,7; vgl. Matthäus 27, 12-19).
- Er wird verspottet (Psalm 22,7-8; vgl. Matthäus 27,31).
- Seine Hände und Füße werden durchbohrt (Psalm 22,17; vgl. Johannes 20,25).
- Er wird mit Dieben zusammen hingerichtet (Jesaja 53,12; vgl. Lukas 23,33).
- Er betet für seine Verfolger (Jesaja 53,12; vgl. Lukas 23,34).
- Seine Seite wird durchbohrt (Sacharja 12,10; vgl. Johannes 19,34).
- Er wird im Grab eines reichen Mannes begraben (Jesaja 53,9; vgl. Matthäus 27,57-60).
- Um seine Kleidung wird gewürfelt (Psalm 22,19; vgl. Johannes 19, 23-24).
- Er steht von den Toten auf (Psalm 16,10; vgl. Apostelgeschichte 2,31; Markus 16,6).

Achten Sie auf einige einzigartige Kennzeichen biblischer Prophezeiungen, im Gegensatz zu anderen Beispielen versuchter Voraussagen in unserer Zeit. Erstens, anders als viele telepathische Vorhersagen waren viele dieser Prophezeiungen sehr konkret. Zum Beispiel wurden der Name des Stammes, die Stadt und die Zeit des Kommens Christi genannt.

Zweitens, anders als Vorhersagen, die man in Sensationsblättchen findet, sind alle diese Prophezeiungen eingetroffen.

Drittens, da diese Prophezeiungen Hunderte von Jahren vor Christi Geburt geschrieben wurden, konnte niemand die Zeitströmungen deuten oder einfach intelligente Vermutungen anstellen.

Viertens, viele dieser Vorhersagen konnten von Menschen nicht zur Erfüllung gebracht werden. Zum Beispiel hatte Christus als einfaches menschliches Wesen keinen Einfluss darauf, wann, wo und wie er geboren würde, wie er sterben würde (da andere für seinen Tod verantwortlich waren), oder ob er von den Toten auferstehen würde.

Die beste Erklärung für die Erfüllung dieser Voraussagen, die Hunderte von Jahren zuvor gemacht wurden, ist die Existenz eines transzendenten Gottes, der alle Dinge weiß, auch »was noch nicht geschehen ist« (Jesaja 46,10).

Skeptiker behaupten manchmal, Vorhersagen von Personen, die für übersinnliche Einflüsse empfänglich sind, haben dieselbe Gültigkeit. Es besteht jedoch ein Quantensprung zwischen fehlbaren menschlichen Wahrsagern und den unfehlbaren Propheten der Bibel. In der Tat bestand einer der Tests für falsche Propheten darin, zu überprüfen, ob die Vorhersagen eintreffen (5. Mose 18,22). Die Propheten, deren Vorhersagen nicht eintrafen, wurden gesteinigt (V. 20) – eine Praxis, die zweifellos diejenigen zum Nachdenken brachte, die sich nicht absolut sicher waren, dass ihre Botschaften von Gott kamen! Bei Hunderten von Prophezeiungen kennt man keinen biblischen Propheten, der auch nur einen einzigen Fehler begangen hat.

Zum Vergleich: Eine Untersuchung über die bekanntesten Wahrsager ergab, dass sie sich in 92 % der Fälle irrten (Kole, 69-70)! Jean Dixon sagte zum Beispiel voraus, dass Jacqueline Kennedy nicht wieder heiraten würde, doch am Tag darauf heiratete sie Aristoteles Onassis (Kole, 70)!

3. Die Einzigartigkeit der biblischen Botschaft

Römer 6,23 fasst die Einzigartigkeit der biblischen Botschaft knapp zusammen: »Denn der Lohn der Sünde ist der Tod; das unverdiente Geschenk Gottes dagegen ist das ewige Leben durch Christus Jesus, unseren Herrn.«

A. Geistlicher Tod. Das christliche Evangelium beginnt mit der Botschaft, dass der geistliche Zustand der Menschheit hoffnungslos ist, da die Menschheit geistlich tot ist (Epheser 2,1). Darin ist das Christentum einzigartig.

Andere Religionen erkennen an, dass mit der Menschheit geistlich etwas nicht in Ordnung ist, doch sie haben auch die Hoffnung, dass dies durch irgendeine Form menschlicher Anstrengungen wieder in Ordnung gebracht werden kann. Der Bibel zufolge können wir jedoch nicht durch eigene Anstrengungen gerade gebogen werden. Wie körperlich tote Menschen sich selbst kein Leben geben können, so ist es unmöglich, dass wir, die wir geistlich tot sind, uns selbst Leben geben können (Epheser 2,8-9).

Außerdem steht die Tatsache, dass wir geistlich tot sind, in Zusammenhang mit Gottes absoluter Heiligkeit. Gott erlaubt in seiner Gegenwart keine Sünde: »Die Gottlosen dürfen nicht in deiner Nähe sein« (Psalm 5,5). Das Problem liegt darin, dass »alle Menschen gesündigt haben« (Römer 3,23).

B. Ewiges Leben. Obwohl die Nachricht über den geistlichen Zustand der Menschheit schrecklich schlecht ist, hat Gott uns eine unheimlich gute Nachricht gegeben. Diese gute Nachricht besteht darin, dass wir die Gewissheit des ewigen Lebens haben können. Dieses ewige Leben ist nicht nur irgendeine weitergehende Existenz auf geistlicher Ebene nach dem Tod, sondern die Gemeinschaft mit Gott selbst (Johannes 17,3). Keine andere Religion verspricht, uns so nahe zu Gott zu bringen wie das Evangelium Christi (Hebräer 4,16). Diese Gemeinschaft mit Gott kann sogar jetzt schon beginnen.

Außerdem kann keine andere Religion die Hoffnung auf ewiges Leben so wie das Christentum bekräftigen, weil Jesus Christus der einzige Religionsgründer ist, der körperlich von den Toten auferstanden ist.

C. Ein Geschenk. Das christliche Evangelium ist auch einzigartig, weil das Geschenk des ewigen Lebens völlig umsonst zu haben ist. Ein Geschenk ist kein Geschenk, wenn man es sich verdient; man kann es nur erhalten. Gottes Geschenk können wir erhalten, wenn wir erstens anerkennen, dass wir Leben brauchen, da unsere Sünde unseren geistlichen Tod verursacht hat; und zweitens, wenn wir auf das vollendete Werk von Jesus Christus vertrauen, der die Strafe für die Sünde – den Tod – für uns bezahlt hat (2. Korinther 5,21).

Das Angebot des Geschenks des ewigen Lebens durch Jesus Christus ist die zentrale Botschaft der Bibel, und sie grenzt die Bibel von allen anderen Büchern der Geschichte ab.

4. Die Bestätigung der biblischen Zeugen durch Wunder

Die biblischen Propheten behaupteten, ihre Botschaft von Gott erhalten zu haben. Natürlich gibt es, wie sogar die Bibel einräumt, falsche Propheten (Matthäus 7,15; 1. Johannes 4,1). Eine sichere Methode, mit der man einen wahren Propheten von einem falschen unterscheiden kann, sind Wunder (Apostelgeschichte 2,22; Hebräer 2,3-4). Ein Wunder ist eine Handlung Gottes, und Gott würde nicht mit übernatürlichen Mitteln einen falschen Propheten bestätigen, so dass der Eindruck entsteht, er sei ein wahrer Prophet.

Wunder sind die göttliche Bestätigung des Anspruchs eines Propheten, für Gott zu sprechen. Doch von allen Religionsführern der Welt wurden nur die jüdisch-christlichen Propheten und Apostel auf übernatürliche Weise durch echte Wunder bestätigt, die unmöglich psychosomatischer oder betrügerischer Natur hätten sein können. Als Mose von Gott berufen wurde, konnte er anhand von Wundern beweisen, dass er im Namen Gottes sprach (2. Mose 4,1 ff.). Auf dem Berg Karmel wurde Elia durch Feuer vom Himmel als wahrer Prophet Gottes bestätigt (1. Könige 18). Paulus schrieb, dass »Zeichen und Wunder und Taten« beweisen, wer ein »wahrer Apostel« ist (2. Korinther 12,12). Die Apostel sprachen in Sprachen, die sie nie zuvor gelernt hatten (Apostelgeschichte 2,4). Petrus heilte einen Mann, der von Geburt an gelähmt war (Apostelgeschichte 3,1-10). Paulus erweckte einen Mann von den Toten (Apostelgeschichte 20,10). Lukas schreibt, dass die Apostel

»viele Zeichen und Wunder im Volk« vollbrachten (Apostelgeschichte 5,12; siehe auch Hebräer 2,3-4).

Wunder waren auch das Kennzeichen des Wirkens von Jesus. Als Johannes der Täufer fragte, ob er der Messias sei, zählte Jesus seine Wunder auf: Blinde sehen, Gelähmte gehen, Aussätzige werden geheilt, Taube hören und Tote werden auferweckt (Lukas 7,20-22). Nikodemus versicherte Jesus: »Meister, wir wissen alle, dass Gott dich gesandt hat, um uns zu lehren. Die Wunder, die du tust, beweisen, dass Gott mit dir ist« (Johannes 3,2). Jesus verwandelte zum Beispiel Wasser in Wein (Johannes 2), heilte augenblicklich organische Krankheiten (Johannes 5), vermehrte ein paar Brotlaibe, so dass sie für eine riesige Menschenmenge reichten (Johannes 6), ging auf dem Wasser (Johannes 6), heilte unverzüglich einen Blindgeborenen (Johannes 9) und erweckte Tote zum Leben (Johannes 11). Petrus verkündete: »Ihr alle wisst, dass Gott durch Jesus von Nazareth große Taten, Wunder und Zeichen wirkte und ihn dadurch vor euch allen bestätigte« (Apostelgeschichte 2,22).

Interessant ist, dass Mohammed einräumte, dass die Propheten vor ihm durch Wunder und Zeichen bestätigt wurden (Suren 3,184; 17,103; 23,45), sich aber weigerte, ähnliche Wunder zu vollbringen, als er von den Ungläubigen herausgefordert wurde (Suren 2,118; 4,153; 6,8.9.37).

Nur die Bibel wurde auf übernatürliche Weise durch besondere Handlungen Gottes als das Wort Gottes bestätigt (siehe Geisler, 1994, Kapitel 8-9).

5. Das Zeugnis der verändernden Kraft der Bibel

Der Autor des Hebräerbriefes erklärte:

> Das Wort Gottes ist lebendig und wirksam. Es ist schärfer als das schärfste Schwert und durchdringt unsere innersten Gedanken und Wünsche. Es deckt auf, wer wir wirklich sind, und macht unser Herz vor Gott offenbar (Hebräer 4,12).

An der Bibel ist wirklich etwas »Lebendiges und Wirksames« und »Durchdringendes«, das sie von allen anderen Büchern unterscheidet. Die Bibel verkündet die Wahrheit und spricht zu den Herzen von Männern und Frauen. Sie hat das Leben von Millionen Menschen verändert.

Wenn die Bibel zum Herzen eines Menschen spricht, dann ist das natürlich eine persönliche Angelegenheit – von anderen nicht empirisch nachprüfbar –, doch deswegen verliert sie nichts an Bedeutung. Wenn Sie die Bibel noch nicht gelesen haben, dann versuchen Sie es doch einfach einmal. Ich würde empfehlen, mit dem Johannesevangelium zu beginnen, das zum Neuen Testament gehört. Das Evangelium des Johannes wurde geschrieben, »damit ihr glaubt, dass Jesus der Christus ist ... und damit ihr durch den Glauben an ihn in seinem Namen das ewige Leben habt« (Johannes 20,31).

Schlussbemerkung

Wir haben gesehen, dass die Bibel alle Kriterien erfüllt, die ihren Anspruch, das Wort Gottes zu sein, untermauern. Was die Kriterien betrifft, die auch auf Bücher zutreffen können, die von Menschen verfasst wurden, so behauptet die Bibel, Gottes Wort zu sein, sie ist historisch genau, ihre Autoren waren zuverlässig, sie ist trotz einer erstaunlichen Vielfältigkeit thematisch aus einem Guss, und genaue Kopien der ursprünglichen Manuskripte sind an uns weitergereicht worden.

Was die Kriterien betrifft, die nur auf das Buch Gottes zutreffen können, so enthält die Bibel wissenschaftliche Aussagen, die 2.000 bis 3.000 Jahre vor den entsprechenden Entdeckungen aufgeschrieben wurden, sie machte genaue Voraussagen, die sich Hunderte von Jahren später erfüllten, ihre Botschaft ist einzigartig, ihre Boten wurden durch Wunder bestätigt, und ihre Worte haben verändernde Kraft.

Kein anderes Buch ist wie die Bibel!

Bibliographie und Quellen

Archer, Gleason L., Jr. *Encyclopedia of Bible Difficulties.* Grand Rapids, Mich.: Zondervan, 1982.

Barfield, Kenny. *Why the Bible Is Number One.* Grand Rapids, Mich.: Baker Book House, 1988.

Bloom, John. »Truth Via Prophecy«. *Evidence for Faith.* John W. Montgomery, Herausgeber. Dallas: Word, 1991.

Burrows, Millar. *What Mean These Stones?* New Haven, Conn.: American Schools of Oriental Research, 1941.

Cairney, William. »Biomedical Prescience 1: Hebrew Dietary Laws«. *Evidence for Faith.* John W. Montgomery, Herausgeber. Dallas: Word, 1991.

Cairney, William. »Biomedical Prescience 2: Pride & Prejudice in Science«. *Evidence for Faith.* John W. Montgomery, Herausgeber. Dallas: Word, 1991.

Earle, Ralph. *How We got Our Bible.* Kansas City, Mo.: Beacon Hill Press, 1992.

Geisler, Norman L. *Answering Islam: The Crescent in the Light of the Cross.* Grand Rapids, Mich.: Baker Book House, 1994.

Geisler, Norman L. und William E. Nix. *General Introduction to the Bible: Revised and Expanded.* Chicago: Moody Press, 1986.

Geisler, Norman L., Herausgeber. *Inerrancy.* Grand Rapids, Mich.: Zondervan, 1980.

Glueck, Nelson. *Rivers in the Desert: A History of the Negev.* New York: Farrar, Strauss & Cudahy, 1959.

Jastrow, Robert. *God and the Astronomers.* New York: W. W. Norton & Co., Inc., 1978.

Kole, Andre. *Miracle and Magic.* Eugene, Ore.: Harvest House, 1984.

McMillen, S. I. *None of These Diseases.* Old Tappan, N. J.: Revell, 1961.

Oberbye, Dennis. *Lonely Hearts of the Cosmos.* New York: HarperCollins Publishers, 1991.

Ramsay, W. M. *St. Paul the Traveler and the Roman Citizen*, 3. Ausgabe, Grand Rapids, Mich.: Baker Book House, 1949.

Sauer, Erich. *The Dawn of World Redemption.* G. H. Land, Übersetzer. London, Paternoster, 1951.

Sauer, Erich. *The Triumph of the Crucified.* G.H. Land, Übersetzer. London, Paternoster, 1951.

Sherwin-White, A. N. *Roman Society and Roman Law in the New Testament.* Oxford: Clarendon, 1963.

Warfield, Benjamin B. *Limited Inspiration.* Philadelphia: Presbyterian & Reformed Publishing Co., ursprünglich 1864 veröffentlicht, Baker Nachdruck, ohne Datum.

Warfield, Benjamin B. *The Inspiration and Authority of the Bible.* Philadelphia: Presbyterian & Reformed, 1948.

Wilson, Clifford. *Rocks, Relics, and Biblical Reliability.* Grand Rapids, Mich.: Zondervan, 1977.

INDEX